Rudolf Steiner Taschenbücher
aus dem Gesamtwerk

Das Werk Rudolf Steiners, wie es in der «Rudolf Steiner Gesamtausgabe» vorliegt, ist gegliedert in die Abteilungen: *Schriften – Vorträge – Künstlerisches Werk*. Seine stets frei gehaltenen Vorträge, insgesamt mehrere tausend, waren ursprünglich als «mündliche, nicht zum Druck bestimmte Mitteilungen» gedacht. Die anfänglich ohne, später mit seinem Einverständnis entstandenen Nachschriften, vor allem von den für Mitglieder der Anthroposophischen Gesellschaft gehaltenen Vorträgen, waren zunächst nur als interne Manuskriptdrucke zugänglich, da Rudolf Steiner aus Zeitmangel die Texte, mit wenigen Ausnahmen, nicht selbst korrigieren konnte. Kurz vor seinem Tod hat er die Einschränkung «Nur für Mitglieder» aufgehoben; die von ihm gemachten *Urteils-Voraussetzungen* bleiben weiterhin gültig. – Heute sind die Vortragstexte nach den vorhandenen Unterlagen geprüft und weitgehend veröffentlicht. Dennoch können Hör- und Übertragungsfehler nicht völlig ausgeschlossen werden.

Rudolf Steiner

Geisteswissenschaftliche Gesichtspunkte zur Therapie

Neun Vorträge, Dornach 11. bis 18. April 1921
vor Ärzten und Medizinstudenten

*

Heileurythmie

Sechs Vorträge, Dornach 12. bis 17. April 1921,
und ein Vortrag, Stuttgart 28. Oktober 1922,
während der «Medizinischen Woche»

Die Vorträge dieser beiden Kurse erscheinen
in dieser Ausgabe in chronologischer Reihenfolge

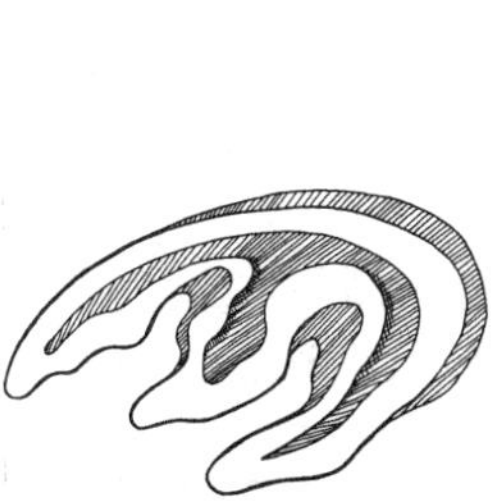

RUDOLF STEINER VERLAG

Nach vom Vortragenden nicht durchgesehenen Nachschriften,
herausgegeben von der Rudolf Steiner Nachlassverwaltung

Ungekürzte Ausgabe
nach den Bänden in der Rudolf Steiner Gesamtausgabe:
«Geisteswissenschaftliche Gesichtspunkte zur Therapie»
herausgegeben von Eva Gebriele Streit und Dörte Mehrling
GA-Nummer 313, ISBN 3-7274-3132-6
5. Auflage Dornach 2001
«Heileurythmie»
herausgegeben von Walter Kugler und Michaelis Messmer
unter Mitarbeit von Wilburg Keller-Roth
GA-Nummer 315, ISBN 3-7274-3152-0
5. Auflage Dornach 2003

Taschenbuchausgabe

1.–2. Tsd. Dornach 2003

Zeichen auf dem Einband und Titelblatt von Rudolf Steiner

Printed in Germany by Clausen & Bosse, Leck

ISBN 3-7274-7550-1

ZU DIESER AUSGABE

Mehr als dreißig Ärzte, darunter der Leiter des Merian-Iselin-Spitals Basel sowie der Direktor des zahnärztlichen Instituts an der Universität Leipzig, waren im Frühjahr 1920 für drei Wochen nach Dornach gekommen, um Rudolf Steiners Ausführungen über den Zusammenhang von «Geisteswissenschaft und Medizin» (GA 312) zu hören. Daß seine Darstellungen ganz offensichtlich etwas in Bewegung gebracht haben, ist dokumentiert in einer von den Teilnehmern unmittelbar im Anschluß an die Vorträge verfaßten «Erklärung», in der es u. a. heißt: «Durch diesen Kurs sind grundlegende Erkenntnisse im ganzen Gebiet der medizinischen Wissenschaften und Anweisungen für erfolgreiche diagnostische, therapeutische und sozial-hygienische Arbeit von solcher Tragweite in die Welt gestellt worden, daß es geradezu als Zentralaufgabe der Gegenwart auf dem Gebiet der medizinischen Arbeit angesehen werden muß, durch Schaffung eines medizinisch-wissenschaftlichen Arbeitsinstitutes, das dem Goetheanum in Dornach angegliedert sein und unter fachmännischer Leitung stehen soll, eine Stätte zu schaffen, an der systematisch und intensiv auf geisteswissenschaftlicher Grundlage gearbeitet werden kann.»

Es sollte jedoch nicht nur bei Erklärungen bleiben. So wurde in den folgenden Monaten intensiv an der Realisierung der «Zentralaufgabe» gearbeitet, und schon im Sommer des darauffolgenden Jahres konnten im schweizerischen Arlesheim und wenig später in Stuttgart jeweils ein Klinisch-Therapeutisches Institut eröffnet werden.

Zugleich wurde auch die inhaltliche Arbeit fortgesetzt. Höhepunkt war der im Frühjahr 1921 von Rudolf Steiner gehaltene zweite Kurs, an dem mehr als 50 Ärzte und Medizinstudenten teilnahmen. Diese Vorträge, jeweils am Vormittag gehalten, wurden an den Nachmittagen ergänzt um eine weitere Vortragsreihe, an der auch Eurythmisten teilnahmen, da Rudolf Steiner in ihnen die wissenschaftlichen Grundlagen für eine neue Therapierichtung, die Heileurythmie, darstellte. Beide Vortragsreihen sind Inhalt des vorliegenden Bandes und, im Unterschied zur Veröffentlichung beider Kurse in zwei separaten Bänden (GA 313 und 315) im Rahmen der Gesamtausgabe, hier in ihrer unmittelbaren Abfolge wiedergegeben.

Im September 1919 öffnete in Stuttgart die erste Waldorfschule ihre Pforten mit dem neuen Pflichtfach Eurythmie, einer «Art Raumbewegungskunst», die von Rudolf Steiner in Zusammenarbeit mit Marie Steiner-von Sivers seit 1912 entwickelt wurde. Angesichts diverser konstitutioneller Probleme bei den Kindern hatte Rudolf Steiner in der Folgezeit der Eurythmielehrerin verschiedentlich Angaben für Übungen zur Verbesserung der physischen und psychischen Konstitution der Kinder gegeben, was schließlich zu ihrer Frage an ihn führte, «ob er nicht so etwas wie eine therapeutische Eurythmie systematisch lehren wollte».

Die Intention der daraufhin von ihm gehaltenen Vorträge war, den Ärzten und Eurythmisten das «empirische Material» in die Hände zu geben, das ihnen ermöglicht, auf der Grundlage einer exakten Erkenntnis «des gesunden und kranken Menschen» die entsprechenden therapeutischen Maßnahmen zu ergreifen. Ihre Einbindung in den zweiten Ärztekurs macht deutlich, daß die Heileurythmie, die «eigentlich ausgeübt werden soll vom Arzte oder der Ärztin selbst», nur in enger Zusammenarbeit von Arzt und Eurythmist, «nur im Einklang mit der fachmännischen ärztlichen Wissenschaft ausgeübt werden sollte.» (28.10.1922) – Inzwischen kommt die Heileurythmie als eigenständige Therapieform in Krankenhäusern, Arztpraxen, Schulen und heilpädagogischen Einrichtungen zur Anwendung.

Die beiden Vortragsreihen haben jeweils ihre eigene Editionsgeschichte, weshalb eine Zusammenfügung in einem Band eine Reihe von Problemen mit sich bringt. Dies gilt insbesondere für den zweiten der am 18. April gehaltenen Vorträge, der innerhalb der Gesamtausgabe sowohl in dem Band «Geisteswissenschaftliche Gesichtspunkte zur Therapie» (GA 313) als auch in dem Band «Heileurythmie» (GA 315) publiziert ist. Obgleich er ganz eindeutig als neunter Vortrag des Ärztekurses deklariert ist, erscheint er aber hier in der Wiedergabe aus dem Band «Heileurythmie» (5. Aufl. 2003), was seinen Grund darin hat, daß im Zusammenhang mit einer völligen Neubearbeitung der Vorträge über Heileurythmie wesentliche Korrekturen und Ergänzungen, insbesondere bei den eingefügten Zeichnungen, vorgenommen werden konnten.

Ein weiteres Problem besteht in der unterschiedlichen Handhabung der Herausgeber bezüglich der Register. Zwar weisen beide Zyklen ein eigenständiges Namenregister auf, hingegen wurde ein Sachregister bislang nur für die Vorträge über Heileurythmie erstellt. Entscheidend aber für die hier vorliegende Form der Edition war, daß es für die Arbeit der Ärzte und Eurythmisten höchst aufschlußreich ist, die Vorträge aus beiden Reihen einmal in ihrer ursprünglichen chronologischen Abfolge zu haben. Diesem Anliegen soll mit dem hier vorliegenden Band entsprochen werden, allerdings mit der Einschränkung, daß eine einheitliche editorische Gestaltung nicht gegeben ist. Der Form des Taschenbuchs ist leider auch die dem Ärztekurs (GA 313) in der 5. Auflage (2001) hinzugefügte Beilage mit Notizbuchaufzeichnungen zum Opfer gefallen, da das gegenüber der Gesamtausgabe verkleinerte Format keine sinnvolle Reproduktion zuläßt.

Zur besseren Orientierung wurde neben der durchlaufenden Paginierung jeweils vermerkt, zu welcher Reihe (Therapie/Heileurythmie) der jeweilige Vortrag gehört und auch die Seitenzählung entsprechend dem Band in der Gesamtausgabe hinzugefügt.

Walter Kugler

Zeichenerklärung

(...) = Ergänzung der Stenografin — T = Tafelzeichnung

[...] = Ergänzungen der Herausgeber — ST = Zeichnung aus dem Stenogrammblock

INHALT

Die Wiedergaben der Original-Wandtafelzeichnungen
Rudolf Steiners zu den Vorträgen in diesem Band
(vgl. die Randvermerke und den Text am Beginn der Hinweise)
sind innerhalb der Gesamtausgabe erschienen in der Reihe:
«Rudolf Steiner – Wandtafelzeichnungen zum Vortragswerk»
Band XXII

ERSTER VORTRAG

Dornach, 11. April 1921

Es ist zu hoffen, daß dieser Ergänzungskursus zu dem vorjährigen doch wiederum einiges wird bringen können, was in wirklichem Sinne als eine Ergänzung wird aufgefaßt werden können und was namentlich dann, wenn wir gegen das Ende des Kursus hin kommen werden, sich zu einer Anzahl therapeutischer Ausblicke kristallisieren wird. Ich werde mich in diesem Kursus bestreben, von einer anderen Seite die Dinge ins Auge zu fassen, die auch den Gegenstand unserer vorigen Kursbetrachtung bildeten, die Dinge des kranken und des zu heilenden Menschen. Aber wir werden dadurch, daß wir die Sache von einer anderen Seite betrachten, wesentlich nicht nur etwa zu anderen Gesichtspunkten kommen, sondern auch zu einer Erweiterung des Stoffes, den wir betrachtet haben. Ich möchte nämlich diesmal zeigen, wie dasjenige, was Sie alle als Anthroposophen kennen, die Gliederung des Menschen in physischen Leib, Ätherleib und so weiter, gewissermaßen beim Krankwerden und beim Geheiltwerden wirkt. Während ich mich das vorige Mal mehr darauf beschränken mußte, zunächst die äußere Offenbarung des inneren Menschen darzustellen, werde ich diesmal versuchen zu zeigen, wie diese verschiedenen Glieder des Menschen beeinflußt werden von demjenigen, was Stoffe außer dem Menschen sind, was namentlich diejenigen Stoffe sind, die dann als Heilmittel verwendet werden können, und was als Heilmittel wirken kann, indem es den menschlichen Organismus anders als bloß stofflich beeinflußt. Hier muß ich allerdings einleitend sogleich eine Voraussetzung machen.

Wir konnten auch das letztemal, als wir hier über denselben Gegenstand sprachen, in vieler Beziehung von Stofflichem und überhaupt von Physischem als Heilmittel sprechen. Wir werden in dem Augenblicke, wo wir zu den höheren Gliedern der menschlichen Natur, zu den übersinnlichen Gliedern der menschlichen Natur nunmehr übergehen müssen, nicht mehr in derselben Art von Stoffen sprechen können. Wir werden es zwar, ich möchte sagen tun, um Abbreviaturen zu haben, um in abgekürzter Weise sprechen zu können, aber wir werden uns einer prinzipiellen Tatsache während dieser ganzen Auseinandersetzung bewußt werden müssen. Wir werden uns nämlich bewußt werden müssen, daß man dann nicht in der Art vom Stofflichen ausgehen kann, wie man das gewöhnt ist heute in der landläufigen Wissenschaft, wenn man des Menschen Beziehung zur Umwelt, des Menschen Verhalten im gesunden und kranken Zustande wirklich verstehen will. Dasjenige, wovon man ausgehen muß, sind eigentlich nicht Stoffe, sondern Vorgänge, ist nichts Fertiges, sondern ist ein Geschehen. Und wenn wir vom Stoff reden, so müssen wir eigentlich uns vorstellen, daß wir im Stoffe, in dem, was uns im äußeren Sinnenschein als Stoff erscheint, nichts anderes vorliegend haben als einen Prozeß, einen zur Ruhe gekommenen Vorgang.

Wenn wir, sagen wir Kieselerde vor uns haben, so sprechen wir die Kieselerde zunächst als einen Stoff an. Aber das Wesentliche haben wir dann gar nicht getroffen, wenn wir den sogenannten Körper, der eine gewisse Grenze hat, in die Vorstellung aufnehmen. Das Wesentliche haben wir nur getroffen, wenn wir den sehr umfassenden Vorgang ins Seelenauge fassen, der als ein einzelner Vorgang im ganzen Universum vorhanden ist, und der gewissermaßen als Vorgang sich kristallisieren kann, der zur Ruhe kommen kann, der in eine Art von Gleichgewichtslage kommen kann, und der sich dann, wenn er zur Ruhe gekommen ist, äußert in dem, was wir als Kieselerde anschauen. Ein Wesentliches ist es, die Wechselwirkung ins Auge zu fassen zwischen den Vorgängen im Innern des Menschen und den Vorgängen, welche sich draußen im Universum abspielen, mit dem sowohl der gesunde wie der kranke Mensch in einer fortwährenden Wechselwirkung steht.

Damit wir morgen dann mit unserem eigentlichen Stoff beginnen können, möchte ich heute einleitend dasjenige vor Ihnen vorbringen, was uns zu Vorstellungen über diese Wechselwirkung wirklich führen kann. Dazu müssen wir aus anthroposophischer Geisteswissenschaft heraus die Wesenheit des Menschen wirklich zu erfassen suchen. Ich werde mich, ich möchte sagen zunächst schematisch ausdrücken, indem ich dasjenige, was ich oftmals vorgetragen habe als die Dreigliederung des Menschen, wirklich in seiner Konzentrierung im räumlichen Menschen heute hier ins Auge fassen will. Wir wissen ja, wenn wir unterscheiden den Nerven-Sinnesmenschen, daß er hauptsächlich im Kopfe konzentriert ist, daß aber dasjenige, was da im Kopfe konzentriert ist, sich doch über den ganzen Menschen ausdehnt, im ganzen Menschen vorhanden ist, daß der Mensch sozusagen im Kopf nur am meisten ein Nerven-Sinneswesen ist, daß auf der andern Seite der ganze Mensch Kopf ist, aber eben weniger Kopf in den übrigen zwei Gliedern als im Kopfe. Und so können wir uns dasjenige, was wir Nerven-Sinnesmensch nennen, im Haupte lokalisiert denken. Dann aber müssen wir uns, damit wir für unsere jetzigen Zwecke diese Gliederung des Menschen fruchtbar machen können, den rhythmischen Menschen, der alles dasjenige umfassen würde, was Atmungs- und Zirkulationsorganismus ist, eigentlich als wieder zweigliedrig denken: das eine Glied, welches mehr nach dem Atmungssystem hintendiert, das andere, das mehr nach dem Zirkulationssystem hintendiert. Und in dieses Zirkulationssystem fügt sich dann alles dasjenige ein, was den Zusammenhang darstellt des Gliedmaßenmenschen mit dem Stoffwechselmenschen.

Wenn man das menschliche Haupt studiert, dann studiert man also gewissermaßen dasjenige Glied des menschlichen Organismus, das am meisten Nerven-Sinnesmensch ist. Die Organisation des menschlichen Hauptes, sie unterscheidet sich ganz wesentlich von der Organisation der anderen Glieder des Menschen, auch mit Bezug auf die höhere Gliedform dieser menschlichen Wesenheit. Wenn wir nämlich das Haupt des Menschen vom Gesichtspunkte geisteswissenschaftlicher Betrachtung ins Auge fassen, so ist dieses Haupt eine Art Abdruck, man könnte sogar sagen eine Art Abscheidung des Ich, des astralischen Leibes und des ätherischen Leibes. Und dann kommt noch der physische Leib für das Haupt in Betracht. Aber dieser physische Leib ist gewissermaßen in einer anderen Weise im Haupte vorhanden als dasjenige Physische, das Abdruck ist des Ich, des astralischen Leibes, des ätherischen Leibes. Ich darf wohl auch hier, ich möchte sagen das Höhere dieser Sache hervorheben, indem ich darauf aufmerksam mache, daß das menschliche Haupt, so wie es zunächst veranlagt ist im menschlichen Embryo, nicht etwa bloß aus den Kräften des elterlichen

Organismus heraus sich gestaltet, sondern daß im menschlichen Haupte kosmische Kräfte wirken, daß einfach in den Menschen kosmische Kräfte hineinwirken. In demjenigen, was wir die ätherischen Kräfte nennen, wirkt noch viel von dem elterlichen Organismus, aber schon im Ätherischen wirken kosmische Kräfte aus dem vorgeburtlichen, oder sagen wir vor der Konzeption liegenden geistig-seelischen Leben. Und gar im Astralischen und im Ich wirkt dasjenige nach, was eben vor der Konzeption in der geistigen Welt gelebt hat. Das wirkt so nach, daß es am menschlichen Haupte formt. Das Ich schafft sich seinen Abdruck am menschlichen Haupte, der astralische Leib schafft sich seinen physischen Abdruck, der ätherische Leib schafft sich den physischen Abdruck. Nur der physische Leib, der ja eben erst hier auf der physischen Erde erhalten wird, ist sozusagen ein Primär-Wirksames, der ist nicht Abdruck, sondern der ist ein Primär-Wirksames, so daß ich sagen kann, wenn ich schematisch zeichne, die menschliche Hauptesbildung ist so, daß sie ein Abdruck des Ich ist. Das organisiert sich da drinnen – wir werden von dieser Organisation noch öfter zu sprechen haben –, das organisiert sich in einer gewissen Weise. Es organisiert sich hauptsächlich zunächst dadurch, daß es die Wärmeverhältnisse des Hauptes in sich differenziert. Ferner differenziert da drinnen der astralische Leib, der vorzugsweise in demjenigen organisierend enthalten ist, was das Haupt als gasige, luftartige Prozesse durchdringt (siehe Zeichnung). Dann drückt sich ab der ätherische Leib, und dann ist dasjenige, was für das Haupt physischer Leib ist, ein physischer Prozeß, ein wirklich physischer Prozeß (siehe Zeichnung, schraffiert). Ich werde ihn dadurch andeuten, daß ich gewissermaßen schematisch in der Zeichnung hinweise auf denjenigen Teil des Hauptes, der das knöcherige Hinterhaupt ist, wenn da etwa die Augen liegen würden.

Tafel 1 Mitte oben

Tafel 1

 * Zu den Tafeln siehe S.173.

Aber es erstreckt sich dasjenige, was hier an physischen Kräften konzentriert ist, wiederum über das ganze Haupt. Da, in diesem physischen Teil der menschlichen Hauptesbildung ist ein wirklicher primärer physischer Prozeß. Das ist nicht der Ausdruck von irgend etwas anderem, sondern da ist dasjenige vorhanden, was seinen eigenen Prozeß vollführt. Aber in diesem physischen Hauptesprozeß, da haben wir eigentlich doch eine Dualität darinnen, ein Zusammenwirken von zwei Prozessen. Dasjenige, was da geschieht, ist ein Zusammenwirken von zwei Prozessen, die eigentlich nur zu verstehen sind, wenn man sie nun geistesforscherisch zusammenschaut mit gewissen anderen Prozessen, welche draußen im Universum stattfinden.

Wenn Sie draußen im Universum, im Urgebirge denjenigen Prozeß sehen, der sich in der Schieferbildung ausdrückt, namentlich in alledem, was von der Kieselerde aus in die Schieferbildung führt, dann haben Sie in den Kräften, die da drinnen, in diesem Prozesse, dem von der Kieselerde ausgehenden Schieferbildungsprozesse, wirken, den polarisch entgegengesetzten Prozeß von dem, der sich hier einerseits in der physischen Hauptesbildung abspielt. Es ist dieses ein wichtiger Zusammenhang zwischen dem Menschen und seiner Umgebung. Es ist einmal im menschlichen Haupte dieser Prozeß wiederum drinnen, der sich draußen im Mineralisieren abspielt. Es ist ja heute, ich möchte sagen schon fast für die Geologie klar, wenn auch noch nicht ganz, daß alles, was der Prozeß der Schieferbildung ist, der Prozeß aller derjenigen Mineralisierung, an der die Kieselerde, Silizium, beteiligt ist, mit dem zusammenhängt, was man Entvegetabilisierung nennen könnte. Wir müssen gewissermaßen mineralisch gewordene Pflanzenwelt in der Schieferbildung suchen, und indem wir dieses Entvegetabilisieren zu erfassen suchen, was gleichbedeutend ist mit der Schieferbildung der Erde, ergreifen wir denjenigen Prozeß, der in einer anderen Weise in seinem polarischen Gegenteil hier im menschlichen Haupte spielt. Mit dem spielt aber ein anderer Prozeß zusammen. Und diesen anderen Prozeß, der mit diesem zusammenspielt, müssen wir wiederum draußen in der Welt suchen. Wir müssen ihn da suchen, wo sich zum Beispiel Kalkgebirge bilden. Und wir haben es wiederum heute schon fast als eine geologische Wahrheit für die äußere Wissenschaft daliegen, daß Kalkgebirge im wesentlichen auf einem Prozeß der Erdbildung, den wir Entanimalisierungsprozeß nennen können, beruhen. Es ist das der entgegengesetzte Prozeß des Tierwerdens. Und wiederum der polarisch entgegengesetzte Prozeß spielt hier drinnen. Wenn wir also dem Silizium und dem Kalzium, die zur Ruhe gekommene Prozesse sind, einen Anteil an der menschlichen physischen Hauptesbildung zuschreiben, so müssen wir uns klar sein, daß dadurch in diese menschliche physische Hauptesbildung etwas hineinspielt, was draußen, in der ganzen Natur unserer Erde wenigstens, eine sehr bedeutsame Rolle spielt. Wir können uns zu gleicher Zeit jetzt schon vorbereitend darüber orientieren, daß, wenn wir hinschauen auf der einen Seite auf die Kieselerde, auf das Silizium, daß das eine wesentliche Verwandtschaft hat mit demjenigen, was gerade im physischen Haupte vor sich geht; wenn ich von Silizium spreche, so ist es eben der zur Ruhe gekommene Prozeß. Dasjenige wiederum, was Kalkbildungsprozeß ist, was im Kalzium zur Ruhe kommt, das hat etwas zu tun mit alledem, was der entgegengesetzte Pol ist, was polarisch mit der anderen Kraft zusammenwirkt im menschlichen physischen Haupte. Diese Prozesse, die wir geradezu heute noch rund um uns herum aufsuchen können, stehen im menschlichen Haupte im Zusammenhange mit anderen Prozessen, die wir auf der Erde nicht finden, die nur im Abdruck vorhanden sind, indem das Haupt eben Abdruck ist von ätherischem Leib, astralischem Leib und Ich.

In bezug auf diese Glieder der menschlichen Natur haben wir eben Prozesse zur Ruhe gebracht, die nicht unmittelbare Erdprozesse sind. Nur dasjenige, was ich Ihnen für das eigentliche physische Haupt gesagt habe, ist im Menschen ein eigentlicher Erdenprozeß. Die andern Prozesse sind nicht eigentliche Erdenprozesse, obwohl wir, wie wir sehen werden, sie mit Erdenprozessen in Zusammenhang finden.

Damit wir zu einer Übersicht kommen, möchte ich gleich sagen, wenn ich nun zu dem zweiten Gliede des menschlichen Organismus übergehe – nennen wir es grob, indem wir lokalisieren, das Brustglied. Es ist dasjenige Glied im menschlichen Organismus, das im wesentlichen den rhythmischen Menschen umfaßt, und wir wollen es gleich schematisch teilen in alles dasjenige, was Atmungsrhythmus umfaßt und in alles dasjenige, was Zirkulationsrhythmus umfaßt. Wenn wir dieses zweite Glied der menschlichen Wesenheit nun als Ganzes ins Auge fassen wollen, müssen wir folgendes sagen. Alles dasjenige, was ich hier (siehe Zeichnung) als Organisation des Atmungsrhythmus im weitesten Sinne bezeichnet habe, das ist so, daß es zunächst ein Abdruck von Ich und astralischem Leib ist. Also wie das Haupt ist ein Abdruck von Ich, astralischem Leib und Ätherleib, so ist dasjenige,

Tafel 1

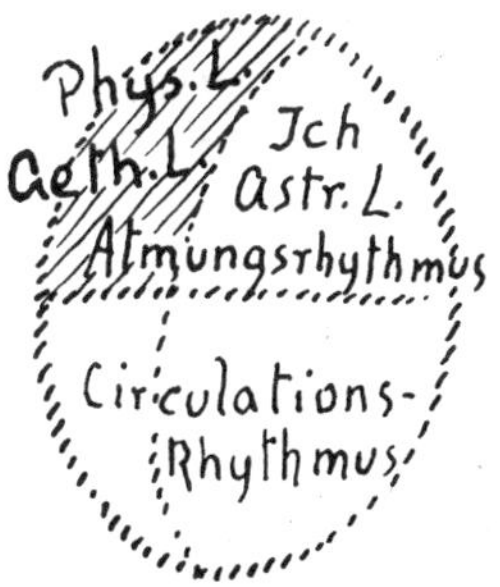

was hier Atmungsrhythmus ist, Abdruck von Ich und astralischem Leib, und es hat ein nun primär für sich Wirksames (siehe Zeichnung, schraffiert), in dem aber zusammenwirken physischer Leib und Ätherleib. Im menschlichen Haupte ist primär für sich wirksam nur der physische Leib. Der Ätherleib ist ja auch Abdruck. In dem Atmungsrhythmussystem ist aber primär ein Ineinanderwirken von physischem und ätherischem Leib wirksam, und Abdruck ist nur Ich und astralischer Leib. Das ist ja im Wesentlichen auch noch vorhanden in der Organisation für den Zirkulationsrhythmus, aber schwächer, weil sich der ganze Stoffwechselorganismus in das Zirkulationssystem hineinschiebt. Aber da beginnt schon dasjenige, was dann auch gültig ist für den Gliedmaßen-Stoffwechselmenschen. Da haben wir es dann zu tun mit dem, daß die Gliedmaßen mit alledem, was als Stoffwechsel hereinragt – mit Ausnahme der eigentlichen Zirkulation, also der Bewegung, die da ist –, im wesentlichen ein Abdruck des Ich und ein Zusammenwirken von physischem Leib, Ätherleib und Astralleib sind (siehe

Zeichnung), so daß wir sagen können: Wenn wir den Brustmenschen ins Auge fassen, dann haben wir in ihm von Abdrucksorganisation eigentlich nur dasjenige, was sich auf Ich und astralischen Leib bezieht, und wir haben in ihm wirksam eine primäre Organisation, die nun nicht bloß physisch ist, sondern die das Physische vom Ätherischen durchgliedert erscheinen läßt. Das ist stärker der Fall beim Atmungsrhythmus, und beim Zirkulationsorganismus ist es so, daß nun schon das andere vom Stoffwechselsystem hineinspielt.

Tafel 1

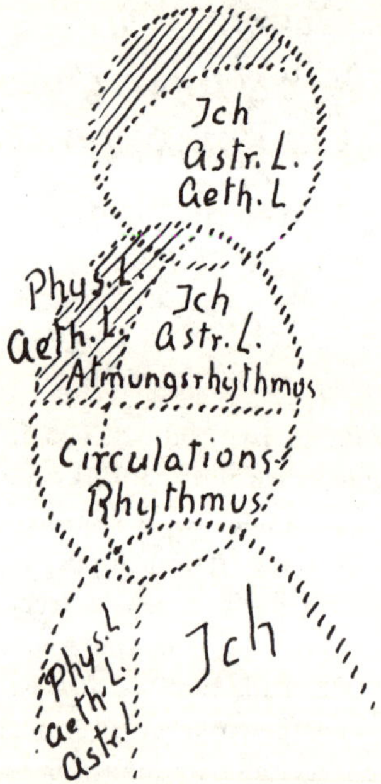

Das sehen Sie in verschiedener Art für die verschiedenen Glieder des Menschen zusammenspielen. Für diese verschiedenen physischen Glieder, die wir als Hauptessystem, Brustsystem, Gliedmaßensystem bezeichnen, spielen in verschiedener Weise ineinander diejenigen Glieder, die wir sonst in der Geisteswissenschaft physischen Leib, Ätherleib, astralischen Leib und Ich nennen. Das Haupt des Menschen, so wie es als Prozeß dasteht, ist eigentlich im wesentlichen physischer Leib, denn das, was nicht physischer Leib ist, ist Abdruck von Ich, astralischem Leib und Ätherleib. Dasjenige, was der mittlere Mensch ist, ist im wesentlichen ein Zusammenwirken von physischem Leib und Ätherleib. Dasjenige, was nicht physischer Leib und Ätherleib ist, ist ein Abdruck von Ich und astralischem Leib. Der Gliedmaßen-Stoffwechselmensch vollends – nur geht das ineinander bei den letzten zwei –, ist eigentlich ein Ineinanderwirken von physischem Leib, Ätherleib und astralischem Leib – es geht das nur in die anderen Glieder, wie ich Ihnen auseinandergesetzt habe, über – und ein Abdruck des Ich (siehe Zeichnung S. 16).

Nun handelt es sich darum, daß wir zunächst ins Auge fassen, was wir für das, was wir zum Beispiel hier für den Anteil jenes Prozesses am Physischen, an der physischen Kopforganisation, den wir in der Kieselerde zur Ruhe gekommen auffassen müssen, im mittleren Menschen finden können. Da liegt das Eigentümliche vor, daß im mittleren Menschen der Prozeß der Kieselerdebildung stärker, verbreiteter wirkt. Er wirkt im Kopfe feiner. Er wirkt hier im mittleren Menschen stärker, verbreiteter, gewissermaßen differenzierter. Und er wirkt am stärksten im Gliedmaßen-Stoffwechselmenschen. Wenn wir also denjenigen Prozeß ins Auge fassen, den wir als gebunden an die Kieselerde aufgefaßt haben, so müssen wir sagen: Dieser Prozeß wirkt am stärksten da, wo er dem Ich zu Hilfe kommen soll – wir werden die Wechselwirkung dann zu anderen Prozessen sehen – in bezug auf die Wirkung des selbständigen Ich, das nur seinen Abdruck hat im physischen Stoffwechselmenschen. Es wirkt dieser Kieselerde erzeugende Prozeß am stärksten da, wo er dem Ich zu Hilfe kommen soll, für die Wirkung dieses Ich auf den Stoffwechsel-Gliedmaßenmenschen. Es wirkt dieser Prozeß, der also durch die Kieselerde charakterisiert werden kann, etwas schwächer da, wo er bloß dem astralischen Leib zu helfen braucht, und er wirkt am schwächsten da, wo er dem ätherischen Leib bloß zu helfen braucht, im Kopfe.

Das könnte auch im umgekehrten Sinne so gesagt werden: Mit Bezug auf dasjenige, was wir als den Prozeß anzusehen haben, der in der Kieselerde zur Ruhe kommt, haben wir zu sagen, in der menschlichen

Hauptesorganisation wirkt dieser Prozeß am meisten stofflich. Er wirkt in bezug auf das Dynamische als Kraft am schwächsten. Aber da, wo er am schwächsten als Kraft wirkt, da wirkt er am stärksten, wenn er sich dem nähert, wo er dann im Stoff zur Ruhe kommt. Fassen wir also die Kieselerde auf als den Stoff, der uns vorliegt, so müssen wir sagen: ihre Wirksamkeit ist am stärksten im Kopfe. Fassen wir sie auf als das äußere Anzeichen eines Prozesses, dann müssen wir sagen: ihre schwächste Wirkung ist im Kopfe. Da wo die stärkste Stoffwirkung ist, ist die schwache dynamische Wirkung. Im mittleren Menschen halten sich gerade mit Bezug auf die Kieselerde die Stoff- und Kraftwirkung ungefähr das Gleichgewicht. Und in bezug auf den Gliedmaßen-Stoffwechselmenschen ist die Kraftwirkung im wesentlichen so, daß sie die Oberhand hat. Da ist die schwächste Stoffwirkung und die stärkste Kraftwirkung, so daß dasjenige, was Kieselerde erzeugender Prozeß ist, eigentlich den ganzen Menschen durchorganisiert. Wenn wir uns nun gefragt haben, wie sich das Wechselverhältnis darstellt zwischen demjenigen, was physische Kopforganisation ist, und der äußeren Umgebung, mit der der Mensch in Wechselwirkung steht, dann können wir uns auch fragen, wie die Wechselwirkung des mittleren Menschen, insofern er die Organisation des Atmungsrhythmus hat, zu der Umgebung draußen beschaffen ist.

Wenn man geisteswissenschaftlich den menschlichen Kopf studieren und verstehen will, dann muß man hinschauen auf die beiden Prozesse in der Erdbildung, auf den kalkbildenden Prozeß und auf den kieselerde- oder meinetwillen auch kieselsäurebildenden Prozeß. Wir werden auf das noch näher eingehen können. Dasjenige nun, was weniger nach außen, weniger peripherisch liegt, was mehr nach dem Inneren hinein liegt beim Menschen, die Organisation für das rhythmische Atmungssystem, die bietet uns, indem sie nun ein Zusammenspielen ist, primär ein Zusammenspielen von Physischem und Ätherischem, in das sich die Abdrücke von Ich und Astralischem hineinverweben, zunächst nirgends etwas in der Umwelt, was direkt als Prozeß schon dasteht, was unmittelbar in der Natur, die wir antreffen, als Prozeß schon dasteht. Wenigstens gewöhnlich ist es so nicht der Fall. Wollen wir da einen charakteristischen Prozeß finden für dasjenige, was da geschieht durch dieses eigentümliche Zusammenwirken von Ich, astralischem Leib – die mehr oder weniger frei sind, weil sie sich Abdrücke geschafft haben – und demjenigen, was primär ein Zusammenwirken von Physischem und Ätherischem ist, wollen wir uns für dieses ganze Ineinanderwirken, wollen wir uns für das irgendeinen Prozeß in der Außenwelt suchen, so müssen wir ihn, damit wir ihn ordentlich haben, eigentlich erst selber erzeugen. Wenn wir Pflanzenstoffe verbrennen und Pflanzenasche bekommen, so ist dasjenige, was sich da als Prozeß abbildet, darstellt in dem Verbrennen und in dem Erzeugen der Asche und in dem dann Zur-Ruhe-Kommen der Asche – wir werden von den einzelnen Aschen reden –, was sich da abbildet im Feuerprozeß und im Aschebildungsprozeß, das ist in einer ähnlichen Weise verwandt mit dem Atmungsprozeß, wie der Kieselerdeprozeß mit dem Prozesse verwandt ist, der sich physisch im Haupte abspielt. Und wenn wir dasjenige wirksam machen wollen, was von diesem Aschebildungsprozeß sein Korrelat hat im Atmungsrhythmusprozeß, dann können wir es natürlich nicht in den Atem einführen – wir können das niemals im menschlichen Organismus –, sondern wir müssen es in dasjenige einführen, das gewissermaßen der andere Pol des betreffenden ist. Wenn ich dieses hier herauszeichne (siehe Zeichnung S. 20), so haben wir hier Atmungsrhythmusprozeß, Zirkulationsrhythmusprozeß: Im Atmungsrhythmusprozeß sind Pflanzenaschen dasjenige, was uns die wirksamen Prozesse charakterisiert. Aber wir müssen diese Pflanzenascheprozesse zur Wirksamkeit bringen auf dem Umwege durch den Stoffwechsel in dem anderen Pol, im Zirkulationsrhythmusorganismus (siehe Zeichnung S. 20). Wir müssen diese Pflanzenasche, das heißt die Kräfte, dem Zirkulationsrhythmus einverleiben, damit sie dann ihre polarische Gegenwirkung im Atmungsrhythmusprozeß hervorrufen.

Tafel 1 rechts

Diese Zusammenhänge stellen sich ja wohl gleich für die Anschauung so dar, daß man sieht, für das Verständnis des menschlichen Organismus sind sie im eminentesten Sinne wichtig. Denn wir bekommen jetzt, so wie wir uns sagen mußten, dasjenige, was uns vorliegt im kieselerdebildenden Prozeß, hat mit dem ganzen Menschen etwas zu tun, so bekommen wir, indem wir das anwenden hier jetzt auf den

Tafel 1

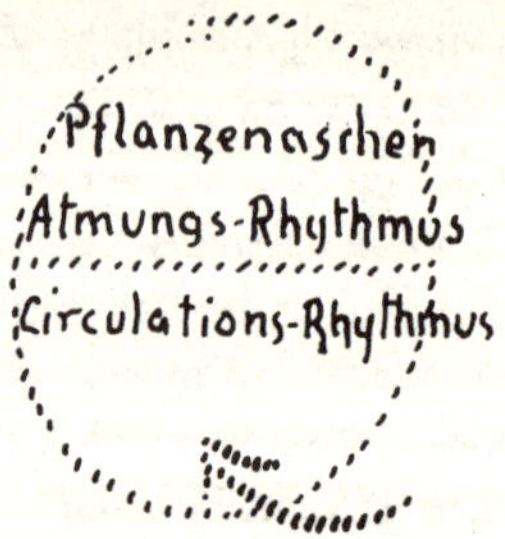

Pflanzenveraschungsprozeß, eine Vorstellung von diesem mittleren Menschen, der sich auch wiederum, weil er eine Atmung und einen Zirkulationsrhythmus hat, gewissermaßen zweigliedert. Wir bekommen eine Vorstellung, indem wir uns sagen: Wenn wir zunächst das Obere, den Atmungsrhythmus ins Auge fassen, so ist der Bau dieser Organe im wesentlichen bedingt durch einen Prozeß, der polarisch entgegengesetzt ist dem Prozeß, der uns erscheint, wenn wir Pflanzliches verbrennen und Asche bekommen. Es ist gewissermaßen ein Kampf im Atmungsrhythmusprozeß, ein fortwährender Kampf gegen das Pflanzenaschebilden, aber ein Kampf, der sich nicht abspielt, ohne daß dasjenige, was das Gegenteil davon ist, wirklich herausfordernd für diesen Prozeß in den Organismus eindringt. Wir sind als Menschen auf die Erde gestellt, in der es Kieselerdeprozesse gibt, Kalkerdeprozesse gibt. Wir würden nicht Menschen sein, wenn diese Prozesse uns erfüllen würden. Wir sind dadurch Menschen, daß wir die polarisch entgegengesetzten Prozesse in uns tragen, daß wir also dem Kieselbildungsprozeß entgegenwirken können und den entgegengesetzten Pol in uns tragen, daß wir dem Kalkbildungsprozeß entgegenwirken, indem wir den entgegengesetzten Pol in uns tragen. Diese Pole tragen wir in uns durch unsere Hauptesbildung, durch den ganzen Menschen dann in jener Abstufung, wie ich es dargestellt habe. Durch unseren Atmungsrhythmus tragen wir den Kampf in uns gegen den Pflanzenveraschungsprozeß. Wir tragen in uns den entgegengesetzten Pol dieses Pflanzenveraschungsprozesses. Es wird, wenn man diese Dinge ins Auge faßt, nicht wunderbar erscheinen, daß gewissermaßen, wenn ich mich grob ausdrücke, Stoß Gegenstoß hervorruft. Es ist ganz klar, wenn ich den kieselerdebildenden Prozeß im Organismus entsprechend intensiver mache, daß die Gegenwirkung modifiziert wird; und ebensogut ist es klar, daß, wenn ich das Produkt des Verbrennungsprozesses einführe in den Organismus, die Gegenwirkung erzeugt wird, und die große Frage entsteht: Wie bekommen wir dieses Wirken und Gegenwirken in unsere Gewalt? – Das ist dasjenige, was ich, wenn ich es abstrakt bezeichne, immer dadurch ausdrücke, daß ich sage, es kommt darauf an, erstens zu erkennen, welches die Prozesse – aber bis ins Ich herauf – im menschlichen Organismus sind, und welches die Prozesse draußen, außerhalb des menschlichen Organismus sind. Diese Prozesse sind differenziert drinnen und draußen. Aber drinnen und draußen sind sie polarisch einander entgegengesetzt. Und in dem Augenblicke, wo irgend etwas, was eigentlich seiner Natur nach außerhalb meiner Haut liegen soll, wo das innerhalb meiner Haut liegt, oder in dem Augenblicke, wo etwas, und sei es nur durch einen leisen Körperdruck, von außen nach dem Innern wirkt, was eigentlich nicht eine Wirkung von außen nach dem Innern sein sollte, entsteht die innere Gegenwirkung, und in dem Augenblicke habe ich die Aufgabe, eine solche innere Gegenwirkung zu irgend etwas zu erzeugen. Wenn ich zum Beispiel konstatiere, daß im Menschen statt des normalen kieselerdeentgegenwirkenden Prozesses eine zu große, eine zu intensive Neigung zu diesem Prozesse besteht, so habe ich das von außen dadurch zu regulieren, daß ich den betreffenden Stoff zuführe und die Gegenwirkung hervorrufe; die kommt schon von selber.

Das ist dasjenige, was einen dazu führt, allmählich diese Wechselwirkung des Menschen und seiner Außenwelt durchschauen zu können. Wenn Sie wirklich dazu kommen zu verstehen, wie dem Ich als Kraftwirkung dasjenige am meisten entgegenkommt, was in dem kieselerdebildenden Prozeß liegt, wenn das Ich wirken will durch Glied maßen und Stoffwechsel, wenn Sie ferner wissen, daß dasjenige, was Stoffwirkung ist im kieselerdebildenden Prozeß, am stärksten wirkt im menschlichen Haupte, und sich dann sagen können, daß dasjenige, was Kraftwirkung ist, in einer verminderten Intensität im menschlichen Haupte dem Ich da zu Hilfe kommen muß, dann haben Sie eine Möglichkeit hineinzuschauen, wie dieses Ich abgestuft im Menschen wirkt.

Nun, wenn man das Verhältnis des Ich des Menschen zum Gliedmaßen-Stoffwechselsystem ins Auge faßt, so liegt eigentlich in diesem Verhältnisse der Ursprung des menschlichen Egoismus. Es gehört diesem System des menschlichen Egoismus ja auch das Sexualsystem an. Und das Ich wirkt gerade auch auf dem Umwege durch das Sexualsystem am meisten das menschliche Wesen mit Egoismus durchdringend.

Wenn Sie das erfassen, werden Sie sagen: Dann ist ja ein gewisser Gegensatz vorhanden zwischen der Art, wie sich das Ich der Kieselerde bedient, um auf den Menschen vom Gliedmaßensystem aus zu wirken, und der [Art], wie dieses Ich vom menschlichen Haupte aus durch die Kieselerde wirkt. Da wirkt es gewissermaßen egoismusfrei. Und wenn man das geisteswissenschaftlich durchforscht, sieht man, es wirkt differenzierend.

Wenn ich schematisch diese merkwürdige Wirkung darstellen sollte, so müßte ich so sagen: Dasjenige, was das Ich – also jetzt als wirkliches Organisationselement – im Menschen durch die Kieselerde (siehe Zeichnung, rot) vom Gliedmaßensystem aus tut, das ist im wesentlichen den Menschen zusammenfassend, gewissermaßen alles, was im Menschen vorhanden ist an Säften in eine undifferenzierte Einheit bindend, so daß es ein undifferenziertes einheitliches Ganzes ist.

Tafel 1

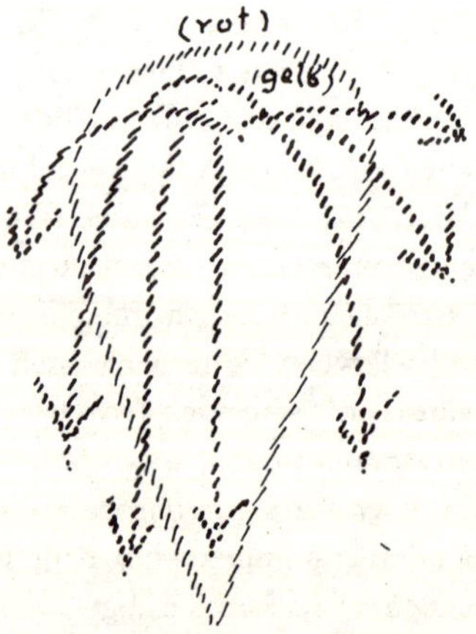

Alles dasjenige, was derselbe Prozeß ist, aber mit der in bezug auf das Kraftliche so wenig wie möglich intensiven Kieselerdebildung, das wirkt im entgegengesetzten Sinne (siehe Zeichnung S. 22, gelb), das wirkt differenzierend, ausstrahlend. Von unten herauf wird der Mensch zusammengefaßt, undifferenziert gemacht durch die Kieselerde, von oben herunter wird er differenziert, auseinanderdifferenziert. Das heißt aber in bezug auf den Menschen, die im Haupte organisch vorhandenen Kräfte werden differenziert für ihre Wirkung auf die einzelnen Organe. Sie werden gewissermaßen angeregt durch den eigentümlichen Kieselerdeprozeß im Hauptesorganismus, ordentlich in ihren Organen zu wirken, sich ordentlich zu verteilen auf Herz, Leber und so weiter.

Wir stehen da vor demjenigen Prozeß, der, wenn er von unten nach oben wirkt, alles durcheinanderwirft im Menschen, wenn er von oben nach unten wirkt, alles plastisch auseinandergliedert, gewissermaßen die Organisation beherrscht und durch die einzelnen Organe hindurch ordentlich macht. Wenn wir uns auf der andern Seite eine Anschauung aneignen darüber, was beim Menschen auf der einen Seite durch dieses Ineinanderwerfen auftritt, auf der andern Seite durch dieses Auseinandertreiben in die verschiedenen Organe – also das differenzierende Organisieren im Gegensatze zu dem synthetisierenden Organisieren –, und wie das beim einzelnen Menschen unregelmäßig sein kann, dann lernen wir allmählich den Menschen behandeln nach dieser Richtung hin, wenn irgend etwas nicht in Ordnung ist mit ihm. Wir werden das in den folgenden Vorträgen sehen. Nur müssen wir in bezug auf Untersuchungen nach dieser Richtung außerordentlich vorsichtig sein. Denn sehen Sie, was tut, sagen wir die äußere Wissenschaft, wenn sie den menschlichen Organismus untersucht? Diese äußere Wissenschaft sagt zum Beispiel: Im menschlichen Organismus ist Kieselerde, im menschlichen Organismus ist Fluor, im menschlichen Organismus ist Magnesium, im menschlichen Organismus ist Kalzium. Die äußere Wissenschaft sagt also von der Kieselerde, sie ist in den Haaren, sie ist im Blut und sie ist im Harn. Nun, nehmen wir einmal diese zwei: Die Kieselerde ist in den Haaren und ist im Harn.

Für die materialistische Wissenschaft liegt eben nichts anderes vor als dieses, daß, wenn man die Haare untersucht, sich darinnen Kieselerde findet, und wenn man den Harn untersucht, sich darinnen Kieselerde findet. Aber das ist gar nicht das Wesentliche, daß sich irgendein Stoff irgendwo drinnen findet. Das ist nämlich gar nicht das Wesentliche, denn die Kieselerde in den Haaren ist darinnen, damit sie von dort aus tätig ist. Wir haben die Haare nämlich nicht umsonst, sondern von den Haaren gehen auch Kräfte wiederum nach dem Organismus, und zwar wiederum feinste Kräfte, feinste Kräfte gehen aus den Haaren wiederum zurück in den Organismus hinein. Im Harn haben wir die Kieselerde aus dem Grunde, weil sie da ist als etwas, was sonst überschüssig ist. Da wird dasjenige, was nicht gebraucht wird, ausgesondert. Das ist ganz gleichgültig, daß sie drinnen ist, da ist sie nicht tätig, da wird diejenige herausbefördert, die nicht tätig sein soll, die zu viel ist. Da ist gerade diejenige Kieselerde drinnen, die im Organismus nicht drinnen sein darf, die also für ihn nicht die allergeringste Bedeutung hat. So ist es, wenn wir irgendwelche einzelne Stoffe untersuchen, nehmen wir an, Magnesium. Wenn in den Zähnen kein Magnesium wäre, so könnten es keine Zähne sein, denn für die Zähne leben im Magnesiumprozeß diejenigen Kräfte, die am Aufbau der Zähne gerade im eminentesten Sinne beteiligt sind. Sie haben das gehört aus dem Vortrag von Professor Römer. Aber Magnesium, sagt nun die materialistische Wissenschaft, ist auch in der Milch. Aber in der Milch hat das Magnesium keine Bedeutung. Da verdankt die Milch dem Milchdasein, daß sie mächtig genug ist, das Magnesium auszuscheiden, das da drinnen ist; in der Milch hat das Magnesium als solches nichts zu suchen. Wir können es dann analysieren natürlich, aber im milchbildenden Prozeß liegt die Sache so, daß der milchbildende Prozeß entstehen kann dadurch, daß er die Magnesiumkräfte abstoßen kann. Wir erfahren nur dadurch etwas über diesen eigentümlichen Gegensatz, der im zähnebildenden Prozeß und im milchbildenden Prozeß ist, daß wir wissen, das Magnesium, das ist im Zahnbildungsprozeß etwas Wesentliches, etwas, was dynamisch dahinein gehört. Im Milchbildungsprozeß ist es dasjenige, was als das fünfte Rad am Wagen ausgeschieden wird. Und in ähnlicher Weise ist es zum Beispiel mit dem Fluor, das im Schmelz der Zähne ein Wesentliches ist, ohne das wir den ganzen

Zahnevolutionsprozeß nicht verstehen. Im Harn ist es auch vorhanden, aber eben als Ausscheidungsprozeß, ohne daß es darinnen eine Bedeutung hat. Das Fluor, das im Harn vorhanden ist, das ist eben dasjenige, das auszuscheiden der Organismus mächtig genug ist, weil er es nicht brauchen kann.

Die bloße physische Untersuchung, ob irgend etwas irgendwo ist, die entscheidet eigentlich über das Wesentliche gar nicht, sondern man muß überall wissen, ob irgend etwas als Aktives mit Recht an der betreffenden Stelle ist, oder ob es dort ist, weil es herausgeschmissen worden ist. Das entscheidet. Und das ist das Wesentliche, daß wir uns solche Begriffe aneignen, um den Menschen und übrigens auch die anderen organischen Wesen zu verstehen in ihren gesunden und kranken Zuständen. Man ist ja allerdings immer genötigt, wenn man mehr populär spricht, alle diese Hilfen nicht in Anspruch nehmen zu können, weil heute viel zu wenig allgemeine Bildung vorhanden ist in unserem Zeitalter über feinere Begriffe, und man muß dann mehr in Abstraktionen reden und wird dann nicht eigentlich verständlich. Im Bekämpfen des Materialismus wird man sehr häufig nicht verständlich. Steigt man aber herunter – man könnte noch in ganz andere Regionen heruntersteigen – in das Charakteristische derjenigen Gebiete, die eigentlich der Wissenschafter nun kennen soll und für die ihm Fakten vorliegen, die er untersuchen kann, dann kommt man gerade durch Geisteswissenschaft an diejenigen Stellen, wo man zeigen kann, daß eine Vorstellung von irgend etwas, was man als Stoff analysiert, mit physisch-chemischer Wissenschaft untersucht hat, worüber man sagen kann, da ist dies darinnen und da ist dies darinnen, wie einen eine solche Vorstellung zu gar nichts führt als eigentlich zu Irrtümern.

Das ist dasjenige, was ich als Einleitung geben wollte heute. Morgen wollen wir dann davon weiterreden.

ZWEITER VORTRAG

Dornach, 12. April 1921

Wie ich gestern sagte, werden wir den Menschen in bezug auf seinen Zusammenhang mit seiner übersinnlichen Wesenheit betrachten, um von diesem Gesichtspunkte diesmal die pathologischen und therapeutischen Erscheinungen ins Auge zu fassen. Den physischen Leib mußten wir gestern so charakterisieren, daß wir sagten, ein eigentliches physisches Wirken im Menschen ist im Grunde nur im Kopfe vorhanden. Wenn wir diesen physischen Leib richtig betrachten wollen, dann müssen wir natürlich auch dazu aufsteigen, den ätherischen Leib richtig konkret zu betrachten. Denn wenn man den Menschen durchschaut, so findet man, daß ein abgesondertes Wirken des physischen Leibes nur im Haupte vorhanden ist. In den übrigen Gliedern des menschlichen Organismus ist ein mehr undifferenziertes Zusammenwirken des physischen Leibes mit den höheren, mit den übersinnlichen Wesensgliedern vorhanden. Im Haupte können deshalb die übersinnlichen Wesensglieder als solche funktionieren in oder durch Denken, Fühlen, Wollen, weil sie im Haupte zuerst ihre Abdrücke haben, also ihren ätherischen Abdruck, ihren astralischen Abdruck und auch Ich-Abdruck. Diese sind da. Die sind als Abdrücke da, gewissermaßen als Bilder der übersinnlichen Glieder. Nur der physische Leib hat im Haupte noch keinen Abdruck; den schafft er sich erst während des Lebens. Daher hat der physische Leib, ich möchte sagen ein reines physisches Wirken in dem Haupte. In den anderen Gliedern gibt es innerhalb der menschlichen Natur kein reines physisches Wirken.

Nun ist gestern von einigen nicht verstanden worden, daß ich gesagt habe, es schafft sich das Ich einen Abdruck. Es schafft sich das Ich einen Abdruck – das ist ein Satz, den man richtig verstehen wird, wenn man ihn nicht im gewöhnlichen Sinne zu physisch auslegt. Gewiß, das, was sich das Ich als Abdruck schafft, wenn es wie im Gliedmaßen-Stoffwechselmenschen allein noch frei ist, das kann man nicht in der Weise etwa untersuchen, daß man den Vergleich heranzieht mit einem Gipsabdruck, sondern der Abdruck, den das Ich schafft, ist ein sehr beweglicher. Sie bekommen ihn sogar besser heraus, wenn Sie gehen, als wenn Sie stehen. Der Abdruck, den das Ich schafft, ist ein Abdruck in einem Kräftesystem, das sich herausstellt, wenn man geht in einem ganzen Zusammenhang von Kräften, auch in dem Sichaufrechthalten. Darinnen liegt der physische Abdruck des Ich. Also Sie dürfen den Abdruck des Ich nicht in etwas suchen, was man mit einem Gipsabdruck vergleichen kann, sondern es handelt sich dabei um einen Abdruck in einem Kräftesystem. Und das ist es schließlich auch im menschlichen Haupte, nur in einem anderen Kräftesystem. Ich habe gestern sogar darauf hingewiesen, daß sich das Ich abdrückt in den Wärmeverhältnissen des Hauptes, in der Art und Weise also, wie das Haupt differenziert in seinen verschiedenen Organen durchwärmt wird. Das ist Ich-Abdruck. Dieser Ich-Abdruck ist auch der Abdruck in einem Kräftesystem, nur eben in einem Wärmekräftesystem. Also das Ich schafft sich schon auf die verschiedenste Art die Abdrücke. Wo es noch frei bleibt von anderen Mitwirkungen am menschlichen Organismus, da schafft es sich eben einen reinen, ich möchte sagen mechanischen Kräfteabdruck. Es ist ein Gleichgewichts- und dynamischer Kräfteabdruck, den sich das Ich in bezug auf den Gliedmaßen-Stoffwechselmenschen schafft. Aber das muß man ins Auge fassen, denn der Mensch ist tatsächlich auch ein anderer, je nachdem er steht, je nachdem er geht oder je nachdem er etwa gar schwimmt. Man faßt dieses leider immer viel zu wenig ins Auge. Und von manchem, von dem man sieht, daß es zu wenig, vom geisteswissenschaftlichen Standpunkte aus, ins Auge gefaßt wird, von dem muß man eben sagen: Man merkt da an den Schranken, die die gegenwärtige Wissenschaft zieht, sehr deutlich, wo sie nicht mehr hinkann, wo aber doch noch Tatsachen vorliegen. – Es hat mich zum Beispiel in dieser Beziehung eines interessiert, das ich jetzt nur andeuten will, gewissermaßen wic cinc Frage vor Sie hinstellen will, das sich uns aber im Laufe der Vorträge beantworten wird. Ich habe so ein bißchen die gebräuchliche Literatur auf einen Punkt hin verfolgt, und es ist sehr niedlich, wie man fast überall findet, die Menge des eingeatmeten und ausgeatmeten Stickstoffes unterscheide sich nicht besonders voneinander. Diesen Satz können Sie fast überall finden. Nun ist es aber nicht wahr. Die Zahlenangabe bezeugt sogleich, daß es nicht wahr ist, daß mehr Stickstoff ausgeatmet als eingeatmet wird. Und weil mit dieser Differenz der Materialismus nichts anzufangen weiß, deshalb löscht er sie aus. Er gleitet mit einer Handbewegung darüber hinweg. Und solche Dinge, die kann man viel finden im gegenwärtigen wissenschaftlichen Betriebe. Wie gesagt, ich will jetzt das zunächst als eine Frage hinstellen, ich werde auf die Sache noch zurückkommen.

Jetzt will ich aber eingehen eben auf dasjenige, was sich als Ätherleib im Menschen befindet. Nun, es ist ja sehr natürlich, daß dieser Ätherleib nicht in seiner Differenzierung betrachtet wird von einer bloß physischen Wissenschaft. Allein, wenn Sie sich die Überzeugung verschaffen können, daß dieser Ätherleib vorhanden ist, dann werden Sie sich auch sagen müssen: Ja, was wäre es denn, wenn man den physischen Leib so betrachten würde, daß man sagt: ach was, Magen, Herz, Leber, das ist doch alles eins, das ist alles ein in sich Verschwimmendes. – Was wäre das? Aber so verhält man sich ja auch zum Ätherleib, wenn man ihn bloß als eine allgemeine, so ein bißchen differenzierte Nebelwolke hinstellt. Man muß ihn wirklich studieren, und wir werden heute nun sehen, wie sein Studium mit einer ganz wesentlichen Vorstellung zusammenhängt, die wir auch beim letzten Kurse schon von einem andern Gesichtspunkte aus betrachtet haben, auf die wir aber heute von diesem mehr geisteswissenschaftlichen Gesichtspunkte aus hindeuten wollen.

Wenn wir den Äther überhaupt betrachten, von dem ja auch der menschliche Ätherleib ein Glied ist, eine besondere Aussonderung ist, wenn wir den Äther im allgemeinen betrachten, so stellt er sich, wie Sie schon wissen aus der allgemeinen geisteswissenschaftlichen Literatur, nicht undifferenziert dar, sondern er stellt sich zunächst dar als aus vier Ätherarten bestehend: aus dem Wärmeäther, dem Lichtäther, dem chemischen Äther und dem Lebensäther. Lichtäther ist ein Wort, welches natürlich vom Standpunkte der Sehenden aus gebildet ist. Dasjenige, was mit dem Lichte zusammenhängt, ist eben die für die Sehenden vorzüglichste Wirkung dieses Äthers, aber es sind noch andere Wirkungen drinnen, die wir nur unberücksichtigt lassen, weil wir in der Mehrzahl sehende Menschen sind. Wenn die Menschheit in der

Mehrzahl blind wäre, so würde sie natürlich diesem Äther einen anderen Namen geben müssen, weil die anderen Entitäten stärker hervortreten würden; bei Blinden tun sie das auch.

Die dritte Ätherart ist dann der chemische Äther. Der chemische Äther, das ist derjenige, der vorzugsweise wirkt im sogenannten chemischen Teil des Spektrums, und wenn wir vom chemischen Äther sprechen, so müssen wir uns nicht etwa die Kräfte denken, die in den chemischen Synthesen wirken, sondern diejenigen Kräfte, die ihnen innerlich polarisch entgegengesetzt sind. Die Ätherkräfte sind immer den in den physischen Stoffen wirkenden Kräften polarisch entgegengesetzt. Also, wenn eine chemische Synthese zustande kommt, so wirken die Ätherkräfte analysierend. Also, es sind überall in den synthetisierenden Kräften analysierende Kräfte drinnen. Und wenn wir eine chemische Analyse ausführen, dann ist für den Geistesbeobachter die Sache immer so: Wir führen eine chemische Analyse aus – ich will es jetzt schematisch zeichnen –, das heißt, wir zerfällen chemisch eine Substanz, da bleibt

Tafel 2

uns dann um so dichter, indem sich die Ätherkräfte synthetisieren, da bleibt uns der Ätherkörper zurück, geradeso wie, wenn der Mensch stirbt, das Seelisch-Geistige zurückbleibt. Demjenigen, der, wenn ich so sagen darf, mit dem Geistesauge eine chemische Analyse ausführt, dem erscheint dann, nachdem er die Stoffe getrennt hat, in umso verdickterer, verdichteterer Gestalt ein Gespenst des chemischen Stoffes, das zurückbleibt. Also, das ist nur gesagt, um Sie darauf zu führen, daß Sie unter den chemischen Ätherkräften nicht etwa bloß die chemischen Kräfte, die synthetisierenden und analysierenden Kräfte sich zu denken haben, sondern immer ihre polarische Gegenseite. Und dann ist als besondere Ätherart anzusehen der Lebensäther, der das eigentlich belebende Element in den ganzen organischen Wesenheiten ist.

Tafel 2

Lebensäther
Chemischer Äther
___
Lichtäther
Wärmeäther

Nun ist dieser Äther eine allgemein im Universum vorhandene Entität und ist als solche natürlich nicht in unmittelbar physischer Anschauung zu erreichen. Es ist in dieser Beziehung die Wissenschaft ja heute etwas ehrlicher geworden, als sie vorher war, weil sie gesehen hat, daß man Äther-Theorien doch nicht aus dem bloßen physischen Betrachten heraus bilden kann. Nachdem sie unzählige gebildet hat, ist sie im Relativismus dazu gekommen zu sagen: Es gibt überhaupt keinen Äther, man muß die Welt ohne Äther erklären. Das heißt, sie ist ehrlich geworden und hat in Einstein gestanden, daß man von physischen Beobachtungen aus zu keinem Äther komme, aber auch nicht zu einer anderen Betrachtungsmethode. Weil der Äther der Anschauung verloren ging, schaltete man ihn einfach aus.

Nun handelt es sich darum, daß, wenn etwas Übersinnliches sich einen Abdruck geschaffen hat im Physisch-Sinnlichen, dann dasjenige, was da als Abdruck aufgetreten ist, daß das für das betreffende Übersinnliche durchlässig wird. Also sehen Sie, der Äther, der allgemeine Äther schafft sich einen Abdruck in dem wässerigen Gliede des menschlichen Hauptes. Das, was wir als wässerigen Inhalt des Gehirnes zu betrachten haben, das haben wir ja nicht als undifferenziertes Wasser anzusehen, sondern das ist ebenso innerlich durchorganisiert, wie die festen Glieder organisiert sind. Es ist ja nur eine ganz sonderbare Betrachtungsweise des Menschen, daß man eigentlich ihn so anschaut, wie man ihn aufzeichnet. Wenn man ihn da mit der Leber und mit dem Magen aufzeichnet, so ist diese Zeichnung eigentlich nur eine Silhouette von dem, was fest hineingewoben ist in die Flüssigkeitsteile und in die luftförmigen Teile, und wir zeichnen eigentlich immer nur dasjenige, was da als kleine Körnchen drinnen ist. Das ist nicht einmal zehn Prozent des gesamten Menschen. In Wirklichkeit ist der Mensch natürlich ebensogut eine Wasser-, Luft- und Wärmeorganisation, wenn wir ihn physisch betrachten. Das Wasser ist natürlich durchaus – ich meine das Flüssige – ebenso in ihm organisiert wie das Feste. Das zeichnen wir niemals, wenn wir anatomische oder physiologische Zeichnungen machen. Nur ist natürlich substantiell dasjenige, was der wässerige Inhalt des Menschen ist, so, daß es fortwährend in Auflösung und Erneuerung ist. Es ist sozusagen in der Gestalt nur einen Augenblick festgehalten, aber gestaltet ist es eben. In diesem wässerigen Teil des menschlichen Hauptes finden wir eben den Abdruck des Ätherischen, so daß, wenn ich schematisch zeichne, ich also etwa das physische Wirken, das ganz besonders am Hinterhaupte

Tafel 2

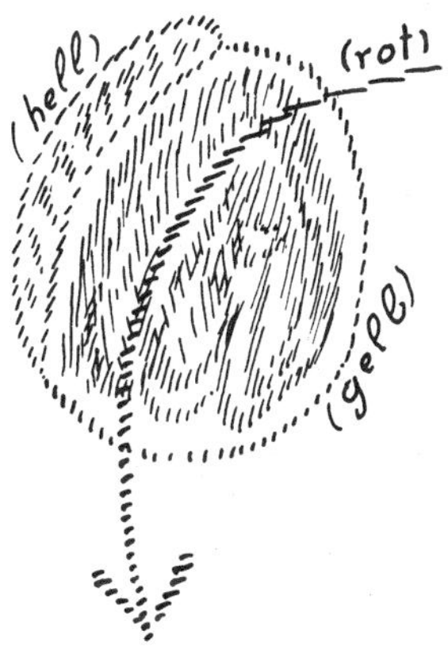

ausgebildet ist, so würde zeichnen müssen (siehe Zeichnung, hell). Es durchstrahlt natürlich den ganzen Organismus. Dann würde ich für das Wässerige das Übrige zu zeichnen haben (siehe Zeichnung, gelb). Das ist organisiert, durchorganisiert, so daß dieses Wässerige ein Abdruck desjenigen ist, was ätherischer Natur ist. Immer wird nun dasjenige, was ein Abdruck ist, auf diese Weise durchlässig. Weil das Auge im wirklich Goetheschen Sinne ganz wesenhaft betrachtet ein Geschöpf des Lichtes ist, deshalb ist es für das Licht durchlässig. Das ist nicht nur ein Bild, sondern das ist eine tiefe Weisheit, daß das Auge aus dem Licht heraus entstanden ist. Es ist ja auch embryologisch zu verfolgen, daß das Auge eigentlich von außen hinein organisiert wird, und es ist deshalb, weil es vom Lichte organisiert ist, für das Licht durchlässig. Aber im ganzen ist durch seine wässerige Organisation der Kopf des Menschen für das Ätherische durchlässig, weil er ein Abdruck aus dem Äther heraus ist, so daß also gesagt werden kann: Hier kann das Ätherische durch das Haupt durchgehen (siehe Zeichnung S. 31, roter Pfeil), ganz ohne daß es irgendwie aufgehalten wird, ohne daß es irgendwie in seinem Durchgang gestört wird, und kann eindringen in den übrigen menschlichen Organismus.

Das ist dasjenige, was auch geisteswissenschaftlich durchaus zu beobachten ist. Aber eine Modifikation muß da noch eingeführt werden. Nämlich durchlässig ist dieser Teil des menschlichen Hauptes richtig nur für den Wärmeäther und den Lichtäther. Also von außen wirken kann auf das menschliche Haupt nur der Wärmeäther und der Lichtäther. Der Wärmeäther wirkt nicht durch die unmittelbare Bestrahlung mit Wärme, sondern der Wärmeäther wirkt auf das menschliche Haupt dadurch, daß wir in einem bestimmten klimatischen Territorium drinnen sind. Also die Wirkung des Wärmeäthers auf das menschliche Haupt haben Sie nicht zu suchen in dem, ob Sie schwitzen oder nicht, sondern zu suchen in bezug darauf, ob Sie in der äquatorialen Zone, in der gemäßigten Zone oder in der kalten Zone wohnen. Also, es ist ein viel tiefer gehender Zusammenhang des Wärmeäthers mit dem menschlichen Haupt als eben der äußere des bloß von außen Bestrahltwerdens. In ähnlicher Weise ist auch zu denken, insofern wir bei der Physiologie bleiben – bei der Psychologie würde es anders sein, aber das geht uns jetzt nichts an –, der Einfluß des Lichtäthers auf den menschlichen Organismus, aber viel perennierender, als es bei der bloßen Lichtwirkung der Fall ist, so daß die Wirkung dieses Lichtäthers durch den ätherischen Abdruck im menschlichen Haupte durchgeht und den ganzen Menschen durchorganisiert. Nun, wie gesagt, für Wärmeäther und Lichtäther ist die menschliche Hauptesorganisation durchlässig. Es ist nicht ganz richtig, aber approximativ richtig, *etwas* durchlässig ist das menschliche Haupt für den chemischen Äther und Lebensäther. Aber wir können das hier vernachlässigen, weil trotzdem das Ergebnis dasjenige ist, welches ich jetzt gleich andeuten werde. Nun ist dasjenige, was als chemischer Äther und Lebensäther gegeben ist, so, daß es, wie Sie aus dem eben Angegebenen ersehen können, durch die Hauptesorganisation abgewiesen wird. Es wird abgewiesen. Dafür aber geht es durch den menschlichen Organismus durch. Dadurch, daß der Mensch als Mensch einfach auf der Erde lebt, wird er innerlich erfüllt mit dem, was Lebensäther und chemischer Äther ist.

Also, wenn ich so sagen darf: Die Wirkung des Wärme- und Lichtäthers strahlt von allen Seiten ein (siehe Zeichnung, Pfeile von oben). Die Wirkung des chemischen und Lebensäthers strahlt durch das

Tafel 2

Stoffwechsel-Gliedmaßensystem herauf dem einstrahlenden Wärme- und Lichtäther entgegen (siehe Zeichnung, Pfeile von unten). Ebenso wie der Kopf des Menschen, ich möchte sagen ängstlich daraufhin organisiert ist, möglichst nur Spuren von Lebensäther und chemischem Äther hereinzulassen, ebenso saugt geradezu aus dem Elemente der Erde heraus der Stoffwechsel-Gliedmaßenorganismus Lebensäther und chemischen Äther auf. Diese beiden Ätherarten begegnen sich im Menschen, und der Mensch ist so organisiert, daß seine Organisation in einem geordneten Auseinanderhalten von diesen beiden Ätherarten gipfelt, Lebensäther, chemischer Äther auf der einen Seite, von unten nach oben strömend, Wärmeäther, Lichtäther auf der anderen Seite, von oben nach unten strömend.

Es gehört zum menschlichen Organismus, daß gewissermaßen in die untere Organisation nicht organisch aufgenommen werde dasjenige, was von oben einstrahlt, Lichtäther und Wärmeäther, anders, als daß es eben auf diesem Wege einströmt. Und ebensowenig darf irgendwie von unten auf etwas anderes einströmen. Also, von außen muß Lichtäther und Wärmeäther einströmen, von unten Lebensäther und chemischer Äther, und diese beiden werden zu einem Zusammenwirken im Menschen veranlaßt durch die Organisation, die durchaus aufrecht erhalten werden muß, wenn der Mensch in seiner normalen Organisation drinnenstehen soll. Wir kommen zu einem Verständnisse, wie dieses Zusammenwirken ist, wenn wir auf der einen Seite uns einmal betrachtend in der Anschauung von deutlich unterernährten Menschen ergehen. Wenn wir uns betrachtend in der Anschauung von deutlich unterernährten Menschen ergehen, dann stellt sich die Sache so, daß wir den Eindruck, den ganz imaginativen Eindruck bekommen, zu dem sich aber der Mensch leicht aufschwingen kann, wenn er nur überhaupt einmal ganz leise darauf aufmerksam gemacht worden ist, daß es so etwas wie Imagination gibt. Denn nichts ruft so leicht Imaginationen hervor, wie die krankhaften Zustände des Menschen, wenn sie angesehen werden. Nun, wenn man einen unterernährten Menschen vor sich hat, dann sieht man, seine Stoffwechselorganisation, also dasjenige, was da im Stoffwechsel drinnen vor sich geht, das bindet den Äther, das läßt den Äther nicht los. Sie schauen, sagen wir Magen, Leber an bei einem unterernährten Menschen und Sie finden, die halten zurück den Lebensäther und den chemischen Äther; die binden ihn an sich, die lassen ihn nicht los, so daß also ein Mangel an hinaufströmendem Lebensäther und chemischem Äther beim unterernährten Menschen vorhanden ist. Dadurch drückt auf ihn der Lichtäther und der Wärmeäther von oben, und die Folge davon ist, daß sein Organismus eine ähnliche Art annimmt, wie vorher Licht- und Wärmeäther im Haupte bewirkt haben. Sie schaffen den ganzen Organismus so um, daß er gewissermaßen zu stark der Hauptesorganisation ähnlich wird. Der Mensch wird fast ganz Kopf dadurch, daß er unterernährt wird. Er verwandelt sich sozusagen nur in einen Kopfmenschen dadurch, daß er unterernährt wird, und das ist dasjenige, was beim Studium der Unterernährung ganz besonders bedeutsam ist. Man kann einen Menschen beobachten, der an dem Gegenteil von Unterernährung leidet. Es kommen nur diese Dinge durch ganz besondere Zustände zum Vorschein, man muß sie immer richtig anschauen können. Sie werden natürlich fragen: Was ist das Gegenteil von Unterernährung? Ja, für den Geistesforscher ist das Gegenteil von Unterernährung in einem Fall zum Beispiel das, was man Gehirnerweichung nennt. Geradeso wie das Unterernährtwerden darauf beruht, daß der Mensch eigentlich sich durchdringt mit dem, was er nur im Kopfe haben soll, was nur hineinlangt in den oberen Organismus, so durchdringt er sich bei der Gehirnerweichung im Kopfe mit dem, was er bloß im Bauch haben soll, was nicht ins Gehirn hineingehört, was nur in den Bauch hineingehört, was nur dort organisierend wirkt. Der Organismus also verarbeitet daher zu rege dasjenige, was er im Verdauungsprozeß aufnimmt. Er verarbeitet es zu weit, er hält es nicht genügend zurück, bevor es durch das Tor geht, durch das es in das Haupt eindringt. Die Folge davon ist natürlich auch, daß für die betreffende menschliche Organisation dadurch, daß gewissermaßen zu viel in das Haupt hineingegossen wird, dann auch zu viel gegessen wird. Diese Dinge sind auch eben durchaus klar zu beobachten in ihrer Fortsetzung. Denn das ist gerade das Bedeutsame, daß man sich, um auf dem Gebiete, über das wir jetzt reden, überhaupt zu etwas zu kommen, von der Fortsetzung solcher Prozesse eine Vorstellung machen muß. Was entsteht dann, wenn diese Prozesse, die eigentlich an ihren Ausgangspunkten ganz normale Prozesse sind, wie das Essen, das Verdauen, das Verarbeiten im Unterleib, das Abgeben nach dem Kopfe hin und so weiter, nun fortgesetzt werden, wenn sie über das ihnen durch die Organisation normal angewiesene Ziel hinausschnappen? Dann entsteht eben beim unterernährten Menschen durch die Unregelmäßigkeit, die da unten entsteht, ein unnormales Zusammenarbeiten dieser zwei Ätherarten, oder auch beim überernährten Menschen durch die Unregelmäßigkeiten oben; die Ätherarten wirken nicht so zusammen, wie sie im menschlichen Organismus zusammenwirken müssen. Und in dem, daß der von außen wirkende Äther mit dem aus dem Innern heraufstrebenden Äther falsch zusammenwirkt, entsteht das folgende:

Jeder Äther, der von außen wirksam ist und nicht an der richtigen Stelle haltmacht, sondern den Menschen stärker durchdringt, als er ihn durchdringen sollte, ist für den menschlichen Organismus Gift, hat eine vergiftende Wirkung, so daß man sagen kann, der Äther ist, wenn er nicht an der richtigen Stelle aufgehalten wird, für die menschliche Organisation Gift. Er muß in seiner richtigen Weise mit dem von innen aufstrebenden Äther zusammenkommen.

Und wiederum, wenn man hinblickt auf den inneren Äther, auf die andere Ätherart, die von innen wirkt, so ist das über das Maß hinausgehende Wirken dieses Äthers für den Menschen im ganzen aufweichend; während im Gegensatze die vergiftende Wirkung darinnen besteht, daß der Mensch gewissermaßen ätherisch erstarrt, zerfließt er durch die andere Wirkung. Es wird zuviel Leben über ihn ausgegossen, und zuviel Chemisch-Polarisches über ihn ausgegossen. Er kann dann nicht bestehen. Er zerweicht sich. Das sind auch zwei polarische Wirkungen: die vergiftende Wirkung und die zerweichende Wirkung. Wenn man den Menschen so anschaut, sagt man sich: Was ist denn dieser Mensch eigentlich? – Er ist, insofern er physischer Mensch ist, ein organisches Wesen, das in der richtigen Weise die beiden Ätherarten auseinanderhält und sie wiederum in der richtigen Weise zusammenwirken läßt. Die ganze menschliche Organisation ist eigentlich daraufhin veranlagt, die beiden Ätherarten in sich in der richtigen Weise zusammenwirken zu lassen.

Jetzt kommen wir dem schon näher, was ich sagte: der Mensch ist ganz durchorganisiert. Das ist ja handgreiflich, daß er auch mit Bezug auf Wasser, mit Bezug auf die Luft und die Wärme innerlich differenziert, das heißt organisiert ist. Aber er ist auch in bezug auf den Äther differenziert. Nur ist diese Differenziation eine fluktuierende. Es ist ein fortwährendes Geschehen, ein fortwährendes Zusammenwirken in ihm von Licht- und Wärmeäther auf der einen Seite, das von oben nach unten und peripherisch stößt, und von Lebens- und chemischem Äther, das von unten nach oben gewissermaßen zentrifugal nach auswärts stößt. Und dadurch entsteht dann dieses Äthergebilde Mensch, was eigentlich eine Umgestaltung des Wirbels ist, der ja durch das Zusammenstoßen der zwei Ätherarten sich bildet. Die Gestalt, die da

Ihnen entgegentritt, sie muß eben verstanden werden durch das Zusammenwirken der beiden Ätherarten. Es ist von einer gewissen Wichtigkeit, sich gerade aus den noch weniger bemerkbaren Prozessen, wie eben der der Unterernährung und der Überernährung, [Vorstellungen von dem kranken und gesunden Menschen zu machen]. Aber organische Überernährung – man ist noch nicht überernährt, wenn man sich bloß den Magen vollstopft; wenn man eine auch übermäßig gute Verdauung sich dann angeeignet hat, so braucht man viel weniger überernährt zu werden als dann, wenn man eben den Verdauungsprozeß gestört hat und die Dinge nicht verarbeitet werden. Also, man muß versuchen auszugehen von demjenigen, was sich einem bietet, wenn man diese anfänglichen Prozesse, die noch durchaus zu den normalen des Menschen gehören, beobachtet. Es muß eben auch gesagt werden: Wenn wir nicht krank werden könnten, so könnten wir überhaupt nicht Mensch sein, denn das Kranksein ist nur die Fortsetzung von Prozessen, die wir brauchen, die wir unbedingt haben müssen, über ihr Maß hinaus. Das Gesundsein ist eigentlich derjenige Zustand des Menschen, in dem die krankmachenden Prozesse und die heilenden Prozesse in einem entsprechenden Gleichgewicht stehen. Der Mensch ist nämlich nicht bloß dann gefährdet, wenn die krankmachenden Prozesse sich äußern, sondern auch wenn die heilenden Prozesse über ihre Ziele hinausschießen. Es ist der Mensch dann auch gefährdet. Daher handelt es sich darum, daß man bei der Einleitung des Heilprozesses nicht zu intensiv vorgeht, sonst schießt man über das andere Ziel hinaus, man vertreibt die Krankheit, und da, wo sie an ihrem Nullpunkte angekommen ist, springt sie nach der andern Richtung hinüber.

Das tritt einem ja besonders stark entgegen, wenn man sieht, daß man in älteren menschlichen Anschauungen noch instinktive therapeutische Anschauungen hatte. Ich glaube, jeder, der sich mit dem Thema befaßt hat, wird zugeben, daß in alten Kulturen aus den menschlichen Instinkten heraus wunderbare therapeutische Anschauungen da waren, die nur nicht mit dem Bewußtsein durchschaut werden konnten, die aber durchaus vorhanden waren, und die selbst da, wo sie einem in der Dekadenz entgegentreten, wie bei den jetzigen wilden Völkern im Grunde genommen noch imponieren können. Einmal hat vor einer nicht so langen Zeit das etwas dilettantische Herumstöbern in dieser Sache bei Herren, die auf anderen Gebieten, in ihrem Spezialfache außerordentlich gelehrt waren, einiges Aufsehen machen können. Sehen Sie, als der Streit ausgebrochen war zwischen den Jenenser Gelehrten und den Berliner Gelehrten über den Pithecanthropus erectus, da hat ja bekanntlich Virchow dem Haeckel eingewendet, daß der Pithecanthropus, der durch Dubois aufgefunden worden ist, deutliche Verheilungen, Knochenverheilungen gezeigt hat, die der moderne Arzt so deuten kann, daß da ein Heilprozeß künstlich eingeleitet worden ist. Es war einer der Haupteinwände von Virchow, und daher schloß er, daß dieser Pithecanthropus erectus durch einen Arzt geheilt worden ist, also daß es dazumal schon Ärzte gegeben haben muß, wie Virchow an der Universität, nicht wahr, welche die äußere Heilung eingeleitet haben, und daß der Pithecanthropus nicht ein Zwischenglied gewesen sein muß, weil der Mensch da noch nicht dagewesen ist; es muß eben ein Mensch sein. Es könnte ja auch sein, daß ein richtiger Arzt einen Affen hätte heilen können, aber das wurde nicht angenommen. Die andere Seite, die im Grunde ebenso dilettantisch in der Sache herumgewühlt hat, weil sie nur ein allgemeines Gefühl ausdrückte, sagte: Nun, bei den Tieren treten eben auch Naturheilungen ein, ohne daß ein Mensch eingreift, die ebenso aussehen wie die Heilung, die eingetreten ist bei dem Pithecanthropus.

Nun, ich will nur darauf hindeuten, wie unklare Begriffe heute herrschen. Es ist viel darüber geschrieben und gedruckt worden über diese Sache im Beginn der neunziger Jahre des vorigen Jahrhunderts, so daß man also an einem solchen Gelehrtenstreit sieht, wie solche Dinge heute auftreten können.

Also wir finden schon in den instinktiven Vorstellungen einer primitiveren Menschheit durchaus dasjenige, was man auch eine instinktive Therapie nennen könnte. Und diese instinktive Therapie hat den ganz bedeutenden Satz hervorgebracht: Man darf nicht jedem unzuverlässigen Menschen die Kunst des Heilens mitteilen, weil man ihm dadurch zu gleicher Zeit die Kunst des Krankmachens verraten muß. Das ist ein Satz der Urmedizin, der auch moralisch sehr streng eingehalten worden ist, und einer derjenigen Sätze, welche die Gründe angeben, warum in den Lehrstätten die Dinge in einem gewissen Geheimnis gehalten worden sind.

Also es handelt sich darum, daß wir in den krankmachenden Prozessen nur Fortsetzungen desjenigen haben, was wir im gesunden Menschen unbedingt haben müssen. Könnten wir nicht krank werden, so könnten wir nicht denken und fühlen. Alles dasjenige, was sich zuletzt seelisch in Denken und Fühlen darlebt, ist organisch ein Kraftsystem, welches, wenn es über sein Maß hinausschießt, krankmachend ist. Und das andere ist das, daß ein eigentlich physischer Prozeß nur in einem Teil des menschlichen Hauptes vor sich geht. Dieser physische Prozeß, der im menschlichen Haupte vor sich geht, der ist eine notwendige Begleiterscheinung des menschlichen Ich-Erlebnisses. Ist dieser Prozeß gestört, das heißt, überwuchert ein Vitalprozeß diesen reinen physischen Prozeß im Menschen, dann wird das Ich in einer gewissen Weise auch im Bewußtsein herabgelähmt. Und alles Außersichkommen des Menschen, alles, wo die Menschen schwachsinnig und dergleichen werden, beruht mit auf demjenigen und muß erkannt werden aus demjenigen, was als rein physische Prozesse im Menschen vorgegangen ist. Natürlich können dann außerdem auch andere organische Veranlassungen da sein.

Also dasjenige, was da vom Menschenhaupte eingeleitet wird und von da aus durch den ganzen Organismus strahlt, das ist der rein physische Prozeß, der im Moment, wo der Tod eintritt, sich in den ganzen Organismus ergießt. Dieser Moment, der ist im menschlichen Haupte, wenigstens von ihm zentralisierend ausgehend, immer vorhanden. Er wird nur paralysiert durch den Vitalisierungsprozeß vom anderen Organismus aus. Der Mensch trägt tatsächlich die Kräfte, die ihn auch zum Sterben bringen, fortwährend in sich, und er wäre kein Ich, wenn er nicht die Kräfte des Sterbens in sich tragen würde. Der Mensch könnte sich nur wünschen, als physisch auf der Erde herumgehender Mensch, als physischer Mensch unsterblich zu sein, wenn er verzichten würde darauf, ein Ich-Bewußtsein zu haben. Ich mache darauf aufmerksam, daß es notwendig ist, sich schon gewisse intime Beobachtungsfähigkeiten für die äußere Verifizierung dieser Sache anzueignen, daß es aber doch sehr fruchtbar sein wird, wenn recht viele Dissertationen auch darüber geschrieben werden, was Verjüngungskuren, die also dem entgegenarbeiten, auf die geistig-seelische Verfassung eines Menschen für einen Einnuß haben; wobei natürlich nichts gesagt werden soll gegen solche Verjüngungskuren, denn der Mensch mag es ja noch immer als seiner Sehnsucht genügend entgegenkommend betrachten, wenn er sein späteres Alter um ein paar Jahre hinaus verlängern kann, wenn das auch auf Kosten desjenigen geschieht, daß er sich ein bißchen Schwachsinn dafür eintauscht. Aber diese Dinge, die nun eben tatsächlich vorhanden sind, über die nur ebenso hinweggesehen wird wie zum Beispiel über die größere Stickstoffmenge, die ausgeatmet wird, im Gegensatz zu der eingeatmeten, diese Dinge müssen für den durchaus ins Auge gefaßt werden, der auf Krankheits- und Heilungsprozesse sachgemäß eingehen will. Denn in dem Maße, in dem man auf diese Feinheiten der menschlichen Organisation eingeht, nähert man sich erst der Erkenntnis derjenigen Prozesse, die als Krankheitsprozesse auftreten, die nichts anderes sind, als eine Umsetzung dieser feineren Prozesse ins Gröbere. Dasjenige, was ich gesagt habe, ist nur eine Umsetzung ins Gröbere dieser feineren Prozesse. Aber sagen muß man, daß demjenigen, was im Menschen als physischer Prozeß wirkt, was ihn als physischer Prozeß durchsetzt, daß dem entgegengearbeitet wird so lange wie möglich von dem Ich, das aber an diese Gegenarbeit, an diese reaktive Wirkung gebunden ist. Es wird dem so lange entgegengearbeitet, als dieser physische Prozeß nicht zu stark wird. Dieser physische Prozeß ist dasjenige, was das Sterben immer im menschlichen Organismus hat, was im Sterben zuletzt auch liegt. Wenn nämlich der physische Prozeß gewissermaßen hypertrophiert, so daß er von dem Ich nicht mehr beherrscht werden kann, dann muß sich das Ich von dem physischen Leib trennen, was natürlich auch dadurch eintreten kann, daß eine übermäßige physische Wirkung an irgendeiner Stelle des Körpers auftaucht und die anderen im früheren Lebensalter mit sich reißt, so daß man sagen kann: Dasjenige, was menschliches Ich ist, hängt innig zusammen mit demjenigen, was der Tod ist:

Tafel 2 *Ich — Tod*

Und zum treffendsten Studium über das Ich kommen Sie am besten dadurch, daß Sie den Tod studieren, aber nicht in jener allgemein nebulosen Art, wie man sich den Tod vorstellt, was einem ja verschiedene Dinge gestattet. Nicht wahr, so wie sich die Menschen heute den Tod vorstellen, so können sie sich auch das Zerstörtwerden einer Maschine vorstellen, denn sie stellen sich unter dem Tod nur vor, daß etwas aufhört. Sie stellen sich nicht den realen Prozeß vor. Deshalb stellen sich dann die Menschen unter dem Tod auch das Zerstören einer Maschine vor. Aber das heißt nichts, sich die Dinge so vorzustellen, sondern man muß zu dem konkreten Tatbestände kommen. Das Aufhören des Lebens ist nicht Tod, sondern für den Menschen ist Tod das, was ich eben hier auseinandergesetzt habe, und für das Tier ist der Tod etwas ganz anderes. Diejenigen Menschen, die Tod bei Mensch und Tier als etwas ganz Gleichwertiges betrachten, das sind dieselben Leute, die, weil sie ein Rasiermesser finden und Messer Messer ist, nun anfangen, sich das Fleisch mit dem Rasiermesser zu schneiden, weil Messer Messer ist. Bei den anderen ist Tod Tod. Tod ist eben eine ganz andere Sache beim Menschen als beim Tiere, wie ich eben gezeigt habe. Beim Tiere, wo man es mit einem Ich gar nicht zu tun hat, sondern nur mit einem astralischen Leib, da ist der Tod etwas ganz anderes, da beruht der Tod auf einer Wirkung des ganz anders gearteten astralischen Leibes.

Dasjenige, in dem die todbringenden Kräfte heruntergeschwächt, gewissermaßen im normalen Organismus heruntergelähmt sind, das ist die Krankheit. So wie der Tod mit dem Ich, so ist die Krankheit zusammengegliedert mit dem Astralleib des Menschen:

Astralleib — Krankheit Tafel 2

Im Astralleib sitzt eigentlich das, was mit den Krankheitsprozessen zu tun hat. Und dasjenige, was der astralische Leib verübt, das drückt sich ja wiederum hinein in den Ätherleib. Daher erscheint die Krankheit dann in ihrem eigentlichen Abdruck im Ätherleib. Aber der Ätherleib, der ist nicht dasjenige, was mit Krankheit unmittelbar zu tun hat.

Ich habe Ihnen vorhin den Abdruck geschildert dieses unregelmäßigen Ineinanderströmens, Ineinanderwirkens der beiden Ätherarten.

Aber das, was da unregelmäßig geschieht, ist nur selbst wiederum Wirkung des astralischen Leibes, prägt sich aus im Ätherleib. Wenn man das näher anschaut, dann kommt man eben in den astralischen Leib herein. Das wollen wir noch weiter ausführen. Dann aber haben wir dasjenige, was der Krankheit polarisch entgegenwirkt, und das ist die Gesundheit:

Tafel 2 *Ätherleib — Gesundheit*

Die Gesundheit, die wollen wir zuerst lieber nicht definieren, aber schon der Analogie nach können Sie hier sehen dasjenige, was auch für die Geistesforschung immer klarer und klarer wird, daß die Gesundheit ebenso zugeordnet ist dem Ätherleib wie die Krankheit dem Astralleib, und wie der Tod dem Ich, so daß Heilen, Gesundmachen heißt: die Möglichkeit haben, im Ätherleib die Gegenwirkungen zu bilden für die krankmachenden Wirkungen, die vom Astralleib ausgehen. Man muß schon vom Ätherleib aus wirken, um die Kräfte des astralischen Leibes zu paralysieren, die eben Krankmachungsprozesse sind.

Dann gibt es noch ein Viertes. Das ist dasjenige, welches in einer gewissen Weise polarisch zum Tod ist. Nun, da muß ich allerdings zunächst sagen, ganz konkret angesehen tritt der Tod des Menschen dann ein, wenn seine ganze innere Organisation so ins Physische übergegangen ist, daß kein Ernährungsprozeß, kein durchgreifender Ernährungsprozeß mehr eingeleitet werden kann. Das ist der Alterstod. Der Alterstod ist eigentlich das ünfähigwerden, die Stoffe im Organismus aufzunehmen. Im Grunde genommen ist diese Erscheinung, die deshalb so wenig beobachtet werden kann, weil gewöhnlich durch andere Ursachen der Mensch früher stirbt, als der eigentliche Marasmus in seiner Vollblüte oder eigentlich Unblüte eintritt, noch nicht ganz beobachtet. Aber es ist tatsächlich ein Versagen der Ernährung. Der Körper kann nicht mehr die Ernährung voll durchführen; er ist dazu zu physisch geworden, so daß der polarische Gegensatz des Todes die Ernährung ist, und zugeordnet ist die Ernährung im Menschen eben dem physischen Leib:

Tafel 2 *Physischer Leib — Ernährung*

Die Dinge wirken wiederum zurück. Die Ernährung, die im physischen Leib sich vollzieht, wirkt zurück auf den Ätherleib, hat daher auch wiederum etwas mit der gesundenden Wirkung zu tun. Und das ist wieder etwas, was als Reaktion zurückwirkt auf dasjenige, was vom Astralleib ausgeht.

Wenn man gewissermaßen das im unmittelbaren Leben beobachtet, was ich jetzt hingestellt habe, so kann man es auch von der anderen Seite wiederum verifizieren. Indem Sie dasjenige nehmen, was aus unserer Geisteswissenschaft von früher her bekannt ist, so werden Sie hier einen Strich machen müssen:

Ich — Tod Tafel 2
Astralleib — Krankheit

Ätherleib — Gesundheit
Physischer Leib — Ernährung

Denn teilweise, wenigstens für die Kopf- und Atmungsorganisation trennt sich Ich und Astralleib im Schlafe vollständig von physischem Leib und Ätherleib – nicht für den Stoffwechselmenschen und Zirkulationsmenschen, da bleibt das drinnen. Es ist das nicht genau gesprochen, wenn man sagt: Ich und Astralleib gehen heraus. Es ist eigentlich richtig so gesprochen – und ich habe es ja auch früher oftmals, schon vor vielen Jahren angedeutet –, daß man sagt: Im Schlafe gehen für die Hauptesorganisation Ich und astralischer Leib heraus aus physischem Leib und Ätherleib, aber in der Stoffwechsel- und Zirkulationsorganisation durchdringen sie ihn dadurch viel mehr. Es ist tatsächlich eine Umlagerung. Es ist die Parallelerscheinung zu dem, wenn auf der Erde Tag und Nacht wechseln. Da ist es nämlich auch nicht so, daß auf der ganzen Erde Tag und auf der ganzen Erde Nacht wird, sondern es lagern sich Tag und Nacht durch die Verhältnisse um. Genau ebenso ist es bei dem wirklich genauen Abdruck von Tag und Nacht beim menschlichen Schlafen und Wachen. Beim Wachen ist innig physischer Leib und Ätherleib des Hauptes- und Atmungsorganismus mit Ich und astralischem Leib verbunden, und im Schlafe ist viel inniger als beim Wachen physischer Leib und Ätherleib des Stoffwechsel- und Zirkulationsorganismus mit Ich und astralischem Leib verbunden. Das ist eine Umlagerung, ein tatsächlich rhythmischer Prozeß, der sich da vollzieht mit Schlafen und Wachen.

Nun kann man aber doch sagen: Es liegt einem im Schlafen das vor, wenigstens für die obere Organisation des Menschen, daß der astralische Leib mit dem Ich hinausgeht. Es kann nun aber die Beobachtung einmal ergeben, daß bei einem Menschen für die Hauptes- oder vielleicht auch für die Atmungsorganisation der astralische Leib und das Ich zu stark das Haupt und die Atmungsorganisation packen. Sie pakken sie zu stark, sie greifen sie zu stark an, dann tut eben der astralische Leib das von seinen krankmachenden Kräften aus. Und dann kann man in die Lage versetzt werden, daß man so arbeiten muß am Menschen, daß dieser astralische Leib wiederum herausgetrieben wird aus Hauptesorganisation und Atmungsorganisation, daß er herausgetrieben wird, daß sie sich in einer gewissen Weise voneinander trennen, so daß das normale Verhältnis eintritt. Und daß dies geschehen kann, kann man beobachten bei der Zufuhr von sehr kleinen Phosphor- und auch Schwefelmengen. Kleine Phosphor- und Schwefelmengen haben in ihrer Realität die Wirkung, daß sie den zu stark im physischen und Ätherleib sich einnistenden astralischen Leib herauswerfen, der Schwefel mehr den astralischen Leib, der Phosphor mehr das Ich, das aber dann natürlich, weil es ja den astralischen Leib durchorganisiert, eigentlich mit ihm in einer Einheit wirkt. Da kann man direkt durchschauen, wie der Mensch ist, wenn er mit einem krankhaften Zustand auftritt, der sich also außerdem durch das Symptom charakterisieren läßt, daß der Mensch zu stark zum Schlaf hingetrieben wird. Wenn man also einfach einen Krankheitskomplex hat, der unter den anderen Symptomen auch dieses hat, daß der Mensch auch hingetrieben wird zu Dämmerzuständen, dann hat man die Notwendigkeit gegeben, in der Weise zu arbeiten, wie ich sagte, mit Phosphor und Schwefel.

Tritt der andere Zustand ein, der dann im Stoffwechsel- und Zirkulationsorganismus seinen Sitz hat und der darinnen besteht, daß der astralische Leib mit dem Ich zu wenig in den physischen Leib eingreift, daß man also zu ihnen sagen muß: Bitte weiter hereinspaziert, meine Herren, ihr müßt tätiger werden, aktiver werden im Menschen – dann handelt es sich darum, daß man nicht zu stark verdünnte Arsenikwirkungen braucht. Da wirkt man eben auf das Hereinziehen des astralischen Leibes in den physischen Organismus.

Und nun weise ich Sie da hin in einer Weise, die eben aus der ganzen konkreten Anschauung des Menschen herausgeholt ist. Wenn also der astralische Leib innerlich zu regsam wird, so daß er zu stark auf den physischen Leib wirkt, so kommt man mit Schwefel und Phosphor bei, wenn er zu wenig wirkt, also wenn er zu faul in sich wird, so daß der Ätherleib überwiegt, überwiegt dadurch, daß er nicht genügend Widerstandskraft hat gegen dasjenige, was von unten wirkt, da kann man durch Arsen beikommen.

Nun hat man sozusagen zwei polarische Gegensätze in der Phosphor-Schwefelwirkung und in der Arsenwirkung. Man kann nun auch in die Lage kommen, daß man sich sagen muß: Ja, mit dem bloßen Regeln von dem einen und von dem anderen Pol her ist es nicht getan, denn eine Unregelmäßigkeit in dem einen Teil des Menschen hat ja gleich eine Gegenwirkung und setzt sich fort in einer entgegengesetzten Unregelmäßigkeit im anderen Teil; die Unregelmäßigkeit im oberen Menschen kommt auch sehr bald zum Ausdruck in einer Unregelmäßigkeit im unteren Menschen. Und dieses Zusammenklingen zweier Unregelmäßigkeiten, das ist etwas, was – verzeihen Sie, es ist jetzt nicht ein Ausdruck für das Leben, sondern ein Ausdruck für das, ich möchte sagen, klinische Anschauen – zu dem Reizvollsten gehört, dieses unregelmäßige Ineinanderklingen, wo die beiden Tätigkeiten eben nicht zusammenkommen und eine zu schwache Kraftwirkung oben eine zu starke unten, oder eine zu starke unten eine zu schwache oben hervorruft. Die Dinge sind nicht nur polarisch entgegengesetzt in bezug auf Lage und Richtung, sondern auch in bezug auf Intensität natürlich. Das ist das Komplizierteste in der menschlichen Wesenheit, dieses Ineinanderwirken. Das erzeugt eben auch, wenn man es durchschaut, die Erkenntnis der Notwendigkeit, daß man nun auch auszugleichen hat, daß man gewissermaßen diejenigen Kräfte, die der Mensch hat, in Anspruch nehmen muß, um einen Ausgleich zu schaffen zwischen den beiden. Und denen kommt man zu Hilfe durch die Antimonwirkung. Die Antimonwirkungen, die eigentlich heute mehr oder weniger, wie ich glaube, ganz außer acht gelassen werden von der gewöhnlichen äußeren Medizin, die aber – frühere Zeiten wußten das – auf eine Art wirken, die heute den Menschen nicht mehr ganz verständlich ist, sie beruhen im wesentlichen darauf, daß sie sehr stark ihre Wirkungen ins Innere des Menschen gerade verlegen, und eine Art Ausgleichspunkt schaffen. Es ist in der Tat außerordentlich interessant, das entgegengesetzte Verhalten von Phosphor, Arsen, Antimon in bezug auf dasjenige, was durch sie im Menschen vorgeht, zu beobachten. Auch dasjenige, was in der äußeren Welt im Stoff zu einer gewissen Ruhe kommt, das äußert seine wahre Natur dann, wenn es im Menschen zur Wirksamkeit kommt. Denn da sieht man eigentlich erst, was da noch lebt, während man von außen nur sieht dasjenige, was sich, ich möchte sagen aus dem Werdeprozeß zusammengeschoppt hat. Sieht man äußerlich Arsen, so sieht man eigentlich das Ende von einem Prozeß in der Außenwelt, von dem man im Innern des Menschen den Anfang sieht, so daß man eigentlich niemals etwas, was man in der Außenwelt beobachtet, als Stoff erkennt, wenn man nicht zu gleicher Zeit weiß, was das macht im Innern des menschlichen Organismus. – Es gibt nämlich eine Chemie, aber es gibt auch eine Antichemie. Und eine Chemie bedeutet nur dasjenige, was das Anschauen eines Wesens, das Vorn und Hinten hat, eben bloß von der einen Seite, von hinten bedeutet. Man muß ein Wesen, das ein Hinten hat, auch von vorne anschauen, dann bekommt man durch das Zusammenhalten dieser zwei Aspekte erst einen Eindruck von dem ganzen Wesen. Wenn man erst dasjenige, was in einem Stoffe lebt, dadurch, daß man den Stoff gesehen hat, von hinten angeschaut hat, dann muß man das auch von vorne anschauen, wie es im menschlichen Organismus wirkt. Man muß nicht nur eine Chemie treiben, sondern auch eine Antichemie. Und erst aus dem Zusammenwirken von Chemie und Antichemie entsteht die Erkenntnis desjenigen, was wirklich zugrunde liegt. Nun, wir wollen morgen davon weitersprechen.

ERSTER VORTRAG

Dornach, 12. April 1921

Ich möchte mit diesen Nachmittagsstunden die ersten Keime – möchte ich sagen – einer Art *Heil*-Eurythmie andeuten. Wir werden dazu heute eine Art Einleitung haben, um dann dasjenige, was wir da gewinnen, überzuleiten in den nächsten Tagen in bestimmte Formen. Ich möchte einiges Prinzipielle zunächst bemerken. Dasjenige, was bisher getrieben worden ist als Eurythmie, ist Eurythmie als Kunst; und als eurythmische Kunst ist sie zu gleicher Zeit dasjenige, was auch von der Pädagogik und Didaktik als Eurythmie für Kinder akzeptiert werden muß. Denn dasjenige, was bisher entwickelt worden ist als Eurythmie, das ist durchaus hervorgeholt aus der Gestalt des gesunden Menschen. Und wir werden sehen, wie sich ergeben werden gewisse Anhaltspunkte, um ein Hygienisch-Therapeutisches aus dem Eurythmischen heraus zu gewinnen, wie sich manche künstlerische Formen werden nach der einen oder nach der andern Richtung metamorphosieren, um eben zu dem zu werden, was man eine Art Heileurythmie nennen kann.

Es wird natürlich prinzipiell notwendig sein zu betonen, daß diese künstlerische Eurythmie, die im wesentlichen ein Ausleben desjenigen ist, was elementar in der Gestalt und in den Bewegungstendenzen des menschlichen Körpers liegt, daß diese künstlerische Eurythmie sowohl für den Anblick, wie auch eben für die Ausbildung des gesunden menschlichen Organismus, für das seelisch-geistig-körperliche Ausbilden des gesunden menschlichen Organismus als das Richtige angesehen werden muß. Aber man kann eben hinarbeiten nach einer Heileurythmie, welche sehr weit gehen kann in der Behandlung von irgendwelchen chronischen und auch akuten Zuständen, die aber namentlich auch in dem Fall sich als sehr zweckmäßig und wichtig erweisen wird, wenn wir uns bemühen, heranrückende Krankheiten, Anlagen zu Krankheiten, gewissermaßen prophylaktisch eurythmisch zu behandeln. Da haben wir dann allerdings ein Element gegeben, wo das didaktisch-pädagogische Element der Eurythmie wird übergehen müssen allmählich in das hygienisch-therapeutische.

Für diejenigen aber, die künstlerische Eurythmie treiben wollen, möchte ich ausdrücklich betonen, daß sie in intensivster Weise, wenn sie eurythmische Kunst treiben wollen, das werden vergessen müssen, was sie sich in diesen Stunden hier aneignen. Denn gerade auf diesem Gebiet wird man im strengsten Sinne auseinanderhalten müssen dasjenige, was zu hygienisch-therapeutischem Ziel angestrebt wird, und dasjenige, was in der Eurythmie als das Künstlerische angestrebt werden muß. Und wer beides wird durcheinanderwerfen wollen, wird sich erstens seine eurythmische Künstlerschaft zerstören und zweitens in bezug auf das therapeutisch-hygienische Element nichts Besonderes erreichen können. Es wird ja ohnedies, wie die folgenden Stunden zeigen werden, notwendig sein, daß man, um das hygienisch-therapeutische Element der Eurythmie anzuwenden, dazu gewisse Kenntnisse, die wie in eine Art Gefühl für die Bildung des menschlichen Organismus übergehen, daß man solche physiologischen Kenntnisse beim Anwenden, beim praktischen Anwenden, durchaus wird haben müssen.

Nun, nachdem ich das vorausgeschickt habe, möchte ich, wie es sich mir angemessen erweist, gerade für die Ziele, denen wir hier entgegenstreben, etwas genauer eingehen auf dasjenige, was nun der menschlichen Eurythmie überhaupt zugrunde zu legen ist. Wenn man verstehen will, was Eurythmie nach ihren verschiedensten Inhalten ist, muß man zunächst sich ein gewisses Verständnis erwerben für den menschlichen Kehlkopf. Die andern Sprachorgane werden wir gerade im Verlaufe unserer Übungen im Zusammenhang mit dem menschlichen Kehlkopf kennenlernen. Aber das erste, das wir uns aneignen müssen, wird sein müssen eine gewisse Kenntnis des menschlichen Kehlkopfes und seiner ganzen Bedeutung für die menschliche Organisation überhaupt. Man ist viel zu sehr geneigt, ein einzelnes menschliches Organ wie eine Sache für sich zu betrachten. Das ist es aber nicht. Das ist kein menschliches Organ. Jedes menschliche Organ ist ein Glied der Gesamtorganisation und zu gleicher Zeit eine metamorphosische Umänderung gewisser anderer Organe. Im Grunde genommen ist jedes für sich abgeschlossene menschliche Organ eine Metamorphose der andern für sich abgeschlossenen menschlichen Organe. Da haben wir allerdings die Sache so, daß gewisse menschliche Organe und Organgruppen sich erweisen als, genauer, präziser möchte ich sagen, den Charakter der Metamorphose mehr in sich tragend, andere weniger.

Aber ein solches Beispiel, wo wir nur durch eine richtig verstandene Metamorphose eindringen können von einem Organ aus in das Wesen des menschlichen Organismus, das ist der Kehlkopf. Erinnern Sie sich nur einmal aus Ihren anatomischen und physiologischen Erkenntnissen, wie eigenartig dieses Organ des menschlichen Kehlkopfes gestaltet ist.

Es ist dasjenige, was ich sagen will, nur durch ein, ich möchte schon sagen, goethehaftes Anschauen dieses menschlichen Kehlkopfes zu gewinnen. Aber wenn Sie sich bemühen, dieses goethehafte Anschauen der betreffenden Organe, auf die wir jetzt rekurrieren wollen, anzustreben, so werden Sie sehen, daß es damit geht. Wenn Sie den Kehlkopf zunächst nehmen als eine nach oben gerichtete Fortsetzung der Luftröhre, so werden Sie als Charakteristisches finden, wenn Sie ihn seinen Formen nach studieren, daß er ist ein umgewendetes, von vorne nach rückwärts gewendetes Stück der menschlichen Organisation; von einem andern Orte ein anderes Stück menschlicher Organisation umgewendet. Stellen Sie sich vor: das Hinterhaupt des Menschen, mit Einschluß der Gehörpartie; und denken Sie sich das, was Sie sich da vorstellen als Hinterhaupt des Menschen mit Einschluß der Gehörpartie, insofern sie in diesem Teil des Menschen lokalisiert ist, mit Ausschluß des Vorderhirns zunächst, und fortgesetzt nach unten so, daß es übergeht in den menschlichen Brustkorb mit seinen Rükkenwirbeln, aber mit dem Ansatz der Rippen, die vorne das viel weichere Brustbein haben, das überhaupt unten ganz wegfällt. Also, Sie stellen sich dieses Organsystem vor, das weniger genau abgegrenzt ist, das ich jetzt angeführt habe: der rückwärtige Teil des Kopfes, einschließlich der Gehörpartie, hinunter erweitert zum Brustkorb.

Und nun denken Sie sich diese Partie etwas ummetamorphosiert; denken Sie sich namentlich sehr klein geworden den Durchmesser der Rippen. Denken Sie sich dasjenige, was sehr weit ist an den Rippen, am Brustkorb, hier zu einer Röhre verwandelt, das Knochige ins Knorpelige umgesetzt. Und denken Sie sich für dasjenige, was ich als Kopfpartie abgesondert habe, denken Sie sich ersetzt dasjenige, was im Kopf wirklich ausgefüllt ist mit einer flüssig-festen Masse. Das denken Sie sich ausgefüllt so, daß die weniger ausgefüllten Partien des Hauptes, daß die dort mehr löcherig gebliebenen Partien des Hauptes, daß diese ausgegossen wären und dann dasjenige wegbliebe, was jetzt ausgefüllt ist mit etwas dickerer

Gewebemasse. Dann, wenn Sie sich diese Ummetamorphosierung denken dieses Teiles des menschlichen Organismus, dann bekommen Sie die Kehlkopfmetamorphose: ein umgedrehtes Hinterhaupt mit daran angesetztem Brustkorb. Die Fortsetzung in den Kehlkopf nach oben ist wirklich eine Art Hinterkopf, metamorphosiert. Es ist so, daß die Bildekräfte, die ätherischen Bildekräfte für den Kehlkopf tatsächlich ein Umwenden vollziehen, wenn wir sie vergleichen mit denjenigen, die die Bildekräfte sind für die angezeigte Partie des Hinterhauptes mit dem Brustkorb daran. Wir tragen gewissermaßen in unserer Brust, mit dem Kehlkopf, wenn wir die Sache ätherisch betrachten, einen zweiten Menschen, der allerdings in einer gewissen Weise verkümmert ist, aber die Ansätze, das Verkümmerte doch in einer gewissen Ausbildung zu haben, sogar in sich trägt.

T 1

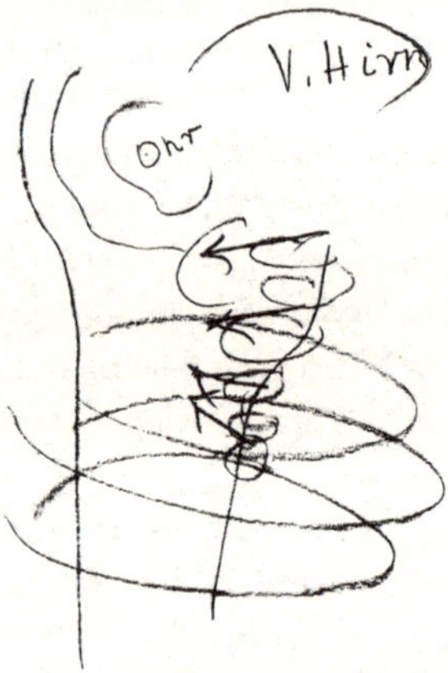

Würde dasjenige, was ich Ihnen geschildert habe, wiederum zurückgewendet und als Hinterkopf erscheinen, so würden ja nach den Bildungskräften sich nach vorne ansetzen müssen die Vorderhirnpartien. Diese Tendenz, so etwas anzusetzen, ist beim Kehlkopf auch vorhanden. Deshalb hat der Kehlkopf in seiner Nachbarschaft die Schilddrüse. Und dasjenige, was Ihnen in der neueren Physiologie entgegentritt als die eigentümlichen Bedingungen der Schilddrüse, das werden Sie metamorphosisch verstehen, wenn Sie in der Schilddrüse sehen können eine Art dekadentes Vorderhirn, das gewissermaßen Funktionen hat, die es beim sprechenden

Menschen dem Vorderhirn abnimmt. Es muß mittun die Schilddrüse mit dem Vorderhirn im Zusammenwirken. Wenn sie also in irgendeiner Weise krankhaft ist, so können Sie sich leicht vorstellen, was da für Zustände eintreten müssen, weil der Mensch, indem er eben die Schilddrüse hat, einfach daraufhin organisiert ist, sie als ein mehr dem Brustmenschen angehöriges Denkorgan mitzuverwenden.

Nun ist dasjenige, was ich als die ätherischen Bildekräfte bezeichnet habe, die da wirken, um diesen zweiten Menschen, der sich so umgekehrt in uns hineinsetzt, um diesen zweiten Menschen zustande zu bringen, – diese ätherischen Bildekräfte, die sind in der Tat sehr differenziert. Und es ist so, daß, wenn in uns zustande kommt die Atmung und sich auslebt die Atmung im Sprechen oder Singen, wenn also diese – von einem gewissen Standpunkte aus muß man es durchaus so nennen – modifizierte Atmung im Sprechen und Singen, wenn sich diese auslebt, dann ist das ganze Organsystem des Menschen, das ich zuerst gezeichnet habe, im Hinterhaupte und so weiter bis in die Brust hinein in einer solchen inneren Bewegung, daß diese Bewegung ihre Reflexe erlebt in der Kehlkopforganisation. Und wir haben dann uns vorzustellen, daß dasjenige, was durch dieses ganze System – das ist auch nichts anderes mit dem Ohr zusammen als ein Kehlkopf, nur metamorphosiert, da ist ein Vorderhirn – daß dieses ganze System hier gewisse Wirkungen hervorruft, die sich reflektieren. So daß unser Kehlkopf dasjenige als Kräfte nach rückwärts eurythmisiert, was wir denken, fühlen und so weiter. Diese Eurythmie ist tatsächlich in uns vorhanden.

Unser Kehlkopf eurythmisiert, und wir haben dann die Aufgabe, dasjenige, was sinnlich-übersinnlich da durch diese Reflexion des Kehlkopfes zustande kommt, das wiederum umzudrehen und zu übertragen nun ins Sichtbare, so daß durch unsere Arme dasjenige zum Ausdruck kommt, was wiederum das Zurückübertragene ist. Wir haben es also da tatsächlich zu tun mit etwas, was aus der menschlichen Organisation unmittelbar hervorgeholt ist.

Man muß sich nun bewußt werden, daß damit hingedeutet ist auf dasjenige Organ, welches gewissermaßen wie ein anderer Kopf mit seiner Fortsetzung nach unten in die rhythmische Organisation hineinverlegt ist. Unser gewöhnlicher Kopf, der mehr oder weniger denkerische Kopf, unser gewöhnlicher Kopf, der hat die Eigentümlichkeit, dasjenige, was als Rhythmisches in ihn heraufschlägt, namentlich durch den Arachnoidalraum, was eine Fortsetzung der Atmung ist, was da in ihn heraufschlägt, das zur Ruhe zu bringen, das in Ruhe zu verwandeln. Dadurch, daß das in Ruhe verwandelt wird, was unten Bewegung ist im rhythmischen System, daß also Gleichgewichtslage entsteht, Statisches entsteht aus dem Bewegten, sich gegenseitig in der Bewegung Bedingenden, aus dem Dynamischen, daß also Statisches entsteht in unserem Haupt aus dem Dynamischen, dadurch ist das Denken bedingt.

Und umgekehrt wiederum, umgekehrt ist es so, daß dasjenige, was wir in der Ruhe des Hauptes entwickeln, in der Statik des Hauptes entwickeln, daß das zurückwirkt auf die Dynamik des rhythmischen Menschen und zwar im wesentlichen zunächst verlangsamend. Es ist in der Tat so, daß unnatürliche Anstrengung des Seelisch-Geistigen durch das Haupt verlangsamend wirkt auf die Zirkulation. Und eine weitere Folge davon ist, daß chaotisches Denken, schlampiges Denken, daß das die Rhythmie in Arhythmie verwandelt, den natürlichen Rhythmus, der sich im rhythmischen System des Menschen abspielen soll, in Arhythmisches verwandelt, sogar dann, wenn es ausartet, eben in Antirhythmisches. Und beobachten muß man den Zusammenhang, wenn man den Menschen verstehen will, zwischen dem Zirkulations- und Atmungssystem und dem schlampigen, chaotischen Denken und auch dem logischen Denken. Denn das logische Denken als solches hat in sich die Tendenz, den Rhythmus zu verlangsamen, träge zu machen. Das logische Denken hat den Eigensinn, aus dem Rhythmus herauszufallen. Daher wird dasjenige Seelenleben, das wiederum in den Rhythmus hineinfallen will, das wird über die bloße Logik hinausstreben und wird versuchen, Sätze, Verse so zu gestalten, daß sie nicht im Sinne der Syntax, sondern im Sinne des Rhythmus ablaufen. Indem man von der Prosa, die die Feindin des Rhythmus ist, wenn sie nicht gerade rhythmische Prosa ist, in der Poesie wiederum zurückstrebt zum Rhythmus, versucht man wiederum menschlicher zu werden. Ich behaupte ja nicht, daß man nach der Tierseite hin durch das Logische sich entwikkelt. Sie können sich immerhin, wenn Sie wollen, vorstellen, daß man sich zum Engelhaften entwickele. Aber eben, wenn man wiederum vom Logischen zurückstrebt zum Menschlichen, so handelt es sich darum, daß man in die Aufeinanderfolge der Silben, in die Silbenbewegung, in die Lautbewegung, in die Satzgestaltung wiederum das hineinbringt, was nicht die Logik, nicht die Syntax fordert, sondern was der Rhythmus fordert. Wir müssen hören auf den rhythmischen Menschen, wenn wir in die Poesie zurück wollen, wir müssen hören auf den Kopfmenschen, wenn wir in die Prosa rücken wollen.

Das wird Ihnen andeuten, wie in der Tat ein Zusammenhang ist zwischen dem ganz offenbaren Menschenteil, den ich Ihnen geschildert habe, und dem, der sich als eine Metamorphose dieses Menschenteiles etwas verbirgt. Aber in uns ist er, dieser Eurythmiker, der als Ätherleib des Kehlkopfes eine ganz deutliche Eurythmie ausführt, was aber, wie Sie aus alledem entnehmen können, das ich Ihnen dargestellt habe, innig nun zusammenhängt mit der normalen Ausbildung unseres Atmungssystems, unseres ganzen Zirkulationssystems und damit natürlich sogar auf dem Umwege durch das Zirkulationssystem mit dem Stoffwechselsystem.

Nun handelt es sich darum, daß alle möglichen Anlässe gegeben sind, daß diese ganz komplizierte Einrichtung, auf die ich Sie hier hingewiesen habe, auf dieses Ineinanderpassen eines nach vorne strebenden und eines nach rückwärts[*] strebenden Systems, daß diese Einrichtung sehr leicht aus den Fugen kommen kann. Man kann eigentlich sagen, sie ist bei den wenigsten Menschen unserer heutigen Kultur in den Fugen, und es wird nötig sein, sich in dieser Richtung eine gewisse Beobachtungsgabe anzueignen aus dem Grunde, weil, wenn zum Beispiel im kindlichen Alter die obere, die Kopforganisation des Menschen so gehandhabt wird, daß die Sünde wider die rhythmische Organisation zu groß wird, weil dann tatsächlich dadurch, indem sich in der menschlichen Organisation, ich möchte sagen, lawinenartig die kleinen Anlässe zu großen Wirkungen ausbilden, weil dadurch tatsächlich alles mögliche im späteren Alter entstehen kann, einfach durch eine Unregelmäßigkeit im Zusammenhang desjenigen, was ich jetzt geschildert habe.

Es ist zum Beispiel von einer außerordentlichen Bedeutung, wenn man einmal Kinder daraufhin ansieht, inwiefern sie das mehr unbewußte Leben in Rhythmen in ihrem ganzen Seelenleben vorherrschend haben gegen-

* «rückwärts» in Wien üblich für «hinten».

über dem beruhigenden Element der Kopforganisation. Haben sie das, herrscht vor das rhythmische System, prädominiert es, dann muß man wirklich darauf aufmerksam werden, ob nicht da in der Erziehung des Kindes etwas zu geschehen habe. Zeigt sich das nach und nach wie habituell, dann ist es notwendig, daß etwas geschieht; nämlich dann ist notwendig, daß man mit dem Kind, das durch die Anomalie, auf die ich eben hingedeutet habe, immer aufgeregter und aufgeregter wird – wenn es immer zappeliger und zappeliger wird, wenn man nichts anfangen kann mit ihm –, dann ist es notwendig, daß man versucht, in seine ganze Organisation etwas Jambisches hineinzubringen. Und man kann das dadurch, daß man das Kind gehen läßt so, daß es immer mit vollem Bewußtsein – es muß dazu angeleitet werden – als erstes nach vorne bewegt den linken Arm und die linke Hand, nachher den rechten Arm, so daß das bewußter wird. Aber es muß das Bewußtsein haben: das ist der erste und ist der erste gewesen. Während der ganzen Übung muß das Bewußtsein vorherrschen: das war der erste und bleibt der erste; es hat angefangen mit dem Linken. Man kann dann das Ganze unterstützen dadurch, daß man es eben gehen läßt und ausschreiten läßt mit dem linken Bein und das rechte nachziehen läßt, so daß sich die Handübung – es kann ja das dann morgen noch hier geübt werden im Zusammenhang mit etwas anderem – so daß sich die Handübung und Armübung in der Tat anschließen der Beinübung und Fußübung*, die dann nur eine Unterstützung ist. Das Wesentliche, worauf es ankommt, das ist schon die Armübung. Man kann das Kind in dieser Weise jambisch, wie man es nennen kann, üben lassen, dann wird man sehen, wenn man solche Übungen lange genug fortsetzt, daß sie beruhigend wirken auf ein zappeliges Kind, auf ein aufgeregtes Kind und dergleichen.

Aus Ihren eurythmischen Kenntnissen heraus könnten Sie etwa sagen: Sie lassen das Kind mit dem linken Arm ein halbes A machen und dann dieses halbe A abschließen zu einem ganzen A mit dem rechten Arm, und so fort, indem das Kind dabei in Bewegung ist und das A nicht auf einmal zustande kommt, sondern es eben nach und nach, aus Mitbewegendem bestehend, nacheinander zustande kommt.

* Bisher: «... so daß sich *der* Handübung und Armübung in der Tat anschließen *die* Beinübung und Fußübung ...».

Haben Sie aber ein Kind, welches phlegmatisch ist, welches nichts auffassen will – unsere Waldorflehrer kennen diese Kinder sehr gut, sie können einen manchmal ganz leise zur Verzweiflung bringen, sie hören eigentlich alles nicht, was man ihnen sagt, es geht alles an ihnen vorbei –, dann würden wir gut tun, wenn man dieses Kind trochäisch behandelt, nämlich jetzt umgekehrt. Natürlich kann man nicht gleich vom Anfange an alles machen; das ist ein Element, das schon in die Waldorfpädagogik auch noch hineinkommen wird. – Man läßt dieses A entstehen so, daß das Kind weiß: Zuerst rechter Arm, linker Arm, rechter Arm, linker Arm, und dann wiederum: Rechtes Bein vorsetzen, linkes nachziehen, also die Armbewegung, die sich zum A formt, aber zum nacheinander entstehenden A formt, diese durch die Beinbewegung, Fußbewegung unterstützen lassen. Es ist ganz besonders darauf zu achten, daß diese Dinge so gemacht werden, daß sie im Bewußtsein des Kindes leben, daß das Kind also wirklich das Bewußtsein hat das eine Mal: der linke Arm war der erste, das andere Mal: der rechte Arm war der erste.

Sie werden finden, daß diese Dinge für einen dann schwer verständlich werden, für das innere Begreifen Schwierigkeiten bieten, wenn man ganz und gar im heutigen Sinne Physiologe ist. Wenn man im heutigen Sinne Physiologe ist und glaubt, alles Seelenleben des Menschen wäre durch das Nervensystem vermittelt, wenn man also nicht weiß, daß das Fühlen durch das rhythmische System vermittelt wird und nur das Vorstellen durch das Nerven-Sinnessystem, und durch das Stoffwechselsystem vermittelt wird das Wollen, wenn man diese Dinge nicht kennt, dann kann man sehr schwer sich zu der Vorstellung durchringen, was es für das ganze seelisch-geistige Wesen und auf der andern Seite auch für das leiblich-physische Wesen beim Menschen für eine Bedeutung hat, was an irgendeiner Stelle des menschlichen Leibes geschieht. Derjenige, der auf einem solchen Felde wirklich sich Beobachtungsgabe aneignet, der weiß: Wenn einer ungeschickt ist in irgend einer Hand, daß er, wenn er ungeschickt ist in der Fingerbewegung und dergleichen, auch zeigt eine ganz bestimmte Denkart, die man vergleichen kann mit dem, was in den Fingern geschieht. Und sehr interessant ist wirklich, den Zusammenhang zu studieren zwischen der Art und Weise, wie jemand den Armmechanismus und die Fingerphysiognomie beherrscht, mit dem, wie er denkt. Denn dasjenige, was der

Mensch geistig-seelisch darlebt, geht eben nicht bloß aus dem Gehirn und seinem Nervennetz hervor, sondern tatsächlich aus dem ganzen Menschen. Und man muß verstehen lernen: Man denkt nicht bloß mit dem Gehirn, man denkt auch mit seinem kleinen Finger und mit der großen Zehe. Es hat eine gewisse Bedeutung, Leichtigkeit gerade in den Gliedmaßen sich anzueignen; denn das gibt Leichtigkeit auch in bezug auf das Seelenleben. Aber diese Dinge können – wir werden das schon in den weiteren Stunden sehen – im Grunde genommen eigentlich nur dann getrieben werden, wenn man für die Schule die nötigen Mittel hat, um wirklich vollständig Schulhygiene neben dem Unterricht zu treiben. Es kann zum Beispiel durchaus vorkommen, daß ein Kind die besondere Eigentümlichkeit zeigt, daß es, sagen wir, nicht zu der Auffassung geometrischer Figuren kommt. Es kann nicht in der Anschauung zu der Auffassung geometrischer Figuren kommen. Sie werden dem Kinde dann einen großen Dienst tun, wenn Sie es, so schwer es geht, dazu veranlassen, zwischen der großen Zehe und der nächsten Zehe einen kleinen Bleistift zu nehmen, den zu halten und mit dem wirklich richtige Buchstaben aufzuschreiben. Das ist etwas, was eine gewisse Bedeutung hat, und was auf einen Zusammenhang im Menschen durchaus in ganz berechtigter Weise hinweist.

Nun kann es sich gerade beim Kinde darum handeln, daß man sieht: Es schnappen gewissermaßen die drei Glieder des menschlichen Organismus nicht ordentlich ineinander ein. Es ist ja ein großer Teil der Anomalien des Lebens eigentlich beruhend auf einem solchen Nicht-ordentlich-Einschnappen. Vor allen Dingen: Die Kinder haben Kopfschmerzen; gleichzeitig merkt man, daß in der Verdauung etwas nicht in Ordnung ist, und so weiter. Die mannigfaltigsten Zustände können da auftreten. Wir werden noch weiter Andeutungen darüber zu machen haben anhand weiterer Übungen, die in den nächsten Tagen gezeigt werden sollen. Aber man kann, wenn man vor einer solchen Tatsache steht wie die eben angedeutete, man kann schon mit dem Kinde oder mit Kindern viel erreichen, wenn man sie die folgende Übung machen läßt: Ein eurythmisches – wie Sie es ja schon kennen – ein eurythmisches I, ein eurythmisches A und ein eurythmisches O, aber so, daß man mit den Kindern das I machen läßt mit dem ganzen Oberkörper. Ich möchte hier ausdrücklich betonen, damit namentlich unsere ärztlichen Freunde es wissen: Dasjenige, was in der

Eurythmie das Wesentliche ist und wodurch auch für die Kunsteurythmie das Wesentliche bewirkt wird, das ist nicht die bloß von außen angeschaute Form des gestellten Gliedes, sondern das ist dasjenige, was zustande kommt, wenn in dem gestellten Gliede die Streckung des Gliedes oder Beugung des Gliedes gefühlt wird. Das in dem Gliede Gefühlte ist es, worauf es ankommt. Nehmen Sie also an, Sie machen durch beide Arme ein I, so erscheint auch nach außen dieses I nicht richtig, wenn Sie etwa bloß auf die Zeichnung schauen, auf den Formgehalt, sondern Sie müssen zugleich – und Sie sehen es dem Menschen an – das Gefühl haben: Er fühlt, während er das macht, die Streckekräfte. Ebenso wenn ein Mensch zum Beispiel das E macht, so kommt es nicht darauf an, daß er bloß dieses macht (kreuzen), sondern daß er fühlt, hier legt sich das eine Glied an das andere an. In dem Fühlen des einen Gliedes auf dem andern, darin liegt das E in Wirklichkeit. Und dasjenige, was man sieht, ist eben der Ausdruck für dieses Fühlen des einen Gliedes durch das andere. Denn das, was Sie da vollziehen, ist nichts anderes, als was Sie vollziehen, indem Sie schauen. Ein E führen Sie fortwährend aus, indem Sie die rechte Augenachse mit der linken kreuzen, um nun eine [...]* Das ist eigentlich das Ur-E. Und dasjenige, was hier ausgeführt wird, ist ja im Grunde genommen die Nachahmung der Sache, aber es ist ja alles im Menschen Metamorphose, und es ist durchaus eine gerechtfertigte Nachahmung, die man in diesem E vollzieht; denn der Kehlkopf macht nach hinten beim E-Sprechen ganz genau dieselbe Form im Ätherischen.

T 1

Also es ist notwendig, sage ich, daß Sie dann die Übung mit dem Kinde machen, daß Sie das I mit dem Oberkörper machen lassen, das heißt, daß das Kind anfängt, den Oberkörper in Strecklage zu versetzen. Es fühlt den ganzen Oberkörper gestreckt. Es macht so, daß es mit den Beinen das A macht, und es macht das O, indem es die Arme so bewegt. Das aber lassen

* Unleserliche Stelle im Stenogramm. Von Helene Finckh in der Übertragung mit Fragezeichen hinzugefügt: «... gekreuzte Linie zu bekommen?».

Sie das Kind möglichst rasch hintereinander machen: Strecken des Oberkörpers vertikal in die Höhe, Auseinander der Beine, O-Bewegung mit den Armen (vorne), wiederum ab, an, ab, an. Und man kann solch eine Sache durchaus auch im Chor mit den Kindern machen. Es ist natürlich dann festzuhalten, daß es ja im Grunde genommen nötig wäre, daß man, um solche Übungen auszuführen, nicht klassenmäßig die Übungen treibt. Die Kunsteurythmie und die Eurythmie, die wir sonst aus pädagogisch-didaktischen Gründen betreiben, die sollen klassenmäßig betrieben werden. Das gehört sich so; da gehören die Kinder gleichen Alters und so weiter zusammen. Aber man müßte, um nun übergehen zu lassen die gewöhnliche Klasseneurythmie in diese schon an die hygienisch-therapeutische Eurythmie anknüpfenden Sachen, man müsste nun aus den verschiedenen Klassen diejenigen herausnehmen, die man gerade durch ihre Besonderheiten, die ich vorhin charakterisiert habe, durch ihr Nichtzusammenstimmen der drei Glieder der menschlichen Wesenheit, für nötig befindet, daß sie eine solche Übung durchmachen. Man kann sie dann aus den verschiedensten Klassen herausnehmen und man kann dann mit diesen besonders dafür Geeigneten diese Übung machen. Aber das müßte eigentlich dann gemacht werden, wenn man tatsächlich hygienische Eurythmie, therapeutische Eurythmie in der Schule treiben wollte. Aber schon das, nicht wahr, bringt uns eigentlich im Grunde genommen auf den Weg, der in seiner weiteren Verfolgung eben dazu führen soll, daß wir hier durch bestimmte Bewegungen, die nur Metamorphosen sind des gewöhnlichen Eurythmischen, daß wir die studieren und in ihrer Wirkung auf die menschliche Organisation verfolgen werden. Sehen Sie, tatsächlich ist es so, daß wir im Inneren Organe haben [und] diese Organe haben gewisse Formen. In diesen Formen können Anomalien liegen. Jede Organform steht in einem gewissen Zusammenhang mit einer möglichen Bewegungsform des äußeren Menschen, so daß Sie sagen können: Nehmen wir an, irgendein Organ, meinetwillen die Galle, neigt zum Deformieren, zum Annehmen einer anomalen Form. Es gibt eine Bewegungsform, welche dem entgegenwirkt; und so für jedes Organ.

Nach dieser Richtung hin wollen wir dann das Weitere gestalten. Ich wollte dieses heute als Einleitung geben, um Sie zunächst auf den Weg zu bringen in dieser Sache.

DRITTER VORTRAG

Dornach, 13. April 1921

Die eigentliche Domäne des Krankheitsstudiums müßten diejenigen Erkrankungen sein, in denen sich am allerdeutlichsten das unrichtige Einwirken des sogenannten astralischen Leibes offenbart. Diese Krankheiten, ich meine, bei denen sich diese Einwirkungen des astralischen Leibes am meisten offenbaren, sind diejenigen, die man zu beobachten hat innerhalb desjenigen Raumes, der vom Brustkorb umschlossen wird. Diese Domäne ist gleichzeitig diejenige, die für das Krankheitsstudium die wichtigste, aber für das Heilen, beziehungsweise für die Erkenntnis des Heilens, die schwierigste ist. Sie ist diejenige Partie des menschlichen Wesens, die am meisten in der letzten Zeit Veranlassung dazu gegeben hat, daß jene Mängel in der medizinischen Kunst eingetreten sind, die von Dr. Scheidegger in dem Vortrag, den er im Verlauf des ersten Vortragskurses so freundlich war, vor den zuhörenden Medizinern zu halten, besonders hervorgehoben worden sind. Es wurde dazumal hervorgehoben, wie sehr die neuere medizinische Entwickelung dazu geführt hat, im Pathologischen vorzudringen und zu einem gewissen Nihilismus im Therapeutischen zu führen. Und gerade die bedeutungsvollen Ausführungen, die dazumal gemacht worden sind, die konnten darauf hinweisen, dasjenige, was wir heute zu betonen haben werden, ganz besonders stark ins Auge zu fassen.

Die Krankheiten der menschlichen Brust- und Zirkulationsregion sind in einer gewissen Beziehung stark verschieden, sowohl von den Erkrankungen der Kopforgane, des Nerven-Sinneswesens des Menschen, wie auch von den eigentlichen Stoffwechselerkrankungen, obwohl sie wiederum mit beiden innig zusammenhängen. Und es liegt die Sache eigentlich so, daß die Kopforganisation aus dem Grunde besonders zu behandeln ist, weil sie ja durchlässig ist, wie wir es gesehen haben, für das Ätherische, Astralische und das Ich-Wesen. Die Brustorgane sind nicht mehr für das Ätherische durchlässig, sondern nur noch für das Astralische und das Ich-Wesen. Da arbeiten in den Brustorganen innig physischer Leib und Ätherleib zusammen. Und dieses

Zusammenarbeiten ist eine Einheit. Es ist nicht mehr eine Summe von eigentlich physischen Vorgängen im menschlichen Brustorganismus, sondern ein Zusammenwirken von Ätherischem und Physischem. Was da vorgeht und für die Brust besonders in Betracht kommt, ist eigentlich im Grunde genommen ein Pflanzenwerden. Nur ist dieses Pflanzenwerden sehr kaschiert, sehr modifiziert durch alles andere, was im menschlichen Organismus damit zusammenhängt. Aber dasjenige, was für die Brustorgane in Betracht kommt, ist ein Pflanzenprozeß, der dann sich trifft und der in Wechselwirkung tritt mit alledem, was vom Astralischen und was vom Ich des Menschen kommt; das muß besonders ins Auge gefaßt werden.

Nun habe ich gestern ja gesagt, das Astralische ist der eigentliche Ursprungsträger des Krankmachenden im Menschen, so daß also in der menschlichen Brustregion die fortwährende Veranlassung dazu vorhanden ist, daß das eigentliche Krankmachende einwirkt, denn es muß das Krankmachende mit dem Gesundmachenden in dem menschlichen Brustorgan fortwährend in Wechselwirkung stehen. Der normale menschliche Zustand kann ja in dieser Region nur dadurch zustande kommen, daß man gewissermaßen immer so hin und her pendelt, daß man durch die starken Kräfte des gesunden Menschen die fortwährend vorhandenen krankmachenden Kräfte paralysiert und umgekehrt der überflutenden Gesundheit, die dann zur Wucherung führen würde, im Ätherischen fortwährend das Beschränkende des Astralischen entgegenstellt, das, wenn es über sein Maß hinausgeht, wenn es den Körper zu stark ergreift, eben zum Krankmachenden führt. Dieser Tatbestand in bezug auf die menschlichen Brustorgane, der ist deshalb ganz besonders wichtig, weil er eigentlich das Ergebnis eines Rhythmus ist. Und dieses Ergebnis des Rhythmus wird auf der einen Seite von alledem beeinflußt, was im Kopfe vor sich geht, und auf der anderen Seite von alledem, was im Stoffwechsel vor sich geht. Daher haben wir die Ursache für das Gleichgewicht dieses notwendigen Rhythmus eigentlich außerhalb der Brust gelegen, und wir können eigentlich sagen: In den menschlichen Brustorganen sind im Grunde genommen hauptsächlich nur Wirkungen da; die Ursachen, die dann behoben werden sollten, die sind eigentlich gar nicht in den Brustorganen selbst vorhanden. Daher hat in der Zeit, in der das menschliche Erkenntnisvermögen sich ganz von dem anschaulichen Auffassen der Dinge entfernt hat, was am meisten und auch am genialsten bei der Wiener medizinischen Schule vorhanden war, die man als die nihilistische bezeichnet hat, die eigentlich sagen wollte, man müsse bloß bei der Pathologie stehen bleiben, könne zu einer Therapie nicht kommen, diese Richtung der modernen Medizin ganz besonders dahin geführt, eigentlich die Therapie nach und nach zu beseitigen, mit der Therapie nichts anfangen zu können. Wir sehen, daß sie ihre besonderen genialen Taten wiederum auf der anderen Seite in der Diagnose der Brust zutage gefördert hat. Es kamen gerade damals die bedeutenden Fortschritte auf dem Gebiete der Diagnose der Brustorgane, wo man vorzugsweise in der Erkenntnis vorgehen kann, wo man aber von dieser Art von Erkenntnis am allerwenigsten hat, denn man muß die anderen Teile des Menschen mit ins Auge fassen. Daher ist so wenig eigentlich getan, wenn nicht anderes dazukommt, mit der bloßen Erkenntnis dessen, was im menschlichen Atmungs- und Zirkulationsorganismus vor sich geht. Natürlich behaupte ich nicht, daß damit absolut wenig getan ist, aber es ist durch die Erkenntnis, die man also meinetwillen durch das Stetoskop erreicht und so weiter, nur dann sehr viel getan, wenn man die Erkenntnis des ganzen Menschen dabei hat und von einer ganz anderen Seite her dann dem zu Leibe gehen kann, eigentlich wörtlich aufgefaßt: dem zu Leibe gehen kann, was man durch eine solche Diagnose gewinnt. Es sind ja sonst die Ergebnisse einer solchen Diagnose im Grunde genommen nur interessante wissenschaftliche Tatbestände. Natürlich muß man, wenn man solche Dinge auch aus der Zeit heraus besprechen will, etwas radikal sprechen, aber hinter diesen Radikalismen verbirgt sich ja gerade dasjenige, was an den Sachen wahr ist.

Solche Erkrankungen, die gerade die menschliche Brust betreffen, sind auch dadurch in der neueren Zeit besonders charakteristisch geworden, daß man versuchte, die Aufmerksamkeit gewissermaßen von dem eigentlichen Ding abzulenken und sie auf einen mystischen Begriff hinzudrängen, einen Begriff, der ja nicht mystisch zu bleiben braucht, aber der für den neueren Materialismus durchaus ein mystischer Begriff ist. Man spricht gerade mit Bezug auf solche Krankheiten viel von «Volkskrankheiten». Ja, diese «Volkskrankheiten», das ist natürlich ein Begriff, der ein Sack ist, in den man dasjenige dann hineintut, was man nicht erkennen will und was sich auch in einer gewissen Beziehung der ärztlichen Kunst, so wie sie heute ist, tatsächlich entzieht. Ich mache da nur auf die immerhin interessante Tatsache aufmerksam, daß der Wiener Arzt und Professor Moriz Benedikt einmal die ja bei ihm etwas sonderbar auftretende Idee bekommen hat, für den Reichsrat zu kandidieren, [und] das dann damit motivierte, daß er sagte, gerade seine ärztliche Anschauung zwänge ihn zu einem solchen Schritt, denn zu ihm kämen so viele Patienten, denen er eigentlich dasjenige niemals verschreiben könne, was er ihnen verschreiben sollte, nämlich bessere Kleidung, bessere Wohnung, bessere Atmungsverhältnisse und so weiter. Die könnten aber nur auf dem Wege des sozialen Wirkens zustande kommen. Deshalb müsse er sich als Arzt in das soziale Wirken hineinstellen. Sie sehen also ein tatsächliches Abschieben desjenigen, um was es sich da eigentlich handelt. Nun ist hinter allen diesen Dingen eben dasjenige, was für dieses Glied der menschlichen Wesenheit ganz besonders zu berücksichtigen ist. Denn es muß doch dasjenige, was sich als Krankheitsprozeß im menschlichen Brustorganismus ergibt und was von einem unregelmäßigen Ineinanderwirken des Astralischen und des Ätherischen letzten Endes herrührt, auch in einem solchen Zusammenhange betrachtet werden. Da kommt man dann nicht mehr aus ohne eine Erkenntnis, die sich bequemt, etwas in das Übersinnliche hinaufzugehen. Und da muß denn das Folgende gesagt werden.

Es ist der Prozeß des Atmens, der sich abspielt zwischen der Außenwelt und der Innenwelt, eigentlich ein Prozeß, der gar nicht verstanden werden kann, wenn man nicht auf das Verstehen des Astralischen rekurriert. Die besondere Wechselwirkung von Sauerstoff und Kohlenstoff, die da eintritt, ist durchaus ein fortwährendes Ineinanderspielen des Astralischen und des Ätherischen. Nun bitte ich Sie doch zu berücksichtigen, daß der Mensch normalerweise ein Drittel seines Lebens so verbringt, daß er mit einem großen Teil seines astralischen Leibes außerhalb des ätherischen Leibes ist, nämlich während des Schlafens. Und da sehen Sie nun das bedeutsame Hereinspielen des Astralischen in die menschlichen Gesundheitsverhältnisse; denn es ist ja selbstverständlich, daß auch während des Schlafens das Astralische im Menschen spielt. Aber es spielt dann nicht vom Haupte aus, sondern es spielt vom übrigen Organismus ausgehend im Menschen. Das Astralische entfaltet also während des Schlafens ein Spiel, welches in richtiger Weise zurückbleiben muß, auch wenn das durch den Kopf durchgelassene Astralische außerhalb des Menschen ist während des Schlafes.

Sie sehen also, daß man einfach durch die Erkenntnis des Zusammenspielens von Ätherischem und Astralischem in den Gesundheit- sund Krankheitsverhältnissen der menschlichen Brust hingewiesen wird noch auf einen anderen Rhythmus, der sich abspielt im Menschen. Und das ist der Wachens- und Schlafensrhythmus. Nun hat das eigentliche Schlafen, das wiederum, wie wir sehen werden, mit dem Stoffwechselprozeß stark zusammenspielt, weniger Bedeutung für die Brustorgane als für etwas anderes. Und dieses andere, das ist dasjenige, was auch wiederum der Beobachtung außerordentlich schwierig wird. Sie werden sich vielleicht erinnern, insofern Sie schon dazumal dagewesen sind, welche interessante Symptomkomplexe sich ergeben haben durch die Verwendung der Stoffe, mit denen das letztemal hier Experimente ausgeführt worden sind. Denn Herr Dr. Scheidegger hat ja das an der Tafel demonstriert. Sie werden sich aber auch erinnern, daß diese Symptomkomplexe aus vielen, vielen Einzelheiten bestehen, und daß es schon eine gewisse Kunst erfordert, die einzelnen Symptome entsprechend zusammenzunehmen, zusammenzuhalten. Es stellt sich zum Beispiel sofort eine Schwierigkeit ein, wenn man mit einem Symptomkomplex das folgende vornehmen muß. Man hat zum Beispiel nötig, um ein Krankheitsverhältnis richtig zu beurteilen, diejenigen Symptome zusammenzuhalten, welche sich im oberen Menschen abspielen. Mischt man da nun ein Symptom hinein, das sich zwar räumlich im oberen Menschen abspielt, das aber im wesentlichen nur ein hinaufgedrängtes Symptom aus dem Stoffwechsel ist, so macht man gleich in der Beurteilung des Symptomkomplexes einen Fehler, und man wird dadurch in der Beurteilung der ganzen Krankheitsverhältnisse dann beirrt. Also man darf nicht aus dem Auge verlieren, wie schwierig es eigentlich ist, die Einzelheiten eines Symptomkomplexes gerade in richtiger Weise zusammenzuhalten.

Nun ist es auf der einen Seite ganz gewiß richtig, daß man sich nach und nach ein Gefühl dafür aneignen kann, die Einzelheiten eines Symptomkomplexes in der richtigen Weise zusammenzuschauen. Aber auf der andern Seite ist es so, daß die Natur uns allerdings hilft und zu gleicher Zeit wiederum die Hilfe, die sie uns gewährt auf diesem Gebiete, zum Gebrauche ganz außerordentlich schwierig macht. Die Natur nämlich faßt selbst all diejenigen Symptomkomplexe zusammen, ich möchte sagen, sie tut dasselbe, was wir in einer Formel machen, wenn wir die Einzelheiten eines Symptomkomplexes zusammenfassen, sie tut dasselbe, aber sie macht uns die Beobachtung dessen, was sie da tut, außerordentlich schwierig. Nämlich sie zieht die einzelnen Akte eines Symptomkomplexes in Einschlafen und Aufwachen zusammen, in der Art des Einschlafens und Aufwachens. Es ist in der Tat dasjenige, was beim Einschlafen und Aufwachen des Menschen vor sich geht, ein – wenn ich mich des paradoxen Ausdruckes bedienen darf -außerordentlich geniales Zusammenfassen von eben dem, was nach irgendeiner Richtung in Betracht kommt. Aber es ist natürlich der Arzt in den allerwenigsten Fällen in der Lage, anders sich zu orientieren als höchstens durch Mitteilungen, die wiederum in den meisten Fällen und gerade in den schwierigsten Fällen ungenau sein werden; er ist am wenigsten in der Lage, den Patienten beim Einschlafen und Aufwachen richtig zu beobachten, und was ihm der Patient mitteilt, selbst wenn es nach dem Bewußtsein des Patienten dem Tatbestand richtig entsprechen soll, das ist eben dann am allerwenigsten maßgebend. Wenn Einschlafen und Aufwachen gestört sind, dann erzählt natürlich der Patient Dinge über dieses Einschlafen und Aufwachen, die zwar in seinem Bewußtsein gut leben, aber die nun wiederum für das Beurteilen der Sache auf einer gesunden Basis getrübt sind. Da muß man schon wiederum durch dasjenige durchschauen, was eigentlich der Patient erzählt. Und daß das so ist, das werden Sie am besten einsehen, wenn Sie versuchen, sich dieser Tatsache nach und nach mit Ihrer Überlegung zu nähern. Vor allen Dingen wird

Ihnen die Erfahrung den merkwürdigen Zusammenhang des ätherischen Leibes mit dem Astralleib dann ergeben, wenn Sie beobachten, wie im Menschen Sorge, Kümmernisse und so weiter fortwirken. Sie dürfen da nicht etwa bloß beobachten die Sorge und die Kümmernisse, die sich am letzten Tage oder in der letzten Woche abgespielt haben, die sind schließlich das allerwenigst Bedeutsame, sondern diejenigen, die weiter zurückliegen. Denn es muß immer eine gewisse Periode verfließen von der Zeit, wo Sorgen und Bekümmernisse auf einen Menschen wirken, bis zu der Zeit, wo sie gewissermaßen organisch geworden sind, wo sie in das Wirken des Organismus übergegangen sind. Sorgen und Kümmernisse, wenn sie einen gewissen Grad erreichen, sind immer so, daß sie in einer späteren Zeit erscheinen als Anomalien im organischen Wirken, und zwar gerade im rhythmischen organischen Wirken. Sie gehen bis zur Verunregelmäßigung des Rhythmusorganismus, und erst dann können sie weiter wirken auf den Stoffwechselorganismus und so weiter. Das müssen wir als eine Grundtatsache ins Auge fassen. Vor allen Dingen aber auch, so unwahrscheinlich es dem materialistischen Vorstellen erscheint, ist es so, daß hastiges Denken, ein Denken, das sich nicht Rechenschaft gibt über die Gründe, warum es denkt, ein hastiges Denken, wo so ein Gedanke den anderen überspringt – ein Grundübel des menschlichen Denkens in unserer Zeit –, dieses Denken, wo so ein Gedanke dem anderen auf die Füße tritt, etwas ist, was durchaus, nachdem eine Zeitlang vergangen ist, nachwirkt im menschlichen Organismus, und zwar im rhythmischen Organismus. Dieses ist nun von einer ganz besonderen Bedeutung von der einen Seite her. Die seelischen Vorgänge darf man nicht übersehen, wenn man Abnormitäten des menschlichen Rhythmusorganismus verstehen will, namentlich desjenigen, was eben in seinen Brustorganen vor sich geht. Wir können allerdings auch dasjenige in diesen Organismus einbeziehen, was gewissermaßen der Peripherie dieses rhythmischen Organismus angehört: den Rhythmus der Ernahrung und den Rhythmus der Entleerung. Denn dadurch, daß der Rhythmus der Ernährung und der Rhythmus der Entleerung einbezogen werden, dadurch wird ja erst das völlige rhythmische System zusammengefaßt.

Nun aber ist auf der anderen Seite wiederum etwas ganz besonders wichtig. Auch der andere Pol der menschlichen Wesenheit, das Stoffwechselsystem, wirkt zurück auf das rhythmische System, und zwar wiederum so, daß wir die Art, wie es zurückwirkt, vielleicht am besten verstehen, wenn wir folgendeswissen: Hunger und Durst sind zunächst Dinge, die sich mit großer Deutlichkeit im menschlichen Astralleib offenbaren. Denn so wie der gewöhnliche Mensch Hunger und Durst kennt, kennt er sie ja natürlich als astralische Erscheinung. Was man so mit dem Bewußtsein erlebt wie Hunger und Durst, das ist zunächst astralisch erlebt. Darüber muß man sich vollständig klar sein. Denn dasjenige, was nicht astralisch erlebt ist, von dem weiß der gewöhnliche Mensch gar nichts; was nur ätherisch erlebt ist, das liegt so tief im Unterbewußtsein drunten, daß er nichts davon weiß. Also, für das gewöhnliche Leben sind Hunger und Durst, wenn wir uns des Ausdrucks bedienen dürfen, astralische Erlebnisse. Aber sie hören auf, astralische Erlebnisse zu sein, wenn sie zurückbleiben für dasjenige Erleben, das unter dem Schlaf sich abspielt, dann hören sie auf, gewöhnliche astralische Erlebnisse zu sein; aber sie hängen deshalb nicht weniger mit dem Astralleib zusammen, der im Schlafe auch wirkt, von unten nach oben. Und dasjenige, was von dieser Seite ausgeht, das heißt ein Hunger und ein Durst, die im Menschen wirken, die wirken, wenn sie bleibend sind, zurück auf das rhythmische System, indem sie es unregelmäßig machen, indem sie es krank machen. Das bezieht sich selbstverständlich nicht auf den Hunger und den Durst, den wir am betreffenden Tage dann erlitten haben und mit dem wir schlafen gehen. Das wäre falsch, wenn man die Sache so ansehen würde, daß man hie und da hungrig sich schlafen legt oder daß man meinetwillen auch sogar längere Zeit sich hungrig schlafen legt, das ist nicht das Schlimme. Sondern das Schlimme ist dasjenige, wenn der Zustand des Hungers und des Durstes habituell wird, und namentlich wenn er dadurch erzeugt wird, daß der Stoffwechselorganismus nicht in Ordnung ist und dadurch der übrige Organismus nicht in entsprechender Weise ernährt wird. Also, Nachwirkungen von Hunger und Durst in dieser Beziehung sind durchaus dasjenige, was nun den Störungen des Atmungs-Zirkulationsorganismus zugrunde liegt.

Aber nun, wenn wir von diesen Wirkungen auf die menschlichen Brustorgane absehen, dann haben wir als Drittes eigentlich lediglich dasjenige, was noch die Außenwelt bewirkt, denn durch das Atmen hängt der Mensch eben mit der Außenwelt zusammen, und es spielen sich in ihm die Einwirkungen der Außenwelt ab. So haben Sie hier den merkwürdigen Tatbestand, daß für das, was im menschlichen Brustkorb eingeschlossen ist, zum Teil auch in der Bauchhöhle eingeschlossen ist, indem sich der Rhythmus dahin fortsetzt, den außerordentlich bedeutungsvollen Tatbestand, daß sich innerhalb dieses Raumes eigentlich lauter Wirkungen abspielen: Wirkungen des oberen Menschen, Wirkungen des unteren Menschen, Wirkungen der Außenwelt, so daß wir tatsächlich auch aus einer genaueren Erkenntnis dieses Traktes der menschlichen Wesenheit dazu geführt werden, uns zu sagen, da drinnen spielen sich eigentlich die Wirkungen ab, und wir können nicht da drinnen selber die Ursachen beheben, wir müssen die Ursachen woanders suchen, damit wir sie in entsprechender Weise beheben können. Nun, deshalb ist es auch so klar, daß zwar dieses Gebiet des menschlichen Wesens die Domäne ist, um das Krankheitswesen überhaupt zu studieren, daß aber dann, wenn man sich angeregt hat zum Studium von dieser Domäne aus, die Forschungen weitergehen müssen gerade nach den andern Gebieten. Man muß von dieser Domäne ausgehen, um dann von da aus weiter zu den anderen Gebieten zu dringen.

Nun ist ja das Auffälligste und das Bedeutsamste dasjenige Ursachengebiet, welches eigentlich außerhalb des Menschen liegt; indem sich die Wechselwirkung zwischen Sauerstoff und Kohlenstoff abspielt, liegt das wesentlich astralisch Beeinflussende im Grunde genommen für diesen Trakt des menschlichen Wesens außerhalb. Und da handelt es sich darum, daß wir nun die entsprechenden Zusammenhänge dieses Traktes mit der Außenwelt suchen. Und da stellt sich für geisteswissenschaftliche Forschung das Folgende heraus, die Erde hat *auch* ein Wechselverhältnis zwischen dem, was unterhalb ihrer Oberfläche vorgeht – wobei man die Wasserwirkungen durchaus rechnen muß zum Irdischen – und [dem], was über ihrer Oberfläche vorgeht. Im Grunde genommen spielt sich ein für die gewöhnliche Wissenschaft heute noch nicht durchdringlicher Prozeß zwischen der Erde und ihrer Umgebung ab. Und dieser Prozeß bietet außerordentlich interessante Seiten. Man kann ihn ganz besonders dadurch studieren, daß man diejenigen Gebiete des Erdenseins vergleicht, wo dieser Prozeß zwischen dem Außerirdischen und dem Irdischen ein recht inniger ist, wo viel Außerirdisches ins Innerirdische hineingeht.

Das ist in der Tropenwelt der Fall. Die ganz besonderen Verhältnisse der Tropenwelt, die beruhen eigentlich auf einem innigen Zusammenwirken von dem Außerirdischen, von Luft und Licht und außerirdischer Wärme mit demjenigen, was innerhalb der Erde selber ist. Und außerdem ist es kein Zufall, daß man einen gewissen Pol, möchte ich sagen, magnetisch-elektrischer Erdwirkungen in der Tropenzone zu suchen hat.

Wenn ich mich vergleichsweise ausdrücken darf, so möchte ich sagen: In der Tropenzone saugt die Erde am allermeisten das Außerirdische ein und entwickelt aus diesem eingesogenen Außerirdischen dasjenige, was sie dann als Vegetation hervorsprießen läßt. Da, wo die Erde polarisch ist, da saugt sie wenig von dem Außerirdischen ein, da widerstrebt sie dem Außerirdischen, da wirft sie sozusagen das Außerirdische in ausgedehntem Maße zurück. Also, wenn ich mich so ausdrücken dürfte, in den Tropen glänzt die Erde am wenigsten von außen angesehen, sie strahlt am wenigsten zurück; da wird am meisten eingesogen. An den Polen glänzt die Erde am meisten, da wird am meisten zurückgeworfen vom Außerirdischen, da glänzt sie am meisten, da entwickelt sie am meisten Glanz.

Das ist eine außerordentlich bedeutsame Tatsache. Denn wir bekommen dadurch, daß wir so etwas berücksichtigen, eine Ansicht darüber, daß erstens im Tropischen außerordentlich stark eine gewisse Innigkeit zwischen dem ätherischen Irdischen und dem außerirdischen Astralischen wirkt, während das Astralische in einer gewissen Weise an den Polen zurückgeschleudert wird. Aber diese Ansicht kann außerordentlich fruchtbar werden, denn nun stellt sich ja folgendes heraus, wenn man diesen Zusammenhang weiter verfolgt. Nehmen wir einmal den Fall, daß wir einen Kranken in Verhältnisse bringen, wo das Licht übermäßig wirkt, wo die Luft stark durchleuchtet wird, wo er also von Licht umgeben ist. Dann können wir in einer gewissen Weise sagen: Wir versetzen ihn in eine Region, wo wir das Irdische, das also auf ihn wirkt, im Grunde genommen abweisen, wo wir ihn dem Einfluß des Außerirdischen aussetzen. Denn in dem starken Sonnigsein liegt eigentlich dasjenige, was von der Erde nicht mehr verbraucht wird, was aber von der Erde zurückgeworfen wird. Und in die Region dieses außerirdischen Wirkens tritt dann der Kranke ein. Setzen wir also einfach einen Kranken in sonnendurchhellte Luft, so wirken wir auf seinen rhythmischen Organismus. In hervorragendem Maße wirken wir auf seinen rhythmischen Organismus. Und zwar wirken wir so, daß ein unregelmäßiger Stoffwechsel dadurch, daß sich der Rhythmus durch dieses dem Lichte Aussetzen von selber reguliert, vom Rhythmus aus direkt bekämpft wird.

Das ist der Zusammenhang, der uns dazu führt zu erkennen, worauf eigentlich Sonnen- und Lichtkuren beruhen. Und wenn wir finden, daß irgend jemand sich besonders unwiderstandsfähig gegen Parasitäres verhält, dann wird eine solche Kur ganz besonders zu empfehlen sein. Man braucht deshalb nicht ein Anhänger der Bazillentheorie zu sein, sondern man muß sich nur klar sein darüber, daß in dem Vorhandensein der Parasiten sich zeigt, daß der Betreffende tieferliegende Ursachen hat, damit sich die Bazillen ansammeln können, damit sie sich aufhalten können. Sie sind ja niemals eigentlich die wirklichen Krankheitserreger, sondern sie sind immer nur die Anzeiger, daß der Patient die Krankheits-«Erreger» in sich hat. Deshalb ist die Bazillenforschung schon wichtig, aber nur als eine Erkenntnisgrundlage. Die eigentlichen organischen Ursachen liegen im Menschen selber. Und diesen organischen Ursachen, die im Menschen selber liegen, wird entgegengewirkt durch dasjenige, was von dem außerirdischen Kosmos der Erde zuströmt und die Erde umgibt, aber nicht mehr ganz von der Erde aufgenommen wird. Ein Übermäßiges ist es, eine Übersonne, ein Überlicht und so weiter. Also da, wo die Erde nicht nur sproßt und sprießt, sondern wo sie anfängt zu glänzen, wo sie also auch Licht enthält, das mehr ist als dasjenige, was nötig ist zum Sprießen und Sprossen, da haben wir solches, was in dieser Richtung besonders günstig wirkt.

Ein Weiteres, was in dieser Richtung besonders günstig wirkt, ist das Folgende. Finden wir einen Patienten durch einen unregelmäßigen Zirkulationsorganismus parasitären Einwirkungen besonders ausgesetzt, so ist es unter allen Umständen gut, wenn wir ihn – natürlich mit Berücksichtigung aller anderen Umstände; solche werden uns ja in den folgenden Betrachtungen noch mannigfaltig entgegentreten – in eine Lebenslage bringen, die gegenüber derjenigen, in der er eingewöhnt ist, höher liegt, einfach höher über dem Meeresspiegel liegt, wenn wir also sozusagen eine Höhenkur veranlassen. Und das Wohltätige der Höhenkuren – die natürlich im anderen Falle auch wieder schädlich sind, alles was nützlich ist, kann auch schädlich sein, davon haben wir gestern gesprochen – ist auch in dieser Richtung zu suchen. Nun aber kommt noch etwas anderes dabei in Betracht. Wir dürfen nicht vergessen, was wir vor uns haben in gewissen Erscheinungen, die eigentlich – ich habe schon darauf hingewiesen – von uns künstlich hervorgerufen werden, oder die, wenn sie auf den Menschen losgelassen werden, erst von uns zu beurteilen sind. Wenn ich sage künstlich hervorgerufene Erscheinungen, so sind es für dieses Gebiet solche, wo wir nicht einfach die Früchte der Natur so genießen, wie sie draußen sind, sondern wo wir sie kochen, oder aber, wo wir sie gar so zubereiten für das Einführen in den menschlichen Organismus, daß wir sie zunächst verbrennen, dann die Asche benützen oder dergleichen. Da unterwerfen wir selbst das Irdische einem Prozeß, der eigentlich außerirdische Wirkungen in sich bekommt. Das Kochen, das Verbrennen, das hebt schon aus dem Irdischen dasjenige heraus, was gekocht oder verbrannt wird. Also, indem wir Gekochtes oder Verbranntes dem Menschen zuführen, lassen wir innerlich in einer ähnlichen Weise eine Wirkung auf ihn ausüben, wie wir durch das erhöhte Sonnenlicht oder durch Höhenklima auf ihn wirken lassen. Wir müssen auch dahin unseren Blick wenden, wo wir nun in der Lage sind, auf der einen Seite uns zu sagen, das ist ein Mensch, der muß erstens nach einer gewissen Beziehung seine Diät ändern, und zweitens müssen wir ihm irgendwelche Heilmittel verabreichen. Es zeigt sich ein unregelmäßiges rhythmisches System. Unter allen Umständen werden wir unsere Aufmerksamkeit darauf zu lenken haben, ob wir ihm irgend etwas zu geben haben, was durch Verbrennen namentlich von Vegetabilischem entstanden ist; denn in allem Verbrennen des Vegetabilischen überbieten wir den gewöhnlichen vegetabilischen Prozeß. Wir setzen ihn fort durch ein Außerirdisches, nämlich durch das Verbrennen.

Dann aber ist von besonderer Bedeutung noch das Folgende: Ein Vorgang auf der Erde oder eine Summe von Vorgängen auf der Erde, die innig mit demjenigen, was irdisch und außerirdisch genannt werden muß, zusammenhängen, das ist dasjenige, was sich unter den Ingredienzien von Elektrizität und Magnetismus abspielt. Elektrizität und Magnetismus ist ein Gebiet, welches mit Bezug auf den gesunden und kranken Menschen wirklich tiefer studiert werden sollte, bei dem man aber auch am allermeisten tapsen kann, weil die Sache so ist: Wenn Sie sich schematisch die Erdoberfläche vorstellen (siehe Zeichnung), hier das Innere, hier das Äußere, dann hat dasjenige, was in Elektrizität

Tafel 3

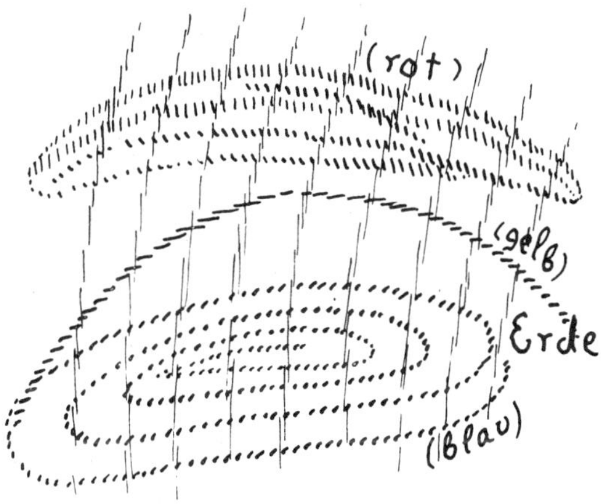

und Magnetismus besteht, einen innigen Bezug zu dem Irdischen als solchem. Sie wissen ja, daß die Elektrizität sich selber fortleitet von einer Erdleitung zu der anderen, von einem Morsetelegraphen zu dem anderen, es ist nur immer *eine* Drahtverbindung, der Kreis schließt sich unter der Erde, wir haben es da zu tun mit demjenigen elektrischen Felde, welches sich die Erde schon angeeignet hat. Wir können sagen: Im Grunde genommen ist dasjenige, was sich unter Elektrizität und Magnetismus verbirgt, außerirdisch und innerirdisch (gelb); aber die Sache ist so, daß sich die Erde nun das Elektrische aneignet und elektrische Wirkungen, die eigentlich außerirdisch sind, in sich hat (blau), daß aber zurückgehalten werden können die elektrischen und auch die magnetischen Wirkungen, ohne daß sie von der Erde angeeignet sind, im Umkreis der Erde (rot). Das sind alle diejenigen elektrischen und magnetischen Wirkungen, die wir eben in unseren elektrischen und magnetischen Feldern haben.

Wenn wir Eisen magnetisieren, so bedeutet das eigentlich der Erde gegenüber das, daß wir den Magneten zu einem kleinen Dieb machen. Wir übertragen ihm die Fähigkeit, dasjenige, was die Erde eigentlich aufnehmen will aus dem Weltenall, ihr, bevor sie es aufnehmen kann, abzustehlen und für sich zu behalten. Wir machen den Magneten zu einem kleinen Dieb. Er eignet sich das an, was die Erde gern möchte, aber er hat innerlich die Kraft, es für sich zu behalten. Alle elektrische und magnetische Felderumgebung, die wir auf der Erde haben, ist eigentlich etwas, was wir der Erde für den Menschengebrauch gestohlen haben, womit wir die Natur selber zum Stehlen verleiten, wo wir das Außerirdische oben behalten. Und wir haben also da ein eminent Außerirdisches, das wir sogar in einer schlauen Weise über der Erde behalten, trotzdem die Erde mit aller Kraft, die ihr zur Verfügung steht, es in sich bekommen möchte, so daß es von innen heraus wirkt. Aber wir lassen es nicht dazu kommen, daß es von innen heraus wirkt, wir behalten es zurück. Und deshalb müssen wir in elektrischen und magnetischen Feldern ganz besondere Bekämpfer unrhythmischer menschlicher Vorgänge suchen, und es müßte sich eigentlich eine Therapie entwickeln, die ganz besonders darauf abzielt, zum Beispiel wenn eine starke Arrhythmie oder ein starkes sonstiges Stören oder ein schwaches – beim schwachen sogar noch besser – im menschlichen rhythmischen System auftritt, einfach in einer größeren oder kleineren Entfernung, die man dann ausprobieren muß, einen starken Magneten nun nicht anzusetzen, aber in der Nähe des menschlichen Organismus zu halten. Wie gesagt, die Entfernung muß sich durch Ausprobieren ergeben. Ich möchte Ihnen auch sagen, wie man am besten die bisherigen Wissenschaftsergebnisse hier verwerten könnte, nicht so sehr um Ihnen eine – ich möchte sagen interessante Tatsache mitzuteilen, denn die ist noch nicht ganz spruchreif für die äußere Wissenschaft, aber um Sie aufmerksam zu machen auf etwas, wobei wiederum ein ganzer anderer Gedankenkomplex beherrscht werden kann.

Eben der vorhin genannte Professor Benedikt hat sehr interessante Untersuchungen in der Dunkelkammer über die menschlichen untersten aurischen Ausstrahlungen gemacht, die noch nichts, direkt wenigstens, mit dem zu tun haben – indirekt schon –, was ich in der «Theosophie» zum Beispiel beschrieben habe. Das sind höhere Ausstrahlungen, die erst in dem Übersinnlichen geschaut werden. Aber zwischen diesen höheren Ausstrahlungen und denjenigen gröberen Andeutungen, die das Auge am Menschen sieht, liegt ein Gebiet, das in der Dunkelkammer wahrgenommen werden kann, und der Professor Benedikt hat interessant beschrieben, was er in der Dunkelkammer bearbeitet hat. Er hat insbesondere Personen verwendet, welche empfänglich waren für die Erscheinungen der Wünschelrute. Also Personen, bei denen die Wünschelrute besondere Ausschläge gab, die verwendete Moriz Benedikt dazu, sie nun in der Dunkelkammer auf ihre aurischen Ausstrahlungen zu untersuchen. Folgendes ergab sich nun für diese aurischen Ausstrahlungen. Moriz Benedikt beschreibt ganz besonders interessante Resultate, indem diese aurischen Ausstrahlungen bei ruten-reaktiven Personen ganz anders sind als bei anderen Personen, namentlich die Asymmetrie sehr stark wächst: die Ausstrahlung des linken Menschen ist anders als die Ausstrahlung des rechten Menschen. Es wird auch die Kopfausstrahlung eine ganz andere. Es ist also so, daß in der Tat dadurch heute schon der Anfang gemacht worden ist, wenn er auch noch sehr skeptisch aufgenommen wird, die Ausstrahlung des Menschen auch in physischen Demonstrationen zu sehen. Aber man muß immer sich klar sein: es sind nur die untersten mit der physischen Organisation zusammenhängenden Ausstrahlungen. Man hat damit noch nicht das Gebiet des Übersinnlichen betreten, was manche, die es sich bequem machen wollten mit dem Übersinnlichen, behaupten möchten. Aber auf der anderen Seite liegt da ein Anfang, um zu einem therapeutischen Resultat zu kommen. Es ist nämlich zu untersuchen, was sich für ein Tatbestand ergibt, wenn man bei einem Menschen, sagen wir mit beginnender sogenannter Tuberkulose, einen starken Magneten am Rücken ansetzt, also den Menschen durchstrahlen läßt von einem magnetischen Felde, das man noch dadurch wirksamer machen kann, daß man den Magneten, indem man ihn quer hält, von oben nach unten und von unten nach oben bewegt, so daß sozusagen der ganze Brustorganismus nach und nach von dem magnetischen Felde durchstrahlt wird. Dabei braucht man eben, wenn man dieses magnetische Feld anwendet, nicht zugleich ein Lichtfeld; das könnte nur stören. Man kann also einen solchen Patienten ganz gut in die Dunkelkammer setzen, und man kann in der Tat da bald die Ausstrahlungen der Finger beobachten, die sich da ganz deutlich ergeben werden. Hat man das gemacht, hat man den-Patienten in die Dunkelkammer gesetzt, hat man einen starken Magneten an seinen Rücken appliziert, hat man gesehen, es sind feine Ausstrahlungen von den Fingerspitzen vorhanden, die sich so kegelförmig nach außen die Spitze wendend zeigen, dann hat man eine Überzeugung davon gewonnen, daß man wirklich den Patienten von dem magnetischen Feld durchstrahlt hat. Auf diese Weise wird man sehen, daß man gerade durch das magnetische Feld mancherlei und außerordentlich Günstiges erreichen können wird in der Bekämpfung zum Beispiel auch der Lungentuberkuloseerscheinungen.

Das sind Dinge, die uns aber gleichzeitig zeigen, wie ernst die Dinge hier genommen werden müssen bezüglich des Satzes, daß wir eigentlich in der Brust des Menschen nur Wirkungen haben, daß wir also auch, wenn wir heilen wollen, uns an die Umgebung wenden müssen, daß wir irgend etwas anwenden müssen, was der Außenwelt des Menschen angehört: Licht, dasjenige, was sich an klimatischen Einflüssen ergibt, wenn wir den Menschen an einen höheren Ort bringen, und all dasjenige, was wir als das magnetische Feld ins Auge fassen können. Es ist ebenso mit dem elektrischen Felde; nur handelt es sich darum, daß die Behandlungsweise des elektrischen Feldes berücksichtigt werden muß. Es ist durchaus so, daß, wenn man unmittelbar durch Anlegen der Pole an den Organismus Elektrizität durch den Menschen durchgehen läßt, die Sache eine ganz andere ist, als wenn man etwa ein elektrisches Feld als solches hervorruft und den Menschen in dieses elektrische Feld hineinsetzt, ohne daß direkt die Schlußlinie von einem Pol zum anderen durch ihn geht. Man wird da auch Versuche zu machen haben, die außerordentlich bedeutungsvoll sind. Man kann schon unter Umständen auch günstige Wirkungen erzielen, wenn man die Schlußlinie der Pole durch den Menschen durchgehen läßt. Aber dann ist ausschließlich wirksam dasjenige, was vom Stoffwechselsystem auf das rhythmische System hinüberwirkt. Nichts anderes als das Stoffwechselsystem wird beeinflußt, wenn ich durch den Menschen selber die Elektrizitätsströme leite, welche von einem Pol zum anderen gehen, wenn ich den Menschen gleichsam in die Schlußlinie der elektrischen Wirkung einschließe. Setze ich ihn hingegen ins elektrische Feld, dann werde ich bemerken können, daß gewissermaßen jene Dunkelkammerausstrahlungen überall da bei ihm vorhanden sind, wo spitze Stellen sind, an den Zehen, an den Fingern und so weiter, und ich werde bemerken, daß ich dann heilend eingreifen kann auch bei jenen Patienten, die eine durchaus geregelte Verdauung haben und so weiter und dennoch sogenannte Tuberkuloseerscheinungen zeigen; also bei denen wird es in den allerhäufigsten Fällen so sein, bei Erkrankungen, die besonders auf diesem Felde auftreten.

Wir haben uns heute also zunächst mit dem Hinweis auf die Umgebung beschäftigt. Es ist von mir auch [darauf] aufmerksam gemacht worden, daß nun die Natur in Einschlafen und Aufwachen dasjenige zusammenfaßt, was als Symptomenkomplex auseinandergelegt ist, und an diesem Punkte werde ich morgen einsetzen, um dann erstens zu sehen, was der Moment des Einschlafens und Aufwachens für eine wichtige diagnostische Bedeutung hat, aber auch um zugleich zu studieren, wie wir dasjenige, was uns die Natur da andeuten will durch Aufwachen und Einschlafen, zwar beobachten können, wie wir das dann trotzdem, wenn wir nur das Prinzip kennen, zur Regelung der Beobachtung unserer Symptomenkomplexe werden anwenden können, und daß da namentlich dann etwas liegt, was auch einen wichtigen Hinweis gibt auf die andersartige Behandlung, die man den chronischen und den akuten Krankheiten wird angedeihen lassen müssen.

ZWEITER VORTRAG

Dornach, 13. April 1921

Ich habe vor, heute einiges über das vokalische Prinzip in der Eurythmie vor Ihnen zu besprechen. Wir brauchen uns nur zu vergegenwärtigen, wie aus der Geisteswissenschaft uns bekannt ist, daß Vokale eigentlich mehr aussprechen dasjenige, was im Inneren des Menschen lebt an Gefühlen, an Emotionen und so weiter. Konsonanten, die drücken mehr dasjenige aus, was das äußerlich Gegenständliche ist. Bleiben wir also innerhalb der Sprache, so gelten diese beiden Sätze: Vokale mehr Ausdruck, mehr Offenbarung für das Innere der Gefühle; wir offenbaren gewissermaßen uns im Vokal, also dasjenige, was wir über einen Gegenstand empfinden, was wir über einen Gegenstand fühlen. Konsonanten passen sich mit den Bewegungen, die Zunge, Lippen, Gaumen und so weiter ausführen, mehr plastisch an die äußere Form der Gegenstände an, die aber natürlich dann geistig empfunden werden, versuchen sie nachzubilden. Es sind so im Grunde alle Konsonanten eine Nachbildung mehr des äußerlichen Formseins der Dinge. Nun aber kann man so im Grunde genommen nur sprechen über Vokale und Konsonanten, wenn man im Auge hat einen früheren Zustand der Menschheitsentwickelung, einen Zustand, in dem eigentlich die Sprachentwickelung gegeben war, und in dem das Bewegen des ganzen [Leibes], also der Glieder des Leibes eine Selbstverständlichkeit war, in dem gewissermaßen die einzelnen Laute immer mit Bewegungen des Leibes verbunden waren. Diese Verbindung ist ja im Laufe der Menschheitsentwickelung gelockert worden. Die Sprache wurde mehr überhaupt nach dem Inneren genommen und die Bewegungsmöglichkeiten, die Bewegungsausdrücke hörten auf, und im gewöhnlichen Leben sprechen wir heute, ohne viel die Sprache mit den entsprechenden Bewegungen zu begleiten. In der Eurythmie holen wir nun wiederum dasjenige, was an Bewegungen die Vokale und Konsonanten begleitet hat, heran und bringen so den Körper wiederum in Bewegung. Nur müssen wir jetzt uns darauf besinnen, daß wir gewissermaßen bei dem Vokalsprechen die Bewegung weglassen und den ganzen Vokal, der gewissermaßen vorher in der äußeren Bewegung mitgelebt hat, daß wir diesen Vokal verinnerlichen.

Wir nehmen ihm etwas weg auf seinem Wege nach innen. Wir nehmen ihm die Bewegung weg. Daher ist es beim Vokal so, daß wir dasjenige, was wir ihm auf dem Wege nach innen weggenommen haben, daß wir ihm das in der äußeren Bewegung wiederum geben. So daß beim Vokal alles so liegt, daß bei ihm außerordentlich viel auf die äußere Bewegung ankommt, wenn wir nun den Übergang suchen wollen von der Wirkung dieses Vokals, eurythmisch ausgedrückt, auf den ganzen Menschen. Das ist dasjenige, was wir dabei berücksichtigen müssen.

Also indem wir heute vom Vokalischen sprechen, sprechen wir so rein von der Bedeutung desjenigen, was bewegungsmäßig, eurythmisch vokalisiert wird. Und es handelt sich da sehr darum, daß man sich eine Empfindung von dem erwirbt, was in die Bewegung gewissermaßen hineinfließt. Also daß man sich ein Anschauungsbewußtsein erwirbt, ob dasjenige, was mit dem entsprechenden Gliede des Menschen geschieht, ob das ein Strekken ist, ob es ein Runden ist und dergleichen. Man muß durchaus sich davon ein deutliches Bewußtsein erwerben. Das ist beim Vokalischen außerordentlich wichtig, daß man gewissermaßen die Bewegung oder die Haltung, die gemacht wird, fühlt. Das ist das Wichtige. Und von da ausgehend wollen wir jetzt einmal einzelne Vokale aus dem Eurythmischen ins Therapeutische herüberholen.

Praktisch vorgeführt (Frau Baumann): Ein deutliches I durch Strecken mit beiden Armen. Dieses Strecken, das müßte man nun so bewirken, daß man jetzt wiederum zurückgeht [in die Ausgangsstellung]* und jetzt dieselbe Bewegung etwas tiefer ausführt, wieder zurückgeht und beides horizontal macht. Jetzt gehen wir wieder zurück, und wenn Sie zuerst rechts vorne waren, so nehmen Sie jetzt, indem Sie nach unten gehen, rechts rückwärts, und nun nach vorn, jetzt etwas zurück und wiederum etwas tiefer. Nun will ich Sie nicht weiter plagen, aber wenn man nun das ausführen sollte, so könnte man es noch mehr komplizieren dadurch, daß man noch mehr Stellungen nimmt, daß man also geradezu von dem I ausgeht, zurückgeht, ein wenig weitermacht, wiederum zurückgeht, ein wenig weitermacht und so weiter, so daß man möglichst viele solche I-Stellungen hat, die man von oben bis nach unten macht mit immer wie-

* Frühere Herausgeber-Hinweise «Ruhestellung» jetzt ersetzt durch «Ausgangsstellung», wie Rudolf Steiner selbst sagt bei den Anweisungen zur U-Übung.

derum Zurückgehen der Sache [in die Ausgangsstellung]. Wenn man diese Bewegungen ausführen läßt, dann ist das ein Ausdruck für die menschliche Person. Es drückt sich die ganze individuelle Person dadurch aus.

Nun können wir zum Beispiel die Bemerkung machen: Irgendein Kind oder meinetwillen auch ein erwachsener Mensch kann sich nicht ordentlich äußern als Person. Er ist irgendwie verhindert, als volle Individualität sich zu äußern. Er wäre also in gewissem Sinne vielleicht ein Träumer und dergleichen. Oder aber, wenn wir an ein physisches Übel denken bei einem Kinde, würden wir haben, sagen wir das physische Übel es lernt nicht ordentlich gehen, es geht ungeschickt, oder wir bemerken auch noch bei einem Erwachsenen, daß es wünschenswert ist, daß er aus gewissen hygienischen oder therapeutischen Gründen besser gehen lernt, dann wird diese Übung zunächst für diesen Zweck außerordentlich in Betracht kommen. Bei Erwachsenen bedeutet ja das, wenn sie einen, sagen wir zu wenig ausschreitenden Schritt haben, daß sie nicht ordentlich ausgreifen mit ihrem Schritt, das bedeutet eigentlich immer, daß darunter ihre Blutzirkulation leidet. Die Blutzirkulation leidet unter einem nicht genügend ausgreifenden Schritt. Also wenn die Leute so gehen (trippelnd), so hat das immer zur Folge, daß die Blutzirkulation in irgendeiner Weise langsamer wird, als sie für die betreffende Individualität werden soll. Dann muß man versuchen, daß diese Person weiter ausschreiten lernt, aber man wird ein sicheres Ziel erreichen, wenn man sie diese Übung machen läßt. Dann wird sie eben die größeren und durchgreifenderen Erfolge haben in bezug auf das ordentliche Gehenlernen. So daß man sagen kann, diese modifizierte I-Übung, die ist im wesentlichen fördernd für die Personen, die – nun, ich drücke es etwas radikal aus – nicht ordentlich gehen können. So kann man es ungefähr fassen für Personen, die nicht ordentlich gehen können.

Nun können Sie sie aber noch weiter ausführen, diese Übung, und sie wird ebenso nützlich sein, wenn Sie gewissermaßen das Resümee dessen, was jetzt Frau Baumann gemacht hat, noch hinzufügen. Jetzt versuchen Sie, diese ganze I-Übung, ohne Zurückbringen der Arme [in die Ausgangsstellung], so zu machen, daß Sie die letzte Stellung durch das bloße Drehen herauskriegen: Drehen in der Ebene, schnell, schneller, noch schneller. – Das würde also dasjenige sein, wodurch man diese I-Übung, die man zuerst so gemacht hat, wie wir es beschrieben haben, wodurch man diese dann steigert, und das würde zu dem Resultat führen, daß Personen dadurch gefördert würden, die nicht ordentlich gehen können. Es wird dann außerordentlich leicht sein, sie zum ordentlichen Gehen zu bringen. Man kann sie dabei noch ermahnen, daß sie ordentlich gehen sollen, und es wird außerdem dieses Anders-gehen-Lernen einen entsprechenden Erfolg haben.

Nun wird Frau Baumann so gut sein, uns eine U-Übung vorzumachen. Recht hoch hinauf, zurück die Arme, in die Ausgangsstellung zurück, jetzt ein wenig tiefer, wieder zurück, ein wenig tiefer, jetzt horizontal, jetzt wieder zurück, jetzt nach unten, jetzt wieder zurück, weiter nach unten; das ist das Prinzip. Und jetzt machen Sie es gleich so, daß Sie es nach oben machen und gehen Sie jetzt also, indem Sie herunterbewegen, – lassen Sie das U sein – und gehen Sie auf und ab und machen Sie es jetzt immer schneller, so daß Sie zuletzt eine ziemliche Schnelligkeit haben.

Das würde ich bitten, jetzt als die Ausführung* der U-Bewegung ins Auge zu fassen. Und es ist dieses – wenn ich mich jetzt in derselben Weise zusammenfassen sollte, wie ich es früher gesagt habe – die Bewegung für Kinder oder erwachsene Menschen, die nicht stehen können. Beim I hatten wir: die nicht gehen können, beim U: die nicht stehen können.

Nun, nicht stehen können heißt: überhaupt schwach mit den Füßen bestellt sein und sehr leicht ermüden beim Stehen. Es heißt auch zum Beispiel, nicht ordentlich genügend lange Zeit auf den Fußspitzen stehen können oder nicht genügend lange Zeit, ohne daß man gleich ungeschickt ist, auf den Fersen stehen können. Diese Übungen müssen ja bei Menschen gemacht werden – auf den Fußspitzen stehen können und auf den Fersen stehen können, das sind keine eurythmischen Übungen –, aber sie müssen von Menschen gemacht werden, welche schwach auf den Beinen sind, welche beim Stehen leicht müde werden oder welche überhaupt nicht ordentlich stehen können. Nicht ordentlich stehen können heißt auch: beim Gehen müde werden. – Also ich bitte, das ist technisch zu unterscheiden: Es ist etwas anderes, ungeschickt gehen oder beim Gehen müde werden. Wenn man also beim Gehen müde wird, so handelt es sich um die U-Übung. Ungeschickt sein beim Gehen oder eben durch seine ganze Konstitution es hervorrufen, daß es wünschenswert ist, daß man mehr ausschreiten lernt,

* Im Stenogramm steht hier für «Ausführung»: «Ausbewegung», was aber eher ein Hörfehler sein könnte.

das heißt, nicht gehen können, technisch gesprochen. Aber müde werden beim Gehen, das heißt, technisch gesprochen, nicht stehen können. Und für solche Leute ist diese U-Übung ganz besonders dasjenige, um was es sich handelt. Es ist dieses mit Dingen zusammenhängend, die wir dann, wenn wir weitergekommen sind, noch auseinandersetzen wollen.

Wenn Sie vielleicht so gut sind und jetzt eine O-Bewegung machen, recht [weit] nach oben, und zurück [in die Ausgangsstellung] und jetzt etwas weiter nach unten, jetzt wieder zurück, wieder weiter nach unten und so fort. Aber jetzt machen Sie sie gleich so, daß Sie die O-Bewegung nach oben machen und jetzt aber richtig, also fühlen die Rundung der Arme in der Bewegung, indem Sie hinuntergleiten. Wenn Sie mit der O-Bewegung hinuntergleiten, so muß das O bleiben. Jetzt immer schneller und schneller.

Nun, diese Bewegung, die würden Sie vollständig sehen, meine Freunde, in der glanzvollsten Anwendung, wenn Sie jetzt hier vor sich hätten eine richtig dickliche Person. Wenn also ein Kind unnatürlich dicklich wird oder auch eine erwachsene Person unnatürlich dicklich wird, dann wird diese Übung diejenige sein, die man dann anwenden muß. Es ist alles dasjenige, was im eurythmischen O, wenn es also dauernd gemacht wird, dadurch, daß man es so oft macht, und daß man es zuletzt gewissermaßen zu diesem faßförmigen Körper hier erweitert – denn es ist ja ein Faß, das man umschreibt, das man außer sich umschreibt –, dadurch wird tatsächlich dasjenige ausgeführt, was der Gegenpol ist zu denjenigen dynamischen Tendenzen, welche im Dicklichwerden der Menschen wirken. Es ist dasjenige, was also sehr gut hygienisch und therapeutisch angewendet werden kann, und Sie werden sich wohl überzeugen, daß, wenn Sie diese Bewegung bei solchen Menschen ausführen lassen, daß dann in der Tat eine Tendenz auftaucht, dünner zu werden, insbesondere wenn Sie noch andere Dinge ausführen lassen, die wir noch besprechen wollen. Aber es ist gleichzeitig dieses, daß die Bewegung – gerade bei dieser Bewegung ist das von besonderer Bedeutung – daß Sie die Bewegung so lange ausführen lassen, daß die Person nicht zu stark schwitzt, nicht zu warm wird. Also man muß schon versuchen, diese Bewegung so ausführen zu lassen, daß man immer wiederum ausruhen läßt inzwischen, wenn man das erreichen will, was erreicht werden soll.

Nun wird Frau Baumann vielleicht so gut sein, uns eine E-Bewegung zu machen, recht hoch oben. Es ist erst eine E-Bewegung, wenn dieses drüber liegt, so daß es sich berührt. Nun gehen Sie zurück [in die Ausgangsstellung], etwas tiefer, Ihre rechte Hand über Ihren linken Arm, dann aber, damit das recht wirksam wird, machen wir es noch so, daß wir es mehr zurückliegend ausführen und jetzt wiederum von oben nach unten; denn das E muß gründlich gemacht werden. Und dann machen wir die eine Bewegung, indem wir das nach unten führen, die andere Bewegung, indem wir das nach unten führen, also weiter zurück, so lange, bis Sie sich da hinten die Ärmelnaht zerreißen. Nun, diese Bewegung ist diejenige, die fördernd sein wird insbesondere bei Schwächlingen, also bei Dünnlingen statt bei Dicklingen, bei solchen, bei denen das Schwachsein so recht von innen kommt, aber organisch bedingt ist. Es muß organisch bedingt sein.

Nun die andere Übung, die mit dieser parallel betrachtet werden kann, muß man dann mit einiger Vorsicht anwenden, denn sie geht mehr auf das Seelische, und sie ist die folgende: Wenn Sie ein E nach rückwärts machen, so gut Sie es können, und jetzt so weit herein[*], als Sie können. Das tut ernstlich weh. Das ist eine Bewegung, die als solche ein bißchen weh tut, und das ist auch der Zweck. Und es ist dieses auszuführen bei denjenigen Kindern oder erwachsenen Personen, bei denen seelische Gründe für das Dünnwerden vorliegen, abgehärmt sein und dergleichen. Da es überhaupt so ist, daß man vorsichtig sein muß mit einem von außen an den Menschen Herangehen mit Heilungen, von außen herangehen mit solchen geistigen Mitteln, so muß natürlich dieses auch mit Vorsicht angewendet werden. Das heißt also, man muß versuchen, auch die moralischen Einflüsse auf ein verzagtes Kind oder auf ein deprimiertes, auf ein Depressionserscheinungen zeigendes Kind anzuwenden und so weiter, wenn man es diese Übungen machen läßt. Wenn man sich aber mit dem Kinde sonst beschäftigt, daß man es tröstet, indem man es auch seelisch behandelt, so kann man es auch diese Übungen machen lassen.

Sie sehen daraus, daß es gewissermaßen bei allen diesen Dingen darauf ankommt, daß man dasjenige, was in der Eurythmie als Kunst zum Ausdruck kommt, in einer gewissen Weise erweitert. Das gilt insbesondere für das Vokalische.

* In früheren Auflagen «herauf», im Stenogramm aber deutlich «herein»

Nun ist es sehr wichtig, daß wir uns das Folgende klarmachen. Sie wissen also, das Vokalische kann in einer solchen Weise ausgebildet werden, und es ist im wesentlichen der Ausdruck für das Innere. Allein man muß eine gefühlsmäßige, anschauungsmäßige Auffassung desjenigen haben, was da geschieht. Also bei demjenigen, den man diese Sachen dann zu Heilzwecken ausführen läßt, bei dem muß man durchaus darauf bedacht sein, daß er die Dinge fühlt, also beim E richtig das Bedecken des einen Gliedes durch das andere fühlt. Beim O kommt aber noch etwas in Betracht. Beim O soll nicht nur gefühlt werden dieses Kreisschließen, sondern es soll auch die Biegung gefühlt werden. Man soll also fühlen, daß man einen Kreis bildet. Also man soll den Kreis, der da durchgeht, fühlen. Und wenn besonders wirksam gemacht werden soll das O, dann mache man denjenigen, der es macht, aufmerksam darauf, daß er fühlen soll außerdem so, wie wenn er selbst oder ein anderer ihm einen Strich längs des Brustbeines machen würde, so daß gewissermaßen das Ganze nach rückwärts geistig durch das Gefühl abgeschlossen ist; also, wie wenn man so etwas fühlte, wie wenn man selbst oder wenn ein anderer einem einen Strich machte am Brustbein.

Nun wollen wir ein A machen: Jetzt gehen wir wieder zurück [in die Ausgangsstellung], jetzt machen wir ein A tiefer, gehen wieder zurück, machen ein A horizontal, zurück, machen ein A gesenkt, zurück, machen ein A ganz tief, zurück, dann nach rückwärts; das brauchen Sie nur einmal zu machen, aber zurückgehen [in die Ausgangsstellung] zuerst. Und jetzt machen Sie das A oben und fahren, ohne den Winkel zu verändern, nach unten, jetzt ohne daß Sie das Gefühl haben, den Winkel zu verändern, gehen Sie nach rückwärts.

Diese Ubung, die kann auch wirksam werden dadurch eigentlich nur, daß man sie recht oft ausführen läßt. Also recht oft ausführen lassen. Und wenn man sie recht oft ausführen läßt, dann ist sie die Übung, die man anwenden soll bei Personen, die gierig sind, bei denen die Tiernatur besonders stark auftritt. Also wenn Sie so richtig in der Schule zum Beispiel haben ein Kind, das so richtig ein kleines Tierlein ist nach jeder Beziehung – und das organisch bedingt ist –, und Sie lassen es diese Übung ausführen, so werden Sie sehen, daß sie für dieses Kind eine ganz besondere Bedeutung hat.

Diese Übungen, Sie sehen wiederum an ihnen, daß ja, wenn sie schulmäßig eingeführt werden sollen, es notwendig ist, daß man die Kinder besonders dazu einteilt, und man wird sich auch überzeugen, daß die Kinder diese Übungen weit weniger gerne machen als die eurythmischen Übungen sonst. Zu den eurythmischen Übungen drängen sie sich, bei diesen Übungen wird man ihnen jedenfalls höchst wahrscheinlich sehr zureden müssen; denn sie werden sich zunächst so verhalten dazu, wie sich Kinder oftmals gegen das Einnehmen von Arzneien verhalten. Sie werden keine rechte Freude daran haben, aber das schadet eigentlich bei diesen Übungen allen nicht besonders, die sich auf das U, O, E und A beziehen; bei dem I schadet es etwas, wenn die Kinder keine Freude daran haben. Da muß man versuchen, das zu erreichen, daß diese I-Übung, wie wir sie gemacht haben, den Kindern Spaß macht. Bei den andern ist es so, daß, wenn sie es auf Autorität ausführen und wissen, sie sollen es pflichtgemäß tun, da schadet es nicht besonders, bei dem U, O, E, A. Bei dem I ist es aber wichtig, daß die Kinder Spaß haben dabei, weil das auf die ganze individuelle Person geht, wie ich schon gesagt habe.

Sie werden noch etwas davon haben, wenn Sie etwa das sich zurechtlegen: Das I offenbart den Menschen als Person, das U offenbart den Menschen als Mensch, das O offenbart den Menschen als Seele, das E fixiert das Ich im Ätherleib, es prägt sehr stark das Ich in den Ätherleib hinein, und das A wirkt der tierischen Natur im Menschen entgegen.

Nun handelt es sich darum, diese verschiedenen Wirkungen noch weiter zu verfolgen. Wenn Sie einen Menschen haben, der unregelmäßige Atmung hat, irgendwie durch seine Atmung belästigt wird und dergleichen, dann werden Sie gerade durch die Anwendung dieses Vokalisierens es erreichen, daß dieser Mensch eine gewisse Normalisierung des Atmens erreicht. Insbesondere aber werden Sie durch diese Übungen erreichen, daß zum Aussprechen, zum deutlichen Aussprechen des Konsonantischen, dieses Vokalisieren von großem Vorteil ist. Also wenn Kinder möglichst früh, wenn man sieht, es gelingt ihnen nicht, gewisse Konsonanten mit den Lippen oder mit der Zunge zu formen – für Gaumenlaute ist es weniger anwendbar, aber für Lippen- und Zungenlaute außerordentlich gut –, wenn man es versucht, Kinder, die Schwierigkeiten in dieser Bildung haben, solche Vokalübungen machen zu lassen, so ist das wiederum außerordentlich förderlich für sie.

Man wird aber auch merken, daß, wenn Personen neigen zu chronischen Kopfschmerzen, migräneartigen Zuständen, daß man dadurch wesentliche Erleichterungen haben wird gerade durch dieses Vokalisieren. Also auch bei chronischem Kopfschmerz und bei chronischen Migräneerscheinungen, auch bei Eingenommenheit des Kopfes, werden sich diese Dinge ganz besonders gut anwenden lassen. Ebenso die Übungen, die wir heute gemacht haben, die ja bei gewissen Kindern – zum Beispiel, die gar nicht aufmerksam sein können, die verschlafen sind –, wenn man sie bei diesen Kindern anwendet, so werden Sie diese Kinder in einem gewissen Sinne zum Gewecktwerden bringen. Also das ist eine hygienisch-didaktische Seite, die von einer gewissen Wichtigkeit ist. Aber auch bei erwachsenen Menschen wird sich das durchaus noch zeigen können, daß man, wenn sie Schlafmützen sind, daß man sie erwecken kann dadurch. Dann wird man merken, daß, wenn die Verdauung des Menschen schwach ist, träge ist, daß man gerade durch diese Übungen günstig eine zu träge Verdauung und dann natürlich auch alles das, was man als zusammenhängend betrachten muß mit einer zu trägen Verdauung, daß man das ganz besonders fördern kann nach der guten Seite hin.

Es würde aber nun auch bei einer gewissen hygienischen Eurythmie gut sein, wenn man womöglich versuchen würde, die Bewegungen, die eigentlich für die Kunsteurythmie bloß mit den Armen ausgeführt werden, wenn man diese, allerdings schwächer – ich werde gleich darüber noch sprechen –, ausführen ließe in einer gewissen Weise mit den Beinen. Nun werden Sie sagen, wie kann man zum Beispiel I mit den Beinen machen? Das geht sehr leicht. Man braucht ja nur das Bein vorzustrecken und das Strecken drinnen haben. Das U würde einfach dieses sein, daß man sich mit vollem Bewußtsein auf beide Beine stellt, so daß man ein deutliches Streckegefühl in beiden Beinen hat. Das O aber sollte man lernen mit den Beinen. Das besteht darinnen – und man soll schon auch Leuten, bei denen man notwendig findet, in der Weise, wie ich es beschrieben habe, die O-Bewegung auszuführen, die sollte man schon auch gewöhnen, die O-Bewegung mit den Beinen zu machen –, in entsprechender Weise etwas nach Außen stellen, aber wenig, die Zehen, und dann versuchen, in dieser Weise sich zu stellen. Aber auf den Zehenspitzen dabei stehen und nach auswärts biegen, ein wenig stehenbleiben, zurückgehen in die Normalstellung, wiederum das bilden und so weiter.

T 2

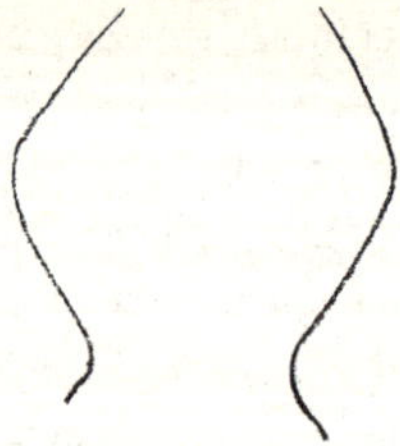

Es ist notwendig, daß man dabei berücksichtigt das Verhältnis, das besteht zwischen der Bewegungsmöglichkeit, der inneren organisch bedingten Bewegungsmöglichkeit für den mittleren Menschen und den unteren Menschen. Die ist so, daß sich dasjenige, was man ausführt für den unteren Menschen, also solch eine Bewegung, daß sich* dieses nur in Drittelstärke ausführen läßt. Also so daß Sie, wenn Sie jemanden die O-Bewegung, wie wir sie gesehen haben, ausführen lassen, so müssen Sie dann das Gefühl haben, daß, was Sie etwa hinterher machen lassen für die Füße und Beine, daß das nur ein Drittel der Zeit nimmt, also ein Drittels-Kraftaufwand ist, möchte ich sagen. Besonders wirksam wird es aber sein, wenn Sie es in die Mitte hinein verlegen, so daß Sie ein Drittel, ein Drittel, ein Drittel haben, so daß Sie also haben, sagen wir A und dann noch einmal A, und in der Mitte B, die Fußbewegung hinein (siehe Schema) und Sie zusammen haben ein Drittel, ein Drittel, ein Drittel, das wird von besonderer Wirksamkeit sein.

T 2

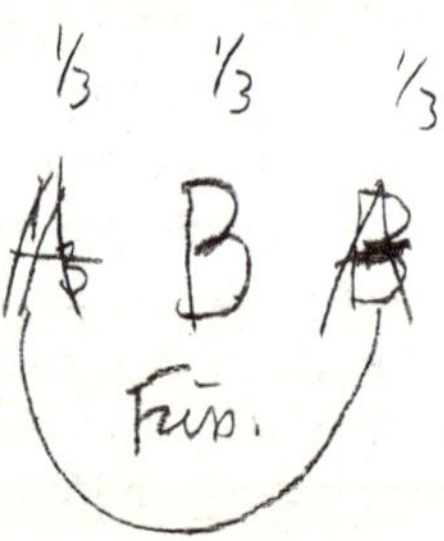

Von besonderer Wirksamkeit ist aber auch, dasselbe auszuführen im Zusammenhang mit der gezeigten E-Bewegung für die Füße, wo Sie die Füße richtig übereinanderlegen. Aber man muß auf den Zehenspitzen

* Im Stenogramm «daß man dieses ...», hier wurde entsprechend dem Satzanfang geändert in «daß sich dieses».

stehen und die Beine übereinanderlegen, so daß sich die Beine berühren. Wiederum ein Drittel und womöglich in die Mitte verlegen. Das ist etwas, was ganz besonders gut ausgeführt werden sollte bei Kindern und auch bei erwachsenen Personen, die Schwächlinge sind. Sie werden es natürlich um so weniger machen können, aber das ist gerade das, worauf es ankommt, daß sie es eben lernen zu machen. Und gerade bei diesen Dingen sieht man, daß für die verschiedenen Menschen dasjenige am wichtigsten ist zu lernen, was sie am allerwenigsten können. Das müssen sie dann lernen, weil es eben gerade zu ihrer Gesundung notwendig ist.

T 2

Das A ist ebenfalls notwendig, das habe ich Ihnen schon gestern gezeigt. Das besteht eben darinnen, daß man, sich womöglich auf die Zehen stellend, diese gespreizte Stellung einnimmt. Das soll ebenfalls in die A-Bewegung eingeführt werden und wird da ganz besonders günstig wirken.

Nun kann man aber alle Bewegungen, die wir jetzt beschrieben haben, auch noch dadurch steigern, daß man sie im Gehen ausführen läßt. Und Sie werden zum Beispiel ganz besonders viel erreichen für ein Kind, das schwach ist, wenn Sie es anleiten, die E-Bewegung im Gehen auszuführen, wie wir sie jetzt gemacht haben, aber so, wie wir sie jetzt gemacht haben, im Gehen auszuführen, aber außerdem es so gehen lassen, daß es sich abwechselnd immer berührt. Indem es vorschreitet, nimmt es das [eine Bein] herüber, dann das [andere], so daß es immer ein Bein über das andere stellt, so daß es immer das Zurückliegende* mit dem andern nach vorwärts berührt. Es wird natürlich nicht gut vorwärtskommen; aber es ist doch dasjenige, was gut ist, ausführen zu lassen, also dieselben Bewegungen im Gehen auszuführen. Sie werden sagen, es kommen komplizierte Bewe-

* «Zurückliegende» unklar im Stenogramm, könnte auch als «Zurückgehende» gelesen werden.

gungen dabei zum Vorschein; aber es ist gut, wenn solche komplizierten Bewegungen zum Vorschein kommen.

Nun möchte ich Sie noch darauf aufmerksam machen, daß dasjenige, was wir jetzt über das Vokalische gesagt haben, zunächst recht scharf gesondert werden soll von demjenigen, was wir morgen über das Konsonantische üben werden. Das Konsonantische, das ist im allgemeinen so, daß es das Äußere ausdrückt, wie wir schon gesagt haben. Der Konsonant wird ja auch in der Sprache so geformt, daß sich Lippen, Zunge namentlich, in einer solchen Weise formen, daß da eine Nachbildung, eine Imitation der äußeren Form vorliegt. Nun, das Konsonantische hat ja, wie wir morgen auch sehen werden, dann ganz besondere Arten von Bewegungen, und in diesen Bewegungsformen liegt es schon, daß der Konsonant in einer gewissen Weise wiederum verinnerlicht wird, indem er in eurythmischen Formen gegeben wird. Er wird verinnerlicht. Es wird dasjenige, was er in der Sprache auf dem Wege nach außen verloren hat, das wird ihm wiedergegeben, und beim Konsonanten, sowohl beim Anschauen, indem man Eurythmie als Kunst nimmt, wie namentlich wenn sie ausgeführt wird zum Zwecke der Person, wenn man sie ausführen läßt beim Konsonanten, ist es ganz besonders wichtig, daß man nun nicht etwa in derselben Weise wie beim Vokal ein Gefühl, also das Streckgefühl, das Biegegefühl, das Weitegefühl hat, sondern daß man beim Konsonanten gleichzeitig sich selbst in der Form vorstellt, die man ausführt, wenn man den Konsonanten macht, also wenn man sich gewissermaßen selber zuschaut.

Hier sehen Sie am allerdeutlichsten, daß man die Kunsteurythmisten ermahnen muß, nicht beide Dinge durcheinanderzuwerfen; denn die Kunsteurythmisten, die werden nicht gut tun, sich immer zuzuschauen, da werden sie sich die Unbefangenheit nehmen und so weiter. Dagegen, wenn Sie ein Kind oder eine erwachsene Person Konsonantisches ausführen lassen, so ist es wichtig, daß sie sich gewissermaßen mit dem Gedanken innerlich selbst abphotographiert; denn darinnen liegt das Wirksame, daß sie sich innerlich selbst abphotographiert, daß sie sich also gerade in der Stellung darinnen richtig innerlich sieht, die sie ausführt, und wenn das wirklich so ausgeführt wird, daß die Person eine innerliche Anschauung hat von dem, was sie ausführt.

Also, wenn Sie noch so gut sind, vielleicht uns vorzuführen, sagen wir ein M konsonantisch zuerst mit der rechten Hand, jetzt mit der linken Hand, aber das zurücknehmend, jetzt die rechte Hand ganz zurücknehmend, mit der linken Hand ein M machen, jetzt mit beiden Händen – das kann natürlich wiederum vermannigfaltigt werden in vielfacher Weise. (Fräulein Wolfram): Nun ein M – gehen wir von diesem Beispiel aus, ein M, was ist es denn zunächst sprachlich? Sprachlich ist das M ein außerordentlich wichtiger Laut. Sie werden ihn sprachlich empfinden in seiner Wichtigkeit, auch sprachphysiologisch in seiner Wichtigkeit empfinden, wenn Sie ihn im Gegensatz betrachten zu dem S. Vielleicht macht uns Frau Baumann jetzt ein graziöses S, rechts, links, jetzt mit beiden Händen.

Nun ist ja scheinbar zunächst das so, daß, wenn das S ausgeführt wird, Sie das Gefühl haben werden oder haben müssen, daß Sie sich selbst mit etwas in Ihnen – es ist nämlich der Ätherleib – daß Sie sich mit etwas in Ihnen so bewegen (R. Steiner macht die Bewegung), eine Schlangenlinie haben. Diese Schlangenlinie, die darf bei einem besonders scharf ausgesprochenen S sich der Geraden sehr nähern und kann sogar als Gerade vorgestellt werden.

T 2

Dagegen, wenn Sie sich anschauen das M, welches eben ausgeführt worden ist, so müssen Sie das Gefühl haben, das ist eigentlich – wenn auch die organische Form, in der das ausgeführt wird, [ähnlich ist] – nicht genau dasselbe Element, nicht linienhaft dasselbe. Und so ist dann das M dasjenige, was sich, angelegt an die S-Richtung, sich entgegenlebt der S-Richtung, und das ist im Grunde genommen, sehen Sie, der große Gegensatz zwischen einem S und einem M. Ein S und ein M, das sind die zwei polarischen Laute.

Das S, das ist – wenn ich mich jetzt anthroposophisch ausdrücken darf – das S ist der eigentlich ahrimanische Laut, und das M ist dasjenige, was das Ahrimanische in seiner Eigenschaft mildert, abmildert, was ihm, wenn ich es so sagen darf, seine ahrimanische Stärke nimmt, das M. So daß, wenn wir unmittelbar einen Lautzusammenhang haben, in dem S und M sich finden, wie zum Beispiel wenn wir den Lautzusammenhang «Samen» haben oder gar «Summe», dann haben wir in diesem Lautzusammenhang zuerst das stark ahrimanische Wesen im S, aber dann ihm die Spitze genommen im M.

T 2

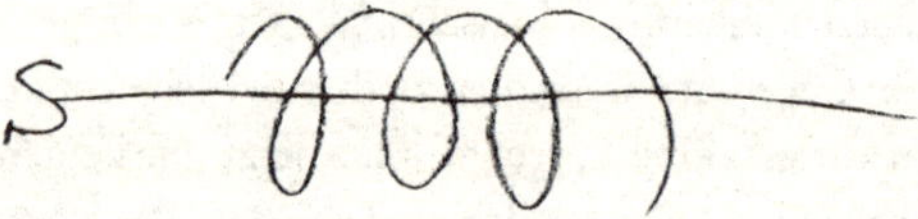

Vielleicht machen Sie uns noch ein H (Fräulein Wolfram). Wenn Sie das H nun richtig anschauen, wenn Sie sich so recht drinnen fühlen in diesem H, dann werden Sie sich sagen: In diesem H liegt etwas, was unmittelbar luziferisch sich ausnimmt. Es ist also das Luziferische in dem H, das da zum Ausdrucke kommt. Und nun versuchen Sie selbst jetzt anzuschauen – hier kommt es weniger auf das Fühlen als auf das Anschauen an –, versuchen Sie selbst jetzt anzuschauen, wenn Frau Baumann uns das jetzt machen würde, wenn man das H macht und es gleich übergehen läßt jetzt in ein M. Machen Sie das H zuerst und lassen Sie es langsam übergehen in ein M. Nun sehen Sie das einmal an. Da haben Sie die ganze Anschauung des Luziferischen abgemildert, ihm die Spitze genommen, in dieser Bewegung zum Ausdrucke gebracht. Diese Bewegung ist wirklich so, wie wenn man den Luzifer aufhalten würde. Es ist richtig so, wie wenn man den Luzifer aufhalten würde. Und es ist das ja für Sie auch hörbar, wenn Sie sich einfach darauf besinnen – der heutige Zivilisationsmensch kann sich eigentlich gar nicht mehr recht auf diese Dinge besinnen –, aber wenn Sie sich darauf besinnen: Wenn jemand zu etwas Luziferischem zustimmen will, aber das richtige Luziferische, das Eifrige des Zustimmens gleich herabmindert, so macht er «Hm, hm»; da haben Sie das H und das M eigentlich recht sehr aneinandergelegt, und da haben Sie die ganze Liebenswürdigkeit des herabstimmenden Luziferischen unmittelbar drinnen.

Daraus sehen Sie, daß, sobald man ins Konsonantische übergeht, man übergehen muß zugleich in das Anschauen der Form. Das ist das Wichtige, und davon wollen wir also morgen weiterreden.

VIERTER VORTRAG

Dornach, 14. April 1921

Gestern sagte ich, daß sich gewisse Symptomenkomplexe zusammenfassen in den Erscheinungen des Einschlafens und Aufwachens. Es ist zunächst vor allen Dingen wichtig, die Symptome zu betrachten, die sich zusammenfassen in dem Vorgang des Einschlafens, und da muß man das Folgende sagen: Mangelhaftes Einschlafen weist immer darauf hin, daß der astralische Leib – ich will mich jetzt eben diesmal dieser Formel bedienen, die Sie ja alle sehr gut kennen – an den physischen und den ätherischen Organen, namentlich an den letzteren, haftet, daß er zu stark mit ihnen verbunden ist. Dieses Haften am astralischen Leib ist ja für den Geistesforscher ohne weiteres dadurch ersichtlich, daß die Organe, die physischen und die anderen Organe eben weiter funktionieren, so wie sie im Wachen funktionieren, wenn das Einschlafen eintreten soll, während sie beim normalen Menschen eine entschiedene Ablähmung erfahren.

Nun ist das natürlich der Fall, wovon ich schon gestern sprach, daß man sich gewöhnlich über alles dasjenige, was dieses mangelhafte Einschlafen bedeutet, nicht ordentlich unterrichten kann. Daher ist es notwendig, daß man sich gewissermaßen einen zusammenfassenden Blick aneignet über diejenigen Erscheinungen, welche im wachen Zustande Begleiterscheinungen des mangelhaften Einschlafens sind. Und da muß man sagen, alles dasjenige, was in einer gewissen Weise auf ein unwillkürliches Funktionieren des Organismus hinzeigt, das ist Begleitung eines mangelhaften Einschlafens. Also jedes unwillkürliche Zucken mit den Lippen, jedes unwillkürliche Zwinkern mit den Augenlidern, jedes zu starke Bewegen der Finger und dergleichen, namentlich ein solches, das nicht ein Ausdruck eines inneren Vorganges ist, also alles Zappelhafte am Menschen, ist eine Wachbegleiterscheinung des mangelhaften Einschlafens. Selbstverständlich ist dieser Vorgang zumeist nur zu verfolgen bei starkem Hervortreten nach außen. Wenn ein solches Zappeln stattfindet in bezug auf die inneren Organe, dann handelt es sich darum, daß man sich schon einen gewissen Blick für so etwas aneignet, und daß man versteht, gewisse Erscheinungen wirklich in Zusammenhang zu bringen. Ich möchte da bemerken, daß man zum Beispiel gewisse Geräusche bei kranken Menschen, die an Chlorose leiden, in denjenigen Adern, welche links und rechts im Halse sind und dann hinuntergehen, hören kann. Diese Geräusche, die man früher Nonnengeräusch genannt hat – ich weiß nicht, ob man sie jetzt noch so nennt –, sind auch bei jedem Menschen bemerkbar, wenn er den Kopf stark links und rechts wendet, wenn er also eine sehr starke Entfaltung der Astralität bewirkt, die immer dann entsteht, wenn eine sonst nur willkürlich auszuführende Bewegung unwillkürlich ausgeführt wird. Also jedes Mal wird die Astralität zu stark angestrengt, zu stark gebraucht, zu stark an das Organ hergedrängt, wenn eine sonst willkürlich ausgeführte Bewegung, also eine vom Ich abhängige Bewegung, unwillkürlich ausgeführt wird, also wenn man das Zappelnde darin hat. Und so kann überhaupt durch solche indirekten Beobachtungen die Aufmerksamkeit auf das Zappelnde der inneren Organe gewendet werden.

Nun ist zu sagen, daß bei diesem mangelhaften Einschlafen immer eine so den unmittelbaren äußeren Eingriffen entlegene Unregelmäßigkeit vorhanden ist, eine Unregelmäßigkeit, die fern liegt alledem, was ich gestern zum Beispiel über Licht und über das magnetische und elektrische Feld gesagt habe. Diesen Dingen liegt alles dasjenige etwas ferner, was dem mangelhaften Einschlafen entspricht. Da handelt es sich darum, daß es notwendig ist, dann zu Heilmitteln zu greifen. Also wenn ein Symptomenkomplex vorliegt, der sich zusammenfassen läßt unter der Formel des mangelhaften Einschlafens, dann ist es notwendig, zu Heilmitteln zu greifen, und zwar zu denjenigen, wo eben Vorgänge, namentlich in Vegetabilischem, erst hervorgerufen werden müssen, also Kochen, Verbrennen und so weiter. Es wird hier, wo mangelhaftes Einschlafen vorliegt und man es mit Krankheiten innerhalb des menschlichen Brustkorbes zu tun hat, eine große Rolle spielen alles dasjenige, was an Heilmitteln gewonnen werden kann durch Auskochung von Wurzeln und durch Veraschung, durch Verbrennung, weil eben immer ein unregelmäßiges Haften des astralischen Leibes an den menschlichen Organen auch da ist. Alles dasjenige, was in der

Wurzelabkochung und in der Pflanzenasche sich noch als Kraft findet, das ist dasjenige, was da eine besonders starke Rolle spielen muß. Dagegen wird alles dasjenige, was ich gestern gesagt habe, beim mangelhaften Aufwachen die bedeutsamste Rolle spielen.

Mangelhaftes Aufwachen weist immer darauf hin, daß der astralische Leib eben zu wenig in die Organe eingreift. Wenn es sich um Krankheiten der Brust handelt, so bedeutet dieses mangelhafte Eingreifen des astralischen Leibes etwas anderes, als wenn es sich um Allgemeinerkrankungen des menschlichen Organismus handelt. Wenn es sich um letzteres handelt, dann muß man versuchen, den ganzen astralischen Leib hereinzubringen. Dann tritt dasjenige in Kraft, was ich vor einigen Tagen sagte in bezug auf die Arsenwirkungen. Diese aber sind dann wirksam, wenn es darum geht, den schon mit dem Ich durchsetzten astralischen Leib zu behandeln, während, wenn man den astralischen Leib allein behandeln will, es von besonderer Wichtigkeit ist, daß man diese Dinge eben anwendet, von denen ich gestern gesprochen habe. Bei mangelhaftem Aufwachen wird sich als Wachbegleiterscheinung immer dasjenige einstellen, was man nennen kann Benommensein, Neigung, das Bewußtsein überhaupt getrübt zu erhalten. Also es sind im wesentlichen psychische Erscheinungen, welche man als Wachbegleitsymptome für das mangelhafte Aufwachen ansehen muß. Und deshalb ist es auch für Personen, welche an ihrem Brustorganismus irgendwelchen Mangel zeigen, und die zu gleicher Zeit eben solche psychische Begleiterscheinungen aufweisen, von ganz besonderer Wichtigkeit, diese Heilungen mit dem magnetischen oder elektrischen Felde eintreten zu lassen, wobei ich auf eine Frage, die mir gestern gestellt worden ist – ich werde im Verlauf der Vorträge auf alle Fragen eingehen, soweit natürlich die Zeit reicht –, auf die Frage, die mir gestern gestellt worden ist bezüglich des Unterschiedes von Gleichstrom- und Wechselstrombehandlung – darauf bezog sich ja wohl die Frage –, folgendes bemerken möchte: Hat man es mit schwächlichen Personen zu tun, mit Personen, bei welchen deutlich ist, daß von Ernährungsschwäche und dergleichen, also mehr die Störungen, ich möchte sagen, von dem unteren Teil des mittleren Menschen ausgehen, dann ist es besser, sich des Wechselstromes zu bedienen. Liegt aber deutlich vor, daß die Störungen vom oberen Menschen ausgehen, dann ist es besser, sich des Gleichstromes zu bedienen. Aber zu bemerken ist, daß der Unterschied ein sehr großer nicht ist, und daß, wenn man in dem entsprechenden Falle das eine und in dem anderen Falle das andere tut, auch keine allzu großen Fehlgriffe gerade in dieser Beziehung geschehen können.

Nun, Sie werden aus diesem gesehen haben, daß gerade in diesem Gebiete des menschlichen Gesund- und Krankseins auch wichtige Anhaltspunkte für die Diät im allgemeinen enthalten sind, weil so ein, ich möchte sagen subtiler Übergang von Wirkungen besteht, die mehr dynamischer Art sind und von außen herangebracht werden an den Menschen, und Wirkungen, die nun durch die vom Menschen selbst verarbeiteten, erst veränderten Pflanzenstoffe entstehen. Aber Sie werden begreifen, daß, weil wir in der Region sind, wo alles eigentlich auf Rhythmus, auf dem rhythmischen Funktionieren im menschlichen Organismus beruht, sich da auch etwas zeigt, worauf man im Grunde genommen bei der Beurteilung des gesunden und kranken Menschen nicht genug hinweisen kann, und das ist, daß in dieser Behandlung jeder Fanatismus fehlen sollte. Es sollte tatsächlich in der ärztlichen Kunst jeder Fanatismus fehlen. Und bei jenem Fanatismus, der sich zum Beispiel ausdrückt, nehmen wir an in einem fanatischen Anwenden der Rohkostlerei, also Rohkost, fanatisch als diätetische Vorschrift betrieben, da beachten Sie dasjenige, was wir sagen mußten: Rohkost, also niemals Verkochtes von Pflanzen zu haben von dem, was mehr in der Pflanze nach unten geht gegen die Wurzel zu, hat eine ganz bestimmte Folge für den gesamten menschlichen Organismus; sie hat die Folge, daß langsam in der Organisation entgegengearbeitet wird der Gesundheit des Atmungssystems. Man kann ja lange Zeit, weil der menschliche Organismus doch nicht so leicht zerstörbar ist, durch einen solchen Fanatismus der Rohkostlerei natürlich unvermerkt an den Menschen ruinös wirken, aber mit der Zeit wird sich tatsächlich die fanatische Rohkostlerei in einer ausgesprochenen Kurzatmigkeit oder dergleichen einfach schon äußern.

Nun kann aber einer kommen und kann sagen: Ja, aber ich habe ausgezeichnete Erfolge erzielt mit einer Früchtediät. Sehen Sie, da muß wiederum das Folgende gesagt werden. Früchte sind nicht Wurzeln, Früchte sind stark von der äußeren Sonne bearbeitet. Da wird schon ein außerirdischer Prozeß sehr stark vollzogen, da kommt man dem Kochen schon sehr nahe, wenn man dasjenige ausnützt, was dynamisch in den Früchten ist, so daß man also, wenn man zum Beispiel gewisse Kranke just nicht Wurzeln, sondern frische Früchte essen läßt, dadurch weniger schadet, weit weniger, als wenn man sie rohe Wurzeln essen läßt. So daß man also nach beiden Seiten hin nicht fanatisch werden darf, sondern tatsächlich nach beiden Seiten hin individualisieren muß. Es kann ganz gut Fälle geben, wo man sich sagen muß: Das ist ein Mensch, bei dem ist ganz deutlich ersichtlich, daß er seine Unregelmäßigkeit im Brustsystem von der Zirkulation aus hat und nicht vom Atmungsrhythmus; ich kann nachweisen, daß es von der Zirkulation ausgeht, nicht vom Atmungsrhythmus. Da werde ich genötigt sein, mich an dasjenige zu wenden, was eben von den Verdauungsfunktionen in die Zirkulationsfunktionen herüberspielt, und da werde ich dem, was fehlt, richtig nachhelfen können durch eine Diät von rohen Früchten. Das ist ganz richtig; daß ich das kann, so daß also dieser individuelle Fall durchaus zu der Rohfruchtkost hinweisen könnte. Habe ich aber einen Menschen, der dazu neigt, die Ursprünge des mangelhaften Funktionierens der Brust im Atem zu zeigen, dann werde ich mit einer solchen Behandlung nichts erreichen können, sondern vielleicht nur schaden können, denn dann werde ich nötig haben, eine Diät, die verkochtes Wurzelwerk dem Menschen zuführt, anzuwenden. Es zeigt sich so recht an diesem durchaus labilen System, wie schlimm der Fanatismus nach der einen oder nach der anderen Richtung wirkt.

Nun, wir werden dieses System aber nicht zu Ende verstehen können und deshalb noch einmal auf dasselbe zurückkommen müssen, wenn wir nicht zunächst, ich möchte sagen in diesem ersten Teil unserer Betrachtungen – die mehr pathologisch-therapeutisch sind, während die nächsten therapeutisch-pathologisch sein sollen –, wenn wir nicht in diesem ersten Teil berücksichtigen dasjenige, was als ein Prozeß im menschlichen Organismus vorhanden ist, der sich sehr häufig der äußeren Beobachtung vollständig entzieht, der so zum Schaden der menschlichen Gesundheit unbeobachtet bleibt. Ich habe in den allgemeinen Vorträgen, da wo ich über Sprachwissenschaft sprach – ich konnte es in dem naturwissenschaftlichen Kapitel nicht unterbringen, es hätte ebensogut dort in Betracht kommen konnen –, davon gesprochen, daß die eigentümlichen Vorgänge, die sich mehr nach außen vom Organismus aus entladen bei der Geschlechtsreife und die sich nach innen entladen in der Zeit zwischen der Geburt und dem Zahnwechsel – also wenn der Mensch sprechen lernt –, daß die Vorgänge, die da stattfinden zwischen dem astralischen Leib und dem menschlichen Ätherleib und auch dem physischen Leib, dem Sprechenlernen und all den Veränderungen im menschlichen Organismus, die mit dem Sprechenlernen zusammenhängen, zugrunde liegen. Es sind das die Vorgänge, die also beim Kinde sorgfältig beobachtet werden sollen. Dem Sprechenlernen des Kindes geht immer auch eine Veränderung des übrigen Organismus parallel. Und wie gesagt, man soll auch die Veränderung nach vorne, nach der Geburt zu beobachten, also auch zurückgehen von der radikalen Veränderung im Zahnwechsel zurück zum Sprechen. Aber nun liegt eine ebenso bedeutsame Veränderung vor, die nurmehr nach innen gewendet ist, die sich nicht so äußerlich ankündigt wie die zum Beispiel eben, daß man die zweiten Zähne bekommt – das kann jeder beobachten –, oder das Sprechenlernen: es kann es auch jeder beobachten, denn es äußert sich eben nach außen. Aber ebenso liegt eine Änderung vor, eine für die menschliche Gesundheit und Krankheit fast wichtigere Veränderung als beim anderen, wo eben, ich möchte sagen in der Erziehung schon instinktiv viel gemacht wird, weil die Dinge offen zutage treten. Es liegt eine viel größere Bedeutung eigentlich zugrunde diesem anderen Prozeß, der sich nun abspielt in der Zeit zwischen dem Zahnwechsel und der Geschlechtsreife, dem Prozeß, der unmittelbar in der Mitte drinnen liegt und der darinnen besteht, daß das eigentliche Ich, das ja in dem Sinne erst geboren wird, wie ich das sonst ausführe, ich möchte sagen im Exoterischen, im vollständig Exoterischen erst um das zwanzigste Jahr herum, daß dieses Ich nun auch nach innen hinein geboren wird, geradeso wie der Astralleib im Sprechen. Das ist so zwischen dem neunten und zehnten Jahr in seiner Kulmination.

Und nun müssen Sie bitte folgendes bedenken. Dasjenige, was im Menschen eigentlich veranlagt ist in bezug auf sein Ich, das wird fast gar nicht berücksichtigt. Das Ich als dem menschlichen Organismus innewohnend, das tut etwas ganz Besonderes. Alles andere im Menschen, das Physische im Menschen – das erst recht, wir werden auch darauf noch zurückkommen –, das Ätherische und auch das Astralische im Menschen, das also eigentlich nach außen nur durch den Sauerstoff mit dem direkt Äußeren des Menschen in Verbindung steht, sind Teile der menschlichen Wesenheit, die eigentlich sehr stark an das menschliche Innere gebunden sind. Von dem menschlichen Organismus wird im Schlafe fast nur der astralische Leib von dem Ich mitgenommen. Er hat eine sehr starke Affinität zum physischen und namentlich zum ätherischen Leib. Aber beim Ich ist es nicht so. Und hier in der Beziehung des Ich, namentlich in seinem Verhältnis zur Außenwelt, zeigt sich so recht der tiefgehende Unterschied des Menschen vom Tiere. In der Nahrungsaufnahme führen wir uns Stoffe zu, die in der Außenwelt eben auch Stoffe sind. Die müssen im Innern des Menschen verändert werden. Wer bewirkt diese Veränderung, diese gründliche Veränderung der äußeren Substanzen innerhalb des Menschen? Wer bewirkt diese? Die bewirkt in Wahrheit das Ich. Das Ich allein ist mächtig, ich möchte sagen, seine Fühlhörner bis hinunter zu erstrekken in die Kräfte der äußeren Substanzen. Ich möchte sagen, wenn Sie
Tafel 4 oben eine äußere Substanz haben – schematisch gezeichnet –, so hat diese gewisse Kräfte, die dekombiniert werden müssen, wenn sie im menschlichen Organismus umkombiniert werden sollen. Ätherleib, astralischer Leib, die gehen gewissermaßen um die Substanzen so herum, die haben keine Kraft, in das Innere der Substanzen hineinzudringen, die gehen bloß um die Substanzen herum. Das Ich ist es allein, das nun wirklich etwas zu tun hat mit dem Hinunterdringen, mit dem Hineingehen in die Substanzen selber. Wenn Sie also eine Nahrungssubstanz dem menschlichen Organismus übergeben, so ist zunächst diese Nahrungssubstanz im Menschen drinnen. Das Ich aber übergreift den ganzen menschlichen Organismus und geht direkt in die Nahrungssubstanz hinein. Es entsteht eine Wechselwirkung zwischen den inneren Kräften der Nahrungssubstanz und dem Ich des Men-

schen. Da übergreifen einander Außenwelt in bezug auf Chemie und Physik und Innenwelt des Menschen in bezug auf Antichemie und Antiphysik. Das ist das Wesentliche.

Nun ist es so, daß beim Kind eigentlich bis in die Zeit hinein, in der die zweiten Zähne sich anzusetzen beginnen, bis in die Zeit also hinein, wo der Zahnwechsel eintritt, von dem Haupte aus dieses Eingreifen in die Substantialität der Stoffe geregelt wird. Das Kind wird so geboren, daß ihm auf dem Umwege seines Hauptes in der Embryonalentwicklung die Kräfte gegeben werden, die da beim Menschen tätig sind, um die Stoffe von innen heraus zu verarbeiten. Aber in der Zeit nach dem Zahnwechsel bis zur Geschlechtsreife hin und mit der Kulmination zwischen dem neunten und zehnten Jahre, da muß nun dasjenige Ich, das vom unteren Menschen aus wirkt, das untere Ich, das muß sich mit dem oberen begegnen. Beim Kinde ist es immer das Ich, das vom oberen Menschen aus wirkt, das noch die Stoffe verarbeitet bis in diese Zeit herein, die ich charakterisiert habe. Natürlich meine ich die Werkzeuge des Ich. Das Ich ist ja schließlich ein Einheitliches. Aber die Werkzeuge des Ich, die Polarität des Ich, also das Untere des Ich, das sich mit dem Oberen begegnet, das setzt sich erst in ein richtiges Verhältnis in der angedeuteten Zeit. Also es muß da beim Menschen das Ich in die Organisation so eintreten, wie beim Sprechenlernen der astralische Leib in die menschliche Organisation eingreifen muß.

Nun beobachten Sie mit diesen Voraussetzungen all die Erscheinungen, die sich bei Kindern zeigen so vom achten, neunten Jahre an gegen das zwölfte, dreizehnte Jahr hin, gerade diejenigen Erscheinungen, die so notwendig sind im Volksschul-Lernalter zu beobachten. Betrachten Sie von diesem Gesichtspunkte aus diese Erscheinungen. Sie finden ihren äußeren Ausdruck in einem Suchen des menschlichen Organismus. Und dieses Suchen besteht darinnen, daß eben gesucht wird ein Einklang, eine erst während des Lebens herzustellende Harmonie zwischen den Stoffen, die aufgenommen werden, und der inneren menschlichen Organisation. Beobachten Sie sorgfältig, wenn der Kopf nicht recht will die inneren Kräfte der Stoffe aufnehmen in dieser Zeit, wenn er sich weigert, wie sich das äußert in den kindlichen Kopfschmerzen um das neunte, zehnte, elfte Jahr herum. Beobachten Sie,

wie dann die Begleiterscheinungen auftreten in den Störungen des Stoffwechsels, verhältnismäßig sehr weit nach außen liegende Störungen des Stoffwechsels, in der Absonderung der Magensäure und so weiter, beobachten Sie das alles, und Sie werden sehen, wie es Kinder
Tafel 4 gibt, die sozusagen fortwährend kränkeln an diesem mangelhaften Einstellen des Ich von unten her und von oben her. Wenn solche Dinge sorgfältig ins Auge gefaßt werden, dann kommt man ihnen bei, und sie verschwinden in der Regel, sie klingen ab nach der Geschlechtsreife, wo eben der astralische Leib dann nachkommt und dasjenige ausgleicht, was da das Ich nicht kann. Das klingt nach und nach ab zwischen dem vierzehnten bis fünfzehnten und zwanzigsten bis einundzwanzigsten Jahre. Es können gerade in dieser Zeit zwischen dem Zahnwechsel und der Geschlechtsreife kränkelnde Kinder nachher außerordentlich gesund werden. Das ist etwas, was sehr lehrreich ist zu beobachten. Sie werden oftmals schon gefunden haben, wie kränkelnde Kinder, namentlich solche, bei denen nach außen sehr stark hervortritt das Kränkelnde in den Verdauungserscheinungen, in der unregelmäßigen Verdauung, wie diese dann, wenn sie sorgfältig behandelt werden, später ganz gesunde Menschen werden. Und von einer ganz besonderen Bedeutung ist bei dieser Behandlung dieses, daß man nun hier mit Bezug auf die Diätvorschriften außerordentlich sorgfältig zu Werke geht. Nach dieser Richtung hin kann Großartiges geleistet werden, wenn die Eltern oder Erzieher solcher Kinder, die nach dieser Richtung kränkeln, nicht fortwährend mit aller möglichen reichlichen Nahrungszufuhr dienen und mit dem fortwährenden Überreden. Da macht man es fortwährend schlechter. Man muß vielmehr versuchen zu ergründen, was das Kind ganz besonders gut verdaut, was besonders gut übergeht, und das dann in kleineren Portionen bei öfterer Zufuhr, also beim Verteilen des Essens auf eine größere Anzahl von Mahlzeiten, geben. Darauf muß man sehen, damit kann man solchen Kindern eine große Wohltat erweisen. Dagegen glauben, daß man durch Überfütterung und dergleichen etwas erreicht, ist eine ganz falsche Anschauung. Wenn man dann auch noch dafür sorgt, daß solche Kinder keine übermäßigen Schulaufgaben machen und dadurch fortwährend ihren Zustand verschlechtern, wenn man ihnen also richtig

die nötige Ruhe gönnt, tut man noch dasjenige dazu, was nun wiederum diese innerlich notwendige Verdauungstätigkeit nur in kleineren Portionen beigebrachter Nahrung ihrerseits fördert. Es wird kaum gegen etwas so stark gesündigt als gerade gegen dasjenige, was in diesen Andeutungen enthalten ist. Denn man kann durchaus sagen, wird nun dagegen gesündigt, sorgt man nicht in dieser Richtung für eine gesunde menschliche Entwickelung, dann allerdings bleiben von den kränkenden Dingen in diesem Lebensalter alle möglichen Krankheitsdispositionen für das ganze menschliche Leben zurück.

Nun, die Leute beklagen sich sehr leicht darüber, daß wir in der Waldorfschule mit den Hausaufgaben außerordentlich sparsam sind. Wir haben gute Gründe dazu. Eine wirklichkeitsgemäße Pädagogik sieht eben nicht nur auf die abstrakten Grundsätze und auf die Abstraktionen überhaupt, die heute vielfach im Leben geltend gemacht werden, sondern sie berücksichtigt alles, was in der wirklichen Entwikkelung des Menschen eben zu berücksichtigen ist, und dazu gehört vor allen Dingen, daß man die Kinder nicht mit Hausaufgaben traktiert; denn die Hausaufgaben sind im wesentlichen manchmal die sehr, sehr verborgenen Ursachen einer schlechten Verdauung. Diese Dinge äußern sich immer erst später, aber sie sind eben durchaus sehr wirksam. Es ist das Eigentümliche, daß für die menschliche Entwickelung übersinnliches Beurteilen des Menschen zu gleicher Zeit ein Hinweis darauf ist, daß man dasjenige, was sich in einem früheren Lebensalter für das spätere vorbereitet, eben in seinen Andeutungserscheinungen in einem früheren Lebensalter sehen kann.

Nun, die Gefahr, die in diesem – wenn ich so sagen darf – Einkoppeln des Ich in den menschlichen Organismus von unten her besteht, diese Gefahr, sie ist ja wirklich fast für alle Menschen und insbesondere für die Kulturmenschen in unserer Zeit, wenn sie Kinder sind, eine außerordentlich große, und daher muß man eigentlich schon bei jedem Menschen, wenn er nicht gerade aus robustem Bauernblut ist, auf diese Sachen Rücksicht nehmen. Ein gewisser starker Unterschied ist gerade in bezug auf solche Dinge noch vorhanden zwischen dem Bauernblut und, man kann schon sagen der übrigen Erdenbevölkerung. Denn in dieser Beziehung muß man da den Schnitt machen. Die übrige Erdenbevölkerung neigt sehr stark zu Gefahren hin, die herkommen von diesem mangelhaften Einkoppeln des Ich in den Organismus, der gründlich verdorben wird, bevor dieses Ich sich einkoppeln soll, zu den Gefahren, die bei diesem Einkoppeln des Ich eben auftreten. Vom Atmungssystem aus und auch vom Kopfsystem aus ist gerade das weibliche Geschlecht noch empfänglicher für dieses eigentümliche labile Gleichgewicht, das da ist. Das männliche Geschlecht ist in bezug auf seine Brustorganisation etwas – nicht stabiler – aber robuster noch, also weniger empfindlich. Es können sogar da dieselben Schäden auftreten, aber sie äußern sich weniger. Das weibliche Geschlecht ist gegen alles dasjenige, was da auftritt, empfindlicher, und dasjenige, was ich geschildert habe, was das Suchen nach der richtigen Einkoppelung des Ich ist, das läuft entweder in den gesunden Menschen aus oder in die Bleichsucht. Die Bleichsucht ist die direkte Fortsetzung alles desjenigen, was in anormalerweise auf diese Art in dem Zeitalter vom siebten Jahre an geschieht. Die Bleichsucht macht sich erst später geltend, aber sie ist eben die Verstärkung all desjenigen, was in dieser Richtung noch unbemerkbar ist in der vorigen Lebenszeit.

Dabei müssen wir verweisen auf etwas, was außerordentlich wichtig eben ist zu unterscheiden. Wenn wir das Zirkulationssystem betrachten, so müssen wir die eigentliche Zirkulation, die eine Summe von Bewegungen ist, unterscheiden von demjenigen, was mit dieser Zirkulation sich wiederum innig zusammensetzt, was gewissermaßen sich hineinschiebt in diese Zirkulation: das ist der Stoffwechsel. Es ist im Zirkulationssystem eben durchaus die Ausgleichung zwischen dem Stoffwechselsystem und dem rhythmischen System gegeben, während in dem Atmungsorganismus die Ausgleichung zwischen dem rhythmischen Organismus und dem Nerven-Sinnesorganismus gegeben ist. Wenn Sie also diesen mittleren Menschen, diesen Brustmenschen ins Auge fassen, so müssen Sie durchaus beachten, daß dieser Brustmensch nach zwei Seiten hin polarisch organisiert ist. Er ist durch die Atmung nach dem Kopf hin organisiert; er ist durch die Zirkulation nach dem Stoffwechsel-Gliedmaßensystem hin organisiert. Alles dasjenige, was im Stoffwechsel selber ist oder in dem, was mit dem Stoffwechsel innig zusammengeht, in der Beweglichkeit des Menschen – was eine große

Wichtigkeit besonders in der ersten oder aufsteigenden Lebenshälfte hat –, alles das schiebt sich als Stoffwechselkräfte in die Zirkulationskräfte hinein. Und das, also dieses Hinaufschieben, muß dann wiederum vorrücken, so daß wir eigentlich in dem Prozeß, den ich geschildert habe, es zu tun haben mit einem Vorrücken desjenigen, was das Ich im Stoffwechsel und schon in der Aufnahme der Stoffe, dann in seinem Anfassen der inneren Kräfte der Stoffe bewirkt. Mit einem Hinaufwandern durch Zirkulation und Atmung bis in das Kopfsystem haben wir es zu tun, und das muß sich ordentlich organisieren in der angegebenen Zeit zwischen dem Zahnwechsel und der Geschlechtsreife. Es muß das Anfassen des Ich an den Kräften der äußeren Stoffe hinaufwandern durch Zirkulation und Atmung bis in das richtige Eingreifen in das Kopfsystem. Das ist eben dieser sehr komplizierte Vorgang, mit dem man sich da zu befassen hat, und diesen komplizierten Vorgang, man kann ihn eigentlich wirklich so studieren, daß man versucht, seine Beeinflussung schon zu erfassen, ich möchte sagen im äußeren Verdauungstrakt, da wo die Stoffe so sind, daß sie noch dem Äußeren sehr ähnlich sind, wo die Stoffe durch das Innere erst schwach erfaßt sind. Denn was ist die erste Erfassung der äußeren Stoffe? Was macht da das Ich, indem es die äußeren Stoffe zuerst erfaßt?

Die erste Erfassung der äußeren Stoffkräfte durch das Ich geschieht unter Begleiterscheinungen der Schmecksensation, des Schmeckens, des Verarbeitens der äußeren Stoffe, so daß es sich subjektiv im Schmekken äußert. Das ist das erste Erfassen der inneren Kräfte. Dann geht es weiter nach innen. Aber es setzt sich auch das Schmecken nach innen fort. Der innere Verdauungsorganismus, der also jenseits des Darmes liegt, der dann ins Blut hinüberführt, ist noch immer ein sich abschwächendes Schmecken. Und so geht es eigentlich hinauf, bis in dem Kopforganismus das Schmecken bekämpft wird. Da wird das Schmecken abgelähmt. Und darinnen besteht die Tätigkeit des Kopfes gegenüber dem Schmecken. Der Kopf lähmt das Schmecken ab. Er wendet sich gegen das Schmecken. Dieser Prozeß muß eben ordentlich sein. Dann natürlich ergreift, in die Stoffe weiter hineingehend, das Ich diese Stoffe stärker, als es bloß äußerlich subjektiv im Schmecken der Fall ist.

Dieses, was da gewissermaßen im äußeren Verdauungstrakt vor sich geht, das wird stark beeinflußt nun von demjenigen, was mineralisch-salzig ist. Sie können dasjenige, was ich jetzt sage, in jeder einzelnen Partie harmonisieren mit dem, was ich im vorigen Kurs gesagt habe, Sie werden sehen, es ist im wesentlichen das, was ich jetzt vorbringe, eine Ergänzung des dort Gesagten. Die Sache ist nämlich so. Wenn wir uns fragen: Was ist eigentlich ein Heilmittel aus den äußeren Reichen der Natur, was ist ein Heilmittel? – Es ist schon diese prinzipielle Frage eigentlich eine Grundfrage der Medizin, möchte man sagen. Was ist ein Heilmittel?

Alles das ist kein Heilmittel, was der Organismus in seinem gesunden Zustande verdauen kann. Das ist kein Heilmittel. Das Heilmittel beginnt erst dann, wenn man dem Organismus etwas zuführt, was er im gesunden Zustand nicht verdauen kann, was also erst verdaut werden muß im anormalen menschlichen Organismus. Wir fordern den anormalen menschlichen Organismus heraus, etwas zu verdauen, was im gesunden menschlichen Organismus nicht verdaut wird. Die Heilung ist eigentlich eine fortgesetzte Verdauung, aber eben eine Verdauung, die stufenweise in das Innere des menschlichen Organismus verlegt wird.

Unter den Begleiterscheinungen desjenigen, was dann, sagen wir in der Bleichsucht in den glanzvollsten Symptomen zum Vorschein kommt, wie vorher angedeutet, sind all diese Symptome: Müdigkeit, Schlaffheit, mangelhaftes Einschlafen, Aufwachen. Wenn alle diese Symptome auftreten, die bei den meisten Kindern in dem heute angedeuteten Lebensalter auftreten können, dann ist es notwendig, daß man es schon zunächst probiert mit dem äußeren Verdauungstrakt. Da muß man Mineralisches, noch vollständig Mineralisches anwenden. Und da wird man sehen, daß man Wirkungen erzielt. Zunächst könnten diese Dinge beobachtet werden durch Symptome, die sich da einstellen. Da wird man zum Beispiel sehen, daß da starke Symptome auftreten, die alle darauf hinweisen, wie das Ich äußerlich die Kräfte der äußeren Stoffe erfängt, und wie es unterstützt wird in dieser Beziehung durch, sagen wir, kohlensaures Eisen. Kohlensaures Eisen, das ist etwas, was wie das Stützende gegenüber dem Lahmen wirkt, wenn das Ich äußerlich angreifen soll.

Gehen wir um eine Stufe weiter und wir haben ein mangelhaftes Eingreifen des Ich in den Zirkulationsorganismus, dann wird es bemerkbar sein, wie dieses mangelhafte Eingreifen des Ich in den Zirkulationsorganismus unterstützt werden kann zum Beispiel durch Ferrum muriaticum, also durch ein schon im reinen Mineralischen gesteigertes Heilmittel.

Gehen wir zu dem, was dann im Atmungsorganismus vorliegt, also steigen wir wiederum um eine Stufe höher, so werden wir eine ganz besondere Unterstützung des Ich gewinnen durch Pflanzensäure und, gehen wir weiter zum Kopfsystem hinauf, durch die reinen Metalle, die natürlich dann da angewendet werden müssen, wo sie nicht äußerlich reine Metalle sind, denn da haben sie überhaupt zunächst keinen rechten Bezug zum menschlichen Organismus, sondern in ihren feinsten Kräften. Deshalb habe ich im vorigen Jahre gesagt, im Grunde genommen läßt der menschliche Organismus gar nicht allopathisch mit sich herummachen in bezug auf die Metalle, sondern der homöopathisiert selber, er zersplittert selber die Metalle, indem er kommt vom Verdauungssystem zum Kopforganismus. Man unterstützt natürlich diesen Organismus, wenn man eben schon die Potenzierung entwickelt.

Sie werden aber sehen – und wir werden darauf zurückkommen von einer anderen Seite her –, daß schon daraus etwas zu entnehmen ist mit Bezug auf das Potenzieren. Denn man muß sich eine Vorstellung verschaffen von dem eigentlichen Zentrum des Mangels. Je tiefer das Zentrum des Mangels liegt, je weniger nahe es der Kopforganisation liegt, desto niedrigere Potenzierungen. Je mehr man konstatieren kann, daß es der Kopforganisation nahe liegt, handelt es sich darum, daß man das höhere Potenzieren anwendet. Natürlich handelt es sich darum, daß nun dasjenige, was der Kopforganisation zu nahe kommt, sich in allem möglichen äußern, ausdrücken kann.

Wenn Sie da von dem Gesichtspunkte der Ich-Erfassung des Äußeren richtig ausgehen, dann werden Sie, ich möchte sagen diejenigen Erscheinungen durchschauen können, die Ihnen symptomatisch entgegentreten. Sehen Sie, wenn Sie auf das rekurrieren, was ich in diesen Tagen gesagt habe, was ich auch sonst schon betont habe – der menschliche Organismus ist einfach nicht das, was wir mit Linien aufzeichnen; das ist ja nur das Feste. Der menschliche Organismus ist im wesentlichen auch organisierte Flüssigkeit, organisierte Luft, organisierte Wärme. Und in diese verschiedenen Glieder der Organisation muß nun auch das Ich eingreifen. Und besonders wichtig und subtil ist auch das Eingreifen des Ich in die Wärmeverhältnisse des Körpers. Das Ich muß in der folgenden Art in die Wärmeverhältnisse des Körpers eingreifen.

Wir haben zunächst, wenn der Mensch geboren wird, das Abbild des Ich. Ich habe ja gesagt, das Abbild des Ich ist im Kopfe vorhanden. Wir haben das Abbild des Ich. Das wirkt nun im kindlichen Alter. Dazu muß nun das Ich von unten herauf, ich möchte sagen, das Sein geben; das muß da eingreifen. Und das äußert sich darinnen, daß dieses Abbild des Ich, das wir im Kopfe haben, im kindlichen Alter durchaus den Organismus durchwärmend wirkt. Das hat etwas zu tun mit der Durchwärmung des menschlichen Organismus. Aber diese Durchwärmung ist in absteigender Kurve. Diese Durchwärmung ist am stärksten eben bei der Geburt, insofern die Erwärmung vom Kopfe ausgeht, und
Tafel 4 ist dann in absteigender Kurve. Und wir sind als Menschen genötigt, im späteren Lebensalter dasjenige, was da an der Wärmekurve sich entwickelt, auf seiner Höhe zu erhalten von unten auf durch dieses Eingreifen des Ich in diese Wärmeverhältnisse. Wir müssen später dieser Kurve die andere entgegensetzen, die aufsteigend ist, und die im wesentlichen von dem Erfassen der aufsteigenden substantiellen Kräfte über die Nahrung, der Hinüberleitung in die Zirkulation, in das Atmen und dann in das Kopfsystem abhängt.

Nun nehmen Sie an, das geschieht eben nicht ordentlich. Es ist zu schwach, dieses Hinüberleiten der inneren Substanzenkräfte der Außenwelt in den menschlichen Organismus. Nehmen Sie an, das ist zu schwach, das wird nicht in der nötigen Intensität entwickelt, dann führen Sie auf dem Ich-Wege, was ja sein muß, dem Organismus nicht genügend Wärme zu. Der Kopf, der dann die absteigende Kurve nur entwickelt, der läßt den Körper erkalten. Das tritt zuerst an den Peripherien auf. Und bitte, beobachten Sie deshalb, wie diejenigen Personen, die die Fortsetzung haben dieses Erschlaffungszustandes, der eben herrührt von alledem, was ich heute beschrieben habe, das Frösteln an den Händen, das Frösteln an den Zehen haben. Da ist es handgreiflich, denn Sie können es spüren, wie dem Prozeß, der von oben herunter durch das Abbild des Ich sich vollzogen hat in der Kindheit, eben nicht das Notwendige entgegengeführt wird durch das tätige Ich, durch das Ich, das entwickelt werden muß, und das die Wärme bis in die äußerste Peripherie der Glieder bringt. Das ist etwas, was Ihnen zeigen wird, wie man, sobald man sich auf bildhaftes Anschauen verlegt, sobald man darauf Rücksicht nimmt, wie im Menschen ineinanderwirken bis zur Bildhaftigkeit fein die verschiedenen Kräfte oben und untere Kräfte, wie man dann tatsächlich auch in dem, was sich äußert, ich möchte sagen Bilder hat. In dem Frösteln der Hände, in dem Frösteln der Füße haben Sie Bilder für etwas, was im ganzen menschlichen Organismus vorgeht. Und da tritt es dann auf, daß man lernt, die Symptome so zu verwerten, daß einem herausspringt aus den Symptomen die Erkenntnis des ganzen Menschen. Es ist im tiefsten Sinne darauf hinweisend, daß dieses Ich nicht ordentlich im späteren Lebensalter eingreift, wenn der Mensch fröstelnde Hände und Füße hat. Wenn man nämlich solche Dinge beachtet, wenn man überhaupt nur eingeht auf dasjenige, was die Geisteswissenschaft zu sagen hat aus ihren Voraussetzungen heraus, bekommt man einen Zusammenhang mit dem menschlichen Organismus. Wenn man nicht [darauf] eingeht, dann wird man sehen, wie man durch dieses Nichtbeachten allmählich den Zusammenhang verliert mit einem wirklichen Durchschauen des menschlichen Organismus. Wenn man aber eingeht auf dasjenige, was die Geisteswissenschaft bieten kann, bekommt man einen Zusammenhang mit dem menschlichen Organismus. Man wächst in ihn hinein.

Nehmen Sie zum Beispiel das Folgende. Diese Geisteswissenschaft schärft fortwährend ein: In der Aufrichtekraft des Menschen liegt etwas, aber diese Aufrichtekraft hängt wiederum zusammen mit der Entwickelung des Ich von unten nach oben. Dasjenige, was zuerst geschieht, früher, das ist eine Aufrichtekraft, die in einem gewissen Sinne nur äußerlich sich äußert. Sie wird unterstützt von dem, was von oben nach unten strömt. Ist der Zahnwechsel vorüber, hat diese Richtkraft in entsprechender Weise sich verwertet, dann ist Schlußpunkt gemacht mit dieser elementaren Aufrichtekraft, dann geht die Aufrichtekraft gerade an das Innere über, dann muß im Innern der Ausgleich geschaffen werden von unten nach oben und von oben nach unten. Und dann treten in Gegensatz die Kräfte von oben nach unten und von unten nach oben. Und die begegnen sich. In diesem, ich möchte sagen eindimensionalen Begegnen der Kräfte von oben und der Kräfte von unten kann man besonders sehen, was in diesem Lebensalter vor sich geht. Und nun beobachten Sie, bei was – sagen wir zur Chlorose neigende Menschen besonders müde werden. Sie werden immer am meisten müde nicht dann, wenn sie in der Horizontalen gehen, sondern dann, wenn sie Treppen steigen. Das weist einen direkt auf diese Erscheinungen hin. Gerade durch das Treppensteigen werden zur Bleichsucht neigende Menschen besonders beschwert, so daß man da wiederum sieht an den Symptomen, in dem, was sich aber lebendig im Werden äußert, kann man erfangen dasjenige, was geistig hinter dem Menschen steht. Dann kann man eben es dahin bringen, daß man, ich möchte sagen einfach abliest von dem, was man auf diese Weise durch die diagnostizierende Pathologie gewinnt, dasjenige, was man gegen die abnormen Erscheinungen zu tun hat. Davon dann morgen weiter.

DRITTER VORTRAG

Dornach, 14. April 1921

Wir werden nun, um entsprechend vorwärtszukommen, heute in Anknüpfung an Formen des Konsonantierens zunächst einiges, ich möchte sagen vorbereiten, das wir dann morgen physiologisch und psychologisch vertiefen wollen. Nun, dasjenige was ausgebildet ist als Form des Konsonantierens, bei dem ist wirklich durchaus Rücksicht genommen auf alles, was in Betracht kommt, wenn der Mensch versucht, sprachlich in die Außenwelt einzudringen. Wer die Sprache beobachten will, der wird ja sehen, wie das Sich-Auseinandersetzen des Menschen mit der Außenwelt darinnen bestehen muß, daß der Mensch in einem Falle gewissermaßen sehr stark sich hinauslebt in die Außenwelt, daß er sich sehr stark entselbstet und in die Außenwelt hinauslebt. Beim Vokalisieren verselbstet er sich, beim Vokalisieren geht er nach dem Inneren und entfaltet da seine Tätigkeit. Beim Konsonantieren wird er gewissermaßen eins mit der Außenwelt, aber in verschiedenen Graden. Und dieses in verschiedenen Graden Einswerden mit der Außenwelt, das drückt sich auch in gewissen Betätigungen innerhalb der Sprache durchaus aus. Und es muß natürlich bei der Ausbildung des eurythmischen Konsonantierens, gerade bei diesem sinnlich-übersinnlichen Schauen, von dem ich oftmals spreche in den Einleitungen zu eurythmischen Kunstvorstellungen, bei diesem sinnlich-übersinnlichen Schauen muß scharf berücksichtigt werden, ob der Mensch nun vollständig sich hinausobjektiviert, um gewissermaßen das Geistige, das draußen in den Dingen ist, in dem Laut zu erfassen, oder ob er mehr, trotz des Sich-Objektivierens, noch im Inneren bleibt und nicht eigentlich ganz hinausgeht, sondern im Inneren noch das Äußere nachbildet. Da ist ein großer Unterschied, und ich bitte aus diesem Grunde, vielleicht ist Frau Baumann so gut und macht uns zunächst, sagen wir, vor eine H-Bewegung. Und jetzt, bitte, wenden Sie den Blick ganz ab von dieser H-Bewegung und Frau Baumann wird nun eine F-Bewegung vormachen. Und jetzt behalten Sie gut im Auge dasjenige, was Sie bei diesen verschiedenen Bewegungen, bei diesen zwei voneinander verschiedenen Bewegungen da beobachten können. Sie können da beobachten dasjenige, was Sie aus dem menschlichen Instinkt heraus in dem Aussprechen, in dem Auszusprechenversuchen des betreffenden Lautes darinnen haben. Nehmen Sie das Aussprechen des H. Eigentlich sprechen Sie ja dieses H in Wirklichkeit Ha; eigentlich sprechen Sie ja einen Vokal nach. Sie können ja auch einen Konsonanten nicht erklingen lassen, ohne daß er durch einen Vokal tingiert wird. Sie sprechen ein A nach. Der reine Konsonant wird vervokalisiert. Und wenn Sie nun das F betrachten, dann werden Sie sehen, daß aus dem menschlichen Sprachinstinkte heraus ein E vorgesetzt wird: eF. Es wird das Entgegengesetzte gemacht, es wird ein E vorgesetzt.

T 3

Daraus ersehen Sie, daß, indem der Mensch ein H spricht, er sich mehr bemüht, das Geistige durch die Sprache in dem äußeren Objekt draußen aufzusuchen; indem er ein F spricht, bemüht er sich mehr, das Geistige im Inneren nachzufühlen. Daher ist die Entstehung des Konsonantischen eine ganz verschiedene, je nachdem man versucht, die vokalische Tingierung von vorne oder von hinten zu machen, wenn ich mich so ausdrücken darf in bezug auf das Konsonantieren. Und das werden Sie sehen ausgedrückt in der Form, die Sie gesehen haben.

Vielleicht macht Fräulein Wolfram das H noch einmal. Also H, da haben Sie das starke Aufgehen in die Außenwelt, man will nicht in sich bleiben, man will heraus, um im Äußeren zu leben. Das F: Sie sehen das starke Bestreben, nicht allzuscharf in die Außenwelt zu gehen, sondern im Inneren zu verbleiben.

Nun aber, wenn man das berücksichtigt, dann wird man natürlich von da ausgehend über manches, was auch schon ins Eurythmische einfließen muß, eine Vorstellung bekommen, die zunächst noch nicht nötig war, soweit wir die eurythmische Kunst betreiben, die aber nötig werden wird, je mehr die eurythmische Kunst ausgedehnt wird auf die verschiedenen Sprachen. In dem Augenblick nämlich, wo man nicht eF sagt, sondern Fi, in dem Augenblicke ist das anders, in dem Augenblicke versucht man auch, mit diesem Konsonanten das Äußere zu umfassen, und es weist das auf eine wichtige historische Tatsache hin. In Griechenland, im alten Griechenland versuchten ja die Menschen das Äußere zu erfassen selbst in solchen Dingen, wo der moderne Mensch schon innerlich geworden ist. Sie sehen, wie man bis in die äußersten Ranken des menschlichen Erlebens verfolgen kann dasjenige, was ich zum Beispiel in den «Rätseln der Philosophie» ausgedrückt habe, dieses Herausgehen des Menschen und das Erfassen in der Außenwelt desjenigen, was der heutige Mensch im Ich schon ganz innerlich erlebt. Der Grund, warum aus solchen Dingen heraus die Geisteswissenschaft nicht angenommen wird, ist lediglich der, daß die Menschen im allgemeinen in unserer Zivilisation zu faul sind. Sie müssen zu viele Dinge berücksichtigen, um auf die Wahrheit zu kommen, sie wollen sich das einfacher machen. Aber das geht eben nicht. Sie möchten sich das alles einfach machen; das geht eben nicht.

Nun, das zunächst in bezug auf das eine, was hineingeflossen ist in die Konsonantierung. Dann ist etwas zu berücksichtigen, wenn man die Konsonantierung ins eurythmische Gebiet hineingehend fassen will, dann ist etwas zu berücksichtigen, was heute, glaube ich, im Unterricht schon weniger berücksichtigt wird, auch in der Physiologie, bei der Lautphysiologie weniger berücksichtigt wird als das dritte, wozu wir dann gleich kommen. Um das zu veranschaulichen, bitte ich Sie, wiederum zu vergleichen. Hier handelt es sich darum, daß man sich die Anschauung erwirbt. Man kann natürlich nicht bis ins Ende desjenigen, was man mit der Anschauung macht, in den Begriff hinein.

Vielleicht ist Frau Baumann so gut, uns ein H nochmals zu machen, und jetzt, nachdem Sie das abtönen lassen, macht uns Frau Baumann ein D. Sie werden da folgendes zu beachten haben: Indem Sie das H anschauen, hat es eine Bewegung, welche sehr abweicht von dem, was zunächst im Sprechen vor sich geht, denn in bezug auf die Eigenschaft, die ich jetzt meine, muß das Eurythmische polarisch sich verhalten zu dem, was der eigentliche Sprechvorgang ist. Der Sprechvorgang, Sie wissen, ich habe es vorgestern dargestellt, ist ein Zurückreflektieren vom Kehlkopf aus. Der eurythmische Vorgang muß das äußerlich ausdrücken. Er drückt es aus in der Bewegung. Da muß man für gewisse Fälle durchaus ins ganz Polarische übergehen. Nun, was ist das H für ein Laut? Das H ist im wesentlichen ein Blaselaut. Es ist eigentlich ein Blasen, wodurch man das H zustande bringt. Will man das eurythmisch ausdrücken – und das H ist in dieser Beziehung besonders charakteristisch, bei den andern Konsonanten muß es wieder abgetönt werden, aber bei H und D zum Beispiel ist es besonders charakteristisch –, da haben Sie da, wo man blasen muß [im Aussprechen] eine ausgesprochen stoßige Wirkung in der Eurythmie. Wenn Sie D aussprechen, haben Sie im Aussprechen eine stoßige Wirkung. Die müssen Sie [in der Eurythmie] polarisieren dadurch, daß Sie sie überführen in diese eigentümliche Bewegung, die beim D da war. Also es wird gerade das Stoßige des Sprechens in den Bewegungen des Lautes abgelähmt.

So also sehen Sie, daß, je nachdem man Blaselaute oder Stoßlaute hat, gerade diese Eigenschaft besonders berücksichtigt werden muß. Nun sind die Laute ja nicht bloß Blaselaute und Stoßlaute. Wodurch aber sind die Laute Blaselaute und Stoßlaute? Sehen Sie, wenn man einen ausgesprochenen Blaselaut hat, dann drückt man in dem Blasen aus die Tatsache, daß man so recht stark hinaus möchte aus sich; in dem Stoßen, daß es einem schwer wird, das Hinausgehen aus sich, daß man darinnenbleiben möchte. Aus diesem Grunde muß ja auch die eurythmische Umsetzung des Lautes in der Weise erfolgen, wie Sie gesehen haben.

Nun aber hat man auch Laute, welche das Innere mit dem Äußeren sorgfältig verbinden, Laute, die eigentlich physiologisch so sind, daß man sagt, man bringt dasjenige, worinnen man sich eigentlich so betätigen möchte, daß das Innere gleich ein Äußeres wird, daß man gleich mit seinem ganzen Menschen in die Bewegung hineingeht, das bringt man zum Stillstand, das hält man auf. Und das ist in ausgesprochener Weise dann der Fall, eigentlich nur deutlich in unserer Sprache bei einem einzigen Laut, dem R, aber es ist deshalb auch das R der umfassendste Laut, weil man nämlich wiederum mit jedem Gliede, möchte ich sagen, dem Sprachorganismus nachlaufen möchte, wenn man das R ausspricht. Man hat eigentlich beim R das Bestreben, daß man das Nachlaufen zur Ruhe bringt. Die Lippen möchten nach, wenn sie das Lippen-R sprechen und bringen das Nachlaufen zur Ruhe, die Zunge möchte nach, wenn sie ein Zungen-R spricht, und endlich der Gaumen möchte nach, wenn das Gaumen-R ertönt. Diese drei R sind ja deutlich voneinander verschieden, aber sie sind doch wiederum eins, und in der Eurythmie drücken sie sich aus (Frau Baumann: R). Also es ist ausgedrückt das In-Schwung-Bringen desjenigen, was man sonst in Stillstand bringt. Gerade dieses Nachlaufen der Lautbewegung, das ist in diesem R zum Ausdruck gekommen. Und man wird, wenn man will das andere ausdrücken, das Lippen-R besonders dadurch ausdrücken, daß man die Bewegung weiter nach unten führt, das Zungen-R, indem man sie mehr in der Horizontalen macht, und das Gaumen-R, indem man sie mehr nach oben macht. Dadurch kann man modifizieren den R-Laut in der eurythmischen Bewegung. Aber Sie sehen, seine Form kommt zustande, indem man das Zitternde des R in den Hintergrund treten läßt und mehr das Nachlaufen in ihm zum Ausdrucke bringt.

Ein ähnlicher Laut, aber so, daß man nicht ein Zittern hat in der Bewegung, sondern eine Art Welle, ist das L (Fräulein Wolfram: L). Also, Sie sehen jetzt, es ist etwas von derselben Bewegung drinnen wie im R, aber es ist ein sanfteres zur Ruhe Kommendes, ein sanfteres Erfassen des Nachlaufens, es ist eben eine Welle im Gegensatz zum Zittern, was da zum Ausdrucke kommt.

Das wäre dasjenige, was sich bezöge innerlich, physiologisch, möchte ich sagen, auf das vokalisierende Tingieren des konsonantischen Lautes und auf das schon mehr ins Physische übergehende nun Tingieren mit dem Gefühle. Nun, die alleräußerste Einteilung gewissermaßen der Laute bekommt man dadurch zustande, daß man sich an die Organe hält, und da können wir etwa, indem wir wiederum vergleichen die entsprechenden Bewegungen, können wir für die Anschauung dasjenige entwickeln, was da an alleräußersten Einteilungsprinzipien, äußerlichsten Einteilungsprinzipien herauskommt. Nämlich nehmen wir einmal ein B (Frau Baumann: B). Das ist ein B, und jetzt schließen wir gleich an etwa ein T. Nun, Sie sehen aus dem, aus der ganzen Lage, die da als das dritte berücksichtigt werden muß, die sich auch ganz anschaulich in der sinnlich-übersinnlichen Anschauung ergibt, Sie sehen aus der ganzen Lage, daß wir es in dem B mit einem Lippenlaut, in dem T mit einem Zahnlaut zu tun haben. (Fräulein Wolfram, machen Sie uns ein K) K: Da ist überhaupt von der Lage herausgegangen, und die Hauptsache liegt in der Bewegung. Da haben wir es mit einem Gaumenlaut zu tun, der in der Aussprache, in der Tonaussprache der ruhigste ist, der aber in die Bewegung übergehen muß, in seine polarische Gegenseite in der äußerlichen Eurythmisierung. Nun, es übergreifen sich die Konsonanten in bezug auf diese ihre Eigenschaften; die eine Einteilung greift eben in die andere hinein, und wir können etwa folgendes uns als eine Art Hilfe merken:

Nehmen Sie die Lippenlaute, ich will nur die allerausgesprochensten aufschreiben, etwa W, B, P, F, M. Inwiefern die vokalische Tingierung mitspricht, können Sie ja dadurch ergründen, daß Sie einfach die Sache aussprechen. Also das brauche ich nicht anzugeben. Nehmen wir jetzt die Zahnlaute: D, T, S, Sch, L, wozu wir auch das englische Th und N [nehmen können]. Und nehmen wir jetzt die Gaumenlaute: G, K, Ch, dann dieses französische, etwa Ng.

Und nun das R müßten wir eigentlich überall hinschreiben, denn es hat überall seine Nuance [es wird an die Tafel geschrieben].*

T 3

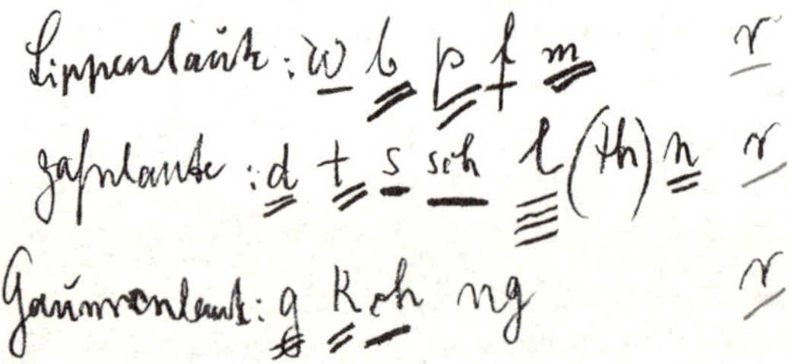

Wenn Sie nun den andern Gesichtspunkt der Einteilung nehmen, werde ich Ihnen weiße Striche darunter machen überall, wo wir es zu tun haben mit einem ausgesprochenen Blaselaut: W, F, S, Sch und etwa noch Ch. Das wären ausgesprochene Blaselaute. Ich werde Ihnen rote Striche darunter machen, wo wir es mit ausgesprochenen Stoßlauten zu tun haben: B, P, M, D, T, N, und das R ist ja ein Zitterlaut, dann wären noch etwa G und K. Der Zitterlaut ist dann das R; und mit einem ausgesprochenen Wellenlaut, der also in einem gewissen Sinne wegen des weichen Übergehens in die Bewegung innerlich sein muß, mit einem ausgesprochenen Wellenlaut haben wir es im Grunde genommen nur in dem L zu tun (gelb).

Diese drei Einteilungsprinzipien, die vokalisierende Tingierung, das

* An der Tafel wurden die Laute zwar in kleinen Buchstaben angeschrieben, wegen der besseren Lesbarkeit wurden im laufenden Text aber Großbuchstaben eingesetzt.

Blasen, Stoßen, Zittern, Wellen und alles dasjenige, was dann wiederum zusammenhängt mit dieser äußeren Einteilung [in Zahn-, Lippen- und Gaumenlaute], das kommt in den Formen, die da sind für das Eurythmisieren, kommt in diesen Formen zum Ausdrucke. Nur müssen Sie natürlich sich klar sein darüber, wie stark diese Einteilungsprinzipien wiederum einander alterieren. Wenn wir es also zum Beispiel mit dem L zu tun haben, haben wir es mit einem ausgesprochenen Zahnlaut zu tun, der also alle Eigenschaften des Zahnlautes haben muß, und dann haben wir es mit einem Gleitlaut zu tun, mit einem Wellenlaut, der die Eigenschaften des Wellens haben muß. Er ist aber außerdem sehr stark in das Innere gebunden. Wir haben es also mit einem, wenigstens in unserer Sprache, mit einem Tingieren von innen heraus zu tun. Wir sagen nicht: Le, sondern wir sagen: eL, und haben auch da den Übergang von älteren Formen, wo man überhaupt, ich möchte sagen, sehnsüchtig entwickelte ein äußeres Eingreifen und es daher sehr stark zustande kam, wo man also geradezu ein Wort* brauchte, um so etwas auszudrücken, um dieses Hinübergehen in das Äußere so recht zum Ausdrucke zu bringen. Wir haben es also bei den einzelnen Buchstaben durchaus zu tun mit einem Abbilden desjenigen, was innerlich vorgeht.

Nun sehen Sie, bevor wir jetzt die einzelnen Konsonanten durchnehmen, wollen wir uns noch das Folgende vor die Seele führen: Wir haben gestern bei dem A anführen können – und wir haben ja auch schon seine Metamorphose studiert –, wir haben anführen können, daß es zusammenhängt mit all denjenigen Kräften im Menschen, die ihn gierig machen, die ihn nach dem Animalischen hin organisieren. Das A liegt ja tatsächlich dem Animalischen im Menschen am nächsten, und man kann schon in einer gewissen Weise sagen, das A tönt aus dem Tierischen des Menschen, wenn es ausgesprochen wird, heraus. Und ganz gewiß ist das A, was ja auch durch die geistige Forschung bestätigt wird, ein Laut, welcher am allerfrühesten beim Menschen auftrat, sowohl in der phylogenetischen wie in der ontogenetischen Entwickelung. In der letzteren – Sie wissen ja, es gibt auch ein falsches Entwickeln –, in der ontogenetischen Entwickelung ist es natürlich etwas kaschiert; aber dasjenige, was zuerst aufgetreten ist in der menschheitlichen Entwickelung, das ist der noch ganz aus dem Tierischen herausklingende A-Laut. Und wenn wir bei Konsonanten nach dem

* ein Wort: lambda, der elfte Buchstabe des griechischen Alphabets.

A hintendieren, so appellieren wir auch noch an dasjenige, was in dem Menschen die tierischen Kräfte sind. Darauf ist ja der ganze Laut, wie Sie gestern haben sehen können, nun eigentlich geformt. Verwenden wir ihn nun therapeutisch, den Laut, so wie er gestern vor unsere Seele getreten ist, so bekämpfen wir also dasjenige, was namentlich Kinder, aber auch Erwachsene zu kleineren oder größeren Tierchen macht. Und wir können durch solche Übungen in der Enttierung des Menschen schon, ich möchte sagen, ganz Anständiges leisten.

Und nun gehen wir über zum Beispiel jetzt zum U-Laut. Da haben wir ja gestern gesagt, er ist derjenige Laut, den wir therapeutisch verwenden, wenn der Mensch nicht stehen kann. Sie haben das gestern gesehen; es ist derjenige Laut, welcher in einer gewissen Beziehung dadurch schon in seiner Formung ausdrückt diese seine physiologisch-pathologische Beziehung, welcher schon in seiner Formung als Sprachlaut ausdrückt,* daß das U ja gesprochen wird beim höchsten Grad des Zusammenschlusses des Mundes, der Zahnspalten, etwas vorgestreckten Lippen, so aber, daß die Mundspalte verengert wird und diese Lippen vibrieren dann. Sie sehen daraus, daß es eine beim Sprechen wesentlich äußere Bewegung ist, die man sucht im U. Es ist am stärksten versucht, das Bewegliche im Aussprechen des U heraus zu charakterisieren. Daher tritt beim eurythmischen U physiologisch das Gegenteil ein, das Hervorrufen der Standfestigkeit, was ja dann auch beim U** in der Kunst-Eurythmie wenigstens angedeutet vorhanden ist.

Wenn Sie dann die andern Vokale ins Auge fassen, so werden Sie sehen, daß wir eine fortschreitende Verinnerlichung des Vokales haben. Wenn Sie also das O ins Auge fassen, ein Zusammenschieben, möchte ich sagen, der Lippen nach vorne, ein Verkleinern der Mundöffnung, und wenigstens die Bemühung der Verkleinerung der Mundöffnung; dieses wird ins Gegenteil hinüber polarisiert durch das Umfassende, was in der O-Bewegung beim Eurythmisieren liegt. Gerade bei solchen Dingen sieht man den natürlichen Zusammenhang der Sache. In dem sprachlichen Handhaben des O liegen schon durchaus gewisse Kräfte. Und in Sprachen, in denen das O besonders stark vorhanden ist, in solchen Sprachen wird die meiste Anlage bei den

* Laut Stenogramm wörtlich: ... welcher schon in seiner Formung ausdrückt das, auch erst als Sprachlaut in seiner Formung ausdrückt das, daß ...

** Laut Stenogramm: beim Kunst-U in der Eurythmie.

Menschen vorhanden sein zum Dicklichwerden. Sie können das durchaus als eine Richtlinie betrachten für das Studium der sprachphysiologischen Vorgänge.* Wenn man eine Sprache ausbilden würde, die im wesentlichen nur aus Modifikationen des O bestehen würde, wo also die Menschen die eigentümliche Lippen- und Mundformierung, die sie beim O vornehmen, immerfort ausführen müßten, so würden das alles Dickbäuche werden. Wenn man nun auf der einen Seite hat dieses, ich möchte sagen Tendieren zum Dickbäuchigen beim O, so wird man leicht verstehen können, warum das O umgekehrt wiederum die Bekämpfung des Dickbäuchigen darstellt, wenn es eurythmisch ausgeführt wird und in der entsprechenden Weise metamorphosiert wird, wie wir das gestern getan haben.

Anders ist die Sache zum Beispiel beim E. Eine Sprache, welche besonders E-reich ist, die wird eben Dünnlinge erzeugen, schwächliche Menschen erzeugen. Und damit hängt wiederum zusammen dasjenige, was ich gestern über die Behandlung von Dünnlingen, also von schwächlichen Menschen gesagt habe in bezug auf die Behandlung des E. Sie werden sich erinnern, daß ich also gerade gesagt habe: bei Schwächlingen ist die E-Bewegung mit ihrer Modifikation ganz besonders anzuwenden.

Nur bei allen diesen Dingen ist etwas zu berücksichtigen, nämlich das: Wenn man die Formen äußerlich betrachtet, dann kommt man nicht auf das Richtige, man muß sie in ihrem Werden innerlich erfassen. Man muß also weniger ins Auge fassen dasjenige, was sich äußerlich ausdrückt, sondern die Tendenz dazu. Die Tendenz zum Dickwerden, die ist es, die durch das O bekämpft wird, und die Tendenz, dünn zu bleiben, ist es, die durch das E bekämpft wird. Und darauf muß man schon deshalb aufmerksam machen, weil, wenn man die Eurythmie zu Heilzwecken anwendet, dann muß man mehr sehen auf die Kräfte, die vorhanden sind im oberen Menschen und die nach einer Weitung gehen, und die Kräfte, die im unteren Menschen vorhanden sind, die mehr nach dem Linienhaften hintendieren. So muß ich sagen, indem der Mensch das O ausspricht, weitet** er eigentlich das Lebendige.

* Unklar im Stenogramm. Von Frau Finckh übertragen als «Forderungen», dann gestrichen mit Fragezeichen. Andere Lesart wäre «Vortragsstudien».

** Stenogramm nicht eindeutig: «weitet» kann auch als «bildet» gelesen werden, ebenso «das Lebendige» als «das Folgende».

T 3

Sehen Sie, der Kopf des Menschen, der ist ja, wenn ich es grob zeichne, in einer gewissen Weise eine Kugel, und er ist auch geisteswissenschaftlich die richtige Nachbildung der Erdkugel. Er ist ein Abbild aller derjenigen Kräfte, die in der Erdkugel zentralisiert sind, und eigentlich aufgebaut wird er in seinem Werden durch dasjenige, was in den Mondenkräften liegt. Aber das baut ihn eben so auf, daß er eine Art Erdkugel wird. Das hängt ja mit der Kosmologie, mit der Kosmogonie eigentlich zusammen. Wie aus der Mondenphase die Erdphase hervorgegangen ist, so geht aus den mondbildenden Kräften, die so sehr stark an dem Aufbauen des menschlichen Kopfes betätigt sind, dann der Kopf des Menschen hervor, der ja eben von sich aus einfach eine Kugel zu werden trachtet, in seiner kugeligen Form nur modifiziert ist dadurch, daß Brust und der andere Leib daran hängen, die die Kugelform modifizieren. Wenn er sich selbst überlassen wäre, der Kopf, würde er eine richtige Kugel werden. Aber daß das nicht ist, das rührt davon her, daß die andern beiden Glieder der menschlichen Natur mit dem Kopf zu tun haben und seine Gestalt beeinflussen.

T 3

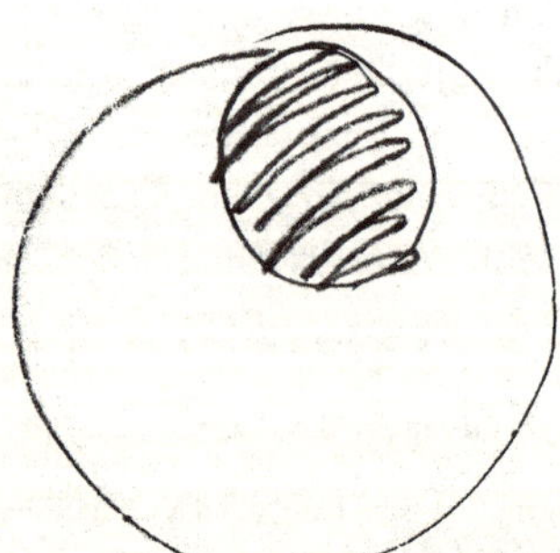

Wenn man nun O ausspricht, da versucht man dasjenige, was sich in der Kugelform des Kopfes zum Ausdrucke bringt, im ganzen Ätherkopfe zum Ausdruck zu bringen. Und da hat man das Bestreben, sich einen zweiten Kopf zu formen. Derjenige, der O ausspricht, der hat das Bestreben, richtig sich einen zweiten Kopf zu formen [äußere Kreislinie] (lila), und man kann schon sagen, im O-Aussprechen, da bläht sich der Mensch seinem Kopfe nach auf, er bläht sich auf, er bläst sich aus, und er erweckt gerade dadurch die Kräfte, die ihn an dem andern Pol zum Dicklichwerden veranlassen. Die Dinge sind schon auch bildlich anzuschauen. Er wird zum Dicklichwerden veranlaßt, indem er sich seinen Kopf selber aufbläst. Wenn man nun dieser Tendenz, wenn ich so sagen möchte: ätherisch zum Dickkopf zu werden – also das ist jetzt nicht ein dicker Kopf, sondern ätherisch ein Dickkopf zu werden, das heißt, ein großer Kopf zu werden –, wenn man dem entgegenarbeiten will, so muß man versuchen, ihn zu runden, auf der andern Seite wieder hereinnehmen. Und das ist der Protest des Dickkopfes. Es ist daher ein O polar ausgebildet. Die einzelnen Laute haben nämlich alle eine Empfindungsnuance, die wiederum im Organismus tief begründet ist, denn sie liegt ja im Unbewußten, und daher das Bedeutsame des innerlichen Wesens der Laute. Sehen Sie, der Frosch, der sich gerne zum Ochsen aufblasen möchte, der ist wirklich für denjenigen, der die Sache sich so recht übersinnlich beschaut, der ist derjenige, von dem fortwährend müßte ausgehen, wenn er sich verwirklichen könnte, ein kanonenhaftes O-Tönen. Das ist das Eigentümliche, daß man eben muß auf solche Dinge, ich möchte sagen zum Verdeutlichen eingehen, wenn man diese Dinge innerlich verstehen will.

Beim E, da ist es deutlich umgekehrt. Sehen Sie, beim E, da ist eigentlich das vorhanden, daß der Mensch sich innerlich fassen will, sich innerlich zusammenziehen will. Daher ja auch in der Eurythmie das Berühren seiner selbst, dieses Gewahrwerden seiner selbst: Sie nehmen sich einfach wahr, wenn Sie den rechten Arm über den linken legen. Geradeso, wie wenn Sie einen Gegenstand draußen empfinden, wenn Sie ihn angreifen, so nehmen Sie sich selbst wahr. Noch deutlicher wäre das also ausgedrückt, wenn Sie einfach mit der linken Hand den rechten Arm umfassen würden – in der Kunst müssen die Dinge alle angedeutet sein –, aber wenn Sie hier das einfach fassen würden, so betasten Sie sich selber. Das Sich-selber-Betasten, das ist in dem eurythmischen E besonders zum Ausdruck gekommen. Und dieses Sich-Betasten, dieses Sich-selber-Betasten, das ist ja durch den ganzen menschlichen Organismus durchgeführt. Und Sie können es studieren, dieses Sich-selber-Betasten, wenn Sie einfach das Verhältnis studieren, indem am Rücken des Menschen sich äußern diejenigen Nervenverläufe, die in der gewöhnlichen Physiologie irrtümlich die motorischen, und diejenigen, die die sensitiven genannt werden. Da, wo dieses Motorische, das aber im Grunde genommen auch ein Sensitives ist, da, wo dieses Motorische mit dem Sensitiven zusammenkommt, entsteht eine solche Art des Umfassens. Es ist so, daß tatsächlich die Nervenstränge fortwährend am menschlichen Rücken ein E bilden, und daß in diesem E-Bilden wirklich auch das Zustandekommen des Sich-innerlich-Fühlens des Menschen liegt, was dann nur im Gehirn differenziert zur Tatsache wird. Dieses E-Bilden, das also eigentlich in der Ebene verläuft, wir haben es gestern versucht nachzubilden. Und Sie werden sehen, daß das, was wir gestern versucht haben nachzubilden, direkt in der äußeren Bewegung und in der Bewegungslage andeutet, wie das innerliche E-Machen des Menschen sich eigentlich summiert zu der Vertikalen. Wie sich der Kopf aufplustert, wie der Kopf ein Blaseengel werden will, so summiert sich dieses E-Werden, dieses Sich-im-Punkte-Zusammenfassen, das summiert sich in der Vertikalen, in der Höhenlinie.

Es ist aber [ein] fortwährendes, aufeinanderfolgendes Sich-Zusammenfassen übereinanderstehender E's; und das drückt ja wirklich aus, was nun deutlich hervorgeht, wenn man beobachtet Schwächlinge. Sie haben die Tendenz, ihren Ätherleib fortwährend zu strecken. Sie wollen ihn strekken, sie ziehen ihn nicht in einem Punkt zusammen, was der eigentliche Gegensatz wäre zu der Tätigkeit des Hauptes. Das ist nicht der Fall, sondern sie versuchen ihn zu strecken, eben dadurch ausführend die Wiederholung des Punktes. Und dieses Strecken, das sich zum Ausdrucke bringt eben gerade bei schwächlich werdenden Menschen, also nicht das Strecken im physischen, sondern das Strecken im Ätherleib, dieses Strecken ist es, dem entgegengearbeitet wird mit der Ausformung desjenigen E, von dem wir gestern gesprochen haben.

So, denke ich, können Sie schon sehen, wie zwischen dem, was eurythmisch vorliegt, und den menschlichen Bildungstendenzen ein innerer

Zusammenhang ist, wie wirklich aus dem Menschen herausgeholt ist dasjenige, was in ihm als Bildungstendenzen vorhanden ist. Und es ist ja so, daß diese Bildungstendenzen, die sich zunächst äußern im Wachstum, in der Formung des Menschen, in der Ausgestaltung also, daß diese Tendenzen sich spezialisieren und lokalisieren wiederum in der Ausbildung des Sprachorganismus, dieses speziellen Organismus. Da sind sie gewissermaßen zusammengehäuft, die Bildungstendenzen, die sonst über den ganzen Menschen verbreitet sind. In der Ausbildung der Eurythmie gehen wir jetzt wiederum zurück. Wir gehen von den lokalisierten Tendenzen zu dem ganzen Menschen über und setzen so entgegen dem Spezialisierten der menschlichen Organisation im Sprachorganismus eine andere Spezialisierung, die Spezialisierung im Willensorganismus. Denn der ganze Mensch, insofern der ganze Mensch Stoffwechselorganismus ist und auch Gliedmaßenorganismus ist –, man bewegt ja auch am Kopfe so manches, also der Kopf ist auch in einem gewissen Sinne Gliedmaßenorganismus, und es kann ja sogar das anschaulich werden bei den Menschen, die dann etwas mehr können in dieser Beziehung; nicht wahr, Menschen, die die Ohren bewegen können und so weiter, die zeigen ja ganz deutlich, daß das Bewegungsprinzip, das Gliedmaßen-Bewegungsprinzip in die Hauptesorganisation hineingehen kann – der ganze Mensch ist in dieser Beziehung Ausdruck des Willensmäßigen. Das Willensmäßige, das drücken wir wiederum aus, wenn wir zur Eurythmie übergehen. Nun möchte ich zum Schlusse etwas erwähnen, bevor wir morgen dann weitergehen in der speziellen Ausarbeitung und Ausgestaltung der Laute, im weiteren zu den Kombinationen der Laute, ich möchte noch etwas Geschichtliches erwähnen.

Sehen Sie, Willensbewegung des Menschen und Intellektbewegung des Menschen, das sind zwei Kräfteentwickelungen des Menschen, die mit verschiedener Geschwindigkeit vor sich gehen. Der Intellekt des Menschen entwickelt sich in unserem Zeitraum schnell, der Wille langsam. So daß wir jetzt schon als Angehörige der ganzen Menschheitsentwickelung mit unserem Intellekt den Willen überholt haben. Das ist die allgemeine Zivilisationserscheinung, daß wir mit unserer Intellektentwickelung die Willensentwickelung überholt haben. Die Menschen sind heute sehr stark intellektuell, was eben nicht beweist, daß sie mit ihrem Intellekt auch viel anzufangen wissen. Sie sind eben sehr stark intellektuell, aber sie wissen nicht viel damit anzufangen; daher wissen sie intellektuell so wenig. Aber dasjenige, was sie intellektuell wissen, das fassen sie so auf, als ob sie in ihm mit einer gewissen Sicherheit wirken. Der Wille entwickelt sich langsam. Und Eurythmisieren ist zunächst auch, abgesehen von allem übrigen, ein Versuch, den Willen wiederum hereinzubringen in die ganze Menschheitsentwickelung. Und tritt dann die Eurythmie therapeutisch auf, so müssen wir doch auf das Folgende eben hinweisen. Wir müssen sagen: Die Überentwickelung des Intellekts, sie drückt sich auch aus besonders in den organischen Begleiterscheinungen der Sprachentwickelung. Unsere Sprachentwickelung, die ist eigentlich heute schon in unserer modernen Zivilisation etwas, was durch seine Übermenschlichkeit unmenschlich wird, indem wir heute Sprachen lernen so, daß wir so wenig noch ein Gefühl haben davon, ein lebendiges Gefühl haben davon, was in den Worten drinnen liegt. Es sind ja die Worte eigentlich nur Zeichen. Was haben die Menschen noch für ein Gefühl, was in dem Worte drinnen liegt? Ich möchte wissen, wie viele Menschen gehen durch die Welt und werden aufmerksam darauf, daß zum Beispiel speziell beim Erlernen der deutschen Sprache die Form der Rundung, des Rundens, was ich ja gerade aufgezeichnet habe, ist in dem Worte «Kopf», was mit Kohl zusammenhängt, daher man auch Kohlkopf sagt, was eigentlich nur eine Retuschierung ist; man metamorphosiert im Zusammenhange dieses Runden. Das ist da ausgedrückt. In romanischen Sprachen – testa, testieren –, da drückt sich das aus mehr von innen heraus, das seelische Wirken durch den Kopf. Dieser Unterschied dessen, was in der Sprache drinnenliegt, die Leute haben kein Gefühl mehr davon, die Sprache ist abstrakt geworden. Wenn Sie gehen, gehen Sie mit den Füßen. Warum sagen wir «Füße»? Ja, sehen Sie, das ist eine Metamorphose des Wortes «Furche», und ist entstanden dadurch, daß man angeschaut hat, daß man also eine Furche andeutet, indem man geht. Es ist durchaus verloren worden das Bildhafte, das in der Sprache liegt; und wenn man will dieses Bildhafte wieder hineinbringen in die Sprache, dann muß man eben zur Eurythmie greifen.

Nun ist jedes Wort eigentlich – ich spreche jetzt eine Tatsache, die sich im feineren menschlichen Organismus zum Ausdrucke bringt, die spreche ich mit groben Worten aus, aber wir haben ja nur grobe Worte –, jedes

Wort, das ohne Bildlichkeit erlebt wird, ist eigentlich eine innerliche Krankheitsursache. Und man kann sagen: Die Zivilisationsmenschheit von heute leidet chronisch an demjenigen, was das abstrakte Sprechenlernen, das nicht mehr bildliche Empfinden der Worte in ihr bewirkt. – Das geht sehr weit, das geht vor allen Dingen so weit, daß diese organische Begleiterscheinung sich ausdrückt in einer sehr starken Neigung zum Unrhythmischwerden des rhythmischen Systems und zu einem Verweigern der Kräfte des Stoffwechsels von seiten des Menschen, der seine Sprache abstrakt gemacht hat. Und es ist so, daß man tatsächlich beikommen kann dem, was ruiniert wird an dem Menschen heute durch die Sprache, durch die Sprache, die ja im zarten Kindesalter erworben wird, die, wenn sie unbildlich erworben wird, wirklich Zustände hervorruft, die später sich auswachsen, auswachsen in allen möglichen Krankheitsformen, die eben aber auch wieder bekämpft werden können durch dasjenige, was therapeutische Eurythmie ist. So daß man also ganz organisch die Heileurythmie einfügen kann in die Heilbehandlung überhaupt.

Es ist durchaus so, daß, wer versteht, daß Geistig-sich-Entwickeln eigentlich immer etwas ist von Krankwerden – wir müssen schon einmal das mitnehmen, das Krankwerden in der geistigen Entwickelung –, der muß auch darauf bedacht sein, daß nun nicht bloß mit äußeren physischen Studien gekämpft wird gegen dieses Krankwerden durch die Zivilisation, sondern auch mit äußeren Mitteln. Wir legen in die Bewegungen des Eurythmisierens eben Seele und Geist hinein und können dadurch bekämpfen dasjenige, was auf der andern Seite Seele und Geist von sich aus tun, aber eben im zarten Kindesalter oftmals so tun, daß die Wirkung ihres Tuns, wenn es sich auswächst im späteren Alter, eben als Krankheitsursache empfunden wird. Das ist das, was ich heute sagen wollte.

FÜNFTER VORTRAG

Dornach, 15. April 1921

Es wird sich darum handeln, daß wir diese Betrachtungen dann gipfeln lassen in der Schilderung des Wesens jener Heilmittel, die wir zusammengestellt haben, und die dann von unserer Seite aus eine Verbreitung haben sollen. Es wird aber nicht möglich sein, über dasjenige, was man gewissermaßen wissen und beherrschen muß in bezug auf diese Heilmittel, ordentlich zu sprechen, wenn wir eben nicht die Gesamtvorbereitung dazu haben. Diese muß zuerst geschaffen werden. Daher wollen wir auch heute noch einiges von dem betrachten, was uns hineinführen kann in das ganze Gewebe des menschlichen Wesens, das sich da herausbildet durch das Zusammenwirken von Ich, astralischem Leib, ätherischem Leib und physischem Leib. Es ist schon erwähnt worden, wie man durch eine gewisse Arsenwirkung den astralischen Leib, der natürlich dann auch das Ich in sich oder mit sich zieht, möchte ich sagen, mehr in die Organe hineinbekommt, als das sonst, bei den betreffenden Menschen natürlich, der Fall ist.

Nun, dadurch, daß man den astralischen Leib mehr in die Organe hineinbekommt, wird der Mineralisierungsprozeß der Organe erhöht, so daß man auch sagen kann: Bemerkt man, daß die Organe als solche zu stark vitalisieren, daß sie zu starke Lebenskräfte in sich entwickeln, gewissermaßen ätherisch wuchern, dann wird das Mittel, welches heilend wirken kann, die Zuführung des Arsen sein. Man kann aber auch sogar, wenn man will, dasjenige, was innerlich im Menschen vor sich geht, durch einen äußeren Vorgang bezeichnen, der gewissermaßen in Wahlverwandtschaft mit dem menschlichen Vorgang steht. Wenn man diese Affinität des astralischen Leibes zu dem Ätherleib namentlich und dadurch zu dem physischen Leib ausdrücken will, so kann man das auch durchaus Arsenisieren nennen. Ein leises Arsenisieren findet in dem Menschen fortwährend statt, welches besonders stark in dem Momente des Aufwachens vorhanden ist. Wir müssen uns eben darüber klar sein, daß der menschliche Organismus dasjenige durchaus als Kräftesystem in sich hat, was in dem Metalle liegt. Es ist durchaus diese

Wahlverwandtschaft zwischen dem Menschen und seiner irdisch-kosmischen Umgebung vorhanden, daß im Menschen gewisse Prozesse, die sich draußen abspielen, und die zum Beispiel in den Metallen ihr Ende finden, sich auch im Menschen abspielen. Man darf daher nicht meinen, wenn man vom Arsenisieren des menschlichen Wesens spricht, daß da Arsen unmittelbar wirksam ist, sondern das menschliche Wesen wirkt selbst so in sich, wie das Arsen draußen wirkt. Und man wird dadurch eine Einsicht bekommen, wie man solchen Wirkungen im Menschen zu Hilfe kommen muß. Wenn Sie also dieses Arsenisieren – ich könnte auch sagen Astralisieren – des menschlichen Organismus ins Auge fassen, so werden Sie bemerken können, daß, wenn es zu stark wirkt, sich das ausdrückt durch eine gewisse Erwärmung der Magengegend, daß es sich auch ausdrückt dadurch, daß gewisse Ernährungsleichtigkeiten sogar auftreten, daß das Ernähren und Verdauen leichter wird, was aber, wenn es zu leicht wird, in gewissem Sinne bedenklich ist, weil dann auf alle solche Erleichterungen im Menschen wiederum Reaktionen, Erschwerungen folgen; denn das alles hängt zusammen mit einer gewissen Mineralisierung des Menschen. Und es ist zum Beispiel durchaus eine Richtung gegeben, in der Untersuchungen gemacht werden sollten. Man muß sie nur in der richtigen Art machen, nämlich alle anderen Dinge dabei berücksichtigen, so daß bei Menschen, welche stark astralisieren, also Arsenisierung in ihren organisch-physischen Prozessen haben, die Leichen weniger leicht in Fäulnis übergehen als bei denjenigen Menschen, welche eben zu schwach den astralischen Leib mit den Organen verbinden. Das ist durchaus etwas, was man beobachten sollte. Man sieht es ja in seinem Extrem ausgebildet bei der Neigung, welche arsenikvergiftete Leichen zum Mumifizieren haben. Die mumifizieren sich, die erhalten sich leicht, gehen sehr wenig leicht in Fäulnis über.

Nun handelt es sich darum: Wie kann man dem begegnen, wenn dieser Arsenisierungs- beziehungsweise Astralisierungsprozeß zu stark im Menschen wirkt, wenn also der Mensch sozusagen sich lebendig mumifiziert? Man muß eben eine Beobachtung, einen Blick verbinden mit so etwas. Wenn der Mensch sich zu stark mumifiziert, wie kann man dem begegnen, wie kann man dagegen aufkommen? Und da möchte ich sagen, um mich radikal auszudrücken: Man mache den ganzen Menschen zeitweise zum Zahn. Es wird das immerhin etwas sein, was einen auf manche Spuren im geheimnisvollen Wirken des menschlichen Organismus bringen kann. Man mache den ganzen Menschen zum Zahn. Man versuche ihm nämlich in irgendwelcher Weise, so daß man berücksichtigt den ganzen Organismus, die strahlende Kraft des Magnesiums zuzuführen, indem man ihm Magnesium in irgendeinem Präparat verabreicht. Das ist dasjenige, was sich so ausdrückt, daß die von Professor Römer geschilderte strahlende Magnesiumkraft dann im ganzen Organismus hervorgerufen wird, und das ist dasjenige, was, ich möchte sagen, wirklich von einer Seite recht gründlich hineinweist in ein Verhältnis, das besteht zwischen dem astralischen Leib, der also das Ich mit in sich schließt, und dem ätherischen und physischen Leibe auf der anderen Seite.

Nun versuchen wir einmal zum Gegenteil überzugehen, zu demjenigen Zustand im Menschen, wo der astralische Leib mit dem Ich wenig Neigung hat, die Organe zu durchdringen, wo die Organe, insofern sie von den physischen und ätherischen Wirkungen versorgt werden, anfangen, sich selbst überlassen zu werden. Das ist ein Zustand, der sich dann dadurch äußert, daß gewissermaßen zwischen dem, was als Wechselwirkung bestehen sollte, als Ernährungswechselwirkung des Menschen zu seiner Umgebung, und den inneren organischen Vorgängen kein richtiger Zusammenhang ist. Die inneren organischen Vorgänge fangen stark an, ihre Vitalkraft zu entwickeln. Sie bekommen keinen Einfluß von außen; die Durchdringung der Nahrungsstoffe mit den Kräften des Ich läßt nach. Dadurch wird der Astralleib auch nach der einen Seite hin engagiert. Er kann nicht ordentlich zu dem Ätherleib hinüber. Es findet eine – ich möchte sagen Wucherung der physischen und der ätherischen Tätigkeit statt, was sich zunächst dadurch äußert, daß Diarrhöen auftreten, die ja im wesentlichen zusammenhängen mit solchen Erscheinungen, daß im Stuhl Blut sich findet, daß sogar die innere vitalische Tätigkeit so stark wird, daß sich von den Darmwänden kleine organische Gewebe absplittern und im Stuhlgang sich finden, daß sogar der Stuhlgang eine fleischwasserähnliche Flüssigkeit zeigt, was also deutlich darauf hinweist, daß da die Vitalkraft drinnen unbehindert von der Astralisierungskraft wuchert. Das sind die Dinge. Zuletzt wird auch das Eiweiß mitgenommen und ausgeschieden, ohne daß es in der richtigen Weise verarbeitet wird. Das sind solche Zustände, die hervorgerufen werden. Und im wesentlichen ist da dasjenige, was beim Menschen in seinen physischen und ätherischen Menschen hineinwirken muß, damit diese halbbewußten Bewegungen ausgeführt werden, die ja im menschlichen Organismus notwendig sind, eben astralischer Leib und Ich. Und so denken Sie sich nun, es wird nicht in der richtigen Weise hier astralischer Leib und Ich eingeschaltet, und der Ätherleib und die physischen Wirksamkeiten bleiben für sich, dann entsteht eben auch der nervöse Stuhlzwang, der für solche Erscheinungen charakteristisch ist. Und je weiter Sie die Sache beschreiben, je weiter Sie da von den gewöhnlichen Diarrhöezuständen zur Ruhr und so weiter aufrücken, also je weiter Sie in der Beschreibung dieses Krankheitsbildes gehen, desto mehr werden Sie sehen, daß Sie so beschreiben müssen, daß Sie in all diesen Erscheinungen das Gegenbild hervorrufen von Arsenisieren oder Astralisieren. Es ist überall das Gegenbild des Astralisierens oder Arsenisierens vorhanden. Und da der astralische Leib stark beteiligt ist daran, so werden Sie jetzt eigentlich, ich möchte sagen von selbst zu der Folgerung geführt werden, daß man nun als Gegenmittel zu verwenden hat alles dasjenige, was vom Arsen kommt, daß man also gegenwirken muß gegen diese Zustände gerade durch Arsenisieren.

Ich glaube, daß es das Vorstellen des Menschen außerordentlich bereichern, verintensivieren kann in bezug auf solche Sachen, wenn man sich klar macht, daß im Grunde genommen für alles dasjenige, was im Menschen vor sich geht, auch außerhalb des Menschen entsprechende Vorgänge vorhanden sind in der äußeren Welt. Und wenn es auch selbstverständlich für denjenigen, der aus dem heutigen Schulwesen hervorgegangen ist, furchtbar anstößig klingen muß, so möchte ich doch nicht vermeiden, mich hier gewisser Ausdrücke zu bedienen, die für die Geisteswissenschaft durchaus einen ernsthaften Sinn haben und die, wenn man sie nur richtig nimmt, einen in die Dinge recht gründlich hineinführen können.

Dasjenige, was man im Menschen beobachtet beim Arsenisieren, beim Astralisieren, das – ich möchte sagen Bröckeligwerden, das Mumifizieren des physischen Organismus, das ist genau derselbe Prozeß im Grunde genommen, der sich abspielt beim Felsigwerden der Erde. Überall, wo die Erde felsbildend auftritt, da ist sie gewissermaßen arsenikvergiftet oder im Anfange der Arsenikvergiftung. Dagegen stellen Sie sich jetzt vor, es gelingt der äußeren Astralität, die ja die Erde überall umgibt – ich habe das angedeutet im letzten Vortragszyklus –, gewissermaßen mit Umgehung der Erdoberfläche, mit Umgehung desjenigen, was die äußere Astralität zu verrichten hat an dem Hervorbringen der Blüten, der Pflanzen, an dem Herausgehen der Pflanzen aus der Erde in die Oberwelt, es gelingt also der äußeren Astralität, gewissermaßen unter den Boden hineinzudringen, die Erde zu umgehen und an das Wasser sich zu halten, dann bekommt in solchen Gebieten die Erde die Ruhr. Wenn die äußere kosmische Astralität auf das Grundwasser wirkt oder wirken kann, dann bekommt in solchen Fällen die Erde die Ruhr. Und es ist tatsächlich ein Vorgang, den ich jetzt hier schildere, der reale Hintergründe hat, viele reale Hintergründe hat, und den man berücksichtigen sollte. Denn er gibt Aufschluß über den Zusammenhang desjenigen, was unter der Erde vorgeht, mit solchen Erscheinungen, wie zum Beispiel die Ruhr eine ist, die man eigentlich ja oftmals so studieren muß, daß man in ihr eine Art Wirkung des Unterirdischen, namentlich im Wasser Liegenden, auf den Menschen zu beobachten hat. Das Wesentliche wird nun sein, daß man berücksichtigt, daß der astralische Leib sehr engagiert ist bei der Sache, und daß man daher nötig haben wird, mittlere Dosierungen, mittlere Potenzierungen bei der Heilung anzuwenden, weil der astralische Leib doch eben in seiner Wirksamkeit auf das mittlere Glied des menschlichen Organismus angewiesen ist.

Nun, ganz besonders in der Lage, bedeutsamen Aufschluß zu geben über gewisse, ich möchte sagen Intimitäten im menschlichen Organismus sind solche Erscheinungen, die sich diphtherieartig ausleben. Und diese Erscheinungen, die sich diphtherieartig ausleben, die sollten schon wegen des Aufsuchens von Heilmethoden genauer studiert werden. Es ist ja, wie ich glaube, auch heute noch eine mehr aus der materialistischen Anschauung hervorgegangene Meinung, daß die

Diphtherie möglichst lokal zu behandeln wäre, daß man möglichst an das Lokale der Diphtherie herangehen soll, obwohl natürlich entgegengesetzte Meinungen zahlreich gerade in dieser Beziehung aufgetaucht sind.

Nun, das Bedeutsame bei der Entstehung der Diphtherie und alles desjenigen, was mit ihr verwandt ist, das ist so, daß wir da eben auch einige Ergänzungen zu dem hinzufügen müssen, was wir im vorigen Kursus betrachtet haben, weil wir ja da noch nicht so genau eingehen konnten auf diese Wechselwirkung der vier geisteswissenschaftlichen Glieder des menschlichen Organismus. Ich habe in anderem Zusammenhange darauf hingewiesen, daß das Sprechenlernen des Kindes begleitet ist von allerlei organischen Prozessen. Das Kind lernt sprechen. Während es sprechen lernt, während sich also in seinem Atmungsorganismus etwas Besonderes abspielt, spielt sich ganz polarisch auch etwas ab in seinem Zirkulationsorganismus, der ja die Vorgänge des Stoffwechsels in sich aufnimmt.

Nun habe ich in einem ganz anderen Zusammenhange darauf hingewiesen, wie dasjenige, was bei der Geschlechtsreife im Wechselverhältnis des Menschen mit der Außenwelt zutage tritt, innerlich sich abspielt beim Sprechenlernen, daß also gewissermaßen dieses Drängen des astralischen Leibes, das beim Geschlechtsreifwerden des Menschen von innen nach außen stattfindet, von unten nach oben stattfindet in dem Astralisieren; in der Richtung von unten nach oben entwickelt sich ja die Fähigkeit des Sprechenlernens. Wir haben es also auch da mit einem Astralisierungsprozeß zu tun, und wir werden deutlich sehen können, wie, wenn wir gewissermaßen hier die Grenze des Atmungswesens und des Zirkulationswesens haben (siehe Zeichnung S. 87), da eine Wechselbeziehung stattfindet zwischen dem, was als Astralisieren von unten nach oben steigt (gelb), und den Organen, die von oben diesem Astralisieren entgegenkommen und eben sich in ihrer Sprachfähigkeit verstärken. Dasjenige, was uns besonders interessieren muß, ist dann dasjenige, was gleichzeitig unten vorgeht. Denn das, was da gleichzeitig unten vorgeht, hat den Drang, nach oben zu kommen. Der ganze Vorgang ist ein solcher von unten nach oben. Es hat das Ganze den Drang, von unten nach oben zu gehen (Pfeile, gelb). Breitet

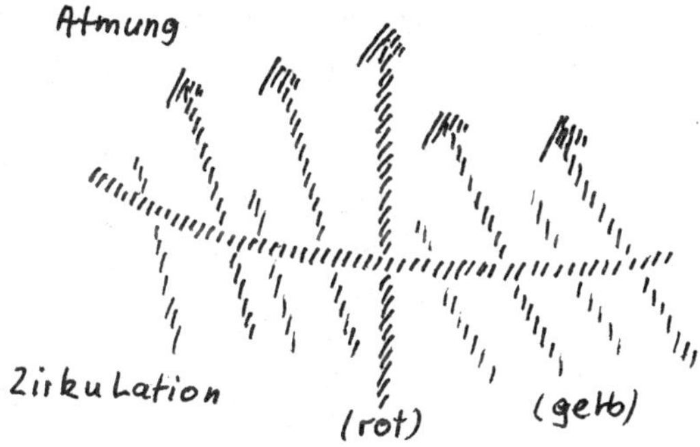

sich nun der Prozeß, der da von unten nach oben geht, zu stark eben nach oben aus, findet während des Sprechenlernens der Kinder ein zu starkes Hinaufdrängen der Astralität statt, dann besteht in diesem zu starken Hinaufdrängen der Astralität die Disposition, so etwas zu bekommen wie diphtherische Erscheinungen. Auf diese Weise werden also die diphtherischen Erscheinungen geschaffen. Und es ist das schon durchaus wichtig, daß man diesen Zusammenhang gehörig ins Auge faßt.

Nun wollen wir auch den äußeren Erdenprozeß ins Auge fassen, der eine gewisse Wahlverwandtschaft hat zu dem Prozeß, den ich Ihnen eben geschildert habe. Nehmen Sie an, dieses sei die Erdenoberfläche (siehe folgende Zeichnung). Bei einer Pflanze, die, ich möchte sagen

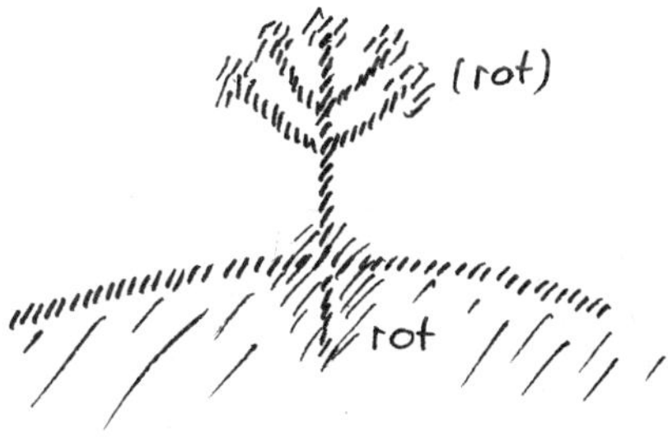

sich dem Kosmos gegenüber anständig benimmt, entsteht das, daß die Erde Anteil hat an ihrer Wurzelbildung, daß dann die Erdenwirkung nachläßt und die außerirdische Wirkung immer stärker und stärker wird, aber diese außerirdische Wirkung sich besonders an der Blüte dann entfaltet (rot). Dasjenige, was sich hier in der Blüte entfaltet, ist ja eine Art äußerlicher Astralisierung der Blüte, was dann zur Fruchtbildung führt. Geschieht dasjenige, was hier (siehe untere Zeichnung S. 87, rot oben) im normalen Verlaufe der Weltenprozesse geschehen soll, eben unten, so kann es nur ins Wasser sich hineinsetzen, und wir haben dann dasjenige, was ich gerade vorhin genannt habe die Ruhr der Erde. Aber es kann sich dasjenige, was da eigentlich geschieht, was, wie gesagt, wenn sich die Pflanze zur anständigen Pflanze entwickelt, immer ein Stück über der Erdoberfläche vollzieht, wo die Blüte sich entfaltet, das kann sich auch just da entwickeln, wo die Erdenoberfläche ist (siehe untere Zeichnung S. 87, rot unten), und dann entstehen nämlich die Pilze. Das ist der Grund der Pilzbildung.

Nun werden Sie auch nicht weit davon sein, sich zu sagen: Wenn da durch eine solche eigentümliche Astralisierung die Pilze entstehen, so muß derselbe Vorgang – und das ist auch tatsächlich der Fall – von unten nach oben stattfinden, wenn diese merkwürdige Astralisierung im Innern gegen den Kopf zu stattfindet, wie in der Diphtherie. Und daher haben Sie die Neigung zur Pilzbildung in der Diphtherie gegeben. Diese Neigung zur Pilzbildung in der Diphtherie, das ist etwas, was außerordentlich zu berücksichtigen ist. Es wird Ihnen auch dieses, daß da im Grunde genommen ein rechter okkulter Prozeß stattfindet – alles Äußere ist eigentlich nur Anzeichen, daß im Innern des Menschen unregelmäßige astralische Strömungen herrschen –, eben einen Hinweis darauf geben, daß man mit einer Pathologie, die sich bloß mit den äußeren Symptomen befassen will, eben auch nur die äußere Offenbarung des ganzen Vorganges haben kann, daß man ihn für einen lokalen ansieht, weil man eben nur das Äußere ansieht, und daß da dieses Drängende von innen heraus eben gerade bei einer solchen Sache unberücksichtigt bleibt. Die ganze skeptische Haltung, die man gegenüber diesem Prozeß hat, ist durchaus erklärlich, wenn man auf diese Dinge, die wir eben jetzt erörtert haben, zurückgeht.

Nun ist tatsächlich bei diphtherischen Erscheinungen die Ansteckungsgefahr eine große. Warum ist sie eine große? Sie ist eine große aus dem Grunde, weil die diphtherischen Erscheinungen auftreten in einem unbedingten Zusammenhang mit dem Sprechenlernen; daher treten sie auch am eminentesten auf bei Kindern von zwei bis vier Jahren. Die Möglichkeit des Auftretens tritt dann wieder zurück. Aber jeder Vorgang im menschlichen Organismus, der zu irgendeiner Zeit gewissermaßen im normalen Verlauf auftritt, kann auch abnorm auftreten. Es kann also dieser Prozeß, der einfach ein Kinderprozeß ist, auch in einem anderen Lebensalter, wenn auch in einer gewissen Modifikation, Metamorphose, auftreten. Es ist, wenn eine Diphtherie im späteren Alter auftritt, dennoch etwas, wo ein Infantiles im Menschen wirkt. Und der Grundcharakter des Infantilen ist ja, wie Sie wissen – man hat es im äußeren Mitteilen der geisteswissenschaftlichen Tatsachen nur nötig, eben mehr von dem Psychischen zu sprechen –, der äußere Prozeß des Kindlichen, des Infantilen ist das Nachahmen, durchaus das Nachahmen. Und das Nachahmen wird gesucht. Der Organismus selber wird veranlaßt, ein Nachahmer zu werden, wenn er diphtherisch wird. Daher beruht eigentlich die Ansteckung auf diesem Zum-Nachahmer-Werden des Menschen. Es liegt schon in diesem Nachahmen etwas von einer leisen Sensitivität. Man kann durchaus eine leise Sensitivität in diesem Nachahmen bemerken. Wenn man geisteswissenschaftlich die Sache untersucht, so findet man, daß das Ich da doch eine gewisse Rolle spielt in diesem Anstecken durch die Diphtherie. Und daher ist auch dasjenige, was sich als Pilzartiges entwickelt, das Parasitäre, aus dem Grunde bei der Diphtherie ansteckender als bei anderen Krankheiten, weil der menschliche Organismus durch seinen Nachahmungstrieb der Sache entgegenkommt. Sobald er – wenn ich mich jetzt grob ausdrücke – nur irgendwie das Diphtheriegift wahrnimmt, so stellt er sich ihm empfänglich, nachahmend gegenüber. Daher wird ein psychisches Verweisen, wenn es möglich ist, wenn der Zustand erst im Ausbrechen ist, ein Stärken durch seelischen Zuspruch immerhin eine günstige Wirkung haben.

Allein man wird da natürlich bei so sehr in den Organismus eingreifenden Prozessen damit viel weniger ausrichten können, als wenn man versuchen wird, ich möchte sagen das Spezifikum zu suchen, das entgegenwirkt dem Prozeß, der sich da abspielt. Hier ist es wenigstens mir nicht bewußt, ob man irgendwelche Anstalten gemacht hat, auch nur auf empirisch probierendem Wege, ein Spezifikum gerade gegen die diphtherischen Erscheinungen zu suchen. Man hat es zu suchen etwa in dem bis zu einer mittleren Potenzierung getriebenen Zinnober. Zinnober ist dasjenige, dessen Wirkungen man als Gegenwirkungen für alle die Erscheinungen wird zu suchen haben, die ich jetzt angeführt habe. Der Zinnober bringt seinem äußeren Anblicke nach schon die Gegenwirkung zum Ausdruck. Aber ein äußerer Anblick erklärt nur dann etwas, wenn man ihm beikommt mit innerer Anschauung. Darauf, daß eine instinktive innere Anschauung vorhanden war, beruhte die alte Signaturenlehre, die eigentlich aus dem Grunde einfach verschwunden ist, weil die Menschen heute nicht die Beobachtungsfähigkeit haben für so etwas, weil diese Beobachtungsfähigkeit verschwunden ist. Aber es ist wichtig, daß man jenes innere Wirken, das sich im Grunde genommen in allen Äußerlichkeiten der Welt auch zeigt, dieses innerliche Wirken letztlich ins Auge fassen kann. Und so wird derjenige, der, nicht wahr, nur nicht im Mystischen stecken bleibt und dann allerlei Mystelndes in die Sache einfügt, sondern der durchaus seinen gesunden Verstand bei solchen Dingen behält, der wird sich doch sagen müssen: Das Zinnoberrot, das ist etwas, was schon in einer gewissen Weise zum Ausdrucke bringt dieses gegenteilige Wirken gegen das Pilzigwerden; was nach dem Farblosen hingeht, kann pilzig werden. Wenn beim Pilzigwerden eine zu starke Astralisierung der Erdoberfläche mitspielt, so spielt eben bei dem Zinnobernen ein Rückwirken, ein Gegenwirken gegen dieses Astralisieren, und daher die Rötung. Überall, wo im Naturprozeß eine Rötung auftritt, da ist ein starkes Gegenwirken gegen das Astralisieren vorhanden. Ich möchte sagen, die Sache in eine moralische Formel gebracht, würde so sein, daß man sagt: Indem die Rose sich rötet, versucht sie, sich gegen die Astralisierung zu wehren. Das sind also Gebiete des pathologisch-therapeutischen Betrachtens, die durchaus so in einem gewissen Zusammenhange miteinander stehen, und die einen hineinführen in dieses eigentümliche Verhalten von Ich und Astralleib zu den anderen Organen, zum Ergreifen der anderen

Organe, zum Sichausschalten von den anderen Organen oder aber zum Äußern von Überwirkungen des Astralischen im Strömen von unten nach oben.

Man kann auf diese Weise sozusagen den ganzen menschlichen Leib nach und nach durchschauen. Man kann ihn durchschauen, wenn man von solchen Betrachtungen noch zu etwas anderem übergeht. Und da werden Sie wiederum etwas ins Auge fassen müssen, was ich jetzt als Ergänzung zu Dingen, die ich im vorigen Jahre vorgebracht habe, hinzufügen möchte.

Es ist ein sehr Eigentümliches, wie das menschliche Ich, wenn wir es jetzt als eben im Menschen spirituell, psychisch, organisch und auch mineralisierend wirksam betrachten, eine Art, ich möchte sagen Phosphorträger ist. Und zwar entwickelt dieses Ich sein Geschäft des Phosphortragens in der Weise, daß es durchaus mit diesem Phosphortragen bis an die Peripherie des organischen Menschenwesens geht. Das Phosphortragen, das Durchphosphorisieren des menschlichen Organismus ist eine Tätigkeit des Ich. Dieses Phosphortragen bis an die äußerste Grenze, bis an die Peripherie des organischen Menschenwesens, wird nun, ich möchte sagen von dem Ich in einer außerordentlich kunstvollen Weise ausgeführt, indem bis zu einer gewissen Grenze, die aber notwendig ist einzuhalten, das Ich eigentlich den Phosphor nur tragen kann durch den Organismus, indem es ihn an andere Stoffe angegliedert hat, mit anderen Stoffen chemisch verbunden hat, und es verhindert im wesentlichen, bei diesem Tragen des Phosphors durch den Organismus, das chemische Freiwerden des Phosphors. Das gehört zu den Aufgaben des Ich, dieses chemische Freiwerden des Phosphors zu verhindern bis zu den Spuren von Phosphor, die eben nötig sind dann, wenn dasjenige eintreten soll, was eintreten würde in großem Maßstabe, wenn es dem Ich eben nicht gelänge, eingeführten Phosphor vor seinem Freiwerden zu bewahren. Wenn also der Phosphor sozusagen frei losgelassen würde und eine intensive Wirkung auf den menschlichen Organismus hervorrufen würde, dann wäre nämlich ein ganz besonderer Vorgang die Folge. Ich habe Ihnen gesagt im Verlaufe dieser Vorträge, daß beim Menschen, wenn er hereintritt in die Welt, wenn er also dasjenige, was von ihm vorher geistig-seelisch vorhanden war, verkörperlicht, dann schaffen sich ja zunächst die Abbilder des ätherischen Leibes, des astralischen Leibes und des Ich. Und ich sagte Ihnen, alles dasjenige, was Abbild des Ich ist, liegt eigentlich in dynamischen Systemen, in Bewegungssystemen, die zum Gleichgewicht kommen. Das ist nun etwas, was besonders an dieser Stelle unserer Betrachtungen gründlich berücksichtigt werden muß. Indem das Ich am Entwickeln von Gleichgewichten aus ungleichen Gewichten, aus gestörten Gleichgewichtslagen arbeitet – und wenn ich ausschreite, ist die Gleichgewichtslage gestört, ich muß sie wiederum in Ordnung bringen, aber auch durch innere Vorgänge geschieht dasselbe –, indem das Ich so arbeitet, braucht es den Phosphor. Diese Arbeit wird im wesentlichen mit dem Phosphor ausgeführt.

Wenn das Ich nun nicht so arbeitet, daß es sein Phosphorisieren erschöpft in einem Statisch-Machen der menschlichen Dynamik, dann kommt es mit dem Phosphor heran an dasjenige, was schon von vornherein Abbild des Ich ist, dieses Statisch-Machen des Dynamischen. Nun, ich habe ja darauf aufmerksam gemacht, wir müssen auch den flüssigen Menschen, den luftförmigen Menschen und den Wärmemenschen bedenken. Stellen Sie sich einmal vor, Sie haben es zu tun mit dem flüssigen Menschen und dem, was sich von der Abbildung des Ich, des astralischen Leibes, in dem sich wiederum das Ich abdrückt, herein in den Ätherleib begibt, so handelt es sich darum, daß auch in diesem Ätherleib bewirkt werden muß ein fortwährendes Übergehen eines Dynamischen, eines Nichtgleichgewichtes in Gleichgewicht.

Nun sind das, was da in Betracht kommt, außerordentlich feine Wirkungen, wirklich recht feine Wirkungen. Und diese feinen Wirkungen werden reguliert dadurch, daß gewissermaßen in einer Art

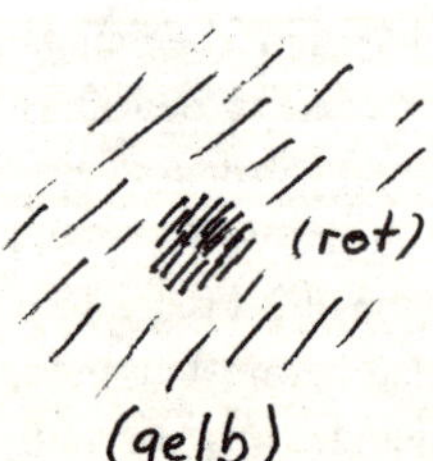

freischwebende und doch wieder mit der ganzen Bewegung des Organismus, auch der inneren Bewegung zusammenhängende Kügelchen im menschlichen Leibe sind. Es sind nämlich die Blutkügelchen. An diese Blutkügelchen muß aufschlagen dasjenige, was das Ich tut, indem es in die Beweglichkeit, auch zum Beispiel in innere Wärmebeweglichkeit hineinspielt. Diese Blutkügelchen, diese Blutkörperchen, die sind also keine Kügelchen, aber sie sind im wesentlichen so geartet, daß sie gerade schon in ihrer Form zeigen, wie sie darauf berechnet sind, Bewegungen in Gleichgewicht überzuführen. Ich möchte sagen: Dasjenige, was das Ich tut, indem es in die Bewegungsfähigkeit des menschlichen Organismus hineingreift, das kommt gerade an den Blutkügelchen zur Grenze; und da muß es aufgehalten werden, da muß jene – ich möchte sagen innigste Wechselwirkung stattfinden zwischen dem menschlichen Ich und dem ganzen menschlichen Organismus. Und da findet dann auch dasjenige statt, was ich nennen möchte den verborgensten Kampf des fortwährenden Phosphorisierens des Menschen mit dem, was im gestaltenden Blutprozesse liegt. Wird nämlich der Phosphor frei in den Menschen hineingetragen, dann werden die Blutkörperchen durch das Phosphorisieren zerstört. Das ist dasjenige, was uns bildhaft hineinführen kann in dieses eigentümliche Wechselwirken des Ich, das ja ein Geistiges, ein durch und durch Geistiges ist, das aber durch die Blutkörperchen in fortwährender Wechselwirkung steht mit einem Physischen. Blut ist auch nach dieser Richtung hin ein ganz besonderer Saft, wie nicht Goethe, sondern ein alter Spruch sagt, es ist Blut ein ganz besonderer Saft, es ist dasjenige, wo das äußere Physische des Menschen in Wechselwirkung tritt zu dem Geistigsten, das er zunächst an sich trägt, zu dem Ich, und wo am meisten Ruinöses auftreten kann, wenn eben das Ich in einer falschen Weise in diese Wechselwirkung eintritt. Daher kann unter einer solchen falschen Wechselwirkung eben im Physischen so vieles ruiniert werden: Epithelzerfall, fettige Entartung bis in die Muskelfasern hinein, besonders in die quergestreiften Muskelfasern, weil die dasjenige sind, auf das das Ich besonders wirksam ist, Auflösung der Blutkörperchen und so weiter. Ja, bis in die Knochen hinein kann im Körperlichen dieser Zerfallsprozeß gehen, wenn die Phosphorwirkungen nicht in Ordnung sind.

Da zeigt sich ja ganz klar, möchte ich sagen, an diesem Wechselspiel des Ich, das dann natürlich den astralischen Leib mit sich zieht, und des physischen Leibes, der dann ja den Ätherleib nach sich zieht, ganz deutlich, wie ein Streben nach einem Normalen und einem Abnormen, möchte ich sagen, stattfindet, fortwährend ein Normalisieren bis zu einer gewissen Kulmination, dann ein Abfluten stattfindet, und wie sich dieses äußert, wenn wir es zum Beispiel mit einer Phosphorvergiftung zu tun haben. Wenn man es mit einer Phosphorvergiftung zu tun hat, so wird man bemerken, daß zunächst sich sowohl der astralische Leib wie der Ätherleib gegen dasjenige wehren, was da im physischen Leib und im Ich sich geltend macht. Sie wehren sich; und sie wehren sich mit aller Kraft, mit der stärksten Kraft, die der Ätherleib hat. Er möchte gegen dasjenige aufkommen, was da in dem Ich als zu starke Wirkung eintritt, möchte dagegen aufkommen, verstärkt selbst seine Kräfte. Daher hat der Vorgang in der ersten Zeit einer Phosphorvergiftung so viel innerliche Ähnlichkeit mit einem anderen Vorgange, nämlich mit dem Auftreten einer gewissen Rückschau des Menschen nach dem Tode, die, wie Sie wissen, tagelang dauern kann, anderthalb Tage, zwei Tage, drei Tage. Da haben wir in dieser Rückschau ein Halten des Ätherleibes im astralischen Leib. Die halten sozusagen zusammen. Das tun sie nun zunächst auch im menschlichen Leibe, wenn eine Phosphorvergiftung auftritt. Es wird alles dasjenige entwickelt, was durch das Zusammenwirken von astralischem Leib und Ätherleib entwickelt werden kann, und was da eben dann auftritt, wenn diese Rückschau stattfindet durch den Ätherleib nach dem Tode. Daher wird durch diese aufgewendete Kraft in der ersten Zeit von einer Phosphorvergiftung nach einer ebenso langen Weile, wie eine solche Rückschau dauern würde, eine Besserung auftreten, dann ein Erschlaffen, ein Abfluten. Dann, nachdem dieses Abfluten gewesen ist, dann setzt wiederum um so stärker eben die abnorme Wirkung des Ich ein. Eine wirkliche Phosphorvergiftung ist ja etwas, was außerordentlich schwer zu bekämpfen ist, was wohl nur dann zu bekämpfen wäre, wenn man in der schärfsten Art versuchen würde, den ganzen Organismus dahin zu beeinflussen, daß in ihm ein starkes Zusammenwirken der Astralität mit dem Ätherischen stattfände, was man wohl erreichen würde, wenn man der Phosphorvergiftung etwa entgegenwirken würde durch ein starkes Applizieren von sehr kräftig ziehenden Pflastern an verschiedenen Stellen des menschlichen Leibes und dergleichen. Man würde da ganz gewiß Wirkungen erzielen. Man muß dann sich klar sein darüber, daß man Gefühl dafür haben muß, wie weit man in einem solchen Fall zu gehen hat.

Sie sehen also, der physische Organismus ist, wenn in ihn das Ich eingreift, in stärkstem Maße engagiert durch all das, was man nennen könnte Phosphorisieren des Menschen. Dann aber, wenn nun das Ich stark eingreift, also zerstörend eingreift in den physischen Organismus, dann muß notwendigerweise das polarische Gegenteil auch stattfinden, dann muß dasjenige, was das Ich normalerweise, wenn es nicht zu stark eingreifen würde, im normalen menschlichen Organismus bewirkt, ebenfalls leiden. Daher werden Sie bei einem zu starken Phosphorisieren Zustände der Schlaflosigkeit auftreten haben, die einfach darauf beruhen, daß ein zu starkes Hinstreben von astralischem Leib und Ich stattfindet. Das können Sie ja ablesen aus alledem, was ich gesagt habe: Kopfschmerzen werden Sie finden, Delirien, Schlummersucht. Und bei Phosphorvergiftung treten alle diese und auch – meist vor [der] Paralyse – anämische Zustände, die treten da natürlich auf nach dem, was ich gesagt habe über die Wechselwirkung mit dem Blute. Und dasjenige, was nun in der Mitte drinnen steht, was also beim Phosphorisieren dann auftritt, wenn, ich möchte sagen dieses Angreifen der Blutkörperchen vom Ich aus stattfindet, wiederum zurückgeschlagen wird, wenn so ein Pendeln auftritt, so äußert sich das in gelbsuchtartigen Erscheinungen, wie man überhaupt in dem, was gelbsuchtartige Erscheinungen sind, durchaus ein Ineinanderspielen von Psychischem und Physischem zu sehen hat.

Sie sehen aus demjenigen, was ich Ihnen da vorgebracht habe, daß im wesentlichen der Menschenwesensprozeß eigentlich ein Arbeiten des Ich und des astralischen Leibes mit den Kräften der Außenwelt ist, innerhalb des Raumes, den die menschliche Haut umschließt. Es ist ein solches Hineinarbeiten, und man muß richtig ins Auge fassen können, wie dieses Hineinarbeiten reguliert werden kann, wie man gewissermaßen zu einer Art Beherrschung dieses Hineinarbeitens kommen kann.

Nun, ich möchte sagen, ganz im Trivialen schon gehen ja dann, wenn man diese Anschauung im Hintergrunde hat, gewisse Diätregeln ganz von selber hervor, wenn man weiß, daß, wenn das Ich des Menschen zu stark wirkt, so daß Unregelmäßigkeiten gerade infolgedessen im Magen eintreten, aber zugleich eine Übervitalisierung stattfindet in abnormen Diarrhöen und dergleichen, es ja notwendig ist, nicht wahr, daß man dem auch durch die Diät in entsprechender Weise entgegenwirkt. Es ist eben durchaus so, daß der eigentliche Ich-Prozeß und der Prozeß des astralischen Leibes im Menschen eine Art Analysieren darstellt, ein Zerklüften desjenigen, was in der Außenwelt synthetisch vorhanden ist. Während wir, ich möchte sagen ein primäres Synthetisieren haben in den physischen und ätherischen Untergründen des menschlichen Organismus, haben wir ein Analysieren in der Ich-Tätigkeit und in der astralischen Tätigkeit, und dieses Analysieren gehört durchaus zu den auch normalen Tätigkeiten des menschlichen Wesens und drückt sich dadurch namentlich in seiner Eigentümlichkeit so stark aus, daß eben in diesem Analysieren entsprechend eingehalten werden muß. Wenn das Ich ein zu starker Analysierer wird gegenüber Phosphorsalzen, dann analysiert es eben die Phosphorsalze bis zum Phosphorischen hin, und dann fängt die Analyse an, Unheil im menschlichen Organismus anzurichten. Es ist der Punkt, wo die Analyse am stärksten wirken darf, einer, auf den ich ja schon in den Vorträgen des vorigen Jahres hingewiesen habe, wo bis zum Eisen hin analysiert wird.

Dieses Analysieren bis zum Eisen hin, das zusammenhängt mit dem Eisengehalt des Blutes, ist dasjenige, was das polarische Gegenteil in vieler Beziehung ist mit Bezug auf die Analysierung gegenüber anderen Metallen, wo immer in einem gewissen Sinne eingehalten werden muß im Analysieren.

Ich wollte Ihnen also heute gewissermaßen zeigen, wie man tatsächlich in den äußeren Erscheinungen Bilder desjenigen hat, was aus dem inneren Geistigen heraus sich entwickelt. Und deshalb wird wohl das äußere Anschauen des Menschen in gesundem und krankem Zustande sich ergänzen müssen durch dasjenige, was man über den inneren, über den geistigen Menschen wissen kann.

Auf dieser Grundlage werden sich dann sowohl Ansichten gewinnen lassen über unsere Heilmittel wie auch Vorbedingungen zur Beantwortung mancher Frage, die gestellt worden ist. Das soll alles noch in den drei Vorträgen, die uns bevorstehen, so gut es eben besprochen werden kann, besprochen werden.

VIERTER VORTRAG

Dornach, 15. April 1921

Meine lieben Freunde, die Vokale eurythmisch wirken durchaus, wie wir gesehen haben, mehr oder weniger unmittelbar auf den rhythmischen Organismus. Bei den konsonantischen eurythmischen Bewegungen handelt es sich darum, daß ja allerdings auch auf den rhythmischen Organismus gewirkt wird, jedoch auf dem Umweg durch den Gliedmaßen-Stoffwechselorganismus. Und da handelt es sich natürlich zunächst darum, daß wir die Einzelheiten einfach uns heute einmal ansehen, denn man bekommt im Grunde eine Anschauung von dem, um was es sich handelt, nur wenn man auf die Einzelheiten eingehen kann. Nun werden wir die wichtigsten eurythmischen Konsonantierungen einmal durchmachen. Vielleicht sind Sie noch einmal so gut und machen Sie uns ein B vor, Fräulein Wolfram, und jetzt dieses B so, daß Sie es im Gehen machen. Jetzt versuchen Sie aber so zu gehen, daß ein Bein etwas Armbewegung nachahmt beim Gehen; das B wiederholen. Nun denken Sie sich das immer schneller und schneller gemacht und – sagen wir zunächst einmal – vier bis fünf Minuten lang richtig wiederholt. Vielleicht ist dann Frau Baumann so gut und macht uns jetzt das P in derselben Weise vor. Es ist ja der Unterschied nicht groß. Jetzt müßten Sie versuchen, dieses mit den Beinen auch zu machen. Das gibt natürlich eine komplizierte Beinbewegung, die sehr ähnlich ist den Bewegungen bei der Toneurythmie (nicht auftreten dazwischen). Das muß nun hintereinander oft gemacht werden von dem, bei dem man durch das P etwas erreichen will.

Nun hängen ja alle diese Bewegungen, die das Konsonantieren betreffen, zusammen mit all demjenigen in der Verdauung, das jenseits der Magen-Darmtätigkeit liegt. Also wenn wir ins Auge fassen – nicht wahr, den eigentlichen Darmraum, den die Speisen durchmachen, von dem sehen wir jetzt ab –, aber dasjenige [ins Auge fassen], was Außenwand des Darmes ist und wo sich wieder der Speisebrei durchschiebt durch die Darmzotten und so weiter und dann übergeht in Lymphe und Blut, also in jenseits der eigentlichen ersten Verdauungstätigkeit Liegendes. So daß solche Bewegungen, wie Sie sie jetzt eben ausgeführt gesehen haben, tatsächlich zurückwirken auf die innere Verdauung, auf alles dasjenige, was Verdauungstätigkeit ist in den Blutgefäßen, was Verdauungstätigkeit ist aber namentlich in den Nieren. Also wenn es sich darum handeln sollte, die Nierentätigkeit zu regulieren, dann würden Sie solche Bewegungen ausführen lassen. Gerade diese Bewegungen, die wir jetzt als B- und P-Bewegungen ausgeführt haben, das ist dasjenige, was im eminentesten Sinne auch auf die Regulierung der Nierentätigkeit, also auf die Harnentleerung zum Beispiel regulierend wirkt. Diese Zusammenhänge sind für denjenigen ganz gewiß außerordentlich interessant, der sich erinnert, wie überhaupt das ganze Zirkulationswesen im Menschen eben zusammenhängt mit der Sprache, und wie daher auch sich ein Zusammenhang herausstellt zwischen dem, was sich vom Stoffwechsel her in das Zirkulationssystem hineinschiebt und dieser besonderen Form des Lautierens, des Konsonantierens.

Nun versuchen wir einmal ein D zu machen. Nun versuchen Sie, dieselbe Bewegung zu machen mit den Beinen, indem Sie versuchen zu hüpfen, aber während des Hüpfens die Beine etwas in den Knien beugen so, daß Sie sie, indem Sie hüpfen, zu gleicher Zeit in den Knien beugen. Aber man muß dabei versuchen, die Patienten immer stärker und stärker dieses Beugen in den Knien und Hüpfen machen zu lassen und sie springen zu lassen. Vielleicht macht uns Frau Baumann vor das T, und dem entspräche jetzt ein Vorwärtshüpfen in dem Versuch, X-Beine zu machen. Also Sie machen den Versuch, im Vorwärtsschreiten auswärts zu hüpfen und X-Beine zu bilden. Das ist dasjenige, was man ausführen muß. Es handelt sich ja hier zunächst darum, die Sache zu demonstrieren. Da haben wir also D und T. Es ist wirklich so, daß man bei diesen Dingen, wenn man den sogenannten weichen Laut ausführt, abhelfen kann gelinderen Dingen nach dieser Richtung; wenn man den sogenannten harten Laut ausführt, den schärferen Dingen nach dieser Richtung. Diese Laute D und T sind tatsächlich so. Man muß sie natürlich minutenlang wiederholen lassen von den Patienten, bis die recht müde werden – bei diesen Dingen handelt es sich wirklich darum, die Dinge ausführen zu lassen bis zur Ermüdung. Dann, wenn man sie bis zur Ermüdung ausführen läßt, so sind insbesondere dieser D- und T-Laut eine Kraft, die stärkend wirkt auf die Darmtätigkeit, und insbesondere zwar auf diejenige Darmtätigkeit, die im Verstopftsein zur Ausführung* kommt. Also man kann da manchen Verstop-

* «zur Ausführung» laut Stenogramm; in früheren Ausgaben: «zum Ausdruck».

fungen entgegenarbeiten. Es ist ja für den, der die physiologischen Zusammenhänge kennt zwischen dem Sprachorganismus, der ja die Bewegung aufnimmt im Sprechenlernen, und dem Stoffwechsel-Gliedmaßenorganismus, für den ist ja unbedingt eine solche Sache anschaulich.

Nun, vielleicht sind Sie so gut, Fräulein Wolfram, und machen uns einen G-Laut vor. Nun handelt es sich darum, daß Sie wiederum versuchen, in einer ähnlichen Weise mit Bildung von X-Beinen vorwärtszuhüpfen. Dasselbe wäre mit dem K-Laut (Frau Baumann). Und nun müssen Sie mit scharf auseinandergespreizten Beinen versuchen vorwärtszurücken, ebenso mit dem Q, aber das ist ja dasselbe. Da haben wir eine Bewegung, sowohl beim G, wie beim K, wie beim Q, welche schon anregend wirkt auf die Fortbewegung, auf die innere Mechanisierung des Darmes, also welche die Bewegungen des Darmes selber fördert. Der Unterschied in der physiologischen Wirkung zwischen D und T, G, K und Q ist der, daß bei D und T mehr eine Wirkung in dem Verarbeiten der Speisen selber da ist, währenddem bei G, K und Q mehr eine Wirkung auf die Fortbewegung der Speisen im Darm vorhanden ist, also wenn der Darm selber stockt.

Besonders wichtig ist ja und therapeutisch fruchtbar anzuwenden der S-Laut (Fräulein Wolfram). Nun, wenn Sie diesen S-Laut machen, so handelt es sich eben darum, daß Sie hüpfend, überhaupt hüpfend mit fortwährendem Behalten der Beine in der O-Form vorwärtshüpfen und diesen S-Laut machen. Und dieses hängt tatsächlich, namentlich dadurch, daß man in dieser O-Form fortwährend die Beine also aufsetzt, das hängt zusammen sogar sehr innerlich mit der menschlichen Verdauungstätigkeit, also mit der Stoffwechseltätigkeit, wie sie wiederum zurückwirkt auf den ganzen menschlichen Organismus. Und man hat gerade an diesen Bewegungen etwas, was man machen lassen kann auch von Kindern, die mangelhafte Verdauung zeigen und dadurch Kopfschmerzen zeigen, denn besonders regulierend wirkt diese Bewegung auf die Gasentwickelung im Darm. Wenn diese nicht in Ordnung ist, also zu gering oder zu stark, so wird insbesondere diese Bewegung im eminentesten Sinne wichtig* wirken.

Dann haben wir den F-Laut (Frau Baumann). Da handelt es sich um etwas Psychisches. Da muß man versuchen, den Sprung so auszuführen: Man setzt an zum Springen und versucht vorwärtszukommen, aber jetzt

* Früher «richtig».

beim Aufspringen streng mit den Zehenspitzen aufzutreten, jetzt Hacken auf – jetzt wiederum Hacken auf, jetzt wiederum Hacken auf. Beim V würde es ebenso sein. Da haben wir eine Bewegung, welche praktiziert werden sollte, wenn man findet, daß die Harnentleerung nicht in Ordnung ist. Also es wirkt anregend auf die Harnentleerung. Wenn man also aus irgendwelchen Gründen genötigt ist, diese irgendwie anzuregen, dann sollte man diese Bewegung ausführen lassen.

Es ist natürlich durchaus möglich, daß man in der mannigfaltigsten Weise diese Bewegungen kombiniert, denn man wird ja, wenn man zu behandeln hat, finden, daß man, das eine oder das andere nach der einen oder der andern Richtung hin kombinierend, zu wirken hat.

Wenn wir ein R machen – (Fräulein Wolfram), und jetzt bitte ich Sie, so das R zu machen, daß Sie deutlich machen immer so beim Vorwärtsschreiten, wiederum strecken, dann mit dem linken [Bein] so auftreten, strecken [hier führte Rudolf Steiner die Beuge- und Streckbewegung selber vor]. Und während Sie in dieser Weise immerfort mit den abgebeugten Beinen versuchen, beim Vorwärtsschreiten aufzutreten, versuchen Sie das R zu machen. In dieser Weise müßte das ausgebildet werden. Dieses R, das ist etwas, wenn es also ein paar Minuten mit einem Menschen geübt wird – nur müßte es ja öfters am Tage dann geübt werden –, etwas, was den Entleerungsrhythmus, wenn er nicht in Ordnung ist, regelt. Das ist also etwas, was direkt auf den Entleerungsrhythmus hinüberwirkt, was den Entleerungsrhythmus regelt.

Es ist auch sonst für das Beobachten der ganzen Dynamik des Menschen wichtig, diese Zusammenhänge, die auf diese Weise zutage treten, ins Auge zu fassen, wenn es auch natürlich durchaus notwendig ist, daß man diese Bewegungen nicht dilettierend ausführt, sondern daß sie durchaus eben, wenn sie ausgeführt werden, sachgemäß ausgeführt werden nach der Diagnose.

Nun ein L (Frau Baumann), wiederum in Verbindung mit der Bemühung, die Beine in die X-Lage zu versetzen und vorwärtszuhüpfen – zusammenziehen – wiederum machen. Das müßte zu gleicher Zeit aber eine Anstrengung sein, vorwärtszuhüpfen. Die Vorwärtsbewegung ist in einem solchen Falle durchaus nötig. Diese Bewegung, die wirkt ganz besonders stark ein auf die Peristaltik, auf die Darmbewegung selber. Es ist so, daß man diese Bewegung auch verwenden kann, indem man den Patienten rückwärts sich bewegen läßt in derselben Weise. Das wird er nur sehr viel schwerer lernen, aber auf die Darmbewegung, auf die Peristaltik wirkt das in ganz bedeutsamer Weise regulierend ein, wie überhaupt alle diese Bewegungen regulierend einwirken vom Gliedmaßen-Stoffwechselorganismus aus bis in dasjenige, was ja dann die Dependenz ist des Gliedmaßen-Stoffwechselorganismus in dieser Beziehung, oder wenigstens was das daran Anschließende ist, die Zirkulation und auch die Atmungsbewegung.

Nun, ein ganz besonders interessanter Buchstabe ist das H, dieses H, welches eigentlich den meisten Vokalen auch anhaftet. Also dieses H, das nun so vom Gehen zu begleiten ist, daß man versucht, das Gehen dann so zu gestalten dabei: Man versucht, mit aneinandergestellten Beinen zunächst zu stehen, vorwärtszuhüpfen und dann während des Vorwärtshüpfens die Beine zu spreizen und dann wieder aufzuschlagen mit den geöffneten Beinen, immer mit Vorwärtsbewegen. Das ist eine Bewegung, die aber – das bitte ich zu berücksichtigen –, die aber durchaus langsam ausgeführt werden muß. Bei den andern Bewegungen kommt es darauf an, daß man sie schnell ausführt, diese Bewegung aber müßte langsam ausgeführt werden, und es müßten auch Ruhepausen sein zwischen den einzelnen Sprüngen. Bei dieser Bewegung ist das zu berücksichtigen aus dem Grunde, weil diese Bewegung sehr stark wirkt auf die Regulierung der Darmtätigkeit in der Gegend, wo der Übergang ist vom Magen in den Darm. Also daher, wenn man bemerkt, daß irgend jemand die Speisen nicht herausbekommt aus dem Magen in den Darm hinein, so ist es von großem Vorteil, diese Bewegung machen zu lassen; aber wie gesagt, in Ruhe und mit einem Stillstehen nach jedem einzelnen Hüpfen.

Nun haben wir dann das M (Frau Baumann). Und dieses M machen nun im Kiebitzschritt, also das M im Kibietzschritt machen. Es ist gut, wenn man den einen Gang mit dem einen Bein machen läßt und den andern Gang mit dem andern Bein (hin und her). Man kann ja auch den Kiebitzschritt wieder zurück machen lassen und dann mit dem andern Bein wieder ihn vorwärts machen lassen. Diese Technik, den Kiebitzschritt zurück machen zu lassen, das ist etwas, was angeeignet werden sollte. Das ist nun in der Tat eine Bewegung, die wichtig ist zu studieren, denn das M in dieser Form in der Bewegung ausgeführt, das ist etwas, was regulierend wirkt im Grunde genommen auf den ganzen Stoffwechselorganismus, auf den Gliedmaßenorganismus, und [etwas], was außerordentlich wichtig ist, namentlich auch üben zu lassen im Entwickelungsalter der Kinder. Es ist eine Übung, dieses mit dem M: Wenn es gerade in der Zeit der Geschlechtsreife geübt wird, dann wird es außerordentlich regulierend wirken auch nach dem, ich möchte sagen Vordringlichen des Sexuallebens. Regulierend auf das Vordringliche des Sexuallebens wirkt es, wenn man es namentlich im Entwickelungsalter übt. Man muß sich dann nur eben einen Blick angeeignet* haben dafür, ob man es in dieser Weise zu üben hat. Es ist nicht umsonst der Buchstabe M angesehen worden in der Zeit, in der man noch etwas verstanden hat von dem inneren Gehalt der Buchstaben, als ein außerordentlich wichtiger Buchstabe und als derjenige, welcher abschließt die OM-Silbe des Orients. Dieses Abschließen der OM-Silbe des Orients durch das M ist aus dem Grunde, weil tatsächlich der ganze Mensch von seinem Stoffwechsel-Gliedmaßenorganismus aus reguliert wird durch diesen Laut gerade. Und besonders regulierend ist dann wiederum diese Bewegung. Es ist in alten Kulturen durchaus üblich gewesen, solche Bewegungen jüngere Leute ausführen zu lassen, um sie eben körperlich als ganze Menschen und zu gleicher Zeit als sich zurückhaltende Menschen zu erziehen.

Wir haben dann den N-Laut. Den N-Laut begleitet man dann mit einem Springen [mit] von vornherein gebeugten Knien. Also man behält die gebeugten Beine, [die gebeugten] Knie bei, und nun springt man. Das ist eine Bewegung, die außerordentlich stärkend auf die Darmtätigkeit wirkt in der Richtung, daß man sie anwenden soll bei Diarrhöe-Neigungen, also bei Neigungen zu Diarrhöe. Das kann Ihnen wiederum ein Beweis dafür sein oder eine Hinweisung darauf sein, wie man das Hereinwirken des Bewegungssystems auf das Stoffwechselsystem eben sieht. Das ist ja etwas, was erst einem so richtig auffällt, wenn man eben berücksichtigt die Zusammenhänge zwischen dem Bewegungssystem und dem Stoffwechselsystem durch die Erkenntnis der Dreigliederung des menschlichen Organismus. Diese Dreigliederung des menschlichen Organismus, sie ist ja in der Tat lichtbringend für vieles, und man kann eigentlich sagen, daß man lange auf der einen Seite allerlei Exerzitien aussinnen kann, bei denen man glaubt, auf

* Im Stenogramm eher als «angewendet» zu lesen, aber von Helene Finckh selber als «angeeignet» übertragen.

das Seelische Rücksicht zu nehmen in unserer heutigen Zeit, wo ja die Seelenerkenntnis fast nur noch in Worten besteht, oder man bildet aus das Turnen, wobei man nur auf die körperliche Physiologie sieht. Man kann lange über diese Dinge herumreden, man wird ohne die Erkenntnis der Dreigliederung des menschlichen Organismus nicht zu einer Klarheit in diesen Dingen kommen. Es war ja in der Tat interessant, wie hier einmal ein Physiologe der Gegenwart war, der sich angehört hat eine von den Vorreden, die ich ja gewöhnlich spreche bei der Eurythmie, und dann ja sich auch die Eurythmie angesehen hat. Und nun sage ich ja gewöhnlich, daß man treten wird lassen müssen in der Erziehung dieses beseelte Turnen an die Stelle des ja bloß aus der Physiologie hervorgehenden Turnens. Da sagte der betreffende Physiologe, der ja auch heute als eine so große Autorität in Ernährungssachen gilt, da sagte der: Ja, für ihn wäre das noch gar nicht genug, wenn man sagt, man soll das Turnen nicht überschätzen, sondern für ihn wäre das Turnen überhaupt kein Unterrichtsmittel, sondern eine Barbarei.

Nun, sehen Sie, hinter so etwas steckt eigentlich ein sehr bedeutsames Zeitsymptom. Es ist ebenso richtig zu sagen: Das Turnen als solches wird gewöhnlich einseitig heute aufgefaßt, weil es bloß aus der Physiologie und aus der Anatomie des Organismus hervorgezogen wird, wie es andererseits einseitig ist*, zu sagen, das Turnen sei eine Barbarei. Warum? Weil, wenn man das Turnen nur heraussucht aus der Physiologie des Körpers, dann wird es eine Barbarei. Unsere materialistische Erziehung und Zivilisation hat erst aus dem Turnen eine Barbarei gemacht. So wie eben heute geturnt wird, so ist es eine Barbarei. Und nicht wahr, es verbindet sich ja die Anschauung über das Turnen mit ganz falschen Vorstellungen. So glauben zum Beispiel die Leute – allerdings nicht mehr die Fachleute heute, aber immerhin viele Leute glauben –, wenn man irgend jemanden geistig angestrengt hat und ihn nachher körperlich, wie sie meinen, sich erholen läßt, so sei das eine wirkliche Erholung. Es ist ja gar nicht wahr! Ob einer eine Stunde rechnet oder eine Stunde turnt, er wird ganz gleich müde in Wirklichkeit; das macht keinen Unterschied. Das weiß man ja allerdings heute, aber man kann nicht richtig beurteilen, wie eben gerade in die Turnbewegung hineingebracht werden muß Seele und Geist, wie das, was als Bewegung ausgeführt wird, aus dem ganzen Menschen kommen muß. Nun, nicht wahr, beim

* Laut Stenogramm: «eigentlich einseitig wenigstens wiederum ist ...»

Turnen ist es ja so, daß man schon die Sache so wird handhaben müssen nach und nach, daß sich dasjenige, was wir als künstlerische Eurythmie ausbilden, daß sich das wird vereinigen müssen mit dem, was als physiologisches Turnen ausgebildet werden kann. Und man kann ja ganz gut aus dem Eurythmischen in das Turnerische hinüberkommen. Es wird nur immer darauf zu sehen sein, daß solch eine Eurythmie, die eigentlich als beseeltes Turnen im Unterricht eine Rolle spielt, daß der entsprechende Unterricht mit, ich möchte sagen einigem Humor gegeben werde, also den Kindern vor allen Dingen Freude machen muß. Er muß den Kindern Freude machen, das gehört dazu. Eurythmie etwa als griesgrämiger und vertrockneter Pädagoge zu geben, ist etwas, was eigentlich gar nicht ginge.

Nun hätten wir noch das Sch (Fräulein Wolfram). Wenn Sie jetzt versuchen, dieses zu machen, indem Sie es begleiten mit einem kleinen Sprung, großen Sprung, wieder kleinen Sprung, größeren Sprung, wieder kleinen Sprung, dieses machen lassen, dann hat man wiederum auch an dem Sch eine Bewegung, welche [...]* aber auch diese Bewegung, sie muß man langsam ausführen lassen. Bei der N-Bewegung ist es nicht notwendig, daß man sie besonders verlangsamt, aber bei der M-** und Sch-Bewegung ist es notwendig, daß man sie langsam ausführt, und daß man auch hier also nach je drei Schritten, wenn man wieder übergeht zum nächsten, kurz ruht. Dadurch kommt ja auch ein Rhythmus herein –, man ruht. Kurz, lang, kurz – jetzt ruht man – lang, kurz, lang – jetzt ruht man – kurz, lang, kurz – jetzt ruht man. Und man hat in dieser Bewegung etwas, was auch wiederum in entsprechenden Fällen – man kann ja die Bewegung durchaus kombinieren – ganz besonders auf diejenigen Partien, die Anfangspartien sind, auf den Magen bezogen, auf die Anfangspartien eines Darmorganismus wirkt, also wenn jemand namentlich eine als solche schwache Verdauung hat, daß ihm die Speisen im Magen liegen bleiben. Ich habe bei anderer Gelegenheit schon auf Ähnliches aufmerksam gemacht. Das ist ja insbesondere auch bei der H-Bewegung, aber bei dieser Sch-Bewegung kommt es namentlich darauf an, daß man acht gibt, ob sich zum Beispiel Magensäure leicht entwickelt und dergleichen, und man wird dann diese Sch-Bewegung ausführen lassen.

* Ab hier Lücke im Stenogramm, auch in der Übertragung von Helene Finckh.
** Im Stenogramm eindeutig «M», in der Umschrift mit Bleistift korrigiert «H».

So sehen Sie, daß das Konsonantieren eben in einer ganz andern Weise mit der Gestaltung des Menschen zusammenhängt als das Vokalisieren. Beim Vokalisieren mußte ich Sie aufmerksam darauf machen gewissermaßen, wie das Innere, das mehr nach innen Gelegene, zusammenhängt mit der Bewegung. Hier haben wir es mit einer Wirkung auf das dritte Glied des dreigliedrigen menschlichen Organismus zu tun.

Nun, wenn man namentlich das, was wir in bezug auf das Vokalisieren vorgestern besprochen haben, anwendet, dann ist es gut, wenn man versucht, bevor man die Übung als solche ausführen läßt in bezug auf einen Vokal, wenn man da den betreffenden Vokal den Patienten langsam – also beim Patienten ist es langsam – lauten läßt. So daß er also, ohne zu singen – das Singen würde weniger helfen in diesem Fall –, ohne zu singen den Laut einfach lange hintönt: A, I lange hintönt. Und dann, wenn er das eine Zeitlang gemacht hat, laut hingetönt hat den Laut, dann läßt man ihn die betreffende vokalische Bewegung ausführen. Und dann, nachdem er sie ausgeführt hat, versuche man in ihm hervorzurufen die Vorstellung, als hörte er den betreffenden Laut, den er ausgeführt hat – als ob er ihn hörte. Diese Vorstellung, die werden Sie ja finden, daß sie in der Gegenwart die wenigsten Menschen haben, daß sie innerlich Laute geistig-seelisch hören. Also nicht wahr, man muß ihm sagen, er soll in eine solche Seelenstimmung kommen, als wenn er das I nun hörte. Es ist ganz besonders wichtig, diese Sache zu verstehen. Denn sehen Sie, wenn Sie zunächst den Patienten den Vokal aussprechen lassen, hintönen lassen, dann hat der Organismus als solcher das Gefühl, als ob der betreffende Laut erregt würde. Führt er dann die Bewegung aus, so erscheint die Bewegung wie eine Wirkung des ausgesprochenen Lautes. Und hört man dann hin, also tönt man das I, macht nachher die Bewegung, die wir kennengelernt haben und bildet sich nachher ein in der Phantasie, man höre das I klingen, dann ist es: Erregung des I, das, was entsteht in der Bewegung des I, Hören desjenigen, was sich bewegt hat, den Laut wieder hören. Also dieses ist etwas, was tatsächlich viel Leben hineinbringt in diesen menschlichen Ätherleib, und zwar eben gerade nach den Richtungen, die wir hervorgehoben haben, ein richtiges Leben hineinbringt in diesen Ätherleib. Und darauf ist es ja bei diesen Dingen, bei diesen Übungen besonders abgesehen, daß Bewegung in den menschlichen Ätherleib hineingebracht werde, daß also tatsächlich die ätherische Tätigkeit des menschlichen Organismus in eine innerlich geregelte Bewegung hineingebracht wird. Es ist ja ganz besonders interessant, wenn man sieht, wie die Bewegung, die als Darmbewegung vorschreitet von vorne nach rückwärts, wie diese auslöst eine Bewegung, ein im Ätherleib Vorschreiten von rückwärts nach vorne, die sich dann an der Bauchwand bricht – nicht eigentlich bricht, sondern verschwindet. Diese letztere Bewegung, die ist in den meisten Fällen, wenn die Darmtätigkeit nicht in Ordnung ist, ist in den meisten Fällen eben auch in krassester Unordnung. Und diese Tätigkeit, die der physischen Bewegung entgegengesetzt ist, die wird insbesondere angeregt, sagen wir zum Beispiel bei der R-Bewegung. Bei der ist ein ganz lebendiges Vibrieren von rückwärts nach vorne vorhanden, und das ist dasjenige, was dann in der R-Bewegung eben auf den Entleerungsrhythmus in ganz besonderer Weise wirkt.

Es ist das auch pädagogisch-didaktisch durchaus gut anzuwenden, denn der ganze menschliche Organismus ist doch wiederum eine Einheit und alles wirkt in ihm einheitlich. Betrachten Sie zum Beispiel in der Schule die Kinder, so werden Sie solche unter ihnen finden, die fast gar nicht ein R aussprechen können, die also ganz schrecklich sind in bezug auf das R-Aussprechen. Solche Kinder – natürlich können sich andere Tatsachen kreuzen, und die Dinge brauchen dann nicht ganz deutlich hervorzutreten –, aber solche Kinder sind eigentlich immer die Kandidaten der Hartleibigkeit zu gleicher Zeit, und man erweist ihnen in der Tat eine Wohltat, wenn man mit ihnen so etwas macht wie dasjenige, was ich heute als die R-Bewegung, die förderlich ist für den Entleerungsrhythmus, Ihnen vorgeführt habe. Es ist schon so, daß man diese Dinge natürlich pädagogisch verwerten kann. Da muß man aber dann, ich möchte sagen immer nur die Andeutungen haben, und man muß ja nicht zu weit gehen. Der Arzt aber, der kann schon weit gehen, denn er wird ja finden, daß natürlich ganz gewisse Symptome auftreten dann, wenn das tage-, wochenlang geübt worden ist. Aber er ist da natürlich in der Lage, sich gegen diese Symptome, die ganz berechtigterweise auftreten müssen, gegen diese Symptome dann durch anderes wiederum zu wehren. Ich will sagen, wenn zum Beispiel, sagen wir die

Wirkung der M*-Bewegung zu stark auftreten würde, so würde man ja** nur brauchen eine D-Bewegung dem entgegenzusetzen und man hätte dadurch dennoch dasjenige erreicht, was zu erreichen ist. Also man kann ja das eine durch das andere ausgleichen.

Ich will heute nur noch sagen, daß ich wirklich nicht möchte, daß die Kunsteurythmie in irgendeiner Weise beeinträchtigt würde durch die Auseinandersetzungen, die sich natürlich an die Eurythmie knüpfen müssen, wenn sie als Hygienisch-Therapeutisches in Betracht gezogen werden muß. Und die Kunsteurythmisten, die bitte ich durchaus, diese Dinge, wenn sie die Kunsteurythmie üben, natürlich gründlich zu vergessen, damit sie nicht etwa beirrt werden durch ihre Gedanken an die Verdauungstätigkeit, wenn sie ihre Kunsteurythmie ausüben. Das wäre natürlich eine höchst betrübliche Tatsache. Man muß durchaus sich aber klar sein darüber, daß menschliche Kunst auch sonst durchaus mit dem ganzen, mit dem vollen Menschen zusammenhängt und nicht etwa bloß aus dem Kopfe kommt. Und das muß natürlich gerade einer Bewegungskunst gegenüber ins Auge gefaßt werden.

Das ist dasjenige, was ich Ihnen heute sagen wollte. Nun wollen wir noch in den nächsten Tagen etwas in bezug mehr auf die Evolution des Menschen, auf dasjenige, was dann nach Perioden, also sagen wir bei der Übung am kindlichen Organismus, was dann als Wirkung im späteren Alter hervortritt, in den nächsten Tagen noch besprechen.

* Im Stenogramm eindeutig «M», in früheren Ausgaben «N» [Hörfehler?].
** Im Stenogramm sind «ja» und «da» nicht zu unterscheiden.

SECHSTER VORTRAG

Dornach, 16. April 1921

Ich sagte gestern, daß wir zusteuern wollen durch unsere Betrachtungen der Erklärung des Wesens gerade der von uns hier vorgeschlagenen Heilmittel, und daß wir dazu eben die ganze Anlage dieser Betrachtungen gestalten wollen. Ich möchte heute vorerst noch eine Bemerkung machen, die Sie vielleicht auf manches in methodischer Beziehung hinweisen kann.

Es stellt sich sehr häufig bei der – sagen wir imaginativen Beobachtung irgendeines Krankheitsbildes, überhaupt irgendeines Symptomenkomplexes das ein, daß man ein unmittelbares, intuitives Wissen bekommt von dem Heilmittel, und daß man dann, wie es ja selbstverständlich ist, versucht ist, über die Sache nachzudenken, nach den Urteilen, die einem da eben vorliegen innerhalb der Sache als äußere wissenschaftliche Erkenntnisse, und man findet dann, die Sache ist falsch, kann nicht so sein. Das ist eine ganz gewöhnliche Erscheinung, die – nicht nur in bezug auf das Therapeutische – derjenige, der überhaupt okkulte Untersuchungen machen kann, sehr häufig herausfindet. Wenn man dann näher über die Dinge nachdenkt, weiter verfolgt die Dinge, kommt man dann erst darauf, inwiefern die Dinge doch richtig sind. Die Sache, die sich durch eine imaginative Untersuchung mit nachfolgender Intuition herausstellt, die ist ja immer die Richtige; natürlich, wenn sie auf guten Erkenntniskräften beruht. Aber das Urteil muß sich immer erst, ich möchte sagen hinaufschwingen zu demjenigen, was man auf diese Weise erkennt. Da muß man sich schon bekannt machen damit, daß eben dieser menschliche Organismus etwas im höchsten Grade Kompliziertes ist, so daß seine verstandesmäßige Überschau tatsächlich die denkbar größten Schwierigkeiten bildet, insbesondere dann, wenn man versucht, diesen menschlichen Organismus wiederum mit der Außenwelt in Beziehung zu bringen. So etwas tritt einem ganz besonders stark entgegen, wenn man dasjenige etwas strenger ins Auge faßt, was ich bereits angedeutet habe in diesen Vorträgen, nämlich die Funktion des Stickstoffes im menschlichen Organismus. Dieser Stickstoff findet sich, wie wir gesagt haben, doch in einer größeren Menge in der ausgeatmeten Luft als in der eingeatmeten Luft. Und das materialistische Denken kommt kaum zu einem anderen Urteil, als daß es sagt, der Unterschied komme da nicht in Betracht. Es beruht das darauf, daß die materialistische Anschauung vom Menschen eigentlich im Grunde genommen auf die Funktion des Stickstoffes gar nicht kommen kann. Sie wird einem erst klar, wenn man das Folgende ins Auge faßt.

Sie wissen ja, daß es die verschiedensten Ernährungstheorien gibt, und daß sich in bezug auf die Interpretation der Ernährung, ich möchte sagen die Forscher eigentlich diametral gegenüberstehen in der Frage: Welche Aufgabe hat eigentlich das Eiweiß, das mit der Nahrung aufgenommen wird, für den menschlichen Organismus? Wozu braucht der menschliche Organismus Eiweiß? – In der Beantwortung dieser Fragen stehen sich, wie gesagt, die Forscher diametral gegenüber; die einen sagen eher, daß der ganze Aufbau der menschlichen Eiweißorganismen ein konstanter sei, daß also da etwas Konstantes, wenigstens relativ Konstantes vorliege, und daß das aufgenommene Eiweiß rasche Zersetzung erfahre und im Grunde genommen eigentlich wenig Bedeutung habe für dasjenige, was die aufbauenden, die plastischen Kräfte des Eiweißes im menschlichen Organismus sind. Andere stehen auf dem Standpunkt, der gerade in der Gegenwart als etwas veraltet gilt, daß die Eiweißkörper des Menschen selber fortwährend abgebaut werden und fortwährend von dem aufgenommenen Eiweiß immer wieder neu aufgebaut werden. Diese beiden Theorien, die in den mannigfaltigsten Formen aufgetreten sind und die eine Art diametralen Gegensatzes bedeuten, die treffen alle beide nicht dasjenige, um was es sich eigentlich handelt, weil sie einseitig Eiweiß gegen Eiweiß beurteilen und nicht den ganzen menschlichen Organismus ins Auge fassen.

In diesem menschlichen Organismus haben wir es einmal mit dem Gegensatz zu tun, der da liegt in der Kopfbildung, also in der Nerven-Sinnesbildung, und in der Bildung, die ausgeht vom Gliedmaßen-Stoffwechselsystem. Das ist ein diametraler Gegensatz, der in der menschlichen Natur liegt, und der nicht genug berücksichtigt werden kann. Denn die Stufenfolge im Aufbau des Menschen, die so wichtig ist für therapeutische Erwägungen, die kann man überhaupt nicht verstehen, ohne daß man das, was ich eben gesagt habe, ins Auge faßt. Man wird zum Beispiel durchaus nicht verstehen können, wie eigentlich sich die Lunge im ganzen menschlichen Organismus verhält, wenn man nicht von einer Untersuchung ausgeht, die nun etwa die Frage stellt: Haben wir es zu tun mit dem Kopforganismus, so sind da zweifellos gewisse Kräfte vorherrschend. Dann haben wir es zu tun mit dem Brustorganismus; darinnen ist die Lunge. Die Lunge, die ist ein Organ, welches, da der ganze menschliche Organismus überall in der verschiedensten Intensität dieselben Kräfte in sich hat, die Kräfte der Kopfbildung eben auch in sich trägt, aber in schwächerem Maßstabe, weniger intensiv. Und wenn man nun forscht, wie Ich, astralischer Leib, Ätherleib an der ganzen plastischen Bildung und auch Entbildung der Organe arbeiten, so kommt man zu dem paradoxen Ausspruch: Die Lungenbildung ist eine weniger intensive Kopfbildung, die Lungenbildung ist Metamorphose der Kopfbildung, die Lungenbildung bleibt nur auf ihrer früheren Stufe zurück, der Kopf schreitet weiter vor in bezug auf dieselben Bildekräfte, die in der Lunge auch vorhanden sind, die aber zurückbleiben.

Diese Lunge nun ist eine Metamorphose der Kopfgestaltung und im wesentlichen dadurch, daß sie eine zurückgebliebene Metamorphose der Kopfgestaltung ist, gerade geeignet für ihre Funktionen, für das Atmen, während, wenn dieselben Kräfte, die in der Lunge zurückgeblieben sind und die Lunge für das Atmen geeignet machen, vorschreiten, die Lunge immer kopfähnlicher und kopfähnlicher wird. Die Folge davon ist, daß sie, indem sie immer kopfähnlicher und kopfähnlicher wird, dann die Gedankenkräfte selber aufnimmt, die organischen Kräfte des Denkens, daß sie also bestrebt ist, Denkorgan zu werden. Indem sie bestrebt wird, Denkorgan zu werden, indem sie zu stark die im Kopfe ganz richtig veranlagten Kräfte aufnimmt, wird sie disponiert zu dem, was die Lungenschwindsucht ist.

Diese Lungenschwindsucht ist nur aus dem ganzen Menschen heraus auf diese Weise zu verstehen. Sie ist durchaus so zu verstehen, daß man sagt: In einer schwindsüchtigen Lunge strebt das Atmen dahin, denkend zu werden. Im Kopfe ist das Atmen nämlich metamorphosiert, und alle Funktionen des Denkens bis eben zum Verarbeiten der Wahrnehmungen sind nichts anderes als ein nach oben, also nach der Weiterentwickelung gestaltetes Atmen. Der Kopf ist ein vorgeschrittenes, ein über das Lungenmaß hinausgeschrittenes Atmungsorgan, das nur das Atmen zurückhält und an die Stelle der Luftaufnahme durch das Atmen die Aufnahme der ätherischen Kräfte durch die Sinne stellt. Das Sinneswahrnehmen ist nichts anderes als ein verfeinerter, das heißt ein ins Ätherische hinein getriebener Atmungsprozeß. Der Kopf atmet, die Lunge atmet. Aber es atmet noch etwas im Menschen, was noch eine niedrigere Stufe in dieser metamorphosischen Bildung ist: das ist die Leber. Die Leber, die eine nicht zu Ende gekommene Lunge, eine nicht zu Ende gekommene Kopfbildung ist, die atmet auch. Bei ihr überwiegt nur dasjenige, was nun die andere Metamorphose wiederum ist, die polarische Metamorphose der Sinnesempfindungen: die Nahrungsaufnahme, die Nahrungsverarbeitung. Deshalb stehen Lunge-und Leberbildung in der Mitte zwischen der Magenbildung und der Gehirn- und Kopfbildung überhaupt.

Wenn Sie diese Erwägungen zugrunde legen, dann werden Sie nicht weit mehr sein von dem Verständnis dessen, was gesagt werden muß, daß die menschlichen Organe, also gewisse menschliche Organe als solche, eigentlich im Grunde Atmungsorgane sind. Alle diejenigen menschlichen Organe, welche eine solche Gestaltung haben, wie Gehirn, Lunge, Leber, sind zugleich Atmungsorgane. Aber indem sie Atmungsorgane sind, haben sie nach außen den Drang zu atmen. Sie sondern also auch nach außen ab Kohlensäure. Diese Kohlensäure-Absonderung nach außen ist das Wesentliche des Atmens. Sie nehmen Sauerstoff auf, und diese Sauerstoff-Aufnahme und Kohlensäure-Abgabe, die nicht nur für die Lunge gilt, sondern für den ganzen Organismus, für jedes Organ gilt, ist im wesentlichen eine Tätigkeit des astralischen Leibes, der seine Tätigkeit in Sympathie und Antipathie entfaltet. Die Sympathie ist dasjenige, was als Kraft dem Einatmen entspricht, die Antipathie ist dasjenige, was als Kraft dem Ausatmen des astralischen Leibes entspricht. Und wenn Sie in meiner «Theosophie» beschrieben finden den astralischen Leib, so werden Sie ihn beschrieben finden als durchdrungen von den Kräften der Antipathie und Sympathie. Er arbeitet im Menschen in der Gesamtatmung nach Antipathie und Sympathie. Das ist dasjenige, was man nun als die innere Tätigkeit des astralischen Leibes ansehen muß.

Und damit kommen Sie dann zu dem letzten Punkt, möchte ich sagen, dieser Betrachtungen, der Ihnen sagt, daß dasjenige, was im Menschen überhaupt an Eiweißkörpern vorhanden ist, im wesentlichen, insofern es solchen Organen angehört wie den beschriebenen, auf die Atmung angelegt ist, sich äußert nach außen durch die Atmung. Aber alles dasjenige, was sich nach außen offenbart, äußert sich auch nach innen. Wenn ich schematisch zeichnen soll, so möchte ich das so zeichnen: Wenn Sie irgendein eiweißhaltiges Organ im Menschen haben, das dieser organischen Gruppe angehört, die ich genannt habe, so äußert es sich nach außen dadurch, daß es die Atmungstätigkeit entwickelt (siehe Zeichnung, rot). Aber indem es nach außen atmet,

Tafel 5

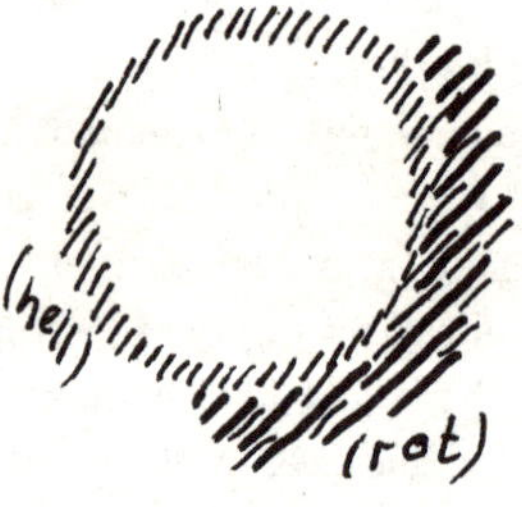

entfaltet es nach innen eine andere Tätigkeit, die polarische Tätigkeit zum Atmen, die geistbefreiende Tätigkeit, seelenbefreiende Tätigkeit. Seelenbefreiende Tätigkeit – indem Sie nach außen atmen, indem Sie das Atmen nach außen entwickeln, entwickeln Sie nach innen eine geistig-seelische Tätigkeit, die natürlich keinen Raum braucht, im Gegenteil sogar, man könnte den Ausdruck gebrauchen: in den Raum hinein fortwährend verschwindet, aus dem dreidimensionalen Raum fortwährend herausgeht. Aber diese Tätigkeit äußert sich im Innern, nach innen zu, und es ist im wesentlichen die Eigenschaft des menschliehen Eiweißes vorzugsweise, daß es diese Tätigkeit nach innen entwickelt. Im Kopfe wird dasjenige, was da als innere Tätigkeit funktioniert, von außen durch die Sinne hineingeleitet. Daher sind die Kopforgane die wenigst geistenthaltenden Organe. Sie nehmen den Geist von außen auf, indem sie durch die Sinne sich ihn erarbeiten. Der Kopf ist das ungeistigste Organ des Menschen.

Dagegen fängt des Menschen Geistigkeit – namentlich mit seiner Entwickelung im Leibe fängt das an, das Entwickeln des Geistes nach innen, des realen, nicht des abstrakten Geistes –, im Lungensystem an und arbeitet von außen nach innen, entgegen der Atmung. Und die geistigsten Organe sind diejenigen, die zum Lebersystem gehören. Sie sind diejenigen Organe, welche nach innen zu am meisten geistige Tätigkeit entwickeln. Es ist das ja auch die Erklärung dafür, warum die Kopfmenschen materialistisch werden, weil mit dem Kopf eben nur die äußere Geistigkeit verarbeitet werden kann und man dadurch zu dem Glauben verführt wird, als ob alles von außen aus der Sinnenwelt aufgenommen würde, was an Geist entwickelt wird. Deshalb wird man, wenn man ein rechter Intellektualist ist, auch zu gleicher Zeit Materialist. Je mehr Denker man ist, Kopfdenker, desto mehr Geneigtheit hat man, Materialist zu werden. Dagegen, wenn der volle Mensch, wenn der ganze Mensch sich zu der Erkenntnis hinaufringt, wenn der Mensch anfängt, ein Bewußtsein darüber zu entwickeln, wie sein ganzer Mensch mit den nach rückwärts gelegenen Organen denkt, dann hört der Materialismus auf, für das Bewußtsein seine Berechtigung zu haben.

Die Tätigkeit, welche sich in der Atmung äußert, die zeigt sich nach außen hin auch, und zwar in der Absonderung von Kohlenstoff in der Kohlensäure. Die Tätigkeit aber, welche dabei nach innen ausgeübt wird, die Tätigkeit der Vergeistigung, die ist an den Stickstoff gebunden. Und der Stickstoff wird, wenn er verbraucht ist, eben zur Vergeistigung ausgeschieden. Das Maß der Ausscheidung des Stickstoffes ist ein Maß für das innere Arbeiten der menschlichen Organe nach der Geistigkeit hin. Sie können daraus entnehmen, daß derjenige, der an eine solche Geistigkeit nicht glaubt, selbstverständlich auch über die Aufnahme des Stickstoffes im menschlichen Organismus nur im Unklaren bleiben kann. Erst wenn man dieses weiß, wie in jeder Eiweißbildung, in jeder Eiweißgestaltung eine nach außen gehende und eine nach innen gehende Tätigkeit sich entfaltet, erst dann kann man sich eigentlich darüber klar werden, welche Rolle die Ernährung spielt. Wenn Sie diesen Prozeß, der ja im wesentlichen ein Atmungsprozeß mit seinen polarischen Gegenseiten ist, ins Auge fassen, dann werden Sie sagen: Überall grenzt dasjenige, was Ernährung und Verdauung ist, an die Atmungsprozesse an, überall wird entgegengebracht der Ernährung und Verdauung der Prozeß des Atmens und Vergeistigens. In diesem Prozeß des Vergeistigens, also in der anderen Seite der Atmung, da liegt dasjenige, was gestaltende, eigentlich plastische Kräfte in der Eiweißbildung sind, da liegt alles dasjenige, was den Menschen gestaltet. Daraus werden Sie auch das Folgende entnehmen können: Es ist im wesentlichen dasjenige, was da wirkt, hinweisend auf eine Wechselwirkung zwischen dem astralischen Leib und dem Ätherleib. Der astralische Leib wirkt in der Atmung durch Sympathie und Antipathie; der Ätherleib wirkt, indem er mit seinem Wirken auf die Sympathien und Antipathien des astralischen Leibes stößt. Überall stößt der Ätherleib mit seinen Wirkungen auf die Atmung im menschlichen Organismus. Die Ätherwirkungen haben ihren Hauptangriffspunkt beim Menschen in den flüssigen Bestandteilen. Der Mensch ist ja zu zwei Dritteln wenigstens aus Wasser bestehend. In diesem Wasserorganismus, wo der Ätherleib vorzugsweise tätig ist, in diesem Wasserorganismus äußern sich physisch die Ätherkräfte. Im anderen Organismus, der ein Luftorganismus ist, der aus der Luft heraus eingebaut wird dem Menschen, äußern sich die Kräfte der Atmung. Und so können wir auch dasjenige ansehen, was zwischen astralischem Leib und Ätherleib vor sich geht als eine Wechselwirkung der Wasserkräfte mit den Luftkräften. Diese Wechselwirkung der Wasserkräfte mit den Luftkräften findet im menschlichen Organismus fortwährend statt. Natürlich ist auf keiner Seite das andere vollständig unterdrückt. Daher atmet der Mensch auch immer mit der Luft Spuren von Wasserdämpfen ein. Da schlägt auf die Seite des Atmens die Ätherität hinüber. Ebenso schlägt in die eigentlichen Verdauungs- und Ernährungsorgane die Atmungstätigkeit hinüber. Sie sind, insofern sie auch aus Eiweiß gebildet sind, auch Atmer. Also es schlägt immer das eine in das andere hinüber, und wir haben es eigentlich nie mit etwas anderem zu tun als mit einem Prädominieren der einen oder der anderen Tätigkeit in irgendeinem Organ. Wir haben es niemals zu tun mit dem, was wir nur in einseitiger Weise beschreiben können. Wenn wir von irgendeinem Organ behaupten, es sei ausschließlich Atmungsorgan etwa, wenn wir das von der Lunge behaupten, dann sagen wir etwas Falsches. Es ist immer auch, wenn auch in geringerem Grade, die andere Tätigkeit darinnen. Die Ernährung verläuft vorzugsweise nun durch eine Tätigkeit, die sich ausprägt im Ätherisch-Flüssigen und im Physisch-Festen. Also das Hauptsächlichste der Ernährungs- und Verdauungstätigkeit wickelt sich ab im Ätherisch-Flüssigen und im Physisch-Festen, das Hauptsächlichste der Atmungstätigkeit wickelt sich ab im Astralisch-Luftförmigen, und das Hauptsächlichste der Ich-Tätigkeit, der eigentlichen geistigen Tätigkeit, wickelt sich ab in den Wärmeverhältnissen im Zusammenhange eben mit dem Ich. Die geistige Tätigkeit ist im physischen Organismus ein Zusammenwirken des Ich mit den Wärmeverhältnissen, mit all denjenigen Organisationen, wo in das Physische die Wärme hineinwirken kann. Das Ich muß es immer mit der Wärme halten, muß immer von der Wärme aus wirken. Wenn wir einen Kranken ins Bett legen und ihn zudecken, so bedeutet das eben nichts anderes, als daß wir einen Appell an das Ich richten, der darin sich ausdrückt, sich der zustande gekommenen Erwärmung in entsprechender Weise zu bedienen.

Das aber wirft zugleich ein Schlaglicht auf die Ernährung des Menschen überhaupt. Diese Ernährung ist eine Wechselwirkung zwischen der Gewebeflüssigkeit, also dem Wässerigen, in dem sich die Ernährung und Ausscheidung vorzugsweise abspielt, und dem, was in relativer Beziehung außerordentlich stabil bleibt, was in einer gewissen Beziehung nur in der Wachstumsperiode labil ist, dann stabil wird und höchstens in der zweiten Hälfte des Lebens eine Art Abbau erfährt, dem eigentlichen Eiweißorganismus des Menschen. In der Gewebeflüssigkeit findet ein fortwährendes Aufnehmen und Zerstören des in der Nahrung befindlichen Eiweißes statt. Und in dieser Tätigkeit liegen die Attacken, welche ausgeführt werden auf dasjenige, was stabil in der Eiweißbildung bleiben will: die menschlichen inneren Eiweißorgane überhaupt. Die wollen stabil bleiben. Sie wollen deshalb stabil bleiben, weil sie nach innen geistig-seelische Tätigkeit absondern wollen, befreien wollen. In diesem fortwährenden Wechselwirken zwischen dem lebhaften Aufnehmen und Zerstören von Eiweißigem und dem Kräftespiel, was da entsteht, in diesem Wechselwirken zwischen diesem Kräftespiel, das außerordentlich beweglich ist, und dem nach Ruhe strebenden Kräftespiel, was da in diesem Wechselspiel des inneren menschlichen Eiweißes entsteht, beruht eigentlich dasjenige, was durch den Ernährungsprozeß bewirkt wird. Es ist daher zum Teil ein Aberglaube, zum Teil etwas Richtiges darin enthalten, wenn man sagt: Der Mensch baut sich durch die von ihm aufgenommenen Nahrungsstoffe auf. – Es ist ein Aberglaube, weil die aufbauenden Kräfte von vornherein dadurch, daß der Mensch überhaupt Mensch ist, in seinen Eiweißkörpern enthalten sind, und der Mensch auf der anderen Seite, auf dem anderen Pol eine Tätigkeit entfaltet, die eigentlich eine fortwährende Attacke ausführt auf diese Stabilität seiner eigenen Eiweißgestaltung, so daß man sagen kann: Es ist nicht richtig, wenn man glaubt, daß nur die Zufuhr der Nahrungsmittel es ist, die das menschliche Leben unterhält. Es ist einfach nicht richtig, sondern es ist das andere ebenso richtig; daß der Unterhalt des lebendigen Kräftespieles in der Gewebeflüssigkeit das Leben unterhält. Wenn Sie also Speisen so gestalten, daß sie anregend wirken auf diese Tätigkeit in der Gewebeflüssigkeit, so unterhalten Sie dadurch das Leben, aber nicht dadurch, daß Sie dem Körper Nahrungsstoffe zuführen, sondern dadurch, daß Sie den Anprall auf die stabilen Kräfte seiner eigenen Eiweißkörper ausführen. Es ist in einem Prozeß, den Sie anregen durch die Nahrungsaufnahme, das Allerwesentlichste der Lebensunterhaltung vorhanden, so daß wir auch da auf den Prozeß sehen müssen. Es kann zum Beispiel durchaus der Fall sein, daß bei einem ausgewachsenen Menschen Stoffe, von denen wir wissen, daß sie bei Kindern ganz gut wirken, unwirksam sind, weil das Kind in der plastischen Zunahme begriffen ist und dadurch also die Aufnahme der Stoffe braucht, das Nachinnengehen der Stoffe und Entfalten der Kräfte im Stoffe nach innen braucht. Wenn Sie wissen, daß irgend etwas als Stoff gut wirkt beim Kinde, so braucht es beim ausgewachsenen Menschen noch lange nicht so zu wirken. Beim ausgewachsenen Menschen kann es viel nötiger sein, daß man seine nach Ruhe strebenden Kräfte in der Gewebeflüssigkeit einfach unterhält, daß man da hinein also Anreger zur Tätigkeit bringt. Wenn Sie nun das alles betrachten, was sich in den – ich möchte sagen nach rückwärts hin geordneten Organen des Menschen – der Kopf ist ja auch nach rückwärts geordnet –, in Lunge, Leber abspielt, wenn Sie sich von den Organen, die nach rückwärts gewendet sind, wenden zu denjenigen, die nun, ich möchte sagen mehr in die Gewebeflüssigkeit, in diese Tätigkeit eingelagert sind, so bekommen Sie als Urorgan heraus das von der Lunge umschlossene Herz. Dieses Herz des Menschen ist ganz aus der Tätigkeit der Gewebeflüssigkeit herausgebildet, und seine Tätigkeit ist nichts anderes als der Reflex der inneren Tätigkeit der Gewebeflüssigkeit.

Das Herz ist keine Pumpe – ich habe es oftmals gesagt –, sondern das Herz ist dasjenige, was, ich möchte eher sagen wie ein Ableseapparat wirkt für dasjenige, was die Tätigkeit in der Gewebeflüssigkeit ist. Das Herz wird durch die Blutzirkulation bewegt, nicht die Blut zirkulation wird hervorgebracht durch die Herzpumpenwirkungen. Das Herz hat so wenig etwas zu tun mit dem, was als Zirkulation im Menschen funktioniert, wie das Thermometer mit der Entstehung der äußeren Wärme und Kälte. Wie das Thermometer nichts anderes ist als ein Ableseapparat für die Wärme und Kälte, so ist das Herz nichts anderes als ein Ableseapparat für die menschliche Zirkulation und dasjenige, was aus dem Stoffwechselsystem des Blutes in die menschliche Zirkulation einfließt. Das ist eine goldene Regel, die man durchaus beobachten muß, wenn man den Menschen irgendwie verstehen will. Denn mit dem Glauben, daß das Herz eine Pumpe ist und das Blut durch die Adern treibt, mit diesem Glauben hat man das Entgegengesetzte der Richtigkeit eigentlich in der heutigen Naturwissenschaft in der Hand. Derjenige, der sich zu dem Herz-Aberglauben bekennt, der sollte sich, wenn er konsequent vorschreitet, nun durchaus auch bequemen zu dem Glauben: Ja, woher ist es wärmer geworden in meinem Zimmer? Weil das Thermometer hinaufgegangen ist! – Es ist konsequent ausgebildet ganz genau dasselbe.

Sie sehen, zu welchen Konsequenzen eben eine Anschauung führt, die den weitaus bedeutendsten Teil der menschlichen Wesenheit, das Geistig-Seelische, eben einfach nicht berücksichtigt, das Bewegliche, das Dynamische unberücksichtigt läßt und ausgeht von dem bloß Stofflichen, und aus dem Stofflichen heraus dann diejenigen Kräfte treiben will, die eigentlich dem Stoff erst aufgeprägt werden. Sie will dem Herzen die Kräfte aufprägen, die eigentlich dem Herzen durch das Dynamische, durch das Kräftespiel erst aufgeprägt werden.

So können wir eigentlich sagen: In der Herztätigkeit und in dem Herzorgan liegt die am weitesten vorgeschrittene Organisierung desjenigen vor, was der Atmung und der Geistbefreiung im Menschen entgegengesetzt ist. Da liegt dasjenige vor, was nun die polarische Metamorphose genannt werden kann im Gegensatz zu der bloß umgestalteten. Wenn man Kopf, Lunge, Leber betrachtet, so hat man verschiedene Stufen der metamorphosischen Umbildung. Sobald man das Herz im Verhältnis zur Lunge betrachtet, muß man von einer polarischen Metamorphose sprechen, muß man davon sprechen, daß das Herz in seiner Gestaltung das polarisch Entgegengesetzte der Lunge ist. Und alle diejenigen Organe, welche sich nun entwickeln mehr nach vorne gelagert, wozu zum Beispiel in hervorragendstem Maße der weibliche Uterus gehört, sind dann wiederum stufenweise Umgestaltung der Herzbildung. Ich spreche von dem weiblichen Uterus, weil es auch einen männlichen Uterus gibt, der aber nur als Ätherleib vorhanden ist beim Manne. Der Uterus ist nichts anderes als ein umgestaltetes Herz. Aus dieser Betrachtungsweise über diese Dinge geht alles dasjenige hervor, was man zum Verständnis dieser Organisation des Menschen aufzubringen hat.

Es greifen nun in diese andere Tätigkeit, die also, wenn ich so sagen darf, ihr Zentrum hat, zur Ruhe kommt in der Herzbewegung, in diese Tätigkeit greifen vorzugsweise im Menschen die Fette und die Kohlenhydrate ein. Da haben diese Fette und Kohlenhydrate ihre Wirksamkeit. Natürlich dehnt sich diese über den ganzen Körper aus, denn ebenso, wie der ganze Körper ein Atmer und ein Geistentwickler ist, so ist er auf der anderen Seite wiederum ein Stoffablagerer und ein funktioneller Ausgestalter von Kräftesystemen, welche nach dem Verbrennen hinzielen. Das wird nun auch ein gewisses Schlaglicht werfen darauf – und wir sehen, wie man immer herüberkommt von einer solchen wirklich inneren Betrachtung des menschlichen Organismus zu den therapeutischen Dingen –, ein Schlaglicht werfen darauf, wie da tatsächlich dasjenige, was früher Lungenschwindsucht genannt worden ist – was jetzt ja nur aus einer Theorie heraus andere Namen bekommen hat – darinnen besteht, daß durch die verschiedenen Einflüsse, die da ja wirksam sein können und die alle im Grunde genommen im gleichen bestehen, der Mensch von dem Außerirdischen abgelenkt wird und zum Irdischen hin gedrängt wird, zum Leben in schlechten Wohnungen und so weiter. All die Schilderungen, die Sie bei der Lungenschwindsucht haben, die lassen sich dahin zusammenfassen, daß der Mensch von Sonne und Weltenraum abgelenkt wird und hingelenkt wird zu dem, was ihn von Sonne und Weltenraum abschließt, was ihn also dazu bringt, daß die Freude am Außerirdischen, die wesentlich im Aufnehmen durch die Sinne, im Wahrnehmen durch die Sinne beruht, ihm abgelähmt wird, daß seine Seele, sein Gemüt nicht bis in die Sinne hinein darf und sich dadurch hinunterbegibt in die Lunge, so daß die Lunge strebt, Denkorgan zu werden, Kopf zu werden, und tatsächlich dann auch in ihrer äußeren Gestaltung deutlich zeigt, wie sie Kopf werden will, wie sie eine Form annimmt, in der man ja sehen kann, wie die den menschlichen Kopf verknöchernden Kräfte dann in der Lunge zum Ausdrucke kommen, wie sich da die Verhärtungen der Lunge ergeben und so weiter. Und wenn man dem entgegenwirken will, was hat man zu tun?

Wenn man diesem Kopfwerden der Lunge entgegenwirken will, so muß man sich vor allen Dingen überlegen, daß da ein Erschlaffen der astralischen Tätigkeit vorliegt, die stattfinden muß, und ein Zu-stark-Werden derjenigen Tätigkeit, welche die Ich-Tätigkeit ist. Also die Ich-Tätigkeit fängt an, die astralische Tätigkeit zu überwinden. Und dem muß man beikommen. Alles dasjenige, was die Ich-Tätigkeit besonders anregt, ist ja gerade die Sinnesaufnahme von außen. Was aber Sinnenaufnahme von außen ist, setzt sich nach dem ganzen menschlichen Organismus hinein in den Salzablagerungen fort. Die werden nicht in der richtigen Weise reguliert bei demjenigen, der Neigung zur

Lungenschwindsucht zeigt. Daher muß man von dieser Seite zu Hilfe kommen und muß versuchen, im rechten Augenblicke mit recht starken Salzeinreibungen demjenigen entgegenzuwirken, was die Lunge nicht mehr vermag: Salzeinreibungen, von außen appliziert, werden entgegenwirken den Verhärtungsprozessen, die sich von innen heraus bilden.

Nun muß man natürlich eine solche Tätigkeit, wie man sie durch die Salzwirkungen von außen hat, auch so gestalten, daß man versucht, den Organismus im Innern geneigt zu machen, das auch aufzunehmen, was da von außen hereinwill. Man kann auch Salzbäder nehmen, starke Salzbäder, aber man muß den Organismus geneigt machen, das auch wirklich zu verarbeiten im Innern, also von innen dem etwas entgegenzubringen. Da können Sie dann folgende Erwägung anstellen; sie wird zum Teil schon folgen aus dem, was wir im vorigen Jahr hier besprochen haben.

Will man den Organismus anregen, daß er von innen heraus eine Tätigkeit entwickle, die gewisse äußere Organisationskräfte im Wechselspiel reguliert, dann handelt es sich darum, daß man in kleinen Dosen, also nach dem Homöopathischen zustrebend, Quecksilber zuführt. Das Merkur ist nach dieser Richtung hin ein wichtiges Heilmittel, ein wichtiges Regulierungsmittel. Gerade da wird dasjenige stark in Betracht kommen, was nun im allgemeinen bei den Dosierungen zu beobachten wichtig ist. Sie können sich aus alledem sagen, wenn Sie zusammenfassen, was ich dargestellt habe: Dasjenige, was der äußeren Natur am ähnlichsten ist, das ist das Stoffwechsel-Gliedmaßensystem. Wenn dem etwas fehlt, wenn in dem etwas zu tun ist, muß man die niedrigen Potenzierungen nehmen. Sobald man an den mittleren Menschen kommt, muß man mittlere Dosierungen nehmen. Aber sobald man vom Kopf aus wirken will, sobald man überhaupt wirken will von demjenigen aus, was mit dem Geistigen im Kopfe etwas zu tun hat, da muß man mit den höchsten Potenzen arbeiten, da muß man arbeiten mit den höheren Potenzierungen. Hier, in diesem Falle, haben wir es zu tun mit Lungentätigkeit, also etwas, was dem mittleren Menschen angehört. Die Quecksilberdosierung muß eine mittlere sein. Es handelt sich darum, daß dasjenige, bei dem man besonders darauf rechnet, daß es auf die Kopforganisation wirkt und von da wiederum zurück durch den ganzen Organismus, die höchsten Potenzierungen erfordert, die daher insbesondere wohltätig sein werden überall da, wo man glaubt, mit Siliziumverbindungen irgend etwas zu machen. Siliziumverbindungen fordern durch die eigene Natur, weil sie immer nach dem Kopf und nach der Peripherie des Leibes schwingen, was ja auch zur Kopfbildung gehört, tatsächlich die meiste Verdünnung, während man zum Beispiel bei Kalkverbindungen durchaus meistens das Richtige treffen wird, wenn man aus anderen Gründen Ursachen hat, sie anzuwenden, wenn man nicht bis zu den höchsten Potenzierungen geht, sondern sie in den unteren Potenzierungen verwendet. Kurz, ein Maßstab für das Potenzieren ist durchaus die Ansicht, die man gewinnt darüber, ob man einzugreifen hat in den Gliedmaßen-Stoffwechselorganismus, in den mittleren Rhythmusorganismus oder in den Kopf-Organismus; wobei natürlich der Kopf-Organismus berücksichtigt werden muß in der Richtung, daß er eigentlich den ganzen Organismus wiederum von der anderen Seite durchkraftet. Man kann zum Beispiel durchaus einmal die Ansicht bekommen: der Mensch hat eine Fußkrankheit, die aber eigentlich eine verkappte Kopfkrankheit ist, die vom Kopfe herrührt; dann handelt es sich aber nicht darum, daß man heilt vom Stoffwechsel aus, sondern vom Kopfe aus, daß man also hohe Potenzierungen anwendet von demjenigen, was vielleicht dann in niedrigeren Potenzierungen gut ist, wenn man weiß, man hat vom Stoffwechsel aus zu heilen. Also, diese Dinge können durchaus auf eine Ratio gebracht werden und müssen es auch nach und nach. Es wird das Einzelne da erst richtig hervorgehen, wenn man sich einläßt auf die genaue Beobachtung desjenigen, was die Versuche ergeben. Die Richtungen müssen so gesucht werden, wie ich es angegeben habe.

Dann handelt es sich darum, daß überhaupt nur derjenige über Heilungen im einzelnen sprechen kann, der sorgfältig alles dasjenige wirklich im Gedächtnis behält, was ihm in seiner Erfahrung aufgestoßen ist, denn jede einzelne Erfahrung ist selbstverständlich auch belehrend und trägt Frucht für irgendein Folgendes. Nun, wenn Sie das berücksichtigen, was ich jetzt gesagt habe, so werden Sie finden, daß es gar nicht mehr so rätselhaft erscheint, daß es zum Beispiel Krankheiten gibt, bei denen Hirn und Leber zugleich betroffen sind, denn die Leber ist ja nur ein metamorphosiertes Gehirn. Wenn man also zugleich Leberentartung und Degeneration der Gehirnganglien findet, so liegt das genau in derselben Richtung und es handelt sich darum, daß man dann etwas hat, was durchaus wiederum als Krankheitsform ein Gesteigertes ist gegenüber dem, was die Ursache der Lungenschwindsucht ist. Es ist nur die gesteigerte Metamorphose der Lungenschwindsucht. Daher handelt es sich darum, daß man da gröbere Dosierungen von Quecksilber im Innern anwenden wird, und daß man dann äußerlich nicht bei den Salzeinreibungen und so weiter und bei den Bädern stehen bleiben wird, bei dem Natriumsalz, bei dem gewöhnlichen Kochsalz, sondern daß man da schon übergehen muß zu Kalksalzen. Das ist dasjenige, was da zu sagen ist.

Nun aber sehen Sie, wo überall die Quellen des Irrtums liegen, und wo man wirklich nur auf das Richtige kommt, wenn man so den menschlichen Organismus von innen heraus betrachtet. Denken Sie doch nur einmal, daß irgendeiner hergehen und sagen kann: Da liegt nun eine Krankheit vor, die kuriere ich mit Quecksilber. Und er erreicht auch irgendeine Wirkung. Nur ist just die Krankheit nicht irgend etwas, was mit Lues oder Syphilis zusammenhängen muß, aber er hat sich einmal die Vorstellung gebildet, wenn Quecksilber heile, so hänge das also zusammen mit Lues- oder Syphilisvorgängen. Das braucht gar nicht der Fall zu sein. Ebenso werden Sie dasjenige, was ich im vorigen Jahre gesagt habe, nun etwas genauer verstehen, indem ich von den «Geisteskrankheiten» sprach. Selbstverständlich habe ich, indem ich vor einigen Tagen von Gehirnerweichung gesprochen habe, die paralytischen Erkrankungen gemeint, aber wenn man sagt «Paralyse», so redet man eigentlich nicht so anschaulich. Man hat immer das Gefühl, daß man da schon nach dem äußeren Symptomenkomplex hinüberredet. Aber nun entsteht natürlich die Frage: Wie verhält sich das, was ich im vorigen Jahr gesagt habe, daß die eigentlichen Ursachen der psychischen Erkrankungen eigentlich in den Deformationen von Organen gesucht werden müssen? Das ist auch der Fall. Und es ist so stark der Fall, daß man immer, wenn man bloß die psychischen Symptome ins Auge faßt, eigentlich zu nichts kommt; es ergibt sich eigentlich nichts. Man kann schon einmal sagen: Ähnliche psychische Komplexe führen auf ganz verschiedene Krankheitsursachen eigentlich zurück. Es handelt sich immer mehr darum, daß man gerade beim sogenannten Geisteskranken die Deformation der Organe sucht, irgendein nicht richtig funktionierendes Organ, und daß man wiederum frägt: Warum funktioniert es nicht richtig? Weil jene Kräfte schadhaft geworden sind, die eigentlich die stabilen der Eiweißbildung sind, nicht die variablen, sondern die stabilen. Also, es ist etwas in dem Kranken, das fortwährend danach strebt, das Organ eigentlich in seinem ursprünglichen plastischen Aufbau zu zerstören, und daher tut es auch nicht gut, wenn man zu stark hinüberschielt nach demjenigen, was in den Gewebeflüssigkeiten vorgeht und eben den anderen Pol des Stoffwechsels darstellt. Also mit dem, was im Organismus selber den Stoffwechsel darstellt, wird es nichts sein, wenn man nach den Symptomen ausgeht. Dagegen wird es außerordentlich wichtig sein, die Erkenntnis der Geisteskrankheiten in den Abscheidungen zu suchen. Da wird man schon durchaus wichtige Anhaltspunkte immer finden. Und nachforschen, wie die Abscheidungen bei einem Geisteskranken beschaffen sind, das ist außerordentlich wichtig, denn ich habe im vorigen Jahre gesagt, daß für gewisse Formen von Geisteskrankheiten eine Sucht vorliegt, Imaginationen, Inspirationen zu bilden. Das ist eben dasjenige, was Freiwerden des Geistigen im Inneren bedeutet.

Wenn nun diese Sucht vorliegt, so liegt sie ja aus dem Grunde vor, weil das Organ schadhaft geworden ist. Wenn das Organ nicht schadhaft ist, sondern normal ausgebildet ist, dann bildet es schon die Imagination aus, sie bleibt aber unbewußt; wenn es aber schadhaft geworden ist, dann kommt es nicht dazu, diese Imagination richtig auszubilden. Auf der einen Seite ist das Organ schadhaft und es entsteht dadurch die Sucht nach der Ausbildung der Imagination, und auf der anderen Seite bleibt die Imagination ungedeckt durch das Organ und tritt als Halluzination und so weiter auf. Also ich möchte sagen: Wenn wir es zu tun haben mit einem Organ und den in seinem Innern sich entwickelnden Imaginationen (siehe Zeichnung S. 114, rot), die dann ausstrahlen in den übrigen menschlichen Organismus (siehe Zeichnung, hell) und perzipiert werden, dann haben wir es mit einem deformierten Organ so zu tun, daß die Imaginationsbildung (rot) nicht

Tafel 5

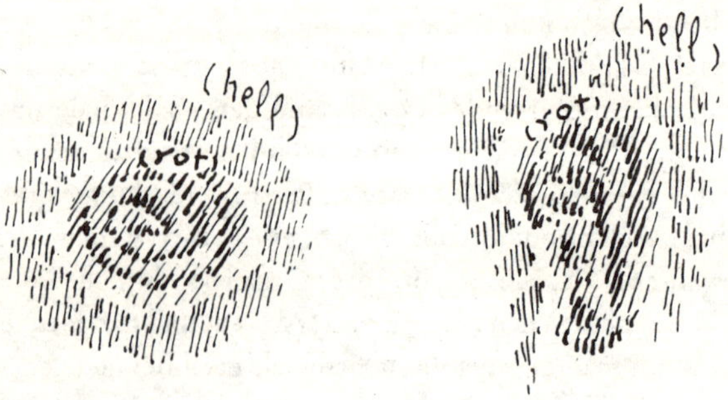

richtig in ihrer Plastik sich entfalten kann und dadurch auf der einen Seite, weil sie abnorm ist, sich der Bewußtheit aufdrängt. Es entstehen also die Halluzinationen und Visionen. Auf der anderen Seite ist das Organ kaputt und es entsteht dadurch der Drang nach richtigen Imaginationen. Allein dadurch, daß man diese Dinge so von innen durchschaut, erklären sich solche Dinge.

Wir werden nun vorschreiten nach der einen Seite zu der Beantwortung der einzelnen Fragen, die gestellt worden sind, und auf der anderen Seite zu der Erklärung unserer Heilmittel. Jetzt wollen wir dann schließen und den Vortrag von Dr. Scheidegger hören.

FÜNFTER VORTRAG

Dornach, 16. April 1921

Meine lieben Freunde, wir wollen heute übergehen zu einigen eurythmisierenden Übungen, welche sich mehr auf das Wirken vom Seelischen aus beziehen. Dabei muß aber vorausgeschickt werden, daß gewöhnlich angenommen wird, wenn der Mensch eine Willensäußerung entwickelt, oder wenn er ein Urteil entwickelt, daß diese Äußerungen nur zusammenhängen mit dem menschlichen Nervensystem. Das ist aber durchaus nicht der Fall, sondern man muß sich klar sein darüber, daß zum Beispiel Urteile, die der Mensch abgibt, durchaus zusammenhängen mit seiner Gesamtkonstitution, daß der Mensch ein Urteil aus seinem Gesamtwesen heraus gibt. Wenn man daher für ein Urteil die entsprechende eurythmische Bewegung macht, dann ist das auch wieder so, daß dadurch der ganze Mensch in einer gewissen Weise beeinflußt wird, daß also nicht für dasjenige, was in einem eurythmischen Beurteilen zustande kommt, etwa bloß der Kopf beeinflußt würde. Wenn Sie zum Beispiel kennen lernen für eine Bejahung die entsprechende Bewegung, nun für eine Verneinung: (Frau Baumann demonstriert). Jetzt aber kann man natürlich das auch [therapeutisch anwenden]. Das ist natürlich dann oftmals hintereinander zu machen, wenn es als therapeutische Übung gemacht wird. Nun, eine solche Bejahung und Verneinung ist ja im übergeordneten* Sinne dasjenige, was man ein Urteil nennen kann; wenn man irgend etwas bejaht oder verneint, hat man ja das eigentliche Wesen des Urteils. Wenn Sie eine solche Bejahung oder Verneinung abgeben, so ist das so, wenn es öfters wiederholt wird – Sie können zum Beispiel, sagen wir die Bejahung zehnmal hintereinander wiederholen lassen, dann die Verneinung. Sie können dann darauf folgen lassen Bejahung, Verneinung, Bejahung, Verneinung, zehnmal beides hintereinander –, so wirkt eine solche Bewegung auf dem Umwege durch den Ätherleib außerordentlich stark auf das Atmungssystem, und man kann sagen: Man kann auf diese Weise einer vorhandenen Kurzatmigkeit ent-

* Wort nicht eindeutig zu entziffern, von Helene Finckh ursprünglich mit «negativen» übertragen, später korrigiert mit «ausgesprochenen». Nach vielen Vergleichen mit anderen Stellen im Stenogramm ist «übergeordneten» am ehesten vertretbar.

gegenarbeiten, so daß also, wenn wiederum diese Kurzatmigkeit das Symptom für irgendeine tieferliegende Krankheitserscheinung ist, man da – weil ja die Sache auf dem Umwege durch den Ätherleib geschieht – tatsächlich hineinarbeiten kann in die ganze Konstitution des Organismus. Sie müssen nur eigentlich jetzt ins Auge fassen, was das ist, was da getan wird. Dasjenige, was jetzt Frau Baumann getan hat, das könnte man in folgender Weise etwa interpretieren und würde auch das Wesen treffen, man könnte sagen: Das, was sie in die Welt gesetzt hat dadurch, ist ein flüchtig gewordener Gedanke, gleichsam der Gedanke, der Flügel gewonnen hat und in die Bewegung übergegangen ist. Wenn ein Urteil eurythmisch fixiert wird, eine Bejahung oder Verneinung, so ist das ein Gedanke, der reitet auf der Bewegung. Und dadurch, daß der Gedanke auf der Bewegung reitet, setzt man tatsächlich einen Teil dieses Wesens heraus; da der Gedanke auf der Bewegung reitet, nimmt man tatsächlich einen Teil gründlicher in sich herein, als es sonst ist. Das heißt, man macht eine Bewegung, durch die man eigentlich wacher wird als man sonst ist. Solche Bewegungen sind tatsächlich aufweckende Bewegungen. Aber da man mit dem Ich nicht zu gleicher Zeit in derselben Weise aufwacht, so wird die Ich-Tätigkeit dadurch in einer gewissen Weise herabgestimmt. Dieses Herabstimmen der Ich-Tätigkeit ist aber nicht absolut, sondern in Relation zum Organismus; das macht dasjenige aus, was man auf dem Umwege durch den Ätherleib eben als erstes Symptom erreicht in der Bekämpfung der Kurzatmigkeit, und was dann eigentlich sich auf dem Umwege durch den Ätherleib in die ganze menschliche Konstitution hineinverfügt.

Nun eine Willenszustimmung, also sagen wir Sympathie und Antipathie, geben: (Fräulein Wolfram demonstriert) Sympathie – nun zurück also! – und Antipathie. Nun denken Sie sich, Sie machen diese Bewegung in der Tat sehr häufig hintereinander: Sympathie, Antipathie, Sympathie, Antipathie, oder auch eines von beiden. Wenn Sie dieses machen – es ist natürlich das nur zu konstatieren durch das Anschauen –, wenn Sie dieses machen, dann ist das in einem gewissen Sinne eine Art von Heraussetzen von etwas, was man in sich trägt. Es ist eine Art von Einschlafen nämlich. Es ist ja auch eine Bewegung, bei der derjenige, der ihr zuschaut – die andere Bewegung muß schnell, diese langsam ausgeführt werden –, es ist schon etwas, wodurch derjenige, der zuschaut, auch die Imagination des

Schlafes bekommt, man imaginativ also gewissermaßen einschläft mit einer solchen Bewegung – wenigstens sollte man es nicht [in Wirklichkeit]! Da man aber doch, während man diese Bewegung macht, nicht in Wirklichkeit einschläft, so ist das Ich in Relation zum Körper stärker tätig, als es sonst ist. Also es ist stärker tätig als es sonst ist, und es wird dann durch eine solche Bewegung im wesentlichen die Zirkulation und die Gesamtverdauung angeregt, die Gesamtverdauung so angeregt, daß zum Beispiel durch eine solche Bewegung die Neigung zum Aufstoßen bekämpft werden kann.

Jetzt wollen wir einmal ausdrücken dasjenige, was man etwa nennen kann, sagen wir, das Gefühl der Liebe zu etwas (Frau Baumann). Sehen Sie sich das gut an, also das Gefühl der Liebe zu etwas. Denken Sie sich das zehnmal hintereinander ausgeführt und denken Sie es begleitet in der Weise, in der Weise also, daß Sie es hintereinander ausführen zehn Mal und es begleiten so, daß Sie immer zwischen dieser Bewegung dann eine kräftige E-Bewegung machen. Also: Liebe – E, Liebe – E, und so weiter hintereinander dieses ausführen. Also: Ein solches Gefühl – es könnte auch ein anderes Gefühl sein –, also dasjenige, was Sie lernen in der Eurythmie als Gefühls-Bewegung, lassen Sie immer begleiten von E-Bewegungen. Da haben wir immer eine starke Wirkung, die vom Ätherischen des Menschen ausgeht auf sein Astralisches, und die im wesentlichen eine, ich möchte sagen, die Zirkulation warm machende Wirkung hat. Es ist also etwas, was tatsächlich auf das Zirkulationssystem in einer wohltätigen Art einwirkt. Man kann nicht sagen, daß es beschleunigt oder verlangsamt, aber es wirkt in einer wohltätig erwärmenden Weise ein.

Nun gibt es auch etwas, was man einen Wunsch nennen kann: Hoffnung (Fräulein Wolfram). Sehen Sie sich dieses an, und denken Sie sich das, indem man immer wieder in die Gleichgewichtslage zurückgeht, dann immer wiederum diese Wunschbewegung ausführt, denken Sie sich das in der Abwechslung begleitet immer von einer U-Bewegung, also begleitet, abgewechselt damit. Das bedeutet eine sehr starke Einwirkung des Astralischen auf das Ätherische und man kann sagen, daß dadurch wiederum eine wohltätig erwärmende Wirkung auf das Atmungssystem ausgeübt wird. Nur natürlich handelt es sich darum, daß all diese Dinge, die wir heute besprechen, auf dem Umwege durch den Ätherleib stattfinden, und daß sie daher ihre Wirkung niemals am nächsten Tage schon äußern können, sondern ungefähr nach zwei bis drei Tagen erst irgendwelche Wirkungen zeigen können; aber um so sicherer sind dann diese Wirkungen.

Nun denken Sie sich einmal jetzt, wir machen eine Bewegung, die eine Beuge- und Streckbewegung ist, durch die Beine, und wir machen dazu eine ausgesprochene B-Bewegung zu gleicher Zeit (Frau Baumann): das, was ich Ihnen jetzt gezeigt habe, mit einer ausgesprochenen B-Bewegung zu gleicher Zeit, jetzt ganz zurück [in die Ausgangsstellung], B mit der Beugung, dieses zehnmal hintereinander, dann Pause, dann wiederum zehnmal hintereinander. Das ist etwas, was Leute machen sollten, die sehr häufig an Migräne oder an sonstigen Kopfschmerzen leiden. Dann, wenn sie sie nicht haben, sollten sie das machen, nicht wenn sie sie haben, die Kopfschmerzen, sondern dann, wenn sie sie nicht haben, sollen sie das machen.

Nun ist eine besonders wirksame Bewegung diese (Fräulein Wolfram): vor, rückwärts, aber gleichzeitig begleitet mit einer R-Bewegung, vorne beugen, rückwärts beugen mit R, und das recht oft hintereinander. Das wirkt sehr gut auf das ganze rhythmische System ein, auf den Atmungs- und Zirkulationsrhythmus. Wenn also da sich Unregelmäßigkeiten finden, dann wirkt das unter allen Umständen außerordentlich gut.

Nun bitte ich Sie, eine wieder recht wirksame Bewegung zu sehen, die besteht in folgendem: Kopf nach rechts und links mit Kopfschütteln, den Kopf nach rechts und links schütteln mit M-Bewegung. Es sollte der Kopf möglichst nicht gedreht, sondern nur links und rechts gebeugt werden und dazu die M-Bewegung. Das ist wiederum etwas, was, wenn es ausgeführt wird, auf dem Umwege durch den Ätherleib sehr stark beruhigend wirkt auf alles mögliche, was als Unregelmäßigkeiten im Unterleib auftreten kann. Unregelmäßigkeiten im Unterleib, die sich durch Schmerzen äußern, die können gemildert werden durch das. Es muß nur eben das so sein, daß man damit Neigungen zu solchen Schmerzen dann bekämpfen will, wenn sie nicht da sind, die Schmerzen. Das ist das, worauf es ankommt. Also während die Schmerzen da sind, ist es nicht gut auszuführen, aber daß man es ausführt, solange die Schmerzen nicht da sind, das ist das, worauf es besonders ankommt.

Beachten Sie das Folgende: An das Knie anstemmen mit dem andern Fuß; dieses denken Sie sich begleitet von einer Arm-E-Bewegung. Dieses

Beugen des einen Beines, Darauf-(schlagen)* auf das andere Bein, und dabei begleitet von einer Arm-E-Bewegung, es ist eine sehr schöne Bewegung. Und es ist das eine Übung, die sehr gut ausgeführt werden kann mit den Kindern in der Schule, und [sie] sollte auch da ausgeführt werden, denn wenn diese Bewegung häufig gemacht wird, so ist sie tatsächlich eine Bekämpferin der mannigfaltigsten Ungeschicklichkeiten. Die Kinder werden wenigstens sehr gut geheilt von ihren Ungeschicklichkeiten, wenn sie gerade diese Bewegung machen. Und wenn dann die Kinder kommen und sagen, es tun ihnen besonders die Schultern weh und es tut ihnen alles mögliche weh, dann sagen Sie: Das wollte ich ja gerade haben; darüber wirst du, wenn es wieder gut ist, besonders froh sein! – Denn jeder Schmerz, der auf diese Weise erzeugt wird, ist ein Bekämpfer der Ungeschicklichkeit. Also man darf da schon durchaus etwas scharf die Kinder anpacken.

Nun werden wir eine andere Art einmal ins Auge fassen. Denken Sie sich jede Art von E-Bewegung, die mit den Armen ausgeführt werden kann, auf den Fußboden projiziert, so entsteht eben diese Linie, schräg sich kreuzend mit dieser Linie**. Nun denken wir uns die Sache so: Denken wir uns, Frau Baumann stellt sich hierher, Fräulein Wolfram hierher, und jetzt laufen Sie, indem Sie das Ganze mit einer E-Bewegung der Arme begleiten, laufen Sie so, und Sie so, aneinander vorbei und geben acht, daß Sie sich ja nicht anstoßen. Weiter, weiter, sehr acht geben daß Sie sich nicht anstoßen. Sie machen also auf dem Boden ein E und machen mit den Armen ein E und müssen achtgeben, daß Sie sich nicht anstoßen. Und dieses Achtgeben, dieses Verwenden der Aufmerksamkeit aufeinander und auch mit der Bewegung, das ist dasjenige, was hier mit der [E-] Bewegung zusammenwirkt. Man kann also diese Sache immer nur von zwei Personen ausführen lassen. Sie ist, wenn sie von zwei Personen ausgeführt wird, im wesentlichen das, was man nennen könnte eine Stärkung des Herzens, also alles dasjenige, was zusammenhängt mit den Erscheinungen, die man so gewöhnlich als Stärkung des Herzens bezeichnet.

* «schlagen« findet sich in der Umschrift von Helene Finckh, im Stenogramm aber unleserlich.

** Die Zeichnung aus früheren Ausgaben läßt sich weder im Stenogramm noch in der Umschrift finden, daher wird sie nicht mehr wiedergegeben.

[Zwischenfrage] Könnte man das von einem Gesunden und einem Kranken ausführen lassen?

Man kann das schon, man muß aber dann vielleicht den Gesunden dazu veranlassen, daß er nicht die E-Bewegung mit den Armen mitmacht. Nicht wahr, diese Bewegung ist ganz besonders auf, ich möchte sagen den Sanatoriumsbetrieb eigentlich berechnet, wo man natürlich die zwei, deren Stärkung des Herzens man wünscht, eben hat; es ist schon besser, wenn man die beiden haben kann.

ST

Nun denken wir uns einmal die Bewegung so, daß eine der Damen hier steht, die andere hier, hintereinander. Wenn Sie ankommen [Frau Baumann], führt Fräulein Wolfram diesen Lauf aus, aber so, daß sie immer nach vorne schaut, dann, indem sie fortsetzt zu bewegen, führen Sie nun diesen Lauf hier aus, Sie diesen, stückeln[*] eine Bewegung an die andere an, und das begleitet von der O-Haltung der Arme. Nun natürlich muß man die Leute, die das machen, veranlassen, mit einem gewissen Tempo anzufangen; erst langsamer, aber das dann immer schneller und schneller machen lassen, und dann wiederum es abfluten lassen, von dem Schnellen wiederum ins Langsame immer weiter hinein. Dann ist das eine Bewegung, die wesentlich zur Stärkung des Zwerchfelles dienen kann und damit des ganzen Atmungssystems. Man kann da wiederum, wenn man die O-Bewegung mit den Armen wegläßt, einen Gesunden verwenden zum Mittun. Aber am besten ist es natürlich, wenn man zwei, die diese Gesundung gebrauchen, dazu verwendet.

* «anstückeln»: Österreichischer Ausdruck für «ansetzen», «ergänzen».

Nun bitte ich Sie, zuerst (Frau Baumann) eine H-Bewegung uns noch einmal vorzumachen. Dies ist eine H-Bewegung. Und jetzt bitte ich Sie, diese Bewegung so zu machen, daß Sie die Arme ganz stillhalten und bloß mit den Schultern, so gut es geht, nachahmen diese Bewegung. Und nun muß man sich aber gewöhnen, diese Bewegung mit den Schultern zu machen und zugleich ein A mit den Armen zu machen, irgendein A mit den Armen; das recht häufig hintereinander. Sehen Sie, das ist dasjenige, was man nennen könnte: eurythmisch lachen. So lacht man eurythmisch. Und wenn man so eurythmisch lacht, so ist das wirklich in sehr verschärftem Maße dasjenige, was man überhaupt in der gesundenden Wirkung des Lachens hat. Diese gesundende Wirkung des Lachens, sie ist ja bekannt. Aber wenn das Lachen eurythmisch getrieben wird, so ist eben diese gesundende Wirkung in besonderem Maße da. Sie können aber das auch noch anders machen.

Machen Sie (Fräulein Wolfram) zunächst einmal irgendeine A-Bewegung; und jetzt versuchen Sie, aber recht langsam, wie wenn Sie also wirklich es ganz bedächtig machen wollten, indem Sie die Arme so lassen, dieselbe Bewegung, die ich vorhin gesagt habe, diese Schulterbewegung des H, und wieder zurück, also in der A-Bewegung der Arme diese Schulterbewegung des H zu machen. Das ist dann dasjenige, was man nennen könnte: der ganze Organismus richtet sich ein auf das Gefühl der Verehrung, und es hat auch alles dasjenige, was durch das Gefühl der Verehrung ja im wesentlichen im Organismus bewirkt wird. Durch das Gefühl der Verehrung, wenn es beim Menschen habituell ist, wird ja auf den Organismus die Wirkung ausgeübt, daß er dadurch in der Tat dauerhafter wird, also beständiger wird, als Organismus beständiger wird. Er wird widerstandsfähiger. Menschen, die wirklich richtig veranlagt sind dazu, gut verehren zu können, die werden widerstandsfähiger in ihrem Organismus. Daher: alles dasjenige, was man den Kindern an Verehrung, an Begabung oder an Fähigkeit der Verehrung beibringt, das macht die Kinder widerstandsfähiger. Und man kann dieser Widerstandsfähigkeit gerade durch die zuletzt angeführte eurythmische Übung zu Hilfe kommen.

Überhaupt muß man das durchaus festhalten, daß das, was wir heute für Urteil, Willensäußerung, Hoffnung, für Liebe angeführt haben, was wir sonst angeführt haben in bezug auf gewisse organische Schmerzen, was wir angeführt haben zur Bekämpfung der Ungeschicklichkeit und so weiter, daß das in der Tat sich so zum Menschen stellt, daß der Mensch dadurch im Innersten seines organischen Wesens ergriffen wird und auf dem Umwege durch den Ätherleib tatsächlich die Möglichkeit bekommt, überhaupt diesen Ätherleib zu einem brauchbaren Patron zu machen.

Der Ätherleib ist ja etwas im Menschen, was bei den meisten Menschen, die ihr Leben versitzen, die ihr Leben ohne Interesse für ihre Umwelt zubringen, was bei diesen Menschen steif wird. Und es ist eben nicht gut, es ist auch für die organischen Funktionen nicht gut, wenn der Ätherleib des Menschen steif wird. Wenn man mäßig die Bewegungen, die wir heute beschrieben haben, ausführen läßt von Kindern, wenn man sie recht energisch ausführen läßt [von] den entsprechenden Patienten – man sieht ja aus den Dingen, die gegeben worden sind, welchen Patienten man das auferlegen soll –, dann wird der Ätherleib geschmeidig, in sich beweglich, und man tut sowohl Kindern wie auch Erwachsenen damit etwas Gutes.

Diese Bewegungen, sie sind wirklich so, daß man ihnen auch durchaus den Vorzug geben kann gegenüber den gewöhnlichen Turnbewegungen, weil die gewöhnlichen Turnbewegungen eigentlich wirklich nur aus der Physiologie, also aus der Physis des Körpers hervorgeholt sind und im Grunde genommen den physischen Leib fortwährend herausreißen aus dem ätherischen, so daß dann der physische Leib immer seine eigenen Bewegungen macht, die dann nicht die Bewegungen des Ätherleibes in entsprechender Weise nach sich ziehen. Und dadurch ist ja das gewöhnliche, bloß physiologische Turnen im Grunde genommen eine Schule des Materialismus, indem das materialistische Denken ins Gefühl übergeht; und das Eurythmische, das bewirkt, daß der Mensch wirklich mehr die Fähigkeit bekommt, in sich selber sich zu erkennen, in sich selber sich zu beherrschen. Daher haben solche Übungen sowohl einen pädagogisch-didaktischen Wert wie auch einen therapeutischen und hygienischen Wert. Es müßte im Grunde genommen die Sache so sein, daß man wirklich den Versuch machen würde, daß solche Übungen auch von Erwachsenen in mäßiger Weise immer ausgeführt werden, gerade die heute beschriebenen meine ich, und für Kranke eben sanatoriumsmäßig ausgebildet würden.

Es ist mir noch eine Frage gestellt worden, die vielleicht auf einiges führen kann, und einige andere Fragen noch. Hier ist die Frage:

Chinesen können den Buchstaben R nicht aussprechen, sie gebrauchen das L dafür. Erdbeere würde zum Beispiel Eldbeele ausgesprochen werden. Hängt das mit der Rasse zusammen?

Es hängt natürlich mit der Organisation des Organismus, insofern der rassenmäßig bestimmt ist, zusammen, und man kann ja gerade an dieser besonderen Begabung einer Menschenabteilung für den einen oder den andern Laut sehen, wie die Menschen veranlagt sind aus ihrem Rassenmäßigen heraus. Wir haben ja selbst vor einigen Stunden solche Dinge angeführt.

Nun sind hier noch Fragen gestellt worden mit Bezug auf Übungen, die etwa angestellt werden könnten mit Rücksicht auf die Zustände der Indolenz, des Reaktionsmangels, des mangelhaften Bewegungstriebes und so weiter, Zustände also, denen sehr häufig eine ungenügende Funktion der Schilddrüse zugrunde liegt. Hier ist noch aufmerksam gemacht darauf, daß Fließ in seinem bekannten Buche über den «Ablauf des Lebens» diese Symptomkomplexe unter die sexuelle Zwischenstufe (stellt). Wie würde ein gegenwärtiger Schriftsteller das nicht tun! Alles dasjenige, worüber er nicht viel weiß, rechnet er natürlich in die sexuelle Zwischenstufe. Oder auf eine andere Art in dieselbe Kategorie stellt er zum Beispiel Linkshändige. Man darf vielleicht [...] linkische [...]* Ich betone aber ausdrücklich, daß ich niemandem noch anempfohlen habe eurythmische Übungen mit besonderer Rechts- und Linksbetonung.

(Es wird hingewiesen auf die Übungen [aus dem 1. Vortrag], die je verschieden rechts und links begonnen werden sollen, Jambus, Trochäus.)

Das ist nicht eigentlich, um Rechts- oder Linksbetonung besonders hervorzuheben, sondern um gerade in der Vorwärtsbewegung das Jambus- oder Trochäusgefühl hervorzurufen. Das ist natürlich durchaus berechtigt. Es ist das doch so: Es kommt weniger auf das lang-kurz an, sondern es kommt auf diese besondere Bewegung an. Es ist schon richtig, es handelt sich nur darum, daß, wenn umgesetzt wird dasjenige, was also im Atmungssystem lebt, ins Bewegungssystem, so wird es umgekehrt. Oberer Mensch und unterer Mensch ist ja umgekehrt. Also es muß jeder Jam-

* Im Stenogramm ist dieser Satz fragmentarisch, wurde von Helene Finckh auch nicht übertragen. Denkbar wäre, daß noch eine Äußerung über Fliess folgte. Siehe den Hinweis dazu.

bus, der zu denken wäre etwa im Atmungssystem, also durch das Sprechen hervorgebracht, der muß ein Trochäus werden in der Bewegung mit den Beinen und umgekehrt. Darauf ist nämlich die ganze Eurythmie gebaut. Sie können die ganze Eurythmie daraufhin prüfen, es ist immer die Bewegung, die entspricht nicht etwa nach dem Gesichtspunkt der Ähnlichkeit, wenn sie ausgeführt wird, sondern sie entspricht nach dem Bilde der Polarität. Es ist alles entsprechend nach dem Bilde der Polarität. Das ist natürlich überhaupt festzuhalten. Aber ich habe niemals anempfohlen jemandem, daß er besonders irgend etwas links oder rechts ausführen soll; das soll dem Gefühl vollständig überlassen sein. Also ob etwas mit der rechten oder linken Hand ausgeführt wird, das soll nur denjenigen Dingen überlassen sein, die sonst in Betracht kommen. Ich möchte nicht da (die Meinung aufkommen lassen), daß ich irgendwelchen linkischen Menschen eine Rechtsbetonung mit den besonderen eurythmischen Übungen empfohlen hätte, das ist nicht der Fall.

Nun möchte ich aber zu diesem eben das Folgende betonen: Es handelt sich darum, daß wenn also ein Reaktionsmangel oder ein mangelhafter Bewegungstrieb vorhanden ist, daß dann diese mehr allgemeine Bezeichnung, daß diese immer unter irgend etwas von dem fällt, was ich eigentlich schon angegeben habe. Mangelhafter Bewegungstrieb ist ein allgemeiner Ausdruck, und es fällt das dann unter irgend etwas, was ich angegeben habe, da sind dann die entsprechenden Bewegungen auszuführen.

(Frage) ... [nicht mitstenographiert]

Diese Zustände von Indolenz, mangelhaftem Bewegungsdrang, Unaufmerksamkeit und so weiter bis zur Faulheit sind gewissermaßen eine Vorstufe von dem, was man in der Homöopathie typhösen* Geisteszustand nennt [...]** Nun, was daran das, ich möchte sagen rein Medizinische ist, das will ich dann morgen beantworten. Aber ich möchte, weil ja die Frage wesentlich an den Vortrag über Eurythmie anknüpft, noch das folgende sagen: Im ganzen muß man solch eine Übung wie diejenige, die ich hier

* Von Helene Finckh mit «diffusen» übertragen, offenbar war sie aber unsicher – sie hat im Stenogramm die Stelle unterstrichen und mit einem Kreuz gekennzeichnet.

** Nach «nennt» ist eine größere Lücke im Stenogramm durch einen langen Strich gekennzeichnet.

angegeben habe mit Bezug auf das Urteil und die Willensäußerung, sie muß man durchaus betrachten so, daß gerade auch diese Äußerungen von Indolenz, mangelhaftem Bewegungsdrang und so weiter ganz besonders bekämpft werden durch dasjenige, was ich angegeben habe für Willensäußerungen. Und sieht man, daß diese nicht besonders wirksam sind, so lasse man es abwechseln mit demjenigen, was ich für das Urteil angegeben habe, jedoch so, daß man versucht zu probieren – hier handelt es sich um das Probieren –, daß man versucht, zu probieren, ob Willensäußerungen zu Urteilsäußerungen in dem Verhältnis der Zeit drei zu zwei besser wirkt oder zwei zu drei besser wirkt, also das eine länger, das andere kürzer. Und es wird sich allerdings, da diese Dinge auf dem Umwege durch den Ätherleib wirken, es wird sich herausstellen, daß man zunächst anfangen muß, zwei bis drei Tage die Übungen fortsetzen muß, und daß man unter Umständen, wenn man sieht, daß sie nicht richtig ausfallen, daß man dann am dritten Tage ändern muß. Aber im allgemeinen kann man sagen, daß sowohl die eine wie die andere Übung nach beiden Richtungen hin weckend auf den Menschen wirken wird. Also gerade diese Willensübung und Urteilsübung sind dasjenige, was da ganz besonders in Betracht kommen kann.

Ich betone noch, damit kein Mißverständnis entsteht, daß natürlich die Meinung nicht entstehen darf, daß solche Übungen, zwei, drei Tage durchgeführt, eben schon eine sehr bedeutsame Wirkung haben könnten. Das würde ein Irrtum sein. Solche Übungen müssen, wenn sie eine Wirkung haben sollen, mindestens sieben Wochen durchgeführt werden. Sieben Wochen also, das ist so ein Zeitraum, der durchaus – ohne daß man dabei, wenn man es behauptet, mystisch angekränkelt sein muß –, der ungefähr dann zeigt, wohltätig also, [die] eben charakterisierten Wirkungen.

Das ist dasjenige, was ich Ihnen heute über diese Dinge sagen wollte, und ich bitte Sie vielleicht, ob wir morgen dürfen die Stunde, diese entsprechende Stunde anreihen an die andere, nach einer kurzen Pause. Morgen würde dann das die letzte Eurythmiestunde sein, weil wir am Montag dann nötig haben, zwei Stunden [als] rein ärztliche Stunden hintereinander zu machen.

SIEBENTER VORTRAG

Dornach, 17. April 1921

Indem ich mich nun zur Heilmittellehre wende, möchte ich bemerken, daß auch mit Rücksicht auf dasjenige, was wir schon an Heilmitteln zu inaugurieren versuchten, das auch besprochen werden soll; dann im Speziellen bemerke ich, daß es mir natürlich nicht von Interesse ist darzulegen, wie sich in mir die Gedanken ausbilden, daß das eine oder das andere ein Heilmittel sein kann, sondern daß Sie gewissermaßen dazu kommen, diese Verwendung irgendeiner Substanz als Heilmittel zu durchschauen. Also ich möchte gewissermaßen, daß die Anschauung, die sich entwickeln muß über eine gewisse Substanz, in der eigenen Seele sich abspielen kann, wenn diese Substanz Heilmittelwert haben soll. Deshalb möchte ich sozusagen heute die Besprechung so einrichten zunächst, daß wir gewissermaßen Probeerwägungen durchmachen, wie man zu der Anschauung kommt, daß irgend etwas ein Heilmittel sein kann. Voraus muß natürlich bemerkt werden, daß eine Grundlage dazu die ist, daß man die hauptsächlichsten Prinzipien der anthroposophischen Menschenkunde kennt. Denn nur dadurch wird die richtige Interpretation des Heilmittels entstehen, wenn man gewissermaßen von unten her angefeuert ist, die ganze Erwägung im anthroposophischen Sinne anzustellen. Sie werden deshalb auch sehen, daß dasjenige, was ich in den letzten Tagen gesagt habe, in dasjenige einfließt, was wir gewissermaßen heute als einige Probeerwägungen anstellen.

Gehen wir davon aus, daß es sich insbesondere an der Pflanze studieren läßt, wie die Wechselwirkung der Umgebung des Menschen und des Menschen selber ist. Man wird auch gerade dadurch, daß man die Prozesse zunächst an dem Pflanzlichen sich zu eigen macht, dann den richtigen Einblick in die Fortsetzung der Mineralisierungsprozesse in das Innere des Menschen bekommen können. Wenn man eine solche Erwägung anstellt – und das geht ja natürlich aus alledem hervor, was wir wiederum in den letzten Tagen auch betrachtet haben –, muß man sich klar sein darüber, daß in dem ganzen Pflanzenbildungsprozeß, in dem Gestaltungsprozeß nach Wurzeln, Blättern, Blüten, Samen und so weiter etwas liegt, was aus dem ganzen Kosmos heraus sich gestaltet, und daß man diesen Prozeß, der im besonderen hintendiert zum Pflanzengestalten, auch zum inneren Pflanzengestalten, nicht durch eine künstliche Synthese etwa bloß, also durch eine chemische künstliche Synthese ersetzen kann. Mindestens in den allerwenigsten der Fälle kann man ihn in dieser Weise ersetzen. Man muß sich zum Beispiel über das Folgende klar sein. Wenn man es mit der Wurzel der Pflanze zu tun hat, dann hat man es mit demjenigen zu tun, was im Pflanzengestaltungsprozesse an die mehr oder weniger inneren Oberflächenkräfte der Erde gebunden ist. Der Mensch ist nun geistig-seelisch ein Wesen, das pflanzenartig von oben nach unten wächst. Sein Haupt birgt viele derjenigen Kräfte, die in Wechselwirkung stehen mit den Kräften der Erde selbst, und es ist eine tiefe Verwandtschaft desjenigen, was in der Pflanze wurzelhaft sich gestaltet, zu all demjenigen, was die Kräfte des menschlichen Hauptes sind. Man wird also immer, wenn man sich aufzuklären hat über den Prozeß, der sich im Wurzelhaften der Pflanze abspielt, zu denken haben, daß dieser Prozeß im Wechselverhältnis steht zum menschlichen Haupte. Wir wollen jedoch einmal an Einzelheiten die Erwägungen anstellen, damit Sie sehen, wie man solche Erwägungen anzustellen hat. Betrachten wir einmal einfach, sagen wir die Wurzel des Enzians, Gentiana lutea, und sagen wir uns das Folgende: Der Enzian, er ist eine Pflanze, welche sich nach außen sehr stark blütenhaft äußert. Wir werden also in der Wurzel Kräfte haben, welche sich schon sehr stark nach dem Blütenhaften zu ziehen, mit anderen Worten: diese Wurzelkräfte sind etwas schwach. Es wird vom Enzian viel ausgegeben nach dem Blütenhaften und Blätterhaften hin. Dennoch aber zeigt die ganze Formung der Blüte, daß das Wurzelhafte noch stark vorhanden ist. Wir werden also nicht unbedingt rechnen können darauf, daß der Enzian eine starke Wirkung auf dasjenige ausübt, was in der menschlichen Organisation vom Kopf als unmittelbar Kopfmäßiges ausgeht, nämlich als physische Außenwirkungen, sondern wir werden von ihm zu erwarten haben, daß er vorzugsweise auf dasjenige wirkt, was vom Kopfe aus als atmungfördernd wirkt. Und da immer im Organismus polarisch gewirkt wird, so haben wir uns vorzustellen, daß vorzugsweise die Verdauungsorgane selber in ein stärkeres Atmen in dem gestern ausgesprochenen Sinne kommen, wenn wir die Wurzeln des Enzians verwenden. Wir regen also Magen und Darm zu einer regen Atemtätigkeit an, müssen uns aber jetzt überlegen, was wir erfahren haben in diesen Vorträgen, daß zur Anregung dieser Atmungstätigkeit die pflanzliche Substanz weiter verarbeitet werden muß, das heißt, wir müssen die Wurzeln abkochen. Wir müssen die Abkochung der Wurzeln verwenden. Sie sehen, man kann das Ganze richtig durchgehen. Nun geht man zunächst etwas aufs Äußere. Man sagt sich, die Enzianwurzel hat einen bitteren Geschmack, einen starken Geruch, das ist also etwas, was auf das Astralische sehr stark wirkt. Wir haben es also zu tun mit einer Wirkung auf die astralische Wesenheit in den Verdauungsgebieten des Menschen. Nun aber ist die Enzianwurzel zuckerhaltig. Sie werden sich erinnern, daß ich wiederholt bei verschiedenen Anlässen darauf hingewiesen habe, wie in der Zuckerverarbeitung beim menschlichen Organisationsprozeß eine starke Anregung der Ich-Tätigkeit liegt. Das können Sie ja auch äußerlich statistisch, sagte ich, öfter studieren daran, daß zum Beispiel Völker, welche wenig Ich-Tätigkeit haben, wie die östlich-europäischen, die russischen Völker, bei denen das Ich zurücktritt, eine sehr geringe Zuckermenge in ihrem jährlichen Verbrauch als Volk haben, während bei den Engländern, bei denen das Ich eine außerordentlich rege Tätigkeit entwickelt, also überhaupt je weiter wir nach Westen kommen, der Zuckerverbrauch desto stärker in den Statistiken auftritt. Also, solche Dinge sind durchaus zu berücksichtigen, wenn man überhaupt zu einer Erkenntnis in der Welt kommen will.

Dann ist aber die Enzianwurzel reich an fetten Ölen. Fettes Öl, das ist dasjenige, was nun wiederum, ich möchte sagen, wenn es in die Verdauung übergeht, stark auf die untere Atmung wirkt, denn es stärkt das fette Öl die Beweglichkeit, die innere Beweglichkeit von Magen- und Darmorganen. So also sehen Sie, wie man sich förmlich beschreiben kann, was da im menschlichen Organismus vor sich geht, und man merkt ja gleich, daß die astralische Tätigkeit angeregt wird, daß also die Atmungsbeweglichkeit des Magens und des Darmes angeregt wird, so daß man sich sagen kann: Der Darm entwickelt eine regere Tätigkeit, der Magen wird gestärkt. Es wirkt das Ganze so ein, daß dasjenige zustande kommt, was überhaupt bei einer Stärkung des astralischen Leibes zustande kommt. Es wirkt das Ganze so, daß Mineralisierungsprozesse nur bis zu dem Grade im Menschen auftreten, der die Organe selber festigt und sie dadurch stärker macht. Das ist die leise Einwirkung des Ich durch den Zucker, der da auftritt. Man könnte also sagen: Wenn man die Abkochung der Enzianwurzel verwendet, so bringt man den astralischen Leib in rege Tätigkeit, und durch den Zuckergehalt der Wurzel läßt man das Ich nachhelfen. Dadurch allerdings, weil das Ich nachhilft, steht eine Gefahr da. Denn wenn das Ich unten wie peitschend nachwirkt, so entsteht wiederum polarisch die Reaktion im Kopfe, und man kann bemerken, daß solche Patienten dann allerdings als Nebenwirkung Kopfschmerzen erhalten werden. Aber es ist dennoch etwas, was durchaus nach allen diesen Richtungen wirkt, die ich gesagt habe. So haben wir da eine im wesentlichen antreibende, anregende Darmtätigkeit, und wir werden daher solch ein Mittel verwenden entweder für sich oder in irgendeiner Kombination, wenn wir merken, daß die Krankheitserscheinungen zusammenhängen mit Appetitlosigkeit, Dyspepsie zum Beispiel, namentlich aber dann, wenn Unterleibsstockungen da sind. Wir können auch durchschauen, wie durch diese Tätigkeit von Magen und Darm der Stoffwechsel überhaupt angeregt wird, so daß also der Stoffwechsel innerlich gewissermaßen aufgeregt wird und ein regsamer wird, und wir können dadurch noch wirken auf die Tendenzen nach Gicht und Rheumatismus. Außerdem werden wir in der Enzianwurzel sachgemäß etwas verwendet haben, was sich, wenn auch in einem nicht sehr starken Grad, aber dennoch als fieberfeindlich erweist. Denn dadurch, daß die Darmtätigkeit untergraben ist, wird die Reaktion im oberen Menschen hervorgerufen, und vom oberen Menschen geht dann die Fiebertätigkeit aus. Wenn wir also den unteren Menschen stärken, ein Gegengewicht dem oberen Menschen schaffen, so haben wir ihm etwas Fieberfeindliches zugeführt.

Das ist eine solche Erwägung, die man anstellen muß, wenn man auf die konkreten Beziehungen der Außenwelt zum Inneren des Menschen kommen will. Es handelt sich darum, daß es ganz richtig ist, wenn darauf hingewiesen wird, daß von außen auf den Menschen Strömungen ausgeübt werden. In dieser Beziehung hat ja so jemand wie Rosenbach außerordentlich gut vorgearbeitet. Aber wenn man nur in Abstraktionen von Strömungen spricht, so ist man sich erstens nicht bewußt, daß dasjenige, was da von außen wirkt, ja von den konkreten Dingen herkommt. Es kommt davon her, daß also solche Beziehungen herrschen zwischen dem Wurzelhaften der Pflanzenwelt, den Kräften, die im Wurzelhaften wirken und die dann wiederum in den Menschen hineinkommen. Da faßt man dann diese Dinge, die man sonst nur abstrakt als Strömungen charakterisiert, wirklich an, die hat man sozusagen auf der Hand. Und um das handelt es sich bei der Geisteswissenschaft, daß sie das wirklich Konkrete, das wirklich Dinglich-Prozessuale herausarbeitet.

Betrachten wir von diesem Gesichtspunkte aus eine außerordentlich lehrreiche Pflanze, die Nelkenwurz, Geum urbanum, und nehmen wir dabei wiederum die Wurzel. Machen wir also wiederum eine Abkochung der Wurzel. Es ist nun außerordentlich interessant, wenn Sie diese Erwägungen über die Nelkenwurzel anstellen und dann etwas zurück sich erinnern an das, was wir gerade über die Enzianwurzel gesagt haben. Es ist natürlich wiederum vorauszusetzen, daß, weil wir es mit der Wurzel zu tun haben, wir eine Wechselwirkung zu den Kopfkräften haben. Nun haben wir aber in der Nelkenwurzel einen herben Geschmack. Der Geschmack ist außerordentlich herbe. Wir haben in der Nelkenwurzel ätherische Öle, also ein Öl, von dem wir wiederum von vornherein voraussagen müssen, daß es auf diejenigen Partien des Organismus wirkt, die noch nicht so weit gegen den Darm und in den Darm hinein gelegen sind als diejenigen Partien, von denen wir gesprochen haben bei der Enzianwurzel, daß wir es also mehr zu tun haben mit demjenigen, was noch im Magen, vielleicht nur in der Speiseröhre zu geschehen hat und so weiter. Dann haben wir aber das Wesentlichste zu berücksichtigen, daß wir in der Nelkenwurzel Stärkemehle haben, also daß wir gewissermaßen den Appell an diejenigen Kräfte richten, die in intensiverer Weise verarbeiten, als beim Zucker verarbeitet werden muß, denn es muß die Angriffskraft, wenn man das

Stärkemehl verarbeiten will, mehr zurückverlegt werden. Der Zucker muß ja zuerst herausgearbeitet werden. Sie sehen, man muß also die Prozesse wirklich verfolgen. Dann aber haben wir in der Nelkenwurzel Gerbstoff; und auf das muß man immer sehen, wenn man irgend etwas auf seine Heilwirkung prüfen will. Gerbstoff, das bedeutet, daß tatsächlich in einer Weise, die stark noch nach dem Physischen zu wirkend liegt, dasjenige bearbeitet wird, was eben dem Gerbstoff entgegentritt, so daß wir bei der Nelkenwurzel das ganze Wirken mehr hinverlegen müssen nach dem Ich als nach dem astralischen Leib. Wir haben da eine Verstärkung der Ich-Anregung. Und daher, weil wir eine Verstärkung der Ich-Anregung haben, haben wir es mit demjenigen zu tun, was im unteren menschlichen Organismus vor sich geht. Es ist also eine vollständig polarische Wirkung zu der Kopfanregung, die da durch das Ich geschieht. Wir haben es zu tun mit dem, was ich nennen möchte die äußere Verdauung, das Angreifen der Substanzen noch im Magen, noch bevor sie überhaupt in die Darmtätigkeit übergegangen sind. Es wird, wenn ich so sagen darf, dasjenige, was an Nerven-Sinnesapparat im Darm noch vorhanden ist, angeregt – alles ist ja im ganzen menschlichen Organismus ausgebreitet –, es wird der Nerven-Sinnesapparat gerade in den Verdauungsorganen angeregt, und wir haben es also da mit dem prädominierenden Ich-Wirken zu tun.

Was wird die Folge sein? Daß wir erstens in der Nelkenwurzel eine stark fieberfeindliche Kraft haben. Zweitens aber wird die Folge sein diese, daß wir von der weiter nach vorne liegenden Verdauung auf die rückwärtige Verdauung dadurch wirken können, daß wir dieser rückwärtigen Verdauung, der eigentlichen Darmtätigkeit, nicht mehr so viel zumuten. Wir werden also dadurch insbesondere Durchfälle zu bekämpfen haben, wir werden Schleimflüsse des Darmes zu bekämpfen haben, wenn wir das berücksichtigen, daß eben diese Dinge darauf beruhen, daß zuviel zugemutet wird demjenigen, was mehr nach der inneren Verdauungstätigkeit hin liegt. Sie sehen also, diese Erwägungen führen alle dazu, anzuschauen, wie die äußeren Kräfte dasjenige durchdringen, was im Innern des Menschen ist.

Betrachten wir, weil ja diese Wurzelbetrachtung von ganz besonderer Bedeutung ist, noch eine Wurzel und nehmen wir als

Beispiel die Iris germanica, die Schwertlilie. Machen wir auch da die Wurzelauskochung. Nun, bei der Schwertlilie haben wir es mit etwas zu tun, was schon durch seine äußere Offenbarung zeigt, daß es stark auf das Ich wirkt. Der widerliche Geruch und der bittere Geschmack sind etwas, was sogleich verrät, daß wir es da mit etwas zu tun haben, wo das Ich in starke physische Wechselwirkung mit der Außenwelt tritt. Wir haben in der Schwertlilienwurzel nun aber auch etwas, was diese physische Tätigkeit recht sehr anregt, nämlich Gerbsäure. Wir haben wiederum etwas darinnen, was auf die Ich-Tätigkeit wirkt: Stärkemehl. Und wir haben endlich etwas, was durch seine physische Wirkung überall wirkt, wo es hinkommt, wenn es dazu angeregt wird: wir haben Harze in der Schwertlilienwurzel. Durch das alles wird das Ich in eine besonders rege Tätigkeit versetzt. Und diese rege Tätigkeit des Ich, dieses Treibende des Ich, kann man daran bemerken, daß die Urintätigkeit und eine gewisse purgierende Wirkung auftreten. Das sind die äußeren Offenbarungen desjenigen, was die Ich-Tätigkeit ist. Und dasjenige, was wir bekämpfen können, ergibt sich dann einfach, wenn wir uns fragen: Was allem ist der menschliche Organismus ausgesetzt, wenn das alles nicht in Ordnung ist? Dann ergeben sich Wassersucht und ähnliche Erscheinungen, und wir haben in der Schwertlilienwurzel-Auskochung daher etwas, womit wir versuchen sollen, wassersuchtähnliche Zustände und auch die Wassersucht selber zu bekämpfen.

Sie sehen, das ist die Art der Erwägungen, die man anstellen muß. Betrachten Sie jetzt, indem wir in der Pflanze etwas aufwärts steigen, betrachten Sie zum Beispiel das Kraut, Herba, von Pflanzen und nehmen wir eine charakteristische Pflanze wie zum Beispiel Majorana hortensis, Majoran. Aber seien wir uns jetzt klar: Wenn wir zum Kraut aufsteigen, da ist es schon die Natur selbst, welche gewisse Prozesse vollzieht, die wir erst vollziehen müssen bei der Wurzel. Wenn wir daher das Kraut nehmen, so ist es nicht gut, direkt eine Auskochung zu machen, sondern wir brauchen die feineren Kräfte des Krautes, und die bekommen wir heraus, indem wir einen Aufguß machen. Es gehen die Kräfte, die wir eigentlich brauchen, von dem Kraut in den Aufguß über. Und Sie können nun wieder, ich möchte sagen mit den Sinnen dasjenige ergreifen, was hier vorliegt. Sie haben den eigentümlichen Geschmack in diesem Aufguß, den man den erwärmenden Geschmack nennen könnte. Dieser Geschmack hat eine gewisse Bitterkeit zugleich. Dann aber haben Sie dasjenige, welches so recht beweist, wie da etwas nach außen wirkt: den aromatischen Geruch, die ätherischen Öle. Und dann haben Sie etwas, was da nur dazuzukommen braucht, um all das noch besonders zu verstärken, was seine physische Wirkung nicht so früh äußert wie andere Produkte, sondern seine physische Wirkung äußert, wenn es durch den Magen in den Darm gekommen ist. Nämlich allerlei Salze sind da drinnen in dem Kraut, gerade bei Majoran. Und daher können Sie sich sagen – und die Dinge, die man sich so sagen kann, sind ja alle auch in der Wirklichkeit vorhanden –: Dieser Krautaufguß wirkt besonders auf die Atmungstätigkeit der inneren Organe. Er bringt eine gewisse Atmungstätigkeit der inneren Organe hervor. Das äußert sich dadurch, daß dieser Aufguß schweißtreibend wirkt, daß also die innere organische Tätigkeit als Atmung angeregt wird. Er wirkt schweißtreibend und dadurch wirkt er in der Reaktion verstärkend auf die Tätigkeit der inneren Organe. Man kann bekämpfen katarrhalische Erkältungen, man kann aber auch bekämpfen nach der andern Seite hin Gebärmutterschwäche, wenn man mit dem Aufguß des Majorankrautes arbeitet.

Das alles wird sich dann noch klarer ergeben, wenn man übergeht zu der Wirkung der Blüte. Die Wirkung der Blüte – betrachten wir sie einmal da, wo sie schon in der äußeren Pflanze sich ganz besonders offenbar zeigt, betrachten wir sie also zum Beispiel da, wo viele kleine Blüten zu einem Blütenstand sich entfalten, wie beim Holunder oder Flieder, Sambucus nigra. Und seien wir uns klar, daß da gerade diejenigen Kräfte in die Pflanze schießen, welche mit der Umgebung der Erde viel zu tun haben, welche in sich enthalten die kosmischen Einflüsse, die kosmischen Strömungen. Wir merken das daran, daß die Holunderblüte auch ätherische Öle enthält. Aber namentlich merken wir es daran, daß die Holunderblüten Schwefel enthalten, so daß wir darinnen aus dem Mineralischen auch dasjenige haben, was sich uns ja besonders wirksam erweist, wenn wir nun die Atmung anregen wollen, aber auf der anderen Seite anregen, auf der Seite der eigentlichen Atmungsorganisation, während wir früher gesprochen haben von der Anregung der Atmung in den Verdauungsorganen und in demjenigen, was an die Verdauungsorgane anschließt, bevor sie von der Atmung der eigentlichen Atmungsorgane ergriffen werden. So daß also hier bei der Holunderblüte, wenn wir sie nun auch als Aufguß verwenden – das ist ja fast selbstverständlich –, besonders die Äthertätigkeit des menschlichen Organismus angeregt wird und erst auf diesem Umwege durch die Äthertätigkeit die Tätigkeit des astralischen Leibes, daß also da besonders angeregt wird die Atmung in den oberen hinteren Organen, nicht so sehr aber in den Kopforganen als in denjenigen, die zu der eigentlichen Atmung gehören. Natürlich entstehen da überall Reaktionen, und wir haben es in diesen Reaktionen natürlich damit zu tun, daß dann bei diesem Beispiel Abführungen und Schweißtreibungen auftreten. Nun aber werden die Atmungsorgane angeregt. Die eigentliche sonstige normale Atmungstätigkeit wird angeregt, und dadurch entsteht, weil durch eine Anregung der normalen Atmungstätigkeit eine Blutwirkung zustande kommen muß, auch eine Anregung, also vom inneren Menschen aus eine Anregung auf die Blutzirkulation und es ist, ich möchte sagen abzulesen von alledem, daß man mit einem solchen Mittel Katarrhe bekämpfen kann, daß man zurückgehaltene Schweißbildung bekämpfen kann, daß man es gut anwenden kann bei Heiserkeit, Husten, und daß man es, weil ja die Wirkung, die früher direkt aufgetreten ist, jetzt polarisch auftritt, auch bei rheumatismusartigen Dingen verwenden kann.

Sehen Sie, es handelt sich überall darum, daß man von der Wirkungsweise der Mittel dasjenige abliest, was in ihnen als Heilkraft enthalten sein kann. Nun denken wir einmal daran, wie es notwendig werden kann, auf die Kopforganisation besonders zu wirken. Was hängt denn von der Kopforganisation ab?

Von der Kopforganisation hängt ja ab deren polarische Gegenseite, die Verdauung, und zwar hängt gerade von der Kopforganisation die gröbere Verdauung ab, diese gröbere Verdauung, welche Ursache von so vielen sehr schweren Krankheiten ist. Wir müssen uns daher klar sein, daß wir den Kopf von der gröberen Verdauung her im wesentlichen beeinflussen können, und daß, wenn wir nun durch irgend etwas, was wir nach dem Innern des Menschen befördern – also auf die Verdauung wirken –, überhaupt dahin gelangen, daß die Dinge gewissermaßen bis in den Kopf hineinstrahlen, daß sie also wirklich vom Kopf aus eine Wirkung entfalten, wir dann natürlich alles mögliche zusammenhalten müssen, was es dazu bringt, daß wir, trotzdem wir das Pflanzliche ins Innere zunächst einführen wollen, es so gestalten, daß es in den Kopf hineinwirkt. Und das wird besonders zu beobachten sein, wenn wir Samen verwenden wollen. Samen sind ihrer Natur nach ja sehr geeignet, auf die gröbere Verdauung zu wirken. Und indem sie auf die gröbere Verdauung direkt wirken, wirken sie allerdings, indem Reaktionen hervorgebracht werden, auf den Kopf. Aber es ist eben sehr schwer, die Wirkung von der Verdauung bis in den Kopf hinein zu befördern. Daher ist es gut, wenn man nun wiederum beim Samen dazu übergeht, eine – und zwar eine sehr konzentrierte – Auskochung zu machen, wenn der Patient dies verträgt. Das kann man insbesondere studieren, wenn man die Wirkungen der Samen vom Kümmel ins Auge faßt, den Samen auskocht, also diese Auskochung ins Auge faßt. Man hat in dieser Auskochung zunächst ätherische Öle, also wesentliche Wirkungen auf das Ich, hat wiederum etwas, was physisch sehr stark wirkt, Wachs und auch Harze, die auch im Physischen sehr starke Wirkungen entfalten. Die starken Wirkungen zeigen sich ja in dem gewürzhaften Geruch. Dann aber hat man auch Schleimzucker gerade in dieser Auskochung.

Das alles, wenn Sie es zusammenhalten mit unseren Betrachtungen, wie wir sie in diesen Tagen angestellt haben, das alles wirkt außerordentlich stärkend auf die Ich-Tätigkeit. Es ist ein förmliches Wirken auf die Sinnes-Nerventätigkeit, die in den Verdauungsorganen verborgen liegt. Auf diese schwache Sinnes-Nerventätigkeit, die in den Verdauungsorganen verborgen liegt – in einer sehr schwach sich ausgestaltenden Metamorphose liegt diese Sinnes-Nerventätigkeit in den Verdauungsorganen ausgebreitet –, wird besonders gewirkt. Es wird wirklich, möchte man sagen, in bezug auf den unteren Menschen durch eine solche Auskochung etwas bewirkt, was sich ausnimmt wie eine unterbewußte Metamorphose unserer äußeren sinnlichen Wahrnehmung. Wir werden angeregt, möchte ich sagen, mit dem Verdauungssystem dasjenige sinnlich wahrzunehmen, was da als Prozeß sich entwickelt. Und daher ist auch gerade dieses Mittel sehr gut zu gebrauchen zu Klistieren. Wenn man dieses Mittel zu Klistieren verwendet, so tut man ja das, daß man eigentlich einen Prozeß hervorruft, der auf die Sinnes-Nerventätigkeit wirken muß, weil er nun wirklich ein äußeres Zuführen der feineren Kräfte in den Kümmelsamen ist und dadurch eine Art unterbewußter Wahrnehmung in den Verdauungsorganen hervorgerufen wird. Es wird dadurch die lethargische Gewebsflüssigkeit ganz besonders angeregt; dadurch also, daß man eine Art sinnes-nerven-stärkenden Prozeß hervorruft, wird das Wahrnehmen sehr stark in das Innere des Menschen verlegt. Der Mensch wird ein Wahrnehmer in seinen Verdauungsorganen, und das ist dasjenige, was alledem entgegenwirkt, was sich, ich möchte sagen wie der andere Pol entgegenstellt dem, wenn eine innere Tätigkeit anfängt, die nun auch wahrgenommen werden kann, die aber wesentlich in innerem Wahrnehmen besteht, wenn also unser Organismus anfängt, sich so recht eruptionsmäßig zu äußern. Dadurch, daß wir ihn selber sehr stark wahrnehmen können, wenn er eine solche organische Tätigkeit entwickelt, daß wir eigentlich uns selber wahrnehmen, wirkt dann ablähmend, also gesundmachend auf eine solche Tätigkeit, die ein Wahrnehmen von innen heraus darstellt, dasjenige, was als eine Tätigkeit, eine Sinnes-Nerventätigkeit entwickelt wird, die eigentlich dem äußeren Wahrnehmen metamorphosisch ähnlich wird, so daß wir, wenn Magenkrämpfe auftreten, kolikartige Zustände auftreten, Blähungen auftreten, mit diesem Mittel in entsprechender Weise werden fruchtbringend arbeiten können.

Noch ein Prozeß ist außerordentlich interessant zu beobachten. Es ist der folgende. Also stellen Sie sich so recht lebendig vor, was da im Grunde genommen für eine unterbewußte Tätigkeit entwickelt wird. Diese unterbewußte Tätigkeit ist außerordentlich ähnlich der äußeren Wahrnehmungstätigkeit. Nur hat sie ihre Lage gewissermaßen im Innern. Denken Sie sich, daß äußere Wahrnehmungstätigkeit und Reflextätigkeit in einem gewissen Zusammenhange stehen. Wahrnehmungen können, wenn sie unterbewußt auftreten, sofort Abwehrbewegungen hervorrufen. Betrachten Sie dieses Zusammenwirken von Wahrnehmungstätigkeit und Abwehrtätigkeit und übertragen Sie das jetzt auf die innere Tätigkeit der Gewebeflüssigkeit. Sie führen da, indem Sie gewissermaßen in der Luft schwimmen, diese äußere Wahrnehmungstätigkeit aus. Wenn ich das schematisch zeichnen soll, so möchte ich sagen: Wenn wir hier (siehe Zeichnung, hell) uns die Luft vorstellen,

Tafel 6

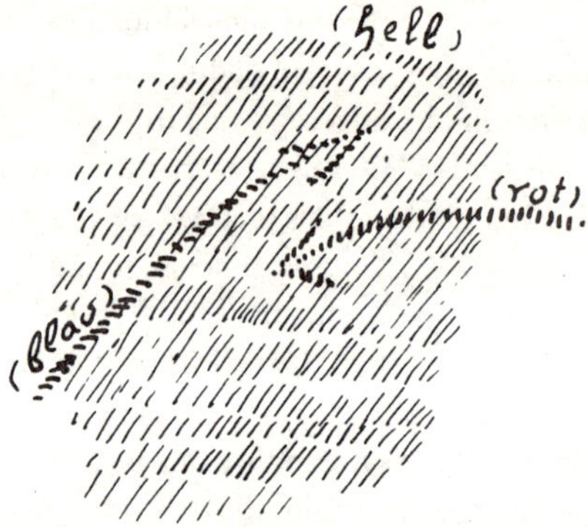

in der wir uns aufhalten, lichtdurchdrungen und so weiter, so haben wir die äußere Wahrnehmung (rot) in dieser Richtung sich entfaltend, die innere Reaktion in dieser Richtung sich entfaltend (blau). Es ist ja in jedem Sinnesorgan ein Zusammenwirken von äußerer Aktion und innerer Reaktion. Das ist so zu betrachten, daß, wenn man schon ein äußeres abstraktes Bild will, man nur ja nicht das geben soll, was die neuere materialistische Anschauung gewählt hat, daß da eine zentripetale und eine zentrifugale Nerventätigkeit ausgeübt wird. Denn diese Auslegung ist nicht gescheiter, als wenn man sagt, daß, wenn man einen elastischen Ball drückt, er dann durch eine andere Kraft wiederum seine ursprüngliche Gestalt herstellt als diejenige, die die Druckkraft selber in ihrem Gegenteil ist, in ihrem Zurückkehren. Es ist nicht gescheiter, wenn man von motorischen Nerven spricht, als wenn man die Elastizität eines Balles dadurch erklären will, daß man in sein Inneres hinein irgendein Zentrum setzt, welches nach außen stößt, wenn man hineingestoßen hat. Es ist im wesentlichen nichts anderes als die Herstellung der ursprünglichen Gestalt; es ist die Wirkung, die auftritt und zu der man keine besonderen Nerven braucht, weil das Ganze, Wirkung und Gegenwirkung, eingebettet ist in Astralität und in Ich-Wesenhaftigkeit.

Nun stellen Sie sich aber diesen ganzen Prozeß so vor, daß er auf dem Umwege durch die Äthertätigkeit in der Gewebeflüssigkeit vor sich geht (siehe Zeichnung, gelb). Ein Sinnesprozeß geht natürlich

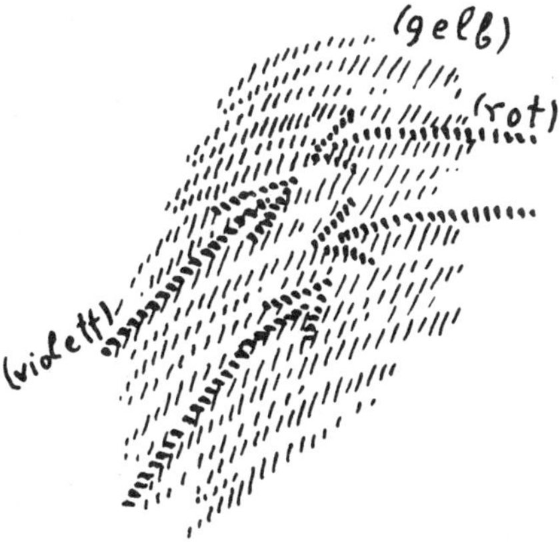

Tafel 6 rechts

nicht unter normalen Verhältnissen in der Gewebeflüssigkeit vor sich, aber er kann durch so etwas hervorgerufen werden, wie ich es eben jetzt angedeutet habe. Dann entsteht eine Art Tendenz nach dem Zusammenziehen, nach dem Hinwirken nach dem Organismus, die ich eben so andeuten will wie hier die Aktion bei der Wahrnehmung. Aber es ist dieses (rot) ein Prozeß, der gewissermaßen anstürmt gegen die nach außen gerichtete Kraft (violett) in der Gewebeflüssigkeit. Die macht sich geltend und die wirkt dagegen. Man schiebt also einen Sinnesprozeß, eine Metamorphose des Sinnesprozesses in die Gewebeflüssigkeit hinein. Es ist außerordentlich interessant, das zu beobachten, wie man da hineinschiebt in die Gewebeflüssigkeit eine Metamorphose des äußeren Sinnesprozesses. Nun hat man Umschau zu halten, wo irgendwie im normalen Leben so etwas geschieht, daß also eine Art Metamorphose des Sinnesprozesses im Innern des Menschen, gewissermaßen ein verdichteter Sinnesprozeß in der Gewebeflüssigkeit entsteht. Und er entsteht, indem sich die Milchabsonderung bei der Frau bildet. Da hat man in der Tat eine nach innen übertragene, verdichtete Metamorphose des äußeren Sinnesprozesses: die Milchabsonderung der Frau. Nun nehmen wir an, wenn sie da sein sollte, ist sie mangelhaft, so haben wir alle Veranlassung, nun diesen nach innen gelegenen, in die Gewebeflüssigkeit hinein verdichteten Sinnesprozeß auszuführen. Und wir haben gerade in dem Auskochen des Samens des Kümmels dasjenige, was uns einen solchen Prozeß hervorruft, der die Milchabsonderung fördert.

Es sind diese Dinge von mir eben als Beispiele angeführt worden, wie man das ganze Wirken und Weben dieses menschlichen Organismus und seinen Zusammenhang mit dem, was in der Außenwelt ist, ins Auge fassen kann. Betrachten Sie nur einmal dasjenige, was ich Ihnen hier vorgeführt habe. Betrachten Sie es, ich möchte sagen genau, indem Sie sich sagen: In der Auskochung des Kümmelsamens ist Harz, ist Wachs, also etwas, was durch seine Konsistenz besonders starke physische Wirkungen hervorruft. Dadurch wird dieses Harz, wird dieses Wachs außerordentlich ähnlich dem, nur verdichtet nach innen, was auf mich von außen auf die Sinne einen Eindruck macht.

Und wiederum ist in diesem Samen drinnen ätherisches Öl und Schleimzucker. Das ist etwas, was die Reaktivität des Ich anregt. Sie haben da alles beisammen, was Sie haben im Sinnesprozeß: die Wirkung von außen, die Reaktion bis in das Ich von innen. Nun metamorphosieren Sie diesen Sinnesprozeß dadurch, daß Sie eben nicht eine sinnliche Wahrnehmung machen, sondern daß Sie diese Wechselwirkung ins Innere, in das Kräftesystem der Gewebeflüssigkeit verlegen, dann haben Sie dasjenige, was Ihnen einen inneren Sinnesprozeß hervorruft. Denn ein solcher ist der Milchabsonderungsprozeß. Sie werden sehen, wie da auf diese Weise die ganze Organisation durchschaut wird.

Das sind die Betrachtungen, die man anstellen muß, wenn man dazu kommen will, das Äußere in seiner Stoffwirkung im Inneren zu beachten. Nehmen Sie also an, man versucht es mit mineralisch-metallischen Heilmitteln. Man wird dann dasjenige, was man schon an der Wirkung des Pflanzlichen gelernt hat, ganz besonders leicht durchschauen können. Aber man wird sich noch etwas sagen können. Man wird sich sagen können: Es ist etwas mit dem Mineralischen vor sich gegangen, indem das Mineralische in den Pflanzenprozeß hinein sich schon fortgesetzt hat. Und dasjenige, was da vor sich gegangen ist in der Mineralisierung und Durch-Vegetabilisierung, das ist ein Umformen der mineralischen Kräfte. Es beruht also etwas im Heilungsprozeß auf der Umformung der mineralischen Kräfte. Nehmen Sie also an, wir richten uns eine Krankenheilstätte ein, umgeben sie mit Land und düngen gewissermaßen das Land mit verschiedenen mineralischen Dingen und lassen nun einen Boden wirksam sein, von dem vor unserer Kenntnis offenliegt, was er eigentlich enthält, bauen dort verschiedene Pflanzen an, von denen wir uns sagen, wir verwenden Wurzel, Kraut, Frucht und so weiter, so haben wir den Prozeß selber in der Hand, der darinnen besteht, daß uns die Pflanze das Mineral zum Heilmittel umwandelt. Man kann das dann wiederum verstärken, indem man solche Pflanzen entstehen läßt, man kann sie schon als solche Pflanzen dann in der Weise behandeln, wie wir das eben jetzt besprochen haben. Das wollen wir in unserem Stuttgarter Institut auf der einen Seite tun; so muß es also auch eingerichtet sein. Man kann aber dann noch weiter gehen. Man kann nun dasjenige, was man da an der Pflanze selber nun schon gewonnen hat als ein Heilmittel, das kann man nun wiederum als eine Art Düngemittel verwenden und dann die Kraft noch verschärfen. Man wird da etwas bekommen, was die gewöhnliche physische Verreibung in einem wesentlichen Grade wirksamer macht, also in etwas verwandelt, was in einem wesentlichen Grade wirksam ist, indem man gewissermaßen die Formung, die Zubereitung der Natur selber und den in der Natur wirkenden Kräften dadurch übergibt. Man wird sich natürlich dann auch über Folgendes weiter klar sein müssen. Man wird sich zum Beispiel sagen: Wenn also ein mineralisch-metallisches Mittel wirken soll, wie muß es denn wirken? – Die Salze, die übrigens auch mineralische Mittel sind, erzeugen schon mehr die Wirkung nach dem Innern des Menschen. Die peripherischesten Tätigkeiten aber werden beeinflußt gerade von den mineralisch-metallischen Substanzen, die sozusagen am konsistentesten sind. Da werden wir eine Erwägung anzustellen haben, aber immer wie gesagt aus den Untergründen geisteswissenschaftlicher Erkenntnisse heraus, sonst zersplittern die Gedanken nach allen möglichen Irrwegen hin. Die geisteswissenschaftlichen Gedanken sind diejenigen, die ein solches Denken in die richtige Richtung bringen. Wir können, sagen wir, irgendein Metall haben; wir wissen, ein solches Metall ist sehr schwach angreifbar von dem Innern des menschlichen Organismus aus. Da muß schon die Ich-Tätigkeit sehr angeregt werden, denn das Ich ist es, das gewissermaßen hinuntergreift, hineingreift in das Innere der Substanz, das Innere der Substanz seinem Zwecke gemäß anordnet und dann in dem Organismus eben zur Ich-Tätigkeit aufruft, so daß wir – weil das Ich sich in dieser Tätigkeit verstärken lassen kann durch den astralischen Leib –, wenn wir Metalle anwenden, Mineralien anwenden, dann immer sehen müssen, daß wir die Ich-Tätigkeit oder die astralische Tätigkeit, die dann wieder zurückwirkt auf das Ich, oder die Wechselwirkung von astralischer Tätigkeit und Ich-Tätigkeit, anregen. Solch eine Anregung kann zum Beispiel in folgender Art geschehen: Wir machen eine Metallsalbe, streichen sie auf. Wir streichen sie auf, sagen wir, bei einem Hautausschlag. Wir regen damit peripherisch die Ich-Tätigkeit an. Diese Ich-Tätigkeit wird durch Reaktion im Innern des Menschen ebenso angeregt; es entsteht zunächst im Innern des Menschen verschärfte Nerven-Sinnestätigkeit in irgendeinem Organ, und von da aus verschärfte Atmungstätigkeit, indem das auf das Astralische übergeht. Und wir bekommen eine Wirkung derjenigen Kräfte im Innern heraus, die dem Hautausschlag entgegenwirken. Wir rufen den ganzen Körper auf, um dem Hautausschlag entgegenzuwirken.

Nun kann man sagen, daß man daraufhin die verschiedenen Metall- und Mineralsubstanzen überhaupt studieren kann. Sie haben zum Beispiel in dem Blei etwas, was in außerordentlich starker Weise auf die Nerven-Sinnestätigkeit wirkt, und dann wiederum in Dependenz davon auf die innere Atmungstätigkeit, aber auch auf jene innere Atmungstätigkeit, die sich zum Beispiel in den äußeren peripherischen Organen abspielt. Wenn wir also Blei verwenden, können wir sehr viel wirken, wenn es nötig ist, so etwas, wie eben beschrieben worden ist, hervorzurufen, wenn wir das Blei als Salbe verwenden oder auch wenn wir es eben eingeben. Nur müssen wir uns natürlich klar sein, daß wir, wenn wir es eingeben, so wirken, daß wir durch die Tätigkeit der Verdauungsorgane, die angeregt werden, die Reaktion des oberen Menschen hervorrufen. Wenn wir im oberen Menschen selbst irgendwelche vorsichtig zubereiteten Bleisalben verwenden, so wirken wir direkt auf dieses obere System. Und wir werden gerade, wenn wir Menschen haben, welche irgendwie an Kopfschwäche leiden, bei denen also der obere Mensch keine richtige Nerven-Sinnestätigkeit entwickelt und auch keine richtige Atmung entwickelt, mit solchen Bleikuren, wenn wir sie eben nur so weit treiben, daß sie zu keiner Vergiftung führen können, sehr viel ausrichten können. Bei allen diesen Dingen, die wir ja gewissermaßen ablesen können von dem, was uns die letzten Tage und auch der vorige Kursus gebracht haben, handelt es sich darum, daß wir uns über Folgendes klar sind.

Da gibt es vor allen Dingen einen großen Gegensatz. Alles dasjenige, was mehr nach dem Silber hinübergeht, das verhält sich in gewissem Sinne als Metall polarisch zu all demjenigen, was mehr nach dem Blei hinübergeht. Nun haben wir natürlich in bezug auf diese Dinge außerordentlich mangelhafte Mineralsysteme. Unsere Mineralsysteme sind im Grunde genommen außerordentlich mangelhaft, denn bei einem naturgemäßen Mineralsystem würden diese Verwandtschaftsverhältnisse der Metalle berücksichtigt werden müssen, und wir würden sehen, daß bei einem solchen System gewissermaßen an dem einen Pole liegen die Bleiverbindungen, das Blei selber, daß an dem andern Pole das Silber liegt, daß in der Mitte zum Beispiel das Aurum, das Gold steht, und die anderen dann entsprechend angeordnet sind. Polarisch, sage ich, sind Silber und Blei aus dem Grunde, weil das Silber unmittelbar auf den Gliedmaßen-Stoffwechsel wirkt, und zwar recht peripherisch, recht sehr auf dasjenige, was vom Gliedmaßen-Stoffwechselorganismus nach außen gelagert ist; ebenso wirkt das Blei auf alles dasjenige, was vom Kopforganismus nach außen gelagert ist. Es wirkt also das Silber anregend auf die Nerven-Sinnestätigkeit im Stoffwechsel-Gliedmaßen-System und fördert von da aus dann die

Tätigkeit, die den ganzen Körper durchdringt, und die eine Anregung der Atmung ist bei all dem, was ich gestern genannt habe Metamorphose des zentralen Herzorgans.

Dagegen wirkt alles dasjenige, was vom Blei ausgeht, auf die Nerven-Sinnestätigkeit des Kopfes, auf die Atmungstätigkeit, die von da aus angeregt wird. Dadurch wirkt es anregend auf alles dasjenige, was eben in der anderen Metamorphosierung besteht, in der Kopfgestaltung, der Lungengestaltung, der Lebergestaltung, also derjenigen Organe, die gewissermaßen die andere Organisation des Menschen so umschließen, wie die Lunge das Herz umschließt, und damit eigentlich die Urgestalt desjenigen aufzeigt, was in einer gewissen Beziehung als Zirkulationsmensch der ganze Mensch ist. Wir haben die Lunge, die das Herz umschließt, wir haben gewissermaßen die Lunge, umspannend, umgreifend mit dem Atmungswesen das Zirkulationswesen. Aber ebenso haben wir, wenn wir den Menschen betrachten in bezug auf seine Gehirngestaltung, auf Lungengestaltung und Lebergestaltung, also wenn wir den ganzen oberen hinteren Menschen betrachten, eine weitergehende Atmung, umspannend alles dasjenige, was Zirkulationsgefäße sind mit dem Herzen zusammen. Was dann Verdauungsorganisation und auch Sexualorganisation ist, das haben wir auf diese Weise dann von dem oberen und hinteren Menschen umschlossen. Die Organisation ist so, daß der obere und hintere Mensch den unteren und vorderen Menschen eigentlich umschließt. Wenn man das durchgreifend versteht und in dem Zusammensein, in dem Aufeinandersein des oberen und hinteren Menschen mit dem unteren und vorderen Menschen, was sich also hauptsächlich auslebt in der Wechselbeziehung zwischen Herz und Lunge, wenn wir das ordentlich betrachten und darinnen, in diesem Zusammenleben das Rhythmische studieren und dann die Nerven-Sinnestätigkeit an demjenigen studieren, was oben und hinten ist, was aber natürlich seinen anderen Pol in dem vorderen und unteren Menschen hat, und wenn wir dasjenige, was Stoffwechsel-Gliedmaßenvorgänge sind, an dem vorderen und unteren Menschen betrachten und wiederum in seiner anderen Ausbildung am oberen und hinteren Menschen studieren, dann haben wir den ganzen Menschen vor uns und können ihn auf diese Weise dann entsprechend auch in seinen anderen Prozessen beherrschen.

Von da ausgehend wollen wir dann morgen übergehen zu der speziellen Besprechung unserer eigenen Heilmittel und dabei noch einige der Fragen, die gestellt worden sind, berücksichtigen, was sich naturgemäß wird ergeben können.

SECHSTER VORTRAG

Dornach, 17. April 1921

Meine lieben Freunde, wir wollen heute einmal – nicht wahr, es wäre ja so unendlich vieles anzuführen über die Beziehungen des Hygienisch-Therapeutischen zur Eurythmie – wir wollen heute einmal in Erwägung ziehen, ich möchte sagen das zunächst nach dem Geistigen hin gelegene Physiologische, das sich uns ergibt, wenn wir die eurythmische Übung ins Auge fassen. Natürlich dasjenige, was sich beobachten läßt an der Kunsteurythmie in dieser Beziehung, das wird alles in verstärktem Maße einem entgegentreten, wenn man von der Kunsteurythmie übergeht zu dem, was wir als eine gewisse verstärkte Eurythmie in diesen Tagen kennengelernt haben. Aber das Wesentliche, um was es sich handelt, kann schon an der Ausführung eines Eurythmischen rein künstlerisch auch beobachtet werden, und dann kann gewissermaßen die Physiologie dafür gesucht werden. Nun wollen wir, um dieses zu tun, einmal folgendes ausführen.

Vielleicht ist Frau Baumann so gut und führt abwechselnd vokalisch und konsonantisch aus das Gedicht, das Sie (Frau Dr. Steiner) vielleicht rezitieren: «Über allen Gipfeln ist Ruh.»

Nun machen wir uns klar, was da eigentlich vorgeht; aber gehen wir ganz exakt vor dabei. Was geht vor? Es wird eine Dichtung rezitiert. Also derjenige, der eurythmisiert – der kommt ja physiologisch für uns jetzt in Betracht –, derjenige, der eurythmisiert, hört an, er hört zu. Das ist das erste, was wesentlich zu beachten ist: er hört zu. Also er spricht nicht selbst, er hört zu. Das ist das Wesentliche. Und er hört etwas an, was im wesentlichen das sinnerfüllte Wort, der sinnerfüllte Wortzusammenhang ist. Also er hört sich an etwas, worinnen Denktätigkeit, Vorstellungstätigkeit lebt. Also dasjenige, was er äußerlich wahrnimmt, ist Vorstellungstätigkeit, gekleidet in den Lautzusammenhang. Nicht wahr, das ist etwas, was der Mensch in seinem wachen Tagesleben oftmals tut. Was geschieht denn da eigentlich, wenn der Mensch in seinem wachen Tagesleben dieses tut? Sie werden leicht bemerken, wenn Sie psychologisch-physiologisch sich den Vorgang überlegen, daß beim Zuhören stattfindet ein leises partielles Einschlafen. Ich und astralischer Leib gleiten hinüber in dasjenige, was sie aufnehmen, sie leben sich hinein in dasjenige, was sie aufnehmen. Der Mensch tritt also gewissermaßen leise aus sich heraus, indem er zuhört. Er verfällt, indem er zuhört, in einen Zustand, der schlafähnlich und wieder nicht schlafähnlich ist. Schlafähnlich ist er dadurch, daß sein Ich und sein astralischer Leib leise heraustreten. Nicht schlafähnlich ist er dadurch, daß dieses Ich und der astralische Leib doch empfänglich bleiben, wahrnehmend bleiben und sich bewußt bleiben. Es ist also dasjenige, was da sich abspielt, außerordentlich ähnlich dem Imaginieren. Es ist ein leises bewußtes Imaginieren, ein bewußtes Imaginieren, das noch sehr stark in das Unterbewußte hinuntergedrängt ist. Das ist der Vorgang.

Nun, gegen jeden solchen Vorgang gibt es eine Reaktion des Menschen selbst; diese Reaktion des Menschen selbst beachten wir auch. Also jetzt schauen wir auf dasjenige, was sich bei einem Menschen vollzieht, der eben nicht rezitiert. Was tut denn der, wenn er zuhört? Er bringt seinen Ätherleib in Bewegung. Der Ätherleib reagiert. Der Ätherleib nimmt tatsächlich diejenigen Bewegungen an, die er ausführt, aber viel schwächer, wenn der Mensch schläft und seinen Ätherleib im physischen Leib zurückläßt. Wenn der Mensch schläft und seinen Ätherleib und physischen Leib zurückläßt, so ist ja dieser Ätherleib wesentlich tätiger, als wenn der Mensch wacht. Nun werden in einem verstärkten Maße bei diesem abgelähmten Schlafe, der im Zuhören stattfindet, die Bewegungen des Ätherleibes wachgerufen. Man kann beobachten diese Bewegungen des Ätherleibes. Man hat also im zuhörenden Menschen einen Menschen, der gesteigert diejenigen Bewegungen zeigt, die sonst abgeschwächt der Mensch im Schlafe zeigt. Man kann also auch beim zuhörenden Menschen, und zwar, indem es einem geradezu vordemonstriert wird, die Ätherbewegungen des Menschen beim Schlafe studieren. Man braucht den Menschen gar nicht im Schlafe zu studieren, man kann die Ätherbewegungen des Menschen studieren, wenn er zuhört, und auch da gerade die verstärkten Schlafbewegungen des Ätherleibes. Diese Bewegungen, die studiert man, und man läßt sie nun vom physischen Leibe ausführen, das heißt, man läßt den physischen Leib in alle die Ätherbewegungen hineingleiten, die man auf die eben angegebene Weise studiert hat. So daß man also in der Eurythmie dasjenige ausführt, was der Mensch beim Zuhören mit seinem Ätherleibe fortwährend ausführt. Sie sehen, was da eigentlich geschieht.

Nun, nachdem man so beobachtet hat dasjenige, was da eigentlich geschieht, so wird sich einem auch ergeben, was die Wirkung ist. Die Wirkung ist diese, daß man ins Bewußtsein hereinführt, eben auf dem Umwege durch die physische Bewegung ins Bewußtsein einführt, was sonst unbewußt geschieht. Man regt also damit wiederum auf dem Umwege durch den physischen Leib astralischen Leib und Ich an, man macht sie so, daß sie verstärkt sind. Was geschieht aber dadurch? Wenn astralischer Leib und Ich auf diese Weise verstärkt sind, dann wird ihre Tätigkeit ähnlich derjenigen, die im Naturzusammenhang beim Kind und beim noch heranwachsenden Menschen wirkt. Man appelliert also an die Wachstumskräfte des Menschen. Man arbeitet direkt in den Wachstumskräften des Menschen. Ist der Mensch noch ein Kind und droht er im Wachstum zurückzubleiben, so regt man dadurch sein Wachstum an. Ist der Mensch kein Kind mehr, haben die Wachstumskräfte schon abgenommen, oder ist der Mensch gar in der zweiten Hälfte seines Lebens, so wendet man sich an die Jugendkräfte, wendet man sich an verjüngende Kräfte in ihm, die aber, weil ja der menschliche Organismus schon ausgewachsen ist, nicht zu seinem Wachstum beitragen können. Wir können ein Kind in seinem Wachstum fördern, wenn wir es eurythmisieren lassen, [oder] in seinem abnormen Wachstum bekämpfen.* Bei einem erwachsenen Menschen setzt der innere Organismus zu großen Widerstand entgegen, als daß wir ihn noch wachsen machen könnten. Aber dennoch führen wir diese Wachstumskräfte in ihn ein. Die Folge davon ist, daß sie an dem Widerstand des Organismus anprallen und sich dadurch metamorphosieren, das heißt, sie regen in diesem metamorphosierten Zustand die plastische Kraft der inneren Organe an. Sie wirken anregend auf die plastische Kraft der inneren Organe, und diese inneren Organe lernen dadurch besser atmen, sie lernen dadurch besser verdauen. Sie werden also in bezug auf die ganze notwendige Tätigkeit des menschlichen Organismus angeregt. Wenn Kunsteurythmie ausgeführt wird, so darf sie natürlich nicht zugleich als Heileurythmie gedacht werden, obwohl sie in dem Augenblicke, wo der Mensch anfängt, überhaupt irgendwie abnorm zu sein, auch heilend wirken wird. Aber wir haben ja auch schon die Beispiele betrachtet, wo

* Im Stenogramm auch möglich als «dämpfen» zu lesen.

wir durch Verstärkung der gewöhnlichen Eurythmie gesehen haben, wie auch natürlich dasjenige verstärkt werden muß, was als Reaktion auftritt, und wir können uns jetzt eine Vorstellung machen, wie in die Plastik der Organisation hinein diese Eurythmie wirkt.

Sie können verstehen, daß die habituelle Ausübung der Eurythmie für den Menschen zunächst die Plastik der Organe, die plastische Kraft der Organe anregt, daß der Mensch in seinem Inneren ein besserer Atmer wird, daß er in bezug auf die nach innen gelegene Verdauung ein – wenn ich mich so ausdrücken darf – besserer Mensch wird. Er wird ein Mensch, der mehr seinen ganzen Organismus in seine Willkür hereinbekommt. Er wird ein innerlich geschickterer Mensch. Und eigentlich besteht alles Künstlertum darinnen, daß man den inneren Menschen beweglich, plastisch, geschickt macht. Man kann das schon sehen, wenn man zum Beispiel plastisch arbeitet. Man kann eigentlich nicht richtig plastisch arbeiten, wenn man nicht in seinem inneren Erleben übergehen kann, sagen wir zum Beispiel in die Figur, die man plastisch ausarbeitet, wenn man nicht diese Kräfte lebendig machen kann in sich selber, die diese Figur bilden, die in dieser Figur sich ausdrücken wollen. Aber wenn man dann noch den menschlichen Organismus selber als ein Werkzeug betrachtet und das Entsprechende im Inneren tut, dann ist dasjenige, was bei dem äußeren Künstlertum der Fall ist, in einem noch erhöhten Maße der Fall, denn dann kann man gar nicht anders, als daß man im Inneren das Entsprechende hervorruft für die äußere Bewegung.

Wir wollen nun, wenn Sie so gut sind, das Gedicht noch einmal machen, und zwar so, daß Sie rein vokalisch, also nur mit Betonung der Vokale die Eurythmie ausführen. (Frau Dr. Steiner rezitiert, Fräulein Wolfram eurythmisiert.)

Hier ist dasjenige, was ich über die Physiologie des Eurythmischen eben gesagt habe, spezialisiert. Wenn also rein vokalisch eurythmisiert wird, haben wir nicht im vollen Sinne dasjenige zum Ausdruck gebracht, was ich eben charakterisiert habe. Was ich eben charakterisiert habe, das ist richtig für den Fall, daß gesprochen wird und dabei abwechselnd konsonantierende und vokalisierende Bewegungen gemacht werden. Für dasjenige, was wir eben ausgeführt haben, ist das, was ich gesagt habe, nicht ganz richtig, sondern wir müssen es selbst spezialisieren. Denn hier werden ganz bestimmte differenzierte Bewegungen ausgeführt, die sich also herausstellen als solche Bewegungen im Ätherleib, die vorzugsweise sich beziehen auf alles dasjenige, was im rhythmischen System selber liegt. Also dasjenige System fassen wir als ätherisches System ins Auge, das sich insbesondere beim Sprechen beteiligt. Fassen wir dieses ins Auge. Wenn der Mensch dem Vokalischen zuhört – natürlich, die Sache ist so spezialisiert nur in der Eurythmie vorhanden, aber gerade deshalb muß sie hervorgehoben werden, weil sie da für das Therapeutische besonders wichtig ist – wenn der Mensch dem Vokalischen zuhört, also wenn man ihm nur eine Aufeinanderfolge von Vokalen rezitieren würde, oder wenn man ihn eben nur solche Bewegungen machen läßt – da hört er ja gewissermaßen eurythmisierend solchen Bewegungen zu, die Ausdrucksformen für das Vokalisieren sind –, dann kommen gewöhnlich beim Menschen nun, der dem Vokalisieren zuhört, diejenigen Bewegungen des Ätherleibes in der früher beschriebenen Weise zur Betätigung, die dem rhythmischen System entsprechen. Und man läßt nun diejenigen Bewegungen wiederum ausführen von dem Eurythmisierenden, durch die er mit seinem physischen Leib in diese Bewegungen hineingleitet, die sonst durch den Ätherleib beim Zuhören des Vokalischen sich abspielen. Das ist also die Spezialisierung der Sache. Dadurch aber werden insbesondere zur Atmungs- und inneren Verdauungstätigkeit diejenigen Organe angeregt, die Organe für das rhythmische System sind. Die werden gestärkt, in denen wird der Appell an die Wachstumskräfte gerichtet beim noch heranwachsenden Kinde, oder an die plastischen Kräfte, die an der Organisation eben ihren Widerstand haben, bei dem erwachsenen Menschen.

Das führt Sie in die Physiologie gerade des vokalischen Eurythmisierens hinein. Wenn Sie also dasjenige zu therapeutischen Zwecken anwenden, was dem Vokalisieren entstammt in der Eurythmie, dann werden Sie auf die rhythmischen Organe ganz besonders wirken.

Nun darf ich Sie vielleicht bitten, Frau Baumann, konsonantierend dasselbe Gedicht noch einmal auszuführen. Sie werden beim bloßen Anblick den radikalen Unterschied beim Konsonantieren gegenüber dem Vokalisieren ja unmittelbar merken. Dieser Unterschied ist auch ein durchaus radikaler. Und wenn wir dasjenige, was wir jetzt eben gesehen haben, studieren wollen, dann müssen wir uns klar sein darüber, wie sich die Sache verhält beim gewöhnlichen Anhören, wenn wir also nur Konsonantisches anhören würden. Es ist ja das beim Kulturmenschen wenig der Fall, aber bei weniger zivilisierten Volksstämmen kommt es allerdings vor, daß sie viel Konsonantisches anhören müssen. Denn bei weniger kultivierten Volksstämmen hat die Sprache [eine] wesentlich reichere Konsonantenwelt und da ist ein starker Übergang von einem Konsonanten zum andern, unbehelligt durch das dazwischenliegende Vokalische, vorhanden. Sie können das sogar noch bis [nach] Europa herein beobachten. Schauen Sie sich einmal tschechisch geschriebene Worte an, so werden Sie sehen, wie Sie da Konsonantenzusammenstellungen haben. Nun, selbstverständlich, wenn sie ausgesprochen werden, so klingt das Vokalische in diesen Konsonantenzusammenstellungen schon mit, aber es durchsetzt sie nur so wie eine fortlaufende, kaum nuancierte Strömung. Und wenn Sie dem Tschechischen zuhören, so werden Sie sich einfach sagen müssen: Dieses Anhören des Konsonantischen ist ein ganz anderes als das Anhören eines in einer Sprache Gegebenen, die außerordentlich gut vokalisierend ist.

Man hat es also da mit einem ganz andern Prozeß zu tun, und diesen Prozeß kann man in der folgenden Weise am besten charakterisieren: Dieser Prozeß, er ist also als gewöhnlicher Anhörungsprozeß, er ist ein starkes Hervorrufen derjenigen Bewegungen des Ätherleibes, die bei den physischen Bewegungen sonst eigentlich ausgeführt werden. Sie werden zurückgehalten. So daß also der Mensch beim Anhören des Konsonantischen in einer gewissen Spannung lebt. Er möchte eigentlich unbewußt, beim Anhören des Konsonantischen, äußerlich physisch imitieren, nachahmen, und hält es zurück. Diese Spannung lebt da. Es ist im wesentlichen ein Beruhigungszustand, aber ein künstlich hervorgerufener, durch eigene Ich-Kraft hervorgerufener Beruhigungszustand gegenüber den Bewegungen, die eigentlich ausgeführt werden wollen. Es ist also ein in sich gestaltetes* Wollen, das beim Anhören des Konsonantischen zutage tritt. Sie werden daher auch finden, daß das Anhören des Konsonantischen außerordentlich innerlich kräftigt, stark macht. Und man kann schon studieren, wenn man dafür ein Auge hat, man kann schon studieren wie solche Völker, wie zum Beispiel das tschechische Volk sich in seinem Inneren ausnimmt, wie sich da

* Von Helene Finckh so übertragen, bei späteren Kontrollen eher als «gestähltes» gelesen. In früheren Ausgaben «gestautes».

der Mensch in seinem Inneren ausnimmt, mit diesen Spannungskräften, mit diesen aggressiven Kräften, wenn man weiß, daß das an dem Konsonantieren der Sprache herangebildet ist, dieses fortwährende Zurückhalten desjenigen, was eigentlich physische Bewegung werden will.

Nun ist es ja wiederum ein Herausgehen des Menschen, ein Übergehen in den Schlafzustand, und dieses Herausgehen des Menschen, dieses Übergehen in den Schlafzustand, es ist außerordentlich interessant. Sehen Sie, beobachten Sie einmal schematisch den Menschen: Kopf, rhythmisches System, Gliedmaßen-Stoffwechselsystem.

T 4

Engagiert beim Konsonanten-Zuhören ist ja vorzugsweise das Gliedmaßen-Stoffwechselsystem. Der Mensch will seine Glieder bewegen, will in Bewegung übergehen, nur ist die Bewegung in Spannung versetzt. Er geht gewissermaßen in einen Schlaf über, der eigentlich sonst nicht ausgeführt wird, denn es bleiben eigentlich Ich und astralischer Leib wie im* gewöhnlichen Schlafe, bleiben im Organismus drinnen.** Jetzt sucht man sogar eine Art künstlichen Schlafs herbeizuführen für das Gliedmaßen-Stoffwechselsystem in diesem Falle. Aber da macht sich dann die starke Reaktion bemerkbar, diese starke Reaktion, wenn man gewissermaßen einschläft mit seinem Gliedmaßen-Stoffwechselmenschen. Diese Reaktion besteht darin, daß man träumt. Aber nun ist wiederum das Bewußtsein

* Nicht eindeutig zu entziffern, möglicherweise «beim» an Stelle von «wie im».
** Zu dieser Aussage siehe Hinweis dazu.

nicht dazu hergerichtet, daß man träumt. Es entstehen gewissermaßen Träume am Menschen, die ihn umspielen (orange).

T 4

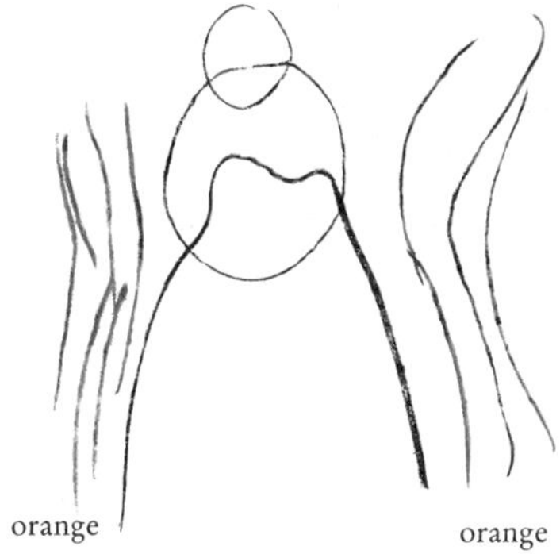

Er beeinflußt die äußere Astralität und den äußeren Äther. Solche Menschen, die Konsonantischem zuhören, machen in ihrer Umgebung eine Verstärkung der Aura, und diese Verstärkung der Aura, die spricht sich wiederum polarisch dadurch aus, daß nun dasjenige, was da im Unterbewußtsein bleibt, als polarischer Inhalt, als Willensgefühlsfaktor den Kopforganismus umspielt (violett) und in den Kopforganismus sich hineinsetzt.

T 4

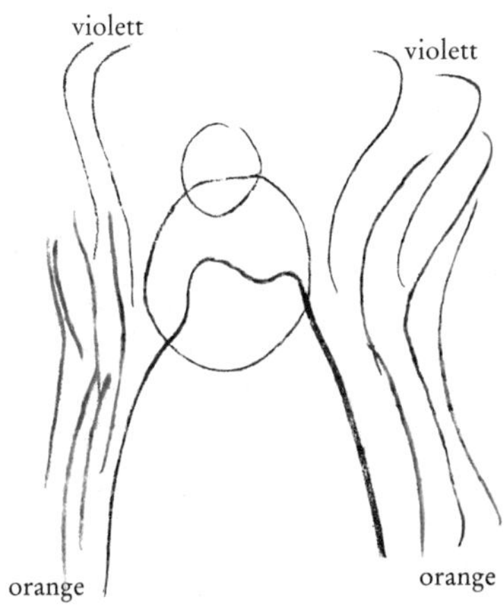

Sie können daher bemerken bei solchen Menschen, die ans Konsonantieren gewöhnt sind, eine Verstärkung ihres Eigensinnes, eine Verstärkung des Eigenwillens. Es sind in Wille umgewandelte Träume, die da durch den Kopforganismus spielen, in Wille umgewandelte Träume.

Was ist denn das eigentlich physiologisch richtig angesehen «in Wille umgewandelte Träume»? Wenn man dafür das ätherisch-physische Korrelat betrachtet – das ist im wesentlichen dasjenige, was nun plastisch wirkt in der Kopforganisation. Man hat also vorzugsweise das plastische Wirken auf die Kopforganisation, und man wird solche Kopforganisation, welche gewissermaßen hinter sich selber zurückgeblieben ist, die wird man auf diese Weise anregen können. Hat man es also zu tun mit einem Schwachsinnigen, hat man es zu tun mit jemandem, bei dem man sonst konstatieren kann, physisch konstatieren kann, daß seine Kopforganisation nicht in Ordnung ist, so lasse man ihn konsonantierend eurythmisieren, und man greift ein in diejenige Kraft, die sonst als traumhafter Wille in der ganzen übrigen, in der Gliedmaßen-Stoffwechselorganisation wirkt und da die Organisation anregt, in Regsamkeit erhält. Man macht dem Schwachsinnigen und dem sonst in der Kopforganisation Zurückgebliebenen seinen Kopf regsamer. So daß man also brauchen kann diese Art von Eurythmie, um Heilkräfte in bezug auf die Kopforganisation hervorzurufen. Insbesondere wenn man das verstärkt ausführen wird, was wir ja als Verstärkung, als verstärkte Metamorphose der Konsonanten in der Eurythmie, was wir da in den letzten Tagen gehört haben.

Es ist ja natürlich, wenn man die Physiologie des Eurythmisierens ins Auge fassen will, daß man den bewegten, regsamen Menschen ins Auge fassen muß, daß man also gewissermaßen wirklich Physiologie treiben muß. Denn mit der gewöhnlichen Physiologie treibt man eigentlich keine Physiologie, sondern man geht im Grunde genommen doch, selbst wenn man seine Versuche am Lebendigen macht, vom Maschinellen aus, oder man geht ganz von der Leiche aus und schließt dann auf das eigentlich Physiologische. Man hat also etwas, was man erschlossen hat. Das, was man sonst erschlossen hat, das muß man der Regsamkeit des Menschen ablesen, wenn man es zur Physiologie dieser Prozesse bringen will, und man wird sehen können, daß von einem solchen Studium eine Belebung der gesamten Physiologie wiederum ausgehen kann. Denn bedenken Sie nur das Folgende:

Was ist eigentlich, jetzt am lebendigen Menschen betrachtet, die Verdauungstätigkeit? Sie ist Stoffwechseltätigkeit, die nach dem Rhythmischen hin stößt, nach dem Rhythmischen hin sich entfaltet. Verdauungstätigkeit ist Stoffwechsel, der gewissermaßen aufgefangen wird von dem Rhythmus der Zirkulationsorgane. Es spielt sich ja fortwährend ein Prozeß ab, der eine Zusammensetzung ist aus der Stoffwechseltätigkeit in der Gewebeflüssigkeit. Und dasjenige, was sich abspielt als Stoffwechseltätigkeit in der Gewebeflüssigkeit, das wird, indem der Rhythmus heranschlägt*, selber von diesem Rhythmus der Zirkulationsorgane mitgenommen, mitgerissen, und es geht die mehr chaotische Tätigkeit, das Chaos, das stattfindet in den Regungen der Gewebeflüssigkeit, das geht über in den Rhythmus des Zirkulationssystems. Und in so etwas, wo das Chaos der Gewebeflüssigkeit übergeht in die regelmäßige rhythmische Betätigung des Zirkulationssystems, in dem lebt sich ja physisch aus dasjenige, was menschliche Willenstätigkeit ist. Willenstätigkeit – die man wiederum jetzt genau unterscheiden muß vom äußeren Tun, obwohl sie sich in dieses äußere Tun ergießt –, die besteht darinnen, daß ein fortwährender Übergang stattfindet zwischen chaotischer Regsamkeit in der Gewebeflüssigkeit und rhythmisch-regelmäßiger Tätigkeit, auch harmonisierender Tätigkeit in dem Zirkulationswesen. Dadurch aber, daß dieses stattfindet, harmonisiert sich die Innenwelt des Menschen, das innerhalb der Haut Gelegene, mit dem äußeren Wesen des Menschen. Der Mensch gliedert sich gewissermaßen, indem er sein Eigenwesen** herabsetzt, in das Wesen der Außenwelt ein. Indem man daher eurythmisch auf diese Tätigkeit wirkt, wie wir es ja beim Konsonantieren gesehen haben, ist das so, daß wir in der Tat entgegenwirken dem Eigensinnig-Werden des Menschen, dem Egoistisch-Werden des Menschen, aber auch im organischen Sinne dem Egoistisch-Werden des Menschen. Denn was heißt denn egoistisch werden des Menschen eigentlich? – Sehen Sie, egoistisch werden des Menschen heißt, organisch ausgedrückt: die Organe verlieren ihre plastische Kraft und nehmen zu in bezug auf ihre starre Kristallisationskraft. Sie wollen gewissermaßen nicht mehr Plastiker sein, sie wollen sich nähern dem Kristallisierungszustande. Dem arbeitet man entgegen durch das konsonantierende Eurythmisieren.

* Möglicherweise «heraufschlägt» laut Stenogramm.
** «Eigenwesen» laut Stenogramm, vorher «Innenwesen».

So sehen Sie eigentlich ganz in die menschliche Organisation hinein. Egoisten sind eigentlich immer Menschen, deren Magen und Leber und Lungenflügel drohen, anzunehmen richtige Keilform. Sie wollen Keile werden, sie wollen ins Kristallinische übergehen, währenddem Menschen, die krankhaft selbstlos sind, bei denen fließen diese Organe aus. Sie haben keine Kristallisationskraft, sie haben plastische Kraft, sie runden sich. Das ist ja auch ein krankhafter Zustand. Immer ist es ja das Ausschlagen des Pendels nach der einen und nach der andern Seite, was man zu beachten hat.

Nun beachten Sie einmal die eigentliche auch geistige Tätigkeit so: Wenn der Mensch denkt und vom Denken aus fühlt all dasjenige, was man im gewöhnlichen Leben die Tätigkeit nennt, welche man [als] geistige bezeichnet – sie wird ja ausgeführt von der physischsten Kopforganisation, also gerade dadurch ist sie die sublimierend geistige Tätigkeit, das Individualisierende auf der einen Seite, das abstrakt Gefühlte auf der andern Seite – wenn der Mensch diese geistige Tätigkeit ausführt, was geschieht denn dann? Sehen Sie, dann zieht er aus seinem Organismus heraus diejenige Kraft, welche ihn befähigt, sich als Glied in die Außenwelt hineinzuversetzen. Er zieht auch aus seinem Organismus heraus diejenige Kraft, die ihn krankhaft dazu verführt, auszufließen. Er macht sich geradezu zum Kristallisator, wenn er geistig tätig ist. Gewisse, insbesondere – wie ich glaube – mehr nach Norden gelegene Völker, die haben ein starkes instinktives Bewußtsein sich angeeignet für diese Dinge. Und sie haben zwar heute noch keine Neigung, das Eurythmische nach diesem instinktiven Bewußtsein einzurichten, sie verwenden dann dasjenige, was mehr äußerlich physiologisch ist, das schwedische Turnen und so weiter, aber sie benutzen doch die eigentümliche Wechselwirkung, die da besteht zwischen derjenigen Tätigkeit, die die Kinder ausführen müssen, wenn sie in der Schule szientifisch wirken sollen, nicht wahr, denken sollen und so weiter, diese Tätigkeit lassen sie abwechseln mit demjenigen, was dann zur Bewegung anregt. Sie fordern auch schon, daß jeder Lehrer eigentlich ein Turnlehrer sei, sie fordern wiederum von dem Turnlehrer, daß er auf der geistigen Höhe des Kindes steht. Solche Dinge sind ja in einer fortgeschrittenen Zivilisation durchaus zu berücksichtigen, und wenn ich eine bissig erscheinende, aber durchaus nicht bissig gemeinte Bemerkung, die nur aufklärend sein soll, machen will, so könnte ich sagen: Um diese Dinge instinktiv zu berücksichtigen, dazu gehört Zeit. – Das muß also bei Völkern ausgeführt werden, welche sonst weniger am Zivilisationsprozeß teilnehmen, die mehr für sich leben, ein abgeschlossenes Leben für sich leben, und die also instinktiv nach und nach ausbilden können dasjenige, was sich auf solchen Rhythmus von geistiger Tätigkeit und physischer Tätigkeit bezieht wie zum Beispiel die Schweden und Norweger, die so eine Art isoliertes Dasein führen, die können ja solche Anschauungen ganz besonders gut instinktiv ausführen. Andere Völker, die mehr angewiesen sind darauf, solche Dinge bewußt auszuführen, weil sie sonst mehr sich betätigen an dem allgemeinen Weltprozesse, diese Völker, die also sich zum Beispiel beschäftigen müssen, was ja in der letzten Zeit sehr der Fall war, mit Kriegsführung und so weiter, die müssen dann um so mehr bewußt auf diese Dinge sehen. Und diejenigen, die durchaus eigentlich, weil sie mitten drinnenstehen in der Bewegung der Welt und ganz eigentlich sich in diese Dinge versetzen müssen, weil sich gewissermaßen um sie die Welt dreht, die werden schon sehen, was sie hinterlassen, wenn sie sich nicht bewußt diesen Dingen zuwenden, wie sie allmählich dekadent werden. Das ist etwas, was sich insbesondere die Schweiz sagen müßte.

Diese Dinge laufen also ein durchaus auch in das Betrachten der allgemeinen Weltverhältnisse, denn schließlich, nicht wahr, meine lieben Freunde, die allgemeinen Weltverhältnisse gehen ja aus dem Wirken der Menschen hervor, und sie gehen sogar heute noch viel mehr aus dem unbewußten Wirken der Menschen hervor als aus dem bewußten. Aber man hat die Aufgabe, das unbewußte Wirken der Menschen in das bewußte allmählich überzuführen.

Nun, diese geistige Tätigkeit, wie wirkt sie im Menschen? Sie wirkt, indem sie die Kristallisationskräfte wachruft. Sie wirkt daher bei ich-schwachen Menschen auf die Verstärkung des Ego, sie macht sie egoistischer. Aber wir haben ja nötig die Egoismuskräfte bei solchen Menschen, die organisch ausfließen, weil sie zu wenig egoistisch sind, diese Egoismuskräfte, nicht für die Seele, aber für den Organismus dann anzuregen. Wir können sie anregen ja auch durch äußere Mittel, und es wird ja natürlich sein, daß wir solchen Menschen, die organisch ausfließen, raten, zuckerhaltige Substanzen zu sich zu nehmen. Aber sie haben dafür manchmal gerade eine gewisse Antipathie, worin sich gerade die Tatsache erst recht ausdrückt.

Nun aber, das ist ja dasjenige, was uns jetzt in diesem Augenblick viel weniger interessiert. Was uns jetzt in diesem Augenblick interessiert, ist das, daß man ja durch die vokalisierende Eurythmie dazu kommt, nach dieser Richtung hin ganz besonders zu wirken, und daß man da gewissermaßen durch das vokalisierende Eurythmisieren den Menschen zu sich selbst bringen kann, organisch. Man kann diejenigen Kräfte wachrufen, die ihn organisch zu sich selbst bringen. Und das kann ja für gewisse Menschen außerordentlich notwendig sein, auch zum Beispiel für diejenigen Menschen, die verschlafen sind. Man wird aber auch sehen, daß die Abwechslung der beiden, des Vokalisierenden und des Konsonantierenden dadurch günstig wirkt, daß da ein lebendiger Rhythmus entsteht im Menschen, wie er auch sein soll zwischen der Hingabe an die Welt und der Zurücknahme in sich selbst. Das ist dann dasjenige, was durch das abwechselnde konsonantierende und vokalisierende Eurythmisieren hervorgerufen wird. Es ist natürlich dann ganz besonders notwendig, wenn man die Eurythmie zu Heilzwecken anwenden will, daß man dieses, ich möchte sagen physiologisch-psychologische Durchschauen dessen, was eigentlich vorgeht, sich aneignet, daß man also richtig weiß: Es neigt ein Mensch, der konsonantisch eurythmisiert, dazu, eine Art von Aura um sich hervorzurufen, welche dann wiederum auf ihn zurückwirkt und ihn herausbringt aus dem wesenlosen Zusammenfließen mit der Welt. Es wirkt bei dem Menschen, den man vokalisierend eurythmisieren läßt, die Sache so, daß gewissermaßen seine eigene Aura zusammengezogen wird, was ja immer auch bei der geistigen Tätigkeit der Fall ist, daß seine eigene Aura zusammengezogen wird, in sich verdichtet wird und daß dadurch die inneren Organe angeregt werden, den Menschen zu sich zu bringen.

In pädagogisch-didaktischer Beziehung ist es ja nun wirklich so, daß man wiederum durch die Abwechslung zwischen den Stunden, die man etwa an den Vormittag verlegt, in denen mehr geistig gearbeitet werden muß, und denjenigen Stunden, in denen mehr in Bewegung gearbeitet wird, also wo auch viel eurythmisiert wird, daß man dadurch eine rhythmische Tätigkeit in dem heranwachsenden Kinde hervorruft, die außerordentlich günstig wirkt, indem all die Schäden, die entstehen müssen bei zu starker geistiger Anstrengung, indem diese Schäden wiederum durch das Eurythmisieren ausgeglichen werden. Und deshalb stellt sich auch in den Gesamtunterricht das Eurythmisieren in einer außerordentlich wohltätigen Weise hinein.

Dasjenige, was ich nun über das Eurythmisieren den Ärzten speziell zu sagen habe, das werde ich dann in die Mitteilungen gegenüber den Ärzten noch hineinfließen lassen. Die eigentlichen eurythmischen Betrachtungen wollen wir damit abgeschlossen sein lassen und morgen zwei aufeinanderfolgende eigentliche Ärztestunden haben, wo die Eurythmisten dann nicht dabei sind, nämlich um halb neun und nach einer Pause um Viertel vor zehn.

Dankesworte von Dr. med. Friedrich Husemann

Wir stehen ja heute am Abschluß dieses Kurses, und es ist gewiß unser aller Bedürfnis, darauf noch einmal zurückzublicken. Wir haben, glaube ich, empfunden, daß gerade mit diesem Kursus noch ein gewisser Höhepunkt dessen gegeben ist, was wir bisher von Herrn Dr. Steiner als Anregungen für die Medizin bekommen durften. Daß es möglich war, einen Kursus hier zu halten für Ärzte und Künstlerinnen scheint mir doch ein Symbol gewissermaßen dessen, was wir eigentlich mit unseren anthroposophischen Bestrebungen in der Medizin wollen. Daß diese Synthese zustande kommen konnte ist vielleicht doch auch eine Erfüllung dessen, was Goethe in bildhafter Weise in seinem «Wilhelm Meister» einmal sagte, daß man die Medizinstudenten eigentlich nicht so sehr anatomisieren lassen sollte als vielmehr synthetisieren. Man sollte sie unterrichten, den menschlichen Körper wiederum zusammenzusetzen aus den einzelnen Muskeln, Knochen und Organen, und aus diesem Gefühl des Zusammensetzens heraus würde sich auch das gesunde Gefühl des Heilens ergeben.

Das, glaube ich, ist gerade mit diesem Kurs doch vor uns hingestellt, wie diese Möglichkeit des synthetischen Denkens und Fühlens wieder in uns angeregt werden kann, und daß gerade ein solcher Kursus, der zeigt, wie das Wort, wie das Geistige übergeht in die Bewegung, auf den Körper, daß er uns geradezu zum Tun anregen sollte und nicht zum Reden. Das liegt ja eigentlich in der ganzen Tendenz dessen, was uns hier gegeben ist.

Und darin liegt nun anderseits wieder eine kleine Schwierigkeit. Denn gerade wenn man sich zum Tun angeregt fühlt, kann man ja dazu kommen, zu viel zu tun, und es liegt so außerordentlich nahe, daß nun alle die Anregungen, die hier gegeben sind, eben recht viel und überall angewendet werden. Und da hat nun unsere Vereinigung gerade gebeten, noch einmal doch das recht ernst zu nehmen, was Herr Dr. Steiner wiederholt betont hat, daß man diese therapeutischen Anregungen eben doch als Therapeutische betrachten möchte, das heißt als solche, die unter der Kontrolle oder unter der Mitwirkung eines Arztes eben angewendet werden sollen, daß man nicht blind drauflos sie anwenden soll, denn das kann ja selbstverständlich zu schweren Mißerfolgen führen, wenn das geschieht, und wir müssen andererseits ja auch bedenken, daß alles, was als Dilettantisches dann herauskommt an die Öffentlichkeit, das dann doch schwer schädigend auf uns, auf unsere Bewegung zurückwirken kann.

Deshalb wollten wir Sie bitten, diese Ermahnungen, die Herr Dr. Steiner in dieser Beziehung gerade an uns gerichtet hat, doch recht ernst zu nehmen. Das, was hier gegeben ist, muß eben von uns verarbeitet werden. Aber das kann nur in ersprießlicher Weise geschehen, wenn wir eben zusammenarbeiten so, wie wir jetzt hier zusammengewesen sind. Deshalb möchte ich damit schließen, daß wir unseren Dank gegenüber Herrn Dr. Steiner eben gerade dadurch zum Ausdrucke bringen, daß wir wirklich das weiter verarbeiten, aber daß wir uns auch nicht nur tätig hineinstellen in unsere Bewegung, sondern gerade mit Verständnis.

ACHTER VORTRAG

Dornach, 18. April 1921

Es wird heute ein buntes Allerlei sein, was ich zu demjenigen, was auch mit Rücksicht auf unsere Heilmittel gesagt worden ist, noch an mannigfaltigstem eben hinzufügen möchte. Da möchte ich zunächst davon ausgehen, daß man in einer ähnlichen Weise, wie wir das gestern versucht haben in bezug auf die Pflanzenwelt, dasjenige interpretieren kann, was an Prozessen vorliegt, die auf den Menschen in bezug auf das Mineralische wirken. Da werden die Ansichten, die man sich verschaffen muß, aus dem Grunde komplizierter, weil man es ja, sobald man zum Mineralischen übergeht, nicht so genau wie bei Pflanze und Mensch gewissermaßen mit einander gegenüberstehenden, abgeschlossenen Wesenheiten zu tun hat, sondern man hat es mit etwas zu tun, wovon eines in das andere mehr direkt übergeht, und daher sind die Unterscheidungen schwierig. Nun handelt es sich ja auch bei der Herstellung der Heilmittel – und das werden Sie insbesondere bei unseren Heilmitteln stark ins Auge fassen müssen – nicht bloß darum, irgendeinen Stoff zu verwenden, sondern denjenigen Prozeß, in dem der Stoff lebendig drinnen steht, gewissermaßen in einem anderen einzufangen, so daß, wenn Ihnen irgendein Heilmittel nach seiner Wirkung bekannt wird, es sich oftmals darum handelt, diese Wirkung, die gewissermaßen nach der einen Seite hervorgerufen wird, nach der anderen Seite einzudämmen. Man kommt zum Beispiel in die Lage, bei dem Heilmittel, das wir herstellen aus Blei und aus einer gewissen Verarbeitung mit Honig – Sie werden ja das besonders verzeichnet finden –, zu sehen, wie die Bleiwirkung auf der einen Seite in einer gewissen Weise im Zaume gehalten werden soll durch die Honigwirkung. Es ist das so, daß man durch die Bleiwirkung im wesentlichen ungeheuer stark auf alles dasjenige wirkt, was vom Ich ausgehend die Bildeprozesse im Menschen sind.

Sehen Sie, wir mußten sagen, daß in der Kopfbildung des Menschen, oder besser gesagt von der Kopfbildung ausgehend beim Menschen eine physische Wirksamkeit vorliegt, dann aber ein ätherisches Abbild, ein astralisches Abbild, ein Ich-Abbild. Das Ich bildet sich im wesentlichen in dem Bewegungssystem ab, haben wir gesagt. Nun, auf dieses Ich-Abbild und in Verbindung mit dem astralischen Abbild wirkt ganz besonders ein dasjenige, was Bleiwirkung ist. Bei der Bleiwirkung haben wir es im wesentlichen zu tun mit einer außerordentlich verborgenen Naturgewalt, und für die okkulte Beobachtung ist das Erfahren der Bleiwirkungen von einer ganz außerordentlich tiefen Bedeutung. Die Bleiwirkungen sind nämlich außerordentlich wichtig für die menschliche Wesenheit, bevor sie sich überhaupt anschickt, herunterzusteigen in das physische Leben. Da kommen die Bleiwirkungen ganz besonders in Betracht. Das Blei hat ja nicht nur diejenigen Wirkungen, die uns bekannt sind, sondern das Blei hat im wesentlichen auch die polarisch entgegengesetzten Wirkungen. Und diese polarisch entgegengesetzten Wirkungen, die strahlen gewissermaßen vom Kosmos herein, während die uns bekannten Wirkungen in den Kosmos von der Erde hinausstrahlen, so daß man sie schematisch so darstellen könnte: Wenn das die Erdoberfläche ist, gehen die uns bekannten Bleiwirkungen von der Erde nach auswärts (Zeichnung, Pfeile);

Tafel 7

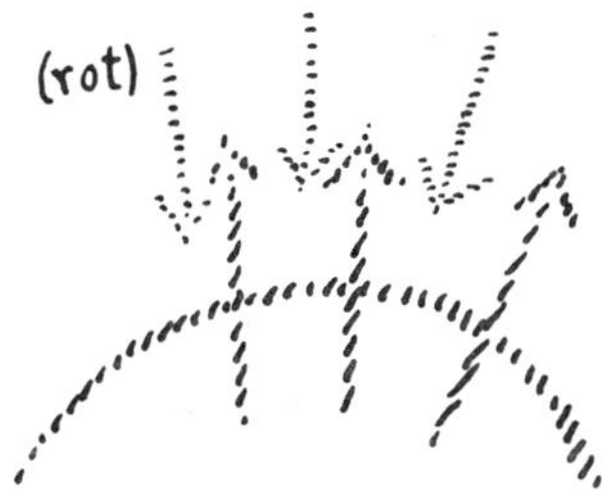

diejenigen Wirkungen, welche die polarisch entgegengesetzten sind, die strömen von allen Seiten ein, haben keinen Mittelpunkt für ihre Ausstrahlungen, sind keine zentralen Kräfte, sondern sind von der Peripherie herein wirkende Kräfte (rot). Diese Peripheriekräfte haben es besonders zu tun mit der Bildung des Geistig-Seelischen im Menschen, und ihr Bereich muß eigentlich verlassen sein, im wesentlichen verlassen sein, wenn der Mensch sich anschickt, in die irdische Sphäre herunterzusteigen. Daher wird in der irdischen Sphäre das Blei aufgerufen zu seinen entgegengesetzten Kräften, die dann die vergiftenden Kräfte sind. Und das ist überhaupt ein universelles Geheimnis, auf das man nicht genug achten kann, daß alles dasjenige, was mit dem Seelisch-Geistigen des Menschen räumlich im Zusammenhang steht, wovon man also überhaupt sprechen kann in bezug auf den Raum, im menschlichen Organismus Gift ist, so daß also eigentlich daher geholt werden muß die Bedeutung des Gift-Begriffes. Wir haben es deshalb zu tun mit einer starken Anspornung, Anregung, geradezu Aufpeitschung dieser Ich-abbildenden Kräfte in der menschlichen Natur. Und alles dasjenige, was bei Bleivergiftungen auftritt, das tendiert eigentlich dahin, das Gebilde des Menschen, insofern er ein Ich ist, gründlich zu zerstören, ihn zu entmenschen. Es ist so, daß nun tatsächlich alle möglichen Symptome, die alle darauf hinauslaufen, daß man eigentlich allmählich körperlich ins Nichts übergeht – natürlich stirbt man vorher – bis auf das Versagen der Stimme und so weiter, bis zu Ohnmächten und Betäubung und so weiter, bezeugen, daß da die eingeborenen Bildungskräfte des Menschen eben gründlich zerstört werden. Nun wiederum ist – Sie sehen, es wird von dem oberen Menschen aus zerstört dasjenige, was menschliche Bildung ist – dieser obere Mensch polarisch entgegengesetzt dem unteren Menschen. Was im oberen Menschen in großen Quanten zerstörend wirkt, wirkt in kleinen Quanten, in Verdünnungen vom unteren Menschen aus aufbauend.

Hier möchte ich einschaltend sagen, daß ich glaube, daß der nicht enden wollende Streit zwischen der Homöopathie und der Allopathie sich erst schlichten wird, wenn man so auf die Gliederung des Menschen wird eingehen können, wie sie von der Geisteswissenschaft gegeben wird. Denn wenn auf der einen Seite das Prinzip der Homöopathie nach dem reichlichen Erfahrungsschatze nicht angezweifelt werden darf, oder wenigstens dürfte, so liegt auf der anderen Seite doch das vor, daß man bei den Leuten, die nun gewöhnt sind, nicht rein nach der Erfahrung zu gehen – Homöopathen sind immer viel mehr Phänomenalisten als Allopathen, die immer hineinmischen in ihre Heilungsratio alles mögliche von Vorurteilen –, gerade, wenn man auf dieser Seite steht, wo man hineinmischen will allerlei Erwägungen und Vorurteile von Ansichten über den menschlichen Organismus, die Formulierung eben nicht leicht wird verstehen können, daß dasjenige, was in großen Mengen krankmachend wirkt, in kleinen Mengen gesundmachend wirkt. Denn die Tatsachen werden durch diese Formulierung eben nicht vollständig gedeckt. Die Tatsachen werden dann gedeckt, wenn man sagt: Dasjenige, was in großen Mengen im unteren Menschen krankmachend wirkt, das wirkt in kleinen Mengen, wenn man es zur Wirkung bringt vom oberen Menschen aus, gesundmachend und umgekehrt. Also diese Umformung der homöopathischen Regel, das ist dasjenige, was allein wird geeignet sein können, den Streit zu schlichten.

Wenn ich nun von dieser Einschaltung wiederum zurückkehre zu einem solchen Heilmittel, bei welchem man sucht durch eine gewisse Verarbeitung von Blei und Honig etwas zu erreichen, so können Sie sehen, wie man von unten aus in starker Verdünnung durch das Blei entgegenwirkt der gegenüber der menschlichen Gestalt zerstörenden Kraft. Also das liegt in der Bleiwirkung. Nun aber versucht man diese Ich-gestaltende Kraft des Menschen aufzubauen. Sehen Sie, dann verlegt man die Ich-Tätigkeit in den physischen Organismus und man macht den Menschen dadurch, wenn man ihn auch auf der einen Seite körperlich gesund bekommt, auf der anderen Seite seelisch schwach in alledem, was nun wiederum von unten herauf wirken soll, auch organisch wirken soll. Und dieses Schwach-Machen kann so weit gehen, daß, indem man auf der einen Seite gewissermaßen den Menschen zur Menschenbildung wiederum zurückbringt, wenn man eben durch gewisse Krankheitsprozesse, die einen herausfordern dazu, weil die Bildungsprozesse fehlen, die Bleiwirkung anzuwenden, es sehr leicht sein kann, wenn man den Menschen dazu bringt, seine Bildungsprozesse wiederum zu entwickeln, daß man seine vom Ich und astralischen Leib ausgehenden Kräfte, namentlich die vom Ich ausgehenden Kräfte untergräbt. Man kann sagen: Man kuriert dasjenige, was der Mensch sich erworben, oder eigentlich mangelhaft erworben hat, indem er ins Leben hineingetreten ist, aber man macht ihn schwach in bezug auf dasjenige, was er für sich organisch arbeiten soll, während er im Leben steht. Dem letzteren aber wirkt wiederum entgegen, das heißt es stärkt die vom Ich ausstrahlenden Kräfte dasjenige, was man als Honig-Wirkung zusetzt. Sie sehen also, es handelt sich auch bei dem Zustandekommen eines solchen Mittels darum, im wesentlichen dasjenige zu durchschauen, was mit dem Menschen eigentlich vor sich geht.

Nun ist es aber, wenn man die Wirkungen des Mineralischen im Menschen verstehen will, schon nötig, daß man etwas auf die allgemeine Wirkung des Mineralischen in der Erde hinschaut. Da ist es notwendig, daß man sich zunächst bekannt macht mit demjenigen, was in der Erdenentwickelung die Salze bedeuten. Die Salze bedeuten in der Erdenentwickelung eigentlich dasjenige, was die Erde zustande bringt. Dasjenige, was die Erde zustande bringt, das liegt in der Salzwirkung. Indem die Erde Salze entwickelt, baut sie sich eigentlich auf. Und wenn wir von den Salzen zu den Säuren übergehen, wenn wir also namentlich zum Beispiel auf dasjenige sehen, was im Erdenbereich, im wässerigen, flüssigen Erdenbereich an Säureartigem vorhanden ist, so haben wir dasjenige, was im Erdenbereich, aber polarisch entgegengesetzt, demjenigen entspricht, was im Menschen im inneren Verdauungsprozeß, also in dem Verdauungsprozeß jenseits des Magens zustande kommt.

Wenn wir uns dann diese ganzen Vorgänge im Erdenwerden betrachten, insofern sie ein Verhältnis darstellen zwischen Säuren und Salzen, dasjenige also, was wir heute beobachten äußerlich in der Chemie, indem wir sehen, wie sich entwickelt der Prozeß, ausgehend von den Basen durch die Säuren zu den Salzen, wenn wir das ins Auge fassen, so haben wir in dieser Folge, wenn wir die Sache so aussprechen: Basen, Säuren, Salze, den Prozeß so gefaßt, daß er sich mit dem erdebildenden Prozeß deckt. Und dieser Prozeß ist im wesentlichen ein negativ elektrischer Prozeß. Das heißt genauer gesagt, wenn man das äußerlich Räumliche dieses Prozesses ausdrückt, das ins Physische Hinüberschlagende dieses Prozesses, aus dem Geistigen ins Physische Hinüberschlagende dieses Prozesses, so ist er schematisch so darzustellen, daß man sagen müßte: Von den Basen ausgehend durch die Säuren zu den Salzen geschieht eigentlich eine Wirkung, die damit im Grunde genommen nur ihrer Richtung nach angedeutet ist (siehe Zeichnung S. 139, rot, Pfeil), aber es ist eigentlich ein Ablagerungsprozeß, schematisch ausgedrückt. Und wenn wir jetzt den Prozeß so ausdrücken, daß wir gehen: Salze, Säuren, Basen, wenn wir also diesen Prozeß im umgekehrten Sinne ausdrücken, dann müßten wir diese Ablagerungslinie immer wegnehmen. Sie würden wirken wie zusammendrückend, und es entstehen die entgegengesetzten Strahlen, es strahlt aus (siehe Zeichnung rechts, Pfeile). Und dann haben wir es mit einem

Tafel 7

positiv elektrischen Prozeß zu tun. Und ich glaube, Sie werden, wenn Sie sich das anschauen, was hier als ein richtiges Schema hingezeichnet ist, kaum einen Zweifel mehr haben können, daß dieses Schema von der Natur selber hingezeichnet wird. Sehen Sie sich einmal die Anoden und Kathoden an, so haben Sie einfach von der Natur selber das Bild hingezeichnet.

Wenn wir nun zum eigentlichen Metallprozeß kommen, wenn wir also an die eigentlichen Metalle herankommen, dann haben wir in den Metallen dasjenige, wodurch die Erde am meisten – wenn ich mich jetzt des Ausdrucks bedienen darf, der schon lange in der deutschen Sprache nicht mehr vorkommt, der aber einer Realität entspricht – entwird – werden, ent-werden. Und die Metalle tendieren nicht dazu, etwa immer mehr sich zu konservieren oder zu konsolidieren im Erdenbereich, sondern sie tendieren dazu, zu zersplittern, herauszusplittern. Also sie sind eigentlich dasjenige, was das Ent-werden der Erde darstellt, und deshalb entwickeln sie auch eine für die äußere Beobachtung verborgene, ausstrahlende Wirkung. Sie haben überall die strahlende Wirkung. Das zu beobachten ist nun von einer ganz besonderen Bedeutung überall, wo man zu der Interpretation der Natur, insofern sie Heilmittel gibt, ins Metallische hineinkommt.

Nun ist es ganz besonders interessant, von diesem Gesichtspunkte aus einzelne Metalle zu betrachten, und durch diese Betrachtung ergeben sich ja dann diejenigen Gesichtspunkte, die einfach auf dieser Tabelle hier als für unsere mineralischen Heilmittel geltend verzeichnet sind. Die Dinge sind so, daß man sagen muß: Es müßte eben alles zusammengenommen werden, was eine solche richtige Interpretation der Beobachtung ergibt, um diese Dinge zustande zu bringen, und sie werden sicher sein, weil nur dasjenige zunächst zustande gebracht ist, was auf einer umfassenden Interpretation der Beobachtung beruht. Nun können wir hier auch der Interpretation zu Hilfe kommen. Denn mir handelt es sich wirklich nicht darum, etwa Ihnen diese Tabelle in irgendeiner Weise zu wiederholen; was an ihr noch ergänzt werden soll, kann dann einmal, es muß ja doch geschehen, in einer schriftlichen Darstellung der Sache gemacht werden. Es handelt sich mir weniger darum, etwa diese Tabelle zu wiederholen, sondern es handelt sich mir darum, Ihr Denken in diejenige Richtung zu leiten, durch die so etwas wie diese Tabelle eben zustande kommt.

Betrachten wir nun von diesem Gesichtspunkte aus die Metalle – ich möchte besser sagen die Metallität –, betrachten wir von diesem Gesichtspunkte aus die Metallität, so haben wir dasjenige, was ich eben Ihnen charakterisiert habe als Strahlung, wiederum in den verschiedensten Formen vorhanden. Wir können es vorhanden haben in der emanenten Form des Ausstrahlenden, des in den Weltenraum hinaus das Irdische Zerstörenden. Das ist ganz besonders bei der Bleiwirkung da. Man möchte sagen: Durch die Bleiwirkung werden dem Menschen als Organismus diejenigen Kräfte eingepflanzt, die ihn einfach hinaussplittern möchten in die Welt. Das ist drinnen durch die Bleiwirkung, dieses Hinaussplitternwollen in die Welt, so daß man diese Bleiwirkung allerdings am besten als eine strahlende betrachtet. Und solche strahlenden Wirkungen treten dann in einer anderen Art auf bei anderen Metallen, zum Beispiel beim Magnesium. Das ist sehr deutlich zu bemerken, und darauf beruht ja gerade dasjenige, was das Magnesium an den Zähnen tut. Nun, es muß eben durch den menschlichen Organismus bis zur Metallwirkung gebracht werden. Das geschieht auch. Es handelt sich dann darum, daß aber die Strahlung sich auch wiederum metamorphosieren kann. Und wenn sich die Strahlung zunächst metamorphosiert, dann wird sie zu dem, was ich nennen möchte: Der Strahl ist nur noch Richtung, was aber stattfindet, das ist eigentlich Ein-um-die-Richtung-Herumpendeln, ein Oszillieren.

Solche Wirkungen muß man betrachten am gesunden und am kranken Menschen. Am gesunden Menschen sind diese strahlenden Wirkungen vorhanden, ich möchte sagen wie die Residuen des Vorgeburtlichen, des präexistenten Seins in den Ausstrahlungen der Sinnesorgane. Die sind immer da. Was da in den Sinnesorganen ausstrahlt, das sind im Grunde genommen Bleinachwirkungen, wofür das Blei nicht mehr da ist. Und bei aller Sinnestätigkeit durch den ganzen Organismus hindurch finden im Grunde genommen diese Ausstrahlungen statt. Die Nerventätigkeit, also das Funktionelle in den Nerven beruht im wesentlichen auf einer Abschwächung der Sinnestätigkeit nach dieser Richtung, also bei einem schwächeren Strahl.

Sie können daraus sehen, warum ich in meinem Buche «Von Seelenrätseln» gesagt habe, dasjenige, was eigentlich Nerven-Sinnestätigkeit ist, ist schwierig darzustellen, weil man nämlich all das hätte vorausschicken müssen, was jetzt zu dieser Auseinandersetzung hier vorgebracht worden ist.

Wenn man aber dann dieses Schwingende, dieses Pendelnde hat, wenn gewissermaßen die Strahlung nur der Richtung nach noch festgehalten wird, dann hat man es zu tun mit demjenigen, was als Funktionelles im menschlichen Organismus allem Atmen, überhaupt aller rhythmischen Tätigkeit zugrunde liegt. Die rhythmische Tätigkeit beruht auf einem solchen Pendelnd-Werden der Bewegung, auf einer solchen, gegenüber der strahlenden mehr in sich konsolidierten Bewegung. Und eine solche Bewegung hat im Umkreis der Metalle oder der Metallität im wesentlichen zum Beispiel das Zinn. Und darauf beruht dann die wohltätige Wirkung des Zinns in Hochpotenzierung, in ziemlicher Hochpotenzierung auf alles, was das rhythmische System betrifft. Dann kann sich aber diese strahlend pendelnde Bewegung noch weiter modifizieren. Diese dritte Modifikation, die ist nun von ganz besonderer Bedeutung, diese dritte Modifikation hält also die Richtung sowohl wie auch das Pendeln nur gewissermaßen latent ein.

Dagegen besteht sie in einem fortwährenden Bilden und Ent-Bilden von Kugeln, die irgendwie in der Strahlungsrichtung werden und entwerden.

Auf diesen Kräften beruht eigentlich dasjenige, was im Menschen im Stoffwechsel wirkt. Und unter den Metallen ist es das Eisen, das gerade diese Kräfte ganz besonders entwickelt. Daher stellt sich auch Eisen im Blute der Stoffwechselwirkung entgegen als die dritte Metamorphose der Strahlungswirkung. Wenn man es mit der ersten Metamorphose zu tun hat, so geht die Wirkung insbesondere auf alles das, was organisch das Ich betrifft; wenn man es mit der zweiten Metamorphose zu tun hat, ist es die Wirkung organisch auf alles dasjenige, was mit dem Astralleib zu tun hat, und wenn man es mit der dritten Metamorphose zu tun hat, ist es organisch die Wirkung auf alles dasjenige, was sich auf den Ätherleib bezieht (siehe Zeichnung).

Tafel 7

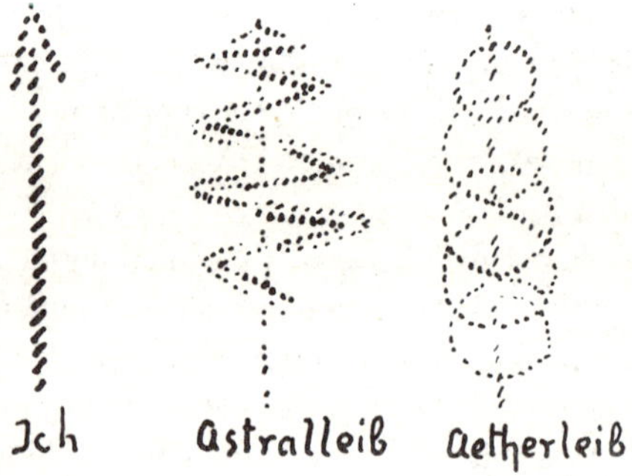

Gehen wir aber weiter. Dasjenige, was sich da entwickelt als solche fortlaufende Kugelstrahlung, wenn ich es so nennen darf, das muß, weil es ja gewissermaßen vom oberen nach dem unteren Menschen wirkt, fortwährend in Empfang genommen werden. Es geht ja nur bis zum Ätherischen; es geht nur bis zum Ätherischen! Es muß nun auch vom Physischen in Empfang genommen werden durch eine polarische wirkende Kraft, denn solch einer Kugelbildung muß entgegenkommen von außen ein die Kugel Einhüllendes. Die Kugel muß erfaßt werden, eingehüllt werden (siehe Zeichnung S. 143).

Tafel 7

Nun kann das so sein, daß dieses Einhüllende und das die Kugel Bildende sich ungefähr das Gleichgewicht halten. Das ist beim normalen Menschen natürlich dadurch der Fall, daß allem demjenigen, was vom oberen Menschen nach unten wirkt, durch die Wirkung vom unteren Menschen nach dem oberen das Gleichgewicht gehalten wird. Und dieser Ausgleich findet besonders in der Herzstauung statt. Wenn aber gerade dieses Gleichgewicht gestört wird, dann ist das ausgleichende Metall das Aurum. Das bringt wiederum das Gleichgewicht dieses Umhüllenden und desjenigen zustande, was da in der Mitte ist. Es wird sich darum handeln, daß man Aurum dann anwendet, wenn gewissermaßen die Sache so ist beim Menschen, daß man Zirkulationsstörungen und Atmungsstörungen findet, für die man keine andere Beigabe im Menschen hat, die dann dasjenige, was entsteht als die Folgeerscheinungen, aufzeigt. Wo nicht im anderen Organismus die Ursachen liegen, da wird man das Aurum anwenden. Merkt man jedoch, daß die Ursachen von einem anderen Teil als, ich möchte sagen von der Grenze zwischen dem unteren und oberen Menschen ausgehen, dann muß man sich sagen: Es kommt allerdings aus dem Menschen heraus nicht genügend entgegen an solchen umhüllenden Stoffprozessen gegenüber dem mehr ätherisch-geistigen Prozesse, der sich da abspielt. Und wenn diejenige Tätigkeit, die man da findet und die gegen das Innere zu jenseits der Darmwände liegt in dem Verdauen – und zwar deutlich ausgesprochen: jenseits der Darmwände liegt –, dann hat man diesen Prozeß der Einhüllung, den man fördern muß, im Kupfer gegeben. Das führt auf die Anwendung, auf die Anwendungsweise des Kupfers, das Sie ja auch unter unseren Heilmitteln finden, und das dort angegeben ist für eine Unterernährung, die ganz besonders sich äußert in den Zirkulationsstörungen, die nebenher gehen als die Folge der Unterernährung. Hat man es zu tun mit Zirkulationsstörungen, die man nicht als die Folge der Unterernährung ansehen kann: Aurum; hat man es zu tun mit Zirkulationsstörungen, die man ansehen muß als die Folge der Unterernährung, so hat man es zu tun mit Cuprum.

Nun müssen natürlich auch für die anderen Vorgänge des Strahlens Gegenprozesse da sein, stoffliche Gegenprozesse für die ätherisch-geistigen Prozesse. Derjenige Prozeß, den wir jetzt als einen innerlichen Prozeß anzusehen haben, der so dieses Pendeln, dieses Oszillieren bewirkt, liegt, wenn er abnorm wird, wenn er zu stark wird, im wesentlichen so, daß man ihn beobachten kann in alledem, was in das Verdauen, in das Verarbeiten des Aufgenommenen durch den Darm, nach außen zu also gehend, diesseits liegt. Also auch alles dasjenige, was sich zum Beispiel in der Sexualität abspielt, sind Strahlungen aus dem Menschen heraus, welche in dieser Weise verlaufen (siehe Zeichnung S. 142), ich möchte sagen merkurstabähnlich verlaufen. Daher der Merkurstab. Das spielte mit bei der Aufstellung der alten sogenannten Symbole. Dem, was da wirkt, müssen entgegengehalten werden, wenn es nicht ausarten soll, diejenigen stofflichen Bildekräfte, die das im Zaume halten, die das nicht ausarten lassen, und die liegen wesentlich im Merkur, so daß wir hier durchaus auf ein Gebiet hindeuten, bei dem es außerordentlich wichtig ist, dasjenige, was ich im vorigen Kursus sagte, mit demjenigen zu verbinden, was wir jetzt mehr ins Innere gehend kennen lernen. Wenn Sie diese beiden Dinge miteinander verbinden, so werden Sie dann den vollen Prozeß schon bekommen. Das ist nun etwas, was ganz in das Astralische hineinspielt, was da durch solche pendelnde Strahlenbewegungen entsteht und durch die entsprechende Gegenwirkung. Das geht ganz hinein in das Astralische (siehe Zeichnung S. 142).

Nun können wir es aber auch zu tun haben mit dem eigentlichen Strahlungsprozeß, der ja in der mannigfaltigsten Weise im menschlichen Organismus vorhanden ist. Wir haben ihn auf der einen Seite vorhanden bei alledem, was durch die Haut nach außen strahlend wirkt, was auch diese Richtungsstrahlung in sich hat; wir haben diesen Prozeß aber auch vorhanden bei alledem, was harntreibend, was ausleerend im Menschenwesen ist. Geradeso wie bei der, wenn ich es so nennen darf, Gastrulabildung sich das Äußere nach dem Inneren kehrt im Embryonalprozeß, so haben wir es auch hier bei dieser Strahlung mit etwas zu tun, was ebensogut durch die Haut nach außen wirkt, und was sich gewissermaßen auch wendet, so daß es im harntreibenden Prozeß, im ausleerenden Prozeß gewissermaßen eine entgegengesetzte Richtung annimmt. Während man es sonst gewöhnlich zu tun hat beim Polarischen mit demjenigen, was sich nach entgegengesetzter Richtung äußert, hat man es hier einmal mit etwas zu tun, was in gewisser Weise entgegengesetzt ist und doch wieder gleichartig ist. Man darf eben nirgends der Welt gegenüber schematisieren. Sobald man nämlich von Theorien ausgeht, entstehen immer Irrtümer. Es gibt keine Möglichkeit, von einer Theorie auszugehen und nicht den Irrtümern zu verfallen. Wenn also jemand sich sagt, in der Welt wirkt die Polarität – und er konstruiert sich jetzt ein Schema, eine Formel für die Polarität, und sagt jetzt, Polarität muß so und so wirken –, so wird er zwar eine Tatsachenreihe umfassen können, aber er kommt gegenüber anderen Erscheinungen wieder aus seinem Schema heraus, da wird es anders. Wenn man nur einmal diese furchtbare Tyrannis durchschauen würde, welche das Theorienbilden eigentlich bildet in der Wissenschaft! Man muß nämlich den Willen haben, Theorien zu bilden. Denn könnte man nicht Theorien bilden, so könnte man überhaupt kein Erscheinungsgebiet umfassen. Man muß aber auch den Willen haben, immer am richtigen Orte die Theorie wieder zu verlassen und zu demjenigen vorzudringen, wo jetzt die Theorie nicht mehr gilt. Das muß man auch in der Naturwissenschaft beachten. Will man im äußeren Sinne Evolutionstheorie treiben, dann muß man sie so treiben, daß man sich an die äußere Evolutionstheorie hält, nur sie entsprechend umgestaltet und so weiter. Will man von innen heraus den Menschen begreifen, so muß man sich an dasjenige halten, was Anthroposophie gibt. Weder eine anthroposophische Theorie noch eine anthropologische Theorie können irgendwie anders gehandhabt werden, als daß man sie im richtigen Punkte verläßt und ins andere Gebiet hineingeht. Nur ist es natürlich bei dem, was wir hier Anthroposophie nennen, so, daß man ins geistig-seelische Gebiet hineingeht und von da aus wiederum zurückgeht auf die sinnlich-äußeren Erscheinungen. Diesen Weg können Sie beobachten, wie ich ihn eingeschlagen habe ganz als einen selbstverständlichen Weg in meinen ersten Schriften, in meinen zweiten Schriften und wie ich jetzt versuche, das andere *mit* zu umfassen. Die Toren finden darinnen nur Widersprüche selbstverständlich und konstruieren von da aus ihre trottelhaften Angriffe. Und, nicht wahr, deutsche Zeitschriften, die besorgt werden von Menschen, die über nichts ein Urteil haben, die nehmen dann eine trottelhafte Hauerei, trottelhafte Prügelei, nicht wahr, als irgend etwas auf, was ernsthafte Diskussion über Anthroposophie sein soll. Ich weiß nicht, ob Sie wissen, daß einer, der einen solchen trottelhaften, einen wirklich trottelhaften Angriff geführt hat in der Diederichs'schen «Tat», nämlich Hauer heißt. – Es handelt sich nun darum, daß man dasjenige ins Auge faßt, was da als eine Strahlung, so wie ich es eben getan habe, beschrieben werden kann. Und dem muß man wiederum entgegenwirken. Man wirkt ihm entgegen, indem man alles dasjenige aufruft, was zum Beispiel im Silber in entgegengesetzter Strahlung wirkt, wobei man sich klar sein muß darüber, daß das Silber dann salbenhaft verwendet werden muß, wenn es die eine Strahlung treffen will, die irgendwie durch die Haut sich äußert, daß es in irgendeiner Form eingespritzt werden muß, wenn es sich um die andere Tätigkeit handelt, welche in irgendeiner Weise der Richtung folgt, der die Entleerungen folgen. Da haben Sie, ich möchte sagen eine Richtungsregel für die besondere Art, wie solche Dinge zu behandeln sind, denn in der Behandlung solcher Dinge liegt im Grunde genommen ebensoviel wie in der Qualität des Heilmittels.

Nun möchte ich eine solche Betrachtung auf dem Umwege über die Heilmittel noch in einige Ergänzungen auslaufen lassen, die ich nun anfügen werde mit Bezug auf Dinge, welche als Fragen gestellt worden sind. Wenn ich diesmal nicht etwa ganz vollständig werden konnte, so bitte ich Sie, das eben wegen der Kürze der Zeit verstehen zu wollen. Ich glaube aber, wenn Sie die Methode der Fragenbeantwortung, die ich ganz kurz jetzt geben will, ins Auge fassen, dann werden Sie sehen, daß ich versucht habe, in den letzten Tagen die Vorträge schon so anzuordnen, daß sie auf den Weg führen zu dieser Fragenbeantwortung. Ich will da eine ganz charakteristische Frage deshalb herausholen, die jemand gestellt hat und die auf etwas Realem beruht. Jemand hat nämlich die Frage gestellt, was es für eine Bewandtnis habe mit der weitverbreiteten Volksanschauung – aber sie beruht wirklich auf etwas sehr Realem, das nur nicht genügend beobachtet wird und deshalb sieht man sehr häufig darüber hinweg –, daß Frauen, welche in der Periode sind, auf Blumen, die in ihrer Umgebung sind, eine Art Verwelkungskraft ausstrahlen, daß sie also so wirken, daß die Blumen in ihrer Nähe welken, namentlich welken, wenn sie sie ergreifen. – Nun, Sie brauchen nur die Anschauung des Menschen, wie wir sie hier entwickelt haben, zu nehmen, und Sie werden auf die innere Ursache dieser Erscheinung kommen. Bedenken Sie nur einmal, daß ja dasjenige, was in der Blume wirkt und zur Blüte treibt, von der Erde von unten nach oben strebt. Dasjenige, was im Menschen dieser Blumenkraft folgt, strebt von oben nach unten. Das ist durchaus eine kosmologisch-organische Polarität. Sie brauchen sich also nur vorzustellen, daß dieses normale Hinaufstreben in das Blühen der Pflanzen entgegengesetzt ist dem, was beim Menschen von oben nach unten strebt

Tafel 7

(siehe Zeichnung). Da muß ein Gleichgewicht sein, und das Gleichgewicht ist beim normalen Menschen. Denken Sie sich nun die Kräfte von oben nach unten verstärkt, was sich dadurch ausdrückt, daß eben die Periode eintritt, dann haben Sie die Kräfte im Menschen verstärkt, die entgegenwirken den Blühekräften der Pflanze. Also Sie haben, wenn Sie den Tatsachenzusammenhang verstehen, diesen merkwürdigen Zusammenhang, der da besteht und den man eben durchschaut, wenn man so vorgeht, der aber gerade in dem, was von alten instinktiven Anschauungen sich in der Volksanschauung gehalten hat, eben auftritt.

Nun eine andere Frage, die mir gestellt worden ist, das ist die folgende: Wenn man es zu tun hat mit Asthma, das durch Verkrampfung entsteht, und das in seinem Symptomkomplex Blutanfüllung oben, Blutleere unten hat, wie kann man einem solchen Asthma etwa beikommen? – Um was handelt es sich denn bei einem solchen Asthma? Bei einem solchen Asthma handelt es sich darum, daß der Sinnes-Nervenprozeß in den Atmungsprozeß hinuntergerutscht ist. Es ist nichts anderes als eine Überwirkung im Atmungsprozeß vorhanden, und zwar eine solche Überwirkung, daß der Sinnesprozeß hineingerutscht ist. Nun müssen Sie dem polarisch entgegenwirken. Sie müssen von der anderen Seite kommen. Also dem, was schon durch die Natur von außen nach innen gegangen ist, dem müssen Sie entgegenwirken mit Kräften, welche die andere Richtung haben, und die bekommen Sie heraus, wenn Sie jetzt durch die Haut den Säureprozeß einführen, das heißt, wenn Sie etwa Kohlensäure- oder andere Säurebäder verwenden. Und das wird von einer ganz besonders wohltätigen Wirkung für in dieser Richtung asthmatische Kranke sein. Manches wird ja damit im Zusammenhange noch verwendet werden, wozu Sie geführt werden, wenn Sie das andere ins Auge fassen, wovon ich gesprochen habe.

Nun ist die Frage gestellt worden, wie es sich verhält mit dem, was – und es wird in der Frage auch darauf hingewiesen – eine solche furchtbare Verwunderung und Freude hervorgerufen hat in den Kliniken, nämlich die Milchinjektion bei der Blennorrhöe. Nun, daß das zusammenhängt in einer großen Anzahl von Fällen mit der Milchabsonderung, das können Sie aus dem ablesen, was ich nun auch in diesen Tagen vorgebracht habe über die Milchabsonderung. Sie brauchen sich ja nur vorzustellen dasjenige, was wir über die Milchabsonderung vorgebracht haben, wie da auch ein Sinnesprozeß ist, aber tiefer hinuntergerutscht. Was alles an Abnormität da eingetreten ist – ich habe es auseinandergesetzt, und nun bleiben selbstverständlich Richtekräfte in dem abgesonderten Produkt. Das ist im Grunde genommen noch ein Prozeß, in dem sich dasjenige fortsetzt, was sich innerhalb des Organismus abgespielt hat. Wenn Sie nun injizieren, so können Sie einem auf ziemlich ähnlichen Dingen beruhenden Prozeß selbstverständlich entgegenwirken. Also es ist das etwas, wo der empirische Zufall tatsächlich außerordentlich geistreich gewirkt hat, denn die Sache ist ja nur durch empirischen Zufall herausgekommen, nämlich durch Probieren. Überhaupt dieses Hinschauen auf die Prozeß-Metamorphosen ist von außerordentlich großer Wichtigkeit. Wenn der Mensch nicht hinschauen kann, wie sich die Prozesse metamorphosieren, dann wird er die einfachsten Sachen im Grunde genommen nicht richtig beurteilen können.

Da ist die Frage aufgetaucht, worauf eigentlich Erkältungen beruhen, alle Arten von Dingen, die man unter dem eigentlich ziemlich diffusen Begriff der Erkältungen zusammenfaßt. – Es ist aber so, daß die Sinnestätigkeit auch da, wenn auch auf eine andere Weise wie bei dem früher Ausgeführten, in die Atemtätigkeit hinuntergeschoben wird. Absonderungen, die dann auftreten, sind nur eine Reaktion darauf. Es ist etwas, was da im Organismus vor sich geht, mehr gegen die Oberfläche zu gelegen, etwas, was im Innern des Organismus durch die Wechselwirkung der Nerven-Sinnestätigkeit und der Stoffwechseltätigkeit fortwährend vor sich geht. Es geht fortwährend im Innern vor sich. Wiederum können Sie sich nicht wundern, daß man diesen Dingen beikommt durch höchst einfache Sachen, indem man Packungen und dergleichen machen läßt, wo man von außen her eine Art Sinnes-Nerventätigkeit dort hineinschiebt, wo sie sonst nicht ist. Alles Einpacken und so weiter ist ein Hereinschieben einer Nerven-Sinnestätigkeit in den Organismus, die eine halb bewußte ist, die aber sonst nicht vorhanden ist.

Nun bin ich noch gefragt worden darüber, wie sich die Muskelkräfte zu den Knochenkräften verhalten. – Über dasjenige, was ich gefragt worden bin mit Bezug auf das Homöopathische, möchte ich doch glauben, daß dasjenige, was ich ausgeführt habe, im wesentlichen führt auf eine Beantwortung der gestellten Fragen. Nun aber sind mir noch verschiedene andere Fragen gestellt worden, auf die ich eben ein wenig eingehen muß. – Muskelkräfte, Knochenkräfte verhalten sich so, daß man dieses Verhalten charakterisieren kann, indem man sagt: In den Muskelkräften sind diejenigen Wirkungen in voller Bewegung, die in den Knochenkräften zur Ruhe und zum Absterben gekommen sind, denn Knochen sind – jetzt nicht genetisch, sondern ideell – eben umgewandelte Muskeln, nicht genetisch, aber ideell durchaus umgewandelte Muskeln. Einen genetischen Zusammenhang zwischen

Knochen und Muskeln zu suchen, ja schon einen genetischen Zusammenhang zu suchen zwischen Knorpeln und Knochen, das ist aus dem Grunde eigentlich ein Unding, und mit Recht haben manche Leute auf die Schwierigkeit hingewiesen, die entsteht, wenn man da einen genetischen Zusammenhang aufsuchen will. Bunge zum Beispiel hat hingewiesen auf die Schwierigkeit, welche entsteht, wenn man auf den genetischen Zusammenhang von Knorpeln und Knochen schauen will, aber er hat natürlich nicht hingewiesen auf dasjenige, woher dieser Zusammenhang, diese Schwierigkeit kommt. Sie kommt davon her, daß allerdings eine Metamorphose besteht. Aber bedenken Sie, wenn in der Zeit, wo die ganze Muskelbildung noch nicht ins Organisch-Sichtbare übergegangen ist (siehe Zeichnung, rot) – und so ist es

Tafel 7

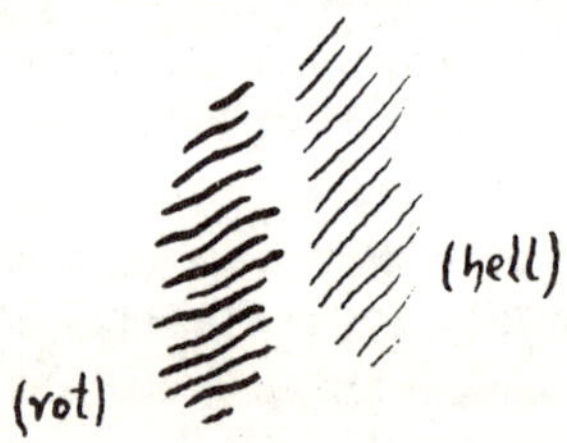

im wesentlichen, nur sehr herabgeschwächt, bei der Knorpelbildung auch –, wo Muskel- und Knochenbildung noch undifferenziert sind (hell), wenn in diesem Zustand der Undifferenzierung beim Differenzieren diese Prozesse zu gleicher Zeit von der Polarität erfaßt werden, dann können Sie natürlich die Metamorphose außerordentlich schwer konstatieren. Eine äußerlich genetische Metamorphose können Sie nur konstatieren, wenn sie so ist, daß beim Übergang des einen in das andere beim Differenzieren im wesentlichen noch nicht die Polarität wirkt, sondern die Richtung beibehalten wird. Wenn aber die Polarität sogleich eingreift beim Differenzieren, so entsteht natürlich ein ganz anderes Gebilde daraus, das dann dem ersten gar nicht mehr ähnlich sieht.

Einige von den Fragen werden zur Beantwortung kommen in der Stunde, die gleich darauf folgen wird. Eine Frage, die ich Sie aber bitte, als eine solche zu betrachten, die in das Gebiet hineinführt, wo die Konfusion stark beginnt, wo man vermeiden sollte zu analogisieren, eine solche Frage ist diese, wie man etwa das Spektrum des Geschmacks konstruieren könnte durch süß, bitter, sauer, laugig zum Salzigen hin, ob man ein solches Geschmacks-Spektrum konstruieren könnte, vielleicht dann auch ein Geruchs-Spektrum konstruieren könnte. In bezug auf diese Dinge ist es eigentlich tatsächlich so, daß man viel zu wenig genügend Objektiviertes gerade beim Geschmack und Geruch vor sich hat, als daß es besonders nützlich sein könnte, da Analogien zu finden. Solche Dinge sind in der praktischen Anwendung von einer geringeren Bedeutung, denn man gerät, indem man aus dem Bereich des Auges und des Ohres in den Bereich von Geschmack und Geruch kommt, sogleich in ein ganz anderes Gebiet hinein dadurch, daß man es beim Augenwahrnehmen ja eigentlich zu tun hat mit demjenigen, was sich ganz aus dem Ätherischen heraus offenbart, und daß man es aber beim Geruchs- und Geschmacksprozeß mit etwas zu tun hat, was nun sehr stark in Anspruch genommen wird von den stofflichen Prozessen, von den Stoffwirkungen, Stoffwechselwirkungen, so daß man, indem man zu dieser Sinnestätigkeit übergeht, eben sich an das Robustere halten kann, das dann im Stoffwechsel zum Ausdrucke kommt.

Nun möchte ich noch kurz auf eine Frage hinweisen, die gestellt worden ist – andere Fragen, die in Anlehnung an diese Frage gestellt worden sind, werden in der Stunde, die sich daran anschließt, besser besprochen werden –, eine Frage, die eine gewisse prinzipielle Bedeutung hat: Kann der Mensch ohne einzunehmen, aus sich heraus Brom, Morphium, Jod, Chinin, Arsen und andere Heilmittel produzieren? – Nun sehen Sie, es ist das eine Frage, die auf sehr tiefe Untergründe der ganzen menschlichen Organisation führt. Die Stoffe kann man nämlich nicht produzieren, aber die Prozesse kann man produzieren. Nun, man kann durchaus sagen, daß man zum Beispiel natürlich ganz außerstande ist, den Bleistoff in sich zu produzieren, daß man aber sehr gut imstande ist, den Bleiprozeß in sich vom Ätherischen heraus zu produzieren und dann ihn in den physischen Leib hinein strahlen zu lassen. Und da kann man sagen: Ja, ist es denn nicht möglich, so weit zu homöopathisieren, daß man überhaupt sagt, ich will versuchen also durch diesen Prozeß bis in den Ätherleib hinein zu wirken, so daß dieser Selbstmetallisierungsprozeß, Selbststrahlungsprozeß, der einem Metallstrahlungsprozeß entspricht, hervorgerufen werde. – In einem gewissen Sinne kann das auch durchaus geschehen. Nur eben handelt es sich darum, daß wir ja wirklich heranrücken an die Strahlungsprozesse, die von der Metallität ausgehen. Wenn Sie natürlich da im allopathischen Denken stecken bleiben, so kommen Sie diesen Dingen natürlich nicht nahe. Aber wenn Sie zum Beispiel folgende Erwägungen anstellen: In dem Zahnbildeprozeß liegen die magnesiumstrahlenden Kräfte. Dies sind also Kräfte, die im ganzen menschlichen Organismus eine Bedeutung haben, denn die Zähne werden ja herausgeschoben aus dem ganzen Menschen. Verwenden Sie nun ein Magnesiumsalz, irgendein Magnesiumsalz, namentlich, sagen wir schwefelsaures Magnesium, und verwenden Sie es so, daß Sie absehen von allem Allopathischen dabei, daß Sie eine besonders starke Verdünnung hervorrufen – hier werden wir auf die Notwendigkeit, starker, also ganz überaus starker Verdünnungen geführt –, dann haben Sie ein Zweifaches: Sie haben erstens die Magnesiumwirkung, die aber eigentlich im Grunde genommen aufhört da, wo die Zähne sitzen. Diese Region durchbrechen die Magnesiumkräfte im normalen Menschen nicht. Man muß ihnen also gewissermaßen einen verstärkenden Impuls geben, so daß sie weiter wirken, daß sie den ganzen Menschen durchstrahlen. Und das kann man, wenn man eben das Salz, das schwefelsaure Salz besonders verwendet, denn das befördert eben die Magnesiumstrahlung hinein auch bis in die Kopfkräfte. Von da lassen Sie sie wiederum zurückstrahlen. Und da wird in der Tat dieser Prozeß hervorgerufen, dieser vom Ätherischen ausgehende, bis ins Ätherische hinein eben homöopathisiert bleibende Prozeß, wo man nur noch die Kräfte hat, wo man den Stoff gar nicht hat, wo man von einem ganz anderen Stoff ausgegangen ist. Sie wissen ja, daß auch da schon empirisch schwefelsaures Magnesium verwendet worden ist, aber rationell wird man es ja nur verwenden können, wenn man diesen Zusammenhang ins Auge faßt, denn man wird dann gleich bemerken, daß man sich zum Beispiel an das Schwefelsaure nur halb halten darf, nicht ganz.

Man muß sich an das Magnesium halten mit der anderen Hälfte, so daß daher derjenige, der glaubt, daß man auch ein anderes schwefelsaures Salz nehmen kann, nicht das Richtige trifft. Das ist dasjenige, was man wiederum glaubt, wenn man ausgeht von denjenigen Erwägungen, die nur mit Zuhilfenahme der Methode der äußeren Sinneswelt und des kombinierenden Verstandes eben erhalten werden.

Nun möchte ich nur noch ganz kurz hinweisen darauf, daß alle diese Dinge, die hier ausgeführt worden sind, durchaus so betrachtet werden müssen, daß man sich sagt: Man muß einmal, um hinter die Wirkungen, die da beobachtet werden müssen, zu kommen, Einzelnes herausgreifen. Aber man muß dann auch wiederum alles zusammenschauen. Insbesondere habe ich ja bei diesen Vorträgen an Sie gewissermaßen die Zumutung gestellt, daß Sie die Dinge zusammenschauen. Und jetzt möchte ich Sie hinweisen darauf, wie dieses Zusammenschauen geschehen kann. Da bin ich zum Beispiel gefragt worden um den Morbus Basedow. Da können Sie sogar hinüberschauen nach dem, was ich in der ersten Eurythmiestunde ausgeführt habe, wo ich hingewiesen habe darauf, wie die Schilddrüse etwas ist, was ein nicht zu Ende gekommenes Gehirn ist. Wenn Sie sich also sagen, die Schilddrüse ist ein nicht zu Ende gekommenes Gehirn, wenn Sie also darauf aufmerksam sind, daß die Kräfte, die da abnorm im Morbus Basedow wirken, wie da diese Kräfte hintendieren nach der Schilddrüse und in diesem Hintendieren alle anderen Dinge hervorrufen, welche dann auftreten im Symptomkomplex von Morbus Basedow, dann werden Sie eben darauf kommen, wie Sie da entgegenwirken müssen durch dasjenige, was, ich möchte sagen dem zu starken Kopfwerden des Menschen entgegenwirkt. Und da werden wir wiederum hinübergeführt zu dem, was dann die nächste Stunde leitet, da werden wir hinübergeführt dazu, daß eben solchen Dingen wirklich sehr wohltätig entgegengewirkt werden kann durch die sinnvolle Bewegung, namentlich durch die sinnvolle konsonantierende Bewegung. Und Sie werden gute Wirkung herausbekommen, wenn Sie bei hereinbrechendem Morbus Basedow irgendwie radikal dasjenige verwenden, was wir gerade in der eurythmischen Abteilung besprochen haben. So ist da der Zusammenhang.

Jetzt wollen wir diese Dinge nicht abschließen, sondern hoffentlich ein andermal fortsetzen, aber wir müssen, mit Ausnahme der nächsten Stunde, die wir noch haben werden, aufhören.

Nach einer kurzen Pause werden wir dann, mehr nach der Eurythmie hinüberdeutend, fortsetzen.

NEUNTER VORTRAG

Dornach, 18. April 1921

[Wiedergabe nach der Fassung im Band «Heileurythmie», 5. Aufl. 2003]

Dasjenige, was ich Ihnen heute mit Bezug auf die Eurythmie zu sagen habe, meine verehrten Freunde, das ist so, daß es durchaus wird im einzelnen immer durchschaut werden müssen mit den Kenntnissen, die Sie in physiologischer Beziehung und sonst haben. Wie das zu geschehen hat, das wird sich Ihnen schon, möchte ich sagen, wie von selbst ergeben. Aber gerade wenn wir in einen solchen geistig-leiblichen Prozeß hineinschauen wie den, der beim Eurythmisieren stattfindet, so können wir gar nicht anders, als auf tiefere geistig-physische Zusammenhänge auch hinweisen. Und, sehen Sie, da möchte ich Sie nun auf das Folgende aufmerksam machen.

Wir müssen zunächst schauen auf den außermenschlichen Weltprozeß, auf jenen außermenschlichen Weltprozeß, den man gewöhnlich nur verfolgt in bezug auf seine Details, und den man nicht verfolgt in bezug auf dasjenige, was eigentlich innerlich tätig ist. Bedenken Sie doch nur, daß Erdenbildung in Wirklichkeit heißt: es geschieht eine Bildungstendenz von der Planetensphäre aus herein, und außerdem von demjenigen, was noch außerhalb der Planetensphäre liegt, geschieht eine Bildung in die Erde herein, fortwährende, strahlende, sich in den einzelnen Kraftentitäten ausdrückende, gegen die Erde her strahlende kosmische Kräfte.

ST

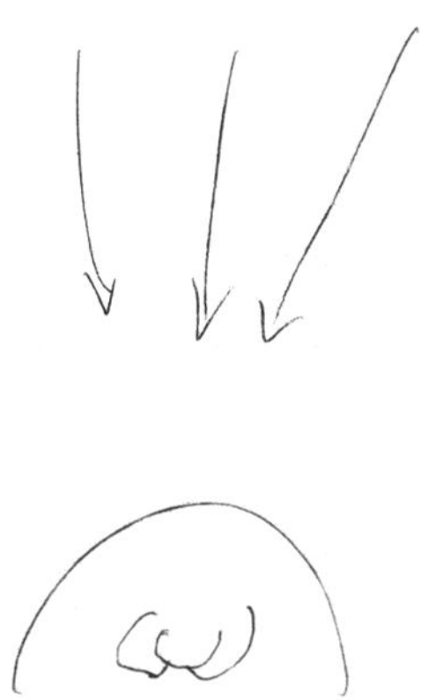

Diese kosmischen Kräfte können wir jetzt in diesem Zusammenhange so auffassen – obwohl sie alles dasjenige, was ich früher über die Strahlen gesagt habe, wiederum in sich schließen können, so können wir sie aber doch so ins Auge fassen –, daß wir sagen, sie wirken gegen das Zentrum zu und bilden eigentlich dasjenige, was auf der Erde und in der Erde ist, von außen her. Es ist schon einmal so, daß zum Beispiel wirklich die gesamte Metallität der Erde, die gesamten Metalle nicht aus irgendwelchen Kräften aus dem Erdinneren heraus im wesentlichen gebildet werden, sondern daß sie wirklich von dem Kosmos herein in die Erde eingesetzt werden. Diese Kräfte, die da durch den Äther wirken – nicht etwa von den Planeten aus, da würden sie wiederum zentral wirken, die Planeten sind gerade dazu da, um sie zu modifizieren, die Planetensphäre ist es –, diese Kräfte können wir nennen die Bildungskräfte, die von außen her wirkenden Bildungskräfte. Gerade in diesem Zusammenhange bitte ich Sie, diese Sache zu fassen: Bildungskräfte. Ihnen stehen entgegen diejenigen Kräfte, welche beim Menschen und in der Erde diese Bildungskräfte aufnehmen und befestigen, sie gewissermaßen um einen Mittelpunkt herum versammeln, so daß eben die Erde entstehen kann. Also diese Kräfte, die da befestigen, wir können sie nennen die Kräfte des Befestigens

ST

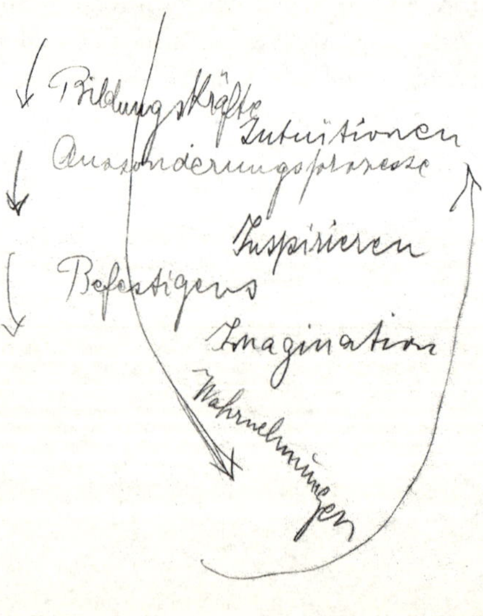

GA 313 THERAPIE 156
GA 315 HEILEURYTHMIE 96

Im Menschen sind sie vorhanden als solche Kräfte, die plastisch die Organe bilden, während die andern Kräfte, die Bildungskräfte, diejenigen sind, die mehr die Organe aus der geistig-ätherischen Welt in die physische Welt hereinschieben. Das ist ein Prozeß, der ja in dem Gegensatz zwischen den Schiebekräften des Magnesiums, zwischen den Fluorkräften, die runden, ich möchte sagen, eben mit Händen zu greifen ist. Aber wiederum [ist es] so ein Prozeß, der sich in allen möglichen Wendungen [darlebt] – bei den Zähnen tritt er auf von unten nach oben und sich oben rundend, aber er tritt auch auf von vorn nach rückwärts, von rückwärts nach vorn, von oben nach unten, sich nach unten hin rundend –, ein Prozeß, der sich überallhin darlebt. Und Sie können ihn zum Beispiel, ich möchte sagen, wiederum mit Händen greifen, diesen Prozeß, wenn Sie sich vorstellen, daß sich mit der Tendenz, ein Kugeliges nach vorn zu schieben, von außen nach innen, da etwas sich bildet, und daß dem sich entgegenstellt ein Kugelbildungsprozeß, von unten nach oben.

ST

Und zwischen diesen beiden Prozessen drinnen liegt nun dasjenige, was das Vermittelnde ist, also Absonderungsprozesse, wiederum das Aufnehmen des Abgesonderten von andern und so weiter, dasjenige, was man im weitesten Sinne Absonderungsprozesse nennen kann; denn schließlich ist auch das Aufnehmen beruhend auf einer Absonderung nach innen, die wiederum resorbiert wird. Also dazwischen liegt wiederum dasjenige, was man Aussonderungsprozesse* am besten nennen kann.

* Im Stenogramm deutlich unterscheidbar: bis hierher «Absonderungsprozesse», nun «Aussonderungsprozesse».

Solch einen Aussonderungsprozeß können Sie wiederum mit Händen greifen, wenn Sie sich hier denken, daß auf der einen Seite dasjenige liegt, was den Kohlenstoff fortwährend aussondern will (orange), und dasjenige, was ihn wiederum aufnimmt in der Kohlensäurebildung (weiß) durch die Atmung von vorne.

T 7

Dann setzt sich dahinter* ein solcher Aussonderungsprozeß fort. Und wenn Sie noch weiter herunterkommen in den Stoffwechsel-Gliedmaßenprozeß, dann haben Sie richtig einen Befestigungsprozeß. Aber dieser Befestigungsprozeß, der ist auch vorhanden nun nach der andern Richtung. Sie können das verfolgen da, wo Sie wiederum, ich möchte sagen, (es) mit Händen greifen können, wenn Sie darangehen, zu betrachten das Auge, es wird von außen herein gebildet, das zeigt Ihnen schon die Embryologie, aber es wird von innen her befestigt. Es wird verinnerlicht die Bildung. Darauf beruht ja die Entstehung des Auges. Es wird verinnerlicht.

ST

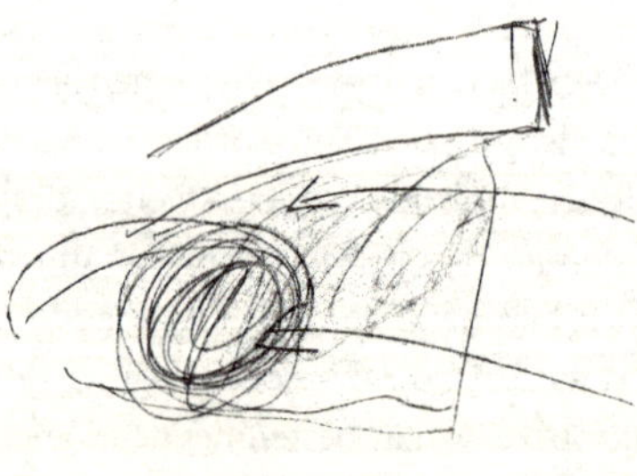

* Laut Stenogramm auch «da hinunter» möglich.

So daß wir diesen Befestigungsprozeß, indem wir zu dem Geistig-Seelischen vorschreiten im Menschen, also zu den Organen des Geistig-Seelischen, zu den Sinnesorganen vorschreiten, daß wir diesen Befestigungsprozeß sich vergeistigend haben, sich wirklich verseelend, vergeistigend haben in der Wahrnehmung. Das ist gewissermaßen der heruntersteigende Prozeß, der bis zur Organbildung führt [siehe Schema S. 96]. Dann finden wir am untersten Ende den Wahrnehmungsprozeß, das gegenständliche Wahrnehmen. Bildet sich das weiter aus, entwickelt es sich so weiter, dann wird das Wahrnehmen gegen das Befestigen zu, wenn es bewußt wird am Befestigen, wird es zur Imagination. Wenn die Imagination sich weiter entwickelt und bewußt wird gegen den Aussonderungsprozeß zu, dann wird sie zum Inspirieren. Und wenn das Inspirieren sich weiter entwickelt gegen den Bildungsprozeß zu und da bewußt an den Bildungsprozeß heranstößt, also die Bildung durchschaut, dann wird sie zum Intuitieren. Man kann entwickeln diese Stufenfolge des seelischen Lebens von dem gegenständlichen Wahrnehmen zum Imaginieren, zum Inspirieren, zum Intuitieren.

Aber diesem Prozeß, den man da entwickelt im Seelischen, dem liegt ja der Werdeprozeß zugrunde. Er ist nur, wie Sie hier auch sehen, die Umkehrung des Werdeprozesses. Man tritt dem Gewordenen entgegen und steigt wiederum hinauf ins Werden in umgekehrter Richtung. Das Bilden ist in absteigender Richtung. Man steigt in umgekehrter Richtung hinauf, man schreitet dem Werden entgegen. So daß das, was man als Wahrnehmen und Erkenntniskräfte in Imagination, Inspiration, Intuition ausbildet, daß das immer seine Gegenwirkung hat in den schöpferischen Kräften, in den schöpferischen Kräften, die sich in den Bildekräften, in den Aussonderungsprozessen, in den Befestigungsprozessen ausdrücken.

Und Sie werden daraus ersehen, daß im menschlichen Organismus dasjenige in umgekehrter Richtung tätig ist beim Schaffen, beim Entstehen, in das man hineinsteigt, wenn man sich im Erkennen aufschwingt. Sie werden daraus sehen, daß es wirklich so ist, daß dasjenige, was wir in der Imagination erreichen, dieselben Kräfte sind, die da ohne unser Bewußtsein in den Wachstumserscheinungen sich geltend machen, in den plastischen Wachstumserscheinungen sich geltend machen. Wenn wir aufsteigen zur Inspiration, so kommen wir an die Kräfte heran, die von außen herein bei der Atmung den Menschen inspirieren, beim Atmen den Menschen durchbilden, die sich da in die plastischen Kräfte, als sie gewissermaßen durcharbeitend, hineingestalten. Und wenn wir zum Intuitieren aufsteigen, so steigen wir eigentlich zu dem Agens auf, das sich in unseren plastischen Formen als die substantielle Wesenheit von der Außenwelt herein begibt.

Sie sehen also, wir fassen da den Menschen, aus dem Kosmos heraus sich gestaltend, und wenn wir jetzt unsere Kenntnisse anwenden, die wir uns erworben haben in irgendeiner Weise durch Anatomie oder durch Physiologie, und sie durchleuchten mit dem, was uns da gegeben ist, dann fangen wir an, die Organe und ihre Funktionen zu verstehen. Es ist das also ein Hinweis auf das Verstehen der Organe und ihrer Funktionen. So daß in demjenigen, was plastisch immer wirkt am Menschen, was den Menschen normal, ich möchte sagen durchplastiziert, daß das auf der andern Seite – nehmen Sie jetzt den gestrigen Vortrag zu Hilfe –, daß das auf der andern Seite lebt in den konsonantierenden Bewegungen, die da ja gerade unbewußte Imaginationskräfte, wie ich gestern sagte, nämlich eine Art Durchträumen* des Organismus hervorrufen. Sie durchschauen da also, wie das konsonantierende Eurythmisieren mangelnde Bildekräfte im Menschen, mangelnde plastische Kräfte ergreift und sie in die richtige Plastik überführt.

Nehmen wir also ein Kind und sehen wir, daß eine mangelhafte Plastik vorliegt, daß die Plastik zu stark wuchert. Was heißt das: die Plastik wuchert zu stark? Das heißt, die Plastik wirkt zentrifugal, macht den Kopf groß, indem sie zentrifugal wirkt, und läßt ihn, weil er zu groß wird, nicht dazu kommen, sich in der richtigen Weise mit imaginierenden Kräften zu durchdringen. Die muß man zuführen. Also lasse man das Kind eurythmisieren in konsonantischer Weise.

Frage: Ein zwei Jahre alter Knabe, mit großem Kopf, jedoch kein Wasserkopf, sonst scheinbar gesund.

Sie haben tatsächlich im konsonantierenden Eurythmisieren, das richtig angewendet wird, das Gegenmittel, um dem beizukommen. Hier kom-

* Im Stenogramm nicht eindeutig zu entziffern, «Durchströmen» wäre auch möglich. Siehe auch den Hinweis dazu.

men wir eben auf die Stelle, wo eine gründliche Beobachtung des Morphologischen, des tieferen Morphologischen gerade hinweist auf die eurythmisierende Behandlung. Oder:

Ein zwölfdreiviertel Jahre alter Knabe, dessen Längenwuchs auffallend zurückgeblieben ist, organisch ohne Befund, jedoch Würmerbesitzer ...*, intelligent, aber geistig schnell ermüdbar.

Ein außerordentlich interessanter Symptomenkomplex, alles darauf hinweisend, daß nicht genügend imaginative Kräfte da sind, daß die plastischen Organkräfte wuchern, weil nicht genügend innere plastische Kräfte, seelisch plastische Kräfte da sind. Die seelisch plastischen Kräfte sind es ja nun auch, die die Parasiten zerstören. Es ist also kein Wunder, wenn sie zu wenig da sind, daß das ein Würmerbesitzer ist. Also lasse man ihn konsonantierend eurythmisieren, und man hat das Gegenmittel gegeben. Diese Zusammenhänge, die weisen Sie ja direkt darauf hin, wo Sie mit der Eurythmie einzugreifen haben. Denn wenn diese Erscheinungen etwas, ich möchte sagen, kaschiert auftreten, nun, dann kann man selbst noch bei solchen kaschierten Fällen außerordentlich günstig mit Eurythmie wirken, insbesondere, wenn man dann noch in einer materiell therapeutischen Weise der Sache entgegenkommt.

So zum Beispiel ist mir eine interessante Frage vorgelegt worden. Es ist natürlich, daß ich diese Frage im Prinzip zu beantworten habe. Wenn irgendwelche Komplikationen eintreten, so könnten dann bei der speziellen Sache diese Komplikationen besonders berücksichtigt werden; aber wenn auch irgend etwas anderes kombiniert werden muß mit der Sache, so ist dennoch die Sache von der einen Seite her mit dem, was da charakterisiert werden kann, durchaus getroffen:

Ich habe ein fünfjähriges Kind als Patient, das bei den Unruhen durch Schußverletzung viel Blut verloren hat; vor zwei Jahren stellte sich eine Deformierung der Gelenke ein ...**. (Dinge, die später zu Bleichsucht und dergleichen bei Erwachsenen führen.) Wie wäre dem therapeutisch beizukommen?

* Lücke im Stenogramm.
** Von Helene Finckh wurde die Lücke im Stenogramm wie hier wiedergegeben gekennzeichnet und in der Übertragung der nachfolgende Satz in runden Klammern beigefügt, obwohl er nicht im Stenogramm festgehalten ist.

Ja sehen Sie, da haben Sie Gelenkdeformation. Das ist ein schon nach außen Wirken der plastischen Kräfte, die nicht mehr im Inneren bleiben können, die also schon nach außen strahlen, so daß sie den Menschen verlassen, statt daß sie im Inneren wirken würden. Die werden im eminentesten Sinne zurückgestrahlt gerade durch die Anwendung des konsonantischen Eurythmisierens. Denn Sie rufen ja im konsonantischen Eurythmisieren eben die wirksamen, die objektiv wirksamen Imaginationen hervor, die Deformierungen ausgleichen. In der Zukunft – darauf ist schon bei der Fragestellung ganz richtig hingewiesen worden – in der Zukunft werden die Menschen überhaupt in der mannigfaltigsten Weise zu Deformierungen neigen, weil sie nicht mehr auf* den unwillkürlich wirksamen Kräften die normalisierende Gestalt werden bilden können. Der Mensch wird frei; er wird sogar frei werden nach und nach in bezug auf die Bildung seiner eigenen Gestalt, aber er muß dann mit der Freiheit etwas anfangen können. Er muß also übergehen zu dem Erzeugen von Imaginationen, meine lieben Freunde, die dem Deformieren immer entgegenwirken.

Nun das andere, sehen Sie, hier haben wir es zu tun mit mangelhafter objektiver Imagination; wir können es auch zu tun haben mit mangelhafter objektiver Inspiration, was sich dann äußert durch – wenn ich so sagen darf – Deformierung des rhythmischen Systems. Diese Deformierung des rhythmischen Systems, die drückt sich ja ganz besonders dadurch aus, daß die objektive Inspiration, die nach innen geht, nicht in der richtigen Weise entgegenkommt dem Zirkulationsrhythmus. Und da wirkt man normalisierend, wenn man das vokalisierende Eurythmisieren anwendet. Dieses vokalisierende Eurythmisieren, das wirkt ebenso auf solche Unregelmäßigkeiten im Inneren, die eben nicht von morphologischen Veränderungen begleitet sind, wie das konsonantierende Eurythmisieren eben auf Deformierungen oder auf Neigungen zu Deformierungen wirkt.

Ich sagte früher, daß es ja allerdings notwendig sein kann, so etwas zu unterstützen, wenn es in besonders radikaler Weise auftritt, wie bei der Deformierung der Gelenke, die wir gerade jetzt besprochen haben. Da ist es dann notwendig, daß man therapeutisch zu Hilfe kommt dem Prozeß des konsonantierenden Eurythmisierens, der also so wirkt, daß er nament-

* Im Stenogramm möglicherweise auch «in».

lich anregt durch diese Imagination die innere Atmung der von außen nach innen gehenden, jenseits der Darmwände nach innen zu gelegenen Organe: Lunge, Nieren, Leber und so weiter, daß man diesem Prozeß zu Hilfe kommt. Es ist ja schon einmal so, wenn man konsonantierend eurythmisiert, dann beginnen besonders der Hinterkopf, die Lunge, die Leber, die Nieren ein Funkeln und Funkensprühen, das tatsächlich etwas ist, was zeigt, wie die Reaktion ist, die geistig-seelische Reaktion ist auf dasjenige, was im Konsonantieren außen gemacht wird. Der ganze Mensch wird in diesen Organen ein leuchtendes Wesen, und den Bewegungen, die ausgeführt werden, setzen sich immer Leuchtebewegungen im Inneren entgegen, und insbesondere bei gewissen konsonantierenden Bewegungen entsteht, ich möchte sagen, eine ganze Leuchtenachbildung des Absonderungsprozesses der Niere. Man bekommt gewissermaßen ein Bild des ganzen Absonderungsprozesses der Niere in diesem Leuchteprozeß, der da auftritt durch das konsonantierende Eurythmisieren. Und das wirkt dann hinüber in die unbewußten Imaginationen, und der ganze Prozeß, wo diese Partie so zu leuchten beginnt, das ist ja derselbe Prozeß, den ich speziell als den unter dem Einflusse des Cuprum geschildert habe; es ist derselbe Prozeß. Und hier ist auch der Ort, wo man gerade den Arzt darauf hinweisen kann, daß es ja auch Menschen gibt, die gewisse Krankheitsformen haben. Diese Krankheitsformen, gestern nach dem Abendvortrag wurden sie mir erst wiederum, ich möchte sagen, entgegengetragen, diese Krankheitsformen, indem mir jedenfalls von einer gewissen Seite her außerordentlich bewunderte Zeichnungen gebracht wurden, bemalte Zeichnungen, von denen gefragt worden ist, ob sie nun ganz besonders okkultistisch sind. Sie sind natürlich okkultistisch in einer gewissen Weise, aber es ist außerordentlich schwer, zu den Leuten über diese Dinge zu reden, denn solche Dinge, die sind objektiv fixiertes Nierenleuchten, sie sind objektiv fixierter Ausharnungsprozeß. Dieser objektiv fixierte Ausharnungsprozeß wird, wenn er in abnormer Weise bei gewissen krankhaft angelegten Menschen zum Leuchteprozeß wird, wenn also eine gewisse Stockung der Harnabsonderung eintritt, also eine reine Stoffwechselkrankheit, dann beginnen die Nieren zu leuchten. Und wenn dann dieses besondere, nach innen gewendete Hellsehen eintritt, dann fangen die Leute an, wild zu zeichnen. Das wird immer schön, äußerlich im formalen Sinne immer schön. Die aufgetragenen Farben werden immer schön. Natürlich sind die Leute nicht zufrieden, wenn man ihnen sagt: Ja, du hast da etwas sehr Schönes gemalt, das ist nämlich deine abgestaute Harnabsonderung. – Ich kann Ihnen die Versicherung geben, daß abgestaute Harnabsonderung und verhaltene Geschlechtssehnsuchten, die ja auch in einer gewissen Weise in Unregelmäßigkeiten des Stoffwechsels münden, daß die einem entgegengehalten werden von besonders mystischen Naturen als tief mystische Zeichnungen und Malereien, und daß man in vielem, was in dieser Art in der Welt auftritt, Symptome sehen soll für gerade noch erträgliche Krankheitsabnormitäten der Menschen.

Sie sehen, anthroposophisch orientierte Geisteswissenschaft ist nicht in dem Sinne Mystik, wie viele Menschen das verstehen, denn sie gibt sich keinen Illusionen hin über solche Dinge, wie sie eben charakterisiert worden sind. Sie erforscht im Gegenteil gerade solche Dinge. Aber die Leute nehmen einem das übel. Sie nehmen mir schon übel, daß ich in den öffentlichen Vorträgen so weit gegangen bin, anzudeuten, daß zum Beispiel – wenn auch die Sachen nicht gezeichnet wurden, sondern poetisch sich auslebten –, die schöne Poesie der Mechthild von Magdeburg oder der heiligen Therese die Abbilder sind, also die Inspirationsreflexe sind von demjenigen, was Prozesse sind, die durch zurückgehaltene Sexualität entstehen. Natürlich ist es den Leuten dann nicht angenehm, wenn man ihnen eine Mechthild von Magdeburg oder eine heilige Therese schildert: Nun ja, das sind eben Persönlichkeiten mit einer starken Sexualität, die sie aber gerade deshalb, weil sie ihnen zu stark wurde, zurückgehalten haben; dadurch entstehen gewisse Stoffwechsel-Zirkulationsprozesse, auf diese hin finden Reaktionen statt, die so auftreten, daß sie dann fixiert werden in sehr schönen Dichtungen. Ja, das Phänomen, in einem höheren Sinne betrachtet, führt außerordentlich tief hinein in die Geheimnisse des Daseins. Aber man muß sich eben hinaufschwingen können zu einer solchen Auffassung. Und deshalb muß man schon auch etwas wenigstens ahnen von diesen eigentümlichen Prozessen, die als innere Prozesse aufleuchten, wenn äußerlich eurythmisiert wird, und namentlich dann, wenn dasjenige, was nun innerlich in die Dichtung hineingeheimnißt ist, wenn das eurythmisiert wird, so wie ich Ihnen das gestern gezeigt habe, wenn vorgelesen wird ein schönes Gedicht, danach eurythmisiert wird in entsprechender Weise, so wie wir es gestern gesehen haben, konsonantierend oder vokalisierend; dann kreuzt sich das eben noch mit dem andern, dann tritt hinzu zu dem, was da äußerlich in Bewegungen ausgeführt wird, auch beim Eurythmisierenden ein innerliches stummes Sprechen. Und wenn der Prozeß nun nicht ausgeschwült wird in schwülen Dichtungen, sondern wenn der Prozeß einfach so verläuft, daß er der Begleiter, der eurythmische Begleitprozeß ist von schönen Dichtungen, dann ist dasjenige, was im Menschen vorgeht, eben nicht ein solches Aufzeichnen von Mystischem, sondern es ist ein durchaus den Menschen gesundmachender Prozeß. So daß man sagen kann, wenn man eurythmisieren läßt geradeso, daß man immer den Patienten aufmerksam macht: Höre gut zu, bringe dir stark zum Bewußtsein den gehörten Laut, den gehörten Satzzusammenhang, nach dem du die Eurythmie machst –, dann wird man ihn aufsteigen lassen gerade zu den äußeren Bildungskräften, zu den objektiv intuitierenden Kräften. Und man wird gut tun, wenn man auf alles dasjenige wirken will, was sich im Menschen findet als Rest von dem, was nicht mehr sich abgespielt hat zwischen Geburt und Tod, sondern was der Materialismus Vererbung nennt, wovon aber ein großer Teil eben aus dem präexistenten geistig-seelischen Leben mitgebracht ist, wenn man also wirken will auf dasjenige, was man angeborene Fehler, Defekte und so weiter nennen kann, dann wird man gut tun, insbesondere im jugendlichen Alter immer wieder und wiederum so durch die Eurythmie zu wirken, daß man den Eurythmisierenden immer wieder auffordert: Mache dir ganz klar dasjenige, was du im Äußeren hörst. – Dadurch werden ja auch vertrieben alle diejenigen Tendenzen, die das innerlich fixieren wollen, was etwa da entstehen will in so etwas wie das mystische Zeichnen oder mystische Dichten. Es wird ja gerade das angeschlossen an das äußere schöne Gedicht. Es ist der umgekehrte Prozeß. Ein richtiger Mystiker, der weiß, daß dasjenige, was der Mensch an Schönem reflektiert als gerade Abnormes, daß das immer eine bedenkliche Seite hat. Dagegen wenn dasjenige, was in der Außenwelt schön ist, innerlich erlebt wird, dann kann man nicht sagen, daß es sich einem als besonders großartig schönes Gebilde darstellt; im Gegenteil, es schematisiert sich, es wird abstrakt dadurch, aber abstrakt als Zeichnung, so wie eine Zeichnung abstrakt ist. Aber das ist gerade das Gesunde, das ist das

Erleben*. Und nicht wahr, es wäre ja dieser schöne historische Prozeß nicht hervorgetreten: aber wenn zum Beispiel die Mechthild von Magdeburg veranlaßt worden wäre, nach guten Gedichten zu eurythmisieren, dann wäre sie bewahrt geblieben vor ihrem ganzen mystischen Schicksal. Man kann natürlich, wenn man an diesen Punkt kommt, sagen: Da kommt man an einen Punkt, wo gewissermaßen das Gute und das Böse in einer gewissen Weise aufhört. Da kommt man in die amoralische Nietzsche-Sphäre, in das «Jenseits von Gut und Böse», und man kann ja natürlich nicht so philiströs sein, daß man sagt, es sollen alle Mechthilds von Magdeburg mit Stumpf und Stiel ausgetilgt werden. Aber auf der andern Seite können Sie schon sicher sein, daß wiederum von den übersinnlichen Welten aus gut gesorgt wird, daß, wenn auch der Mensch nicht gerade das wuchern läßt, daß dann eben trotzdem die entsprechenden Zusammenhänge mit der übersinnlichen Welt bleiben.

Nun möchte ich noch auf ein paar Dinge eingehen, die vielleicht doch noch einiges aufklären können, trotzdem ja unsere Zeit schon sehr vorgeschritten ist. Ich möchte da zunächst namentlich auf die Frage eingehen:

Könnten die therapeutischen Eurythmieübungen nicht durch rationelle Atemübungen unterstützt werden? Es braucht ja nicht gleich Hatha-Yoga zu sein.

Nun, dazu habe ich das Folgende zu bemerken: Rationelle Atemübungen zur Unterstützung der Eurythmieübungen, die sind für unsere Zeit bei der gegenwärtigen, und auch in der nun einmal eingeschlagenen Richtung immer weitergehenden Menschennatur nur in der folgenden Weise zu behandeln. Man wird nämlich bemerken, daß unter dem Einflusse namentlich des vokalisierenden Eurythmisierens von selbst eine Tendenz zur Änderung des Atmungsrhythmus entsteht. Das wird man bemerken. Und nun steht man eben vor der Unbequemlichkeit, daß man hier nicht schablonisieren soll, nicht irgend etwas im Allgemeinen sagen soll, sondern daß man dasjenige, was man tun soll, erst beobachten soll. Man soll sich im einzelnen individuellen Fall damit befassen, die Atmung eines Menschen, dem man nach sonstigem Befunde mit vokalisierendem Eurythmisieren heilend helfen will, diese Atmungsänderung zu beobachten, und dann soll

* Schlecht leserlich im Stenogramm, in der Umschrift von Helene Finckh «das Erwünschte».

man ihn darauf aufmerksam machen, daß er bewußt diese Tendenz nun fortsetzt. Denn wir sind nicht mehr Menschen, wie es die alten Orientalen waren, die den umgekehrten Weg gehen können, durch vorgeschriebenes Atmen den ganzen Menschen wiederum zu beeinflussen. Das ist etwas, was unter allen Umständen, wenn es so oder so vorgeschrieben wird, zu inneren Schocks führt, und was eigentlich vermieden werden sollte. Wir sollten, wir müssen eben lernen, dasjenige zu beobachten, was uns die Eurythmie lehrt, namentlich die vokalisierende Eurythmie lehrt über ihren eigenen Einfluß auf den Atmungsprozeß. Und dann können wir bewußt fortsetzen dasjenige, was im einzelnen Falle eurythmisch auftritt. Sie werden da nämlich durchaus sehen, daß dieser Prozeß, dieser Atmungsprozeß in einer gewissen Weise individuell, das heißt, verschieden für die verschiedenen Menschen eben fortgesetzt wird.

Nun, das, meine verehrten Freunde, sind ungefähr diejenigen Dinge, die sich noch beantworten lassen. Es ist keine rechte Möglichkeit vorhanden, auf einiges, was ja allerdings noch steckengeblieben ist, einzugehen wegen der Kürze der Zeit. Am Schlusse möchte ich Ihnen nur mit ein paar Worten sagen, meine lieben Freunde, daß Sie sich darauf gefaßt machen müssen, daß von Ihren medizinischen Kollegen in der Welt nicht minder der Kampf ausgehen wird, sobald sie in einer starken Weise gewahr werden, daß sich da irgend etwas von unserer Art geltend macht, und daß Sie schon brauchen die Überzeugungs-Durchschlagskraft, welche wird dasjenige, was Ihnen entgegentreten wird, ablähmen können. Es darf einen natürlich niemals dasjenige, was sich da entgegensetzt, dazu veranlassen, die Dinge zu unterlassen, aber wir dürfen uns auch über all diejenigen Kräfte, die wir als antagonistische aufrufen, eben durchaus keinen Illusionen hingeben.

Auch am Ende dieses Kursus wiederum möchte ich sagen, daß es durchaus von mir überall eingehalten wird, daß ich, um die Bewegung so, wie sie jetzt inauguriert werden soll auf dem medizinischen Felde, möglich zu machen, daß ich selber mich Patienten gegenüber nicht unmittelbar in Heilungsprozesse einmischen werde, sondern nur besprechend, diskutierend, ratend mit Ärzten selber, so daß Sie ja immer in der Lage sein können, zurückzuweisen dasjenige, was etwa darauf hinginge, daß ich selber in irgendeiner Weise in das Kurieren eingreifen wollte in unberechtigter

Art. Das ist dasjenige, was ich schon am Schlusse des letzten Kursus gesagt habe. Es wird einen ja auch das, namentlich – das kann schon nicht verschwiegen werden – von anthroposophischer Seite, außerordentlich schwer gemacht, weil die Menschen natürlich mit allen möglichen Zumutungen nach dieser Richtung kommen. Es ist ja durchaus auch das der Fall, daß in Anthroposophen auch die Tendenz liegt, nicht etwa über den Egoismus hinauszukommen, sondern manchmal noch egoistischer zu werden, als die normalen Menschen sind, und dann wird es einem gegebenenfalls wirklich ganz gleichgültig, höchst gleichgültig, was das Heil der Bewegung ist, daß das Heil der Bewegung darauf beruht, daß nicht im einzelnen Fall dasjenige ausgeführt werden soll, was die Außenwelt eben als «Kurpfuscherei» bezeichnet, sondern daß der Gesundungsprozeß der ganzen Medizin vor sich gehen soll, und daß der nicht gestört werden soll durch dasjenige, was der einzelne vielleicht manchmal aus seinen persönlichen Aspirationen heraus eben für Anforderungen stellt. Es wird einem das sehr schwer, aber es muß in dieser Richtung durchgeführt werden, denn wir werden nur dann gerade auf diesem Gebiete durchkommen können, wenn wir der Außenwelt entgegenhalten können – was auch sonst in unserer anthroposophischen Bewegung der Fall ist, insofern sie mit Verständnis getrieben wird, nicht verballhornt wird von den Unverständigen –, wir müssen in der Lage sein, einfach dadurch, daß wir wissen, was in der anthroposophischen Bewegung vorgeht, zu sagen: Das, was da gesagt wird, ist ganz gewiß eine Lüge, ist ganz gewiß erfunden. – Das müssen wir in gewissen Fällen eben einfach immer sagen können. Das können wir aber sagen, wenn wir innerlich in all dasjenige, ich möchte sagen, eingeweiht sind, was in solchen Dingen besteht, auf die ich hier aufmerksam gemacht habe, daß ich nicht in Heilungsprozesse direkt eingreife, sondern daß zum Heilen gegenüber den Patienten eben diejenigen da sind, die als Ärzte innerhalb unserer anthroposophischen Bewegung funktionieren.

Indem ich das noch sagen mußte, möchte ich nichts anderes mehr hinzufügen als das, meine lieben Freunde, daß gerade in Ihnen diese Anregungen, die ja gerade bei diesem Kurse oftmals nur in Andeutungen steckenbleiben mußten wegen der kurzen Zeit, daß diese Anregungen in Ihnen sich weiter verarbeiten mögen, und daß sie wirksam werden in der entsprechenden Weise zum Heile der Menschheit. Wir werden hoffentlich

Gelegenheit haben, dasjenige, was wir jetzt zweimal begonnen haben, auf irgendeine Art weiterzuführen und wollen uns wenigstens bemühen, es in irgendeiner Art weiterzuführen. Mit diesem Wunsche schließe ich diese Betrachtungen ab, meine lieben Freunde, und ich hoffe, daß nach all diesen Richtungen hin unsere Taten unseren Wünschen entsprechen mögen. Es war ein sehr befriedigendes Gefühl, Sie hier zu sehen. Es wird ein befriedigendes Gefühl sein, zurückzudenken an die Tage, die Sie hier gerade zur Bereicherung der medizinischen Wissenschaft haben verbringen wollen, und die Gedanken, die uns zusammenhalten sollen, werden Sie auf den Wegen begleiten, meine lieben Freunde, auf denen Sie wandeln werden, um dasjenige in die Tat umzusetzen, was wir hier versuchten, in Gedanken zunächst anzuregen.

VORTRAG

IM RAHMEN DER «MEDIZINISCHEN WOCHE»

Stuttgart, 28. Oktober 1922

Es ist gewünscht worden, daß ich noch einiges in bezug auf unsere Heileurythmie sage. Im Grunde genommen ist das empirische Material für diese Heileurythmie ja von mir beim letzten Ärztekurs in Dornach entwickelt worden, dargestellt worden, und es ist kaum notwendig, über das dazumal Gegebene hinauszugehen. Denn wenn es in entsprechender Weise verwertet wird, dann kann es ja wirklich sehr weittragende Bedeutung haben. Ich möchte heute vielmehr zu Ihnen sprechen über den ganzen Sinn und die Bedeutung der Heileurythmie.

Nicht wahr, sie gliedert sich ja in einer gewissen Weise heraus aus einer rein künstlerischen Sache, die sich auch zuerst als künstlerische Sache entwickelt hat, und in gewisser Beziehung muß sogar die künstlerische Eurythmie eine Art Grundlage abgeben für das richtige Verständnis der Heileurythmie. Nun werde ich vielleicht am klarsten sprechen, wenn ich zunächst einmal versuche, den Unterschied zwischen der künstlerischen Eurythmie und der Heileurythmie anzugeben. Eurythmie im allgemeinen beruht darauf, daß man dasjenige, was im menschlichen Organismus vor sich geht beim Sprechen, nach einer gewissen Seite hin metamorphosieren kann. Daher ist Eurythmie zunächst künstlerisch wirklich eine Art sichtbare Sprache. Wir müssen uns nämlich klar sein, daß beim menschlichen Sprechen zwei Komponenten zusammenwirken. Die eine Komponente geht aus von einer gewissen Benützung des plastischen Apparates – ich darf von diesem plastischen Apparate im Menschen sprechen nach den vorangehenden Vorträgen –, von einer weiter nach innen gelagerten Schicht, möchte ich sagen, des Nervensystems. Da spielt das Vorstellungsmäßige hinein. Im wesentlichen setzt sich der Vorstellungsapparat im Sprechapparate allerdings in einer etwas komplizierten Weise bis in den Bau des Nervensystems fort, und das ergibt dann eben in der weiteren Ausstrahlung, möchte ich sagen, die eine Komponente, die im Sprechen wirkt. Die andere Komponente kommt eigentlich aus dem Stoffwechselorganismus des Menschen herauf. Und wir haben in einer gewissen Weise ein Sich-Begegnen von einer Dynamik, die aus dem Stoffwechselsystem des Menschen kommt, und einer Dynamik, welche aus dem Nerven-Sinnessystem des Menschen kommt. Die beiden treffen sich so, daß das Stoffwechselsystem sich zunächst metamorphosiert in den Zirkulationsvorgängen, und das Vorstellungsgemäße, das aus dem Nerven-Sinnessystem kommt, sich metamorphosiert im Atmungssystem. Im Atmungssystem und Zirkulationssystem stoßen dann die beiden dynamischen Systeme zusammen, und indem das Ganze mit Hilfe des Sprachorganismus auf die Luft übertragen wird, ist auch der astralische menschliche Organismus imstande, sich hineinzuergießen in dasjenige, was da als Luftbewegungen erzeugt wird. Und die Sprache kommt zustande, wenn wir gewissermaßen die äußerste Peripherie des menschlichen Organismus betrachten, durch eine Verkörperung des Vorstellungsgemäßen auf der einen Seite und des Stoffwechselgemäßen auf der andern Seite, was eigentlich, seelisch ausgedrückt, das Willensgemäße ist. Wir haben also alles dasjenige, was seelisch seinen Ausdruck im Willen, körperlich seinen Ausdruck im Stoffwechselsystem findet, insofern das Nervensystem am Willen beteiligt ist: es ist ja beteiligt, insofern Stoffwechsel im Nervensystem stattfindet, nicht als Nerven-Sinnesfunktion. Also das Willensmäßige, das seinen körperlichen Ausdruck findet im Stoffwechselsystem, und das Vorstellungsgemäße, das seinen körperlichen Ausdruck findet, ich möchte sagen, in einer Sektion, in einer Schicht des Nerven-Sinnesmäßigen, die gliedern sich gewissermaßen zu einer Resultierenden zusammen. Sie finden dann den physischen Ausdruck in dem, was als die gewöhnliche Lautsprache oder der Gesang zum Ausdruck kommt. Beim Gesang ist es etwas anderes, aber es ist ja etwas ähnliches. Nun handelt es sich bei der Eurythmie darum, daß man ausschaltet das eigentlich Vorstellungsmäßige in möglichst hohem Grade, und zur Wirksamkeit bringt das Willensmäßige. Dadurch metamorphosiert sich die gewöhnliche Lautsprache in Bewegungen des gesamten menschlichen Organismus, so daß man die eine Komponente, das Willensgemäße beziehungsweise das Stoffwechselgemäße verstärkt, das Vorstellungsgemäße beziehungsweise das Nerven-Sinnesgemäße abschwächt und dadurch die Eurythmie herausbekommt. Dadurch ist man in der Lage, wirklich für die einzelnen Laute, seien sie Vokale, seien sie Konsonanten, Korrelate in menschlichen Bewegungen zu schaffen. Und geradeso wie eine gewisse Luftformung und Luftbewegung einem A oder L entspricht, kann eine äußerlich sichtbare Bewegungsform entsprechen einem A oder L. Es liegt da eine durch sinnlich-übersinnliches Schauen aus dem menschlichen Organismus herausgeholte Bewegung, Bewegungsstruktur möchte ich sagen, vor, die wirklich mit derselben Gesetzmäßigkeit aus dem menschlichen Organismus folgt wie die Lautsprache, nur eine Metamorphose der Lautsprache ist, die eben mehr nach dem Willensmäßigen hin orientiert ist. So daß man also das ganze Alphabet zusammensetzen kann auch durch diese Sprache; so daß man alles Sprachliche durch diese Eurythmie zum Ausdruck bringen kann. Wenn nun künstlerisch Eurythmie ausgeführt wird, dann wendet sich die menschliche Aufmerksamkeit und damit alle Vorgänge im menschlichen physischen, ätherischen und astralischen Organismus, welche die Träger der Aufmerksamkeit sind, zu dem entsprechenden Laut beziehungsweise der Wortgestaltung oder der künstlerischen Satzgestaltung, der metrischen Gestaltung, poetischen Gestaltung und so weiter. Der Mensch ist gewissermaßen, wenn er künstlerisch-eurythmisch tätig ist, ganz hingegeben an dasjenige, was an künstlerischer Gestaltung des Lautlichen möglich ist. Da man ja selbstverständlich bei der künstlerischen Eurythmie folgt jener Gestaltung, welche auch die Sprache hat, so ist der Mensch, indem er künstlerisch-eurythmisch tätig ist, an die Außenwelt hingegeben. Und wie man ja auch im Worte an einem A nicht hält, an einem L nicht hält, sondern die Dinge vorübergehen, so haben wir es bei dieser künstlerischen Eurythmie zu tun mit etwas, was durchaus innerhalb des normal funktionierenden menschlichen Organismus sich abspielen kann. Es tritt also für den menschlichen Organismus keine andere physiologische Folge durch die gewöhnliche künstlerische Eurythmie ein als diejenige, daß in einer energischen Weise schon durch die gewöhnliche künstlerische Eurythmie die innere Harmonisierung der menschlichen Funktionen hervorgerufen wird, der Funktionen, insofern sie eine Totalität bilden im menschlichen Organismus.

Man kann daher sagen: Wenn in der richtigen Weise Einhalt getan wird einem Übertreiben in eurythmisch-künstlerischer Tätigkeit, so ist auch diese eurythmisch-künstlerische Tätigkeit ganz allgemein gesundend. Aber wie alles, was gesundend sein kann, krankmachend sein kann, wenn es übertrieben wird, kann auch die Eurythmie als künstlerische Tätigkeit übertrieben werden. Der Professor Benedikt, der berühmte Kriminalpsychologe, hat, weil er die Antialkoholbewegung nicht leiden konnte, immer wieder und wieder betont, daß viel mehr Leute durch das Wasser sterben als durch den Alkohol. Das müssen die Statistiken auch zugeben, weil zu starker, nicht richtiger Wassergenuß zu zahlreichen Krankheitserscheinungen führt. So kann Eurythmie natürlich in dem Maße, in dem sie getrieben werden soll – künstlerisch wird das ja ohnedies einen gewissen Befriedigungs- oder Unbefriedigungszustand im menschlichen Organismus ergeben –, im allgemeinen nur gesundend sein.

Was nun die Heileurythmie betrifft, so ist gewissermaßen dasjenige, was bei der künstlerischen Eurythmie in der Hingabe lebt an Lautgestaltung, Wortgestaltung, Satzgestaltung, nach innen reflektiert. Es ist schon dadurch nach innen reflektiert, daß bei der Heileurythmie, sagen wir, ein Laut A oftmals hintereinander wiederholt werden muß. Dadurch geschieht etwas ganz anderes, als wenn ich vom Laut A übergehe zu einem I oder dergleichen in künstlerischer Darstellung. Nun handelt es sich darum, hineinzuschauen in den eigentlichen Heilprozeß, der bei der Eurythmie stattfinden kann. Da möchte ich nicht vermeiden, eine gewisse Besorgnis auszusprechen, die eigentlich naheliegt gegenüber solchen Dingen. Solcher Dinge bemächtigen sich sehr leicht Laien und Dilettanten. Ich habe aber vom Anfange an betont, daß Heileurythmie eigentlich ausgeübt werden soll vom Arzte oder der Ärztin selbst, oder wenigstens im innigsten Einklang mit dem Arzte nur vollzogen werden darf. Das aus dem Grunde, weil auch solche Ausläufer, möchte ich sagen, desjenigen, was Geisteswissenschaft in bezug auf Medizin will, weil auch solche Ausläufer so betrachtet werden müssen wie die ganze Stellung der Geisteswissenschaft zur Medizin.

Es ist wirklich so, daß Geisteswissenschaft nicht arbeitet auf medizinischem Gebiete nach so etwas hin, wie es mir einmal begegnet ist vor zwanzig Jahren. Da waren auch anwesend bei anthroposophischen Versammlungen, ja, Naturheilärzte nannten sie sich, und da wurde mir einmal eine Abhandlung übergeben, in der stand eigentlich nur in verschiedenen Wiederholungen dieses: Alle Heilung beruht darauf, daß man das im Organismus Unharmonische wiederum harmonisiert. – Auf sechs Seiten wurde dieser Satz in der mannigfaltigsten Weise variiert, daß man das Unharmonische harmonisieren soll. Es ist gegen diesen Satz nicht das geringste einzuwenden, es handelt sich nur darum, daß man es im einzelnen Fall, ganz im Speziellen kann. Und da wird es dann unangenehm für Menschen, die eine solche Gesinnung haben, wie sie sich im Schlußsatze aussprach: Alles dasjenige, was jetzt geschrieben worden ist, das zeigt, daß man die ungeheuer komplizierte Medizin verlassen kann und daß man sich beschränkt auf das Harmonisieren des Unharmonischen, und das wäre – so stand es wörtlich da – von «berauschender Einfachheit». – So etwas von der berauschenden Einfachheit kann ich Ihnen nicht bieten. Sondern es ist schon so, daß durch die Geisteswissenschaft die Medizin nicht zu einer solchen berauschenden Einfachheit hingetrieben werden soll, sondern eigentlich zu einer größeren Komplikation, wie Sie schon aus Verschiedenem entnommen haben werden. So daß Sie nun nicht weniger zu lernen haben werden durch die Geisteswissenschaft, sondern mehr zu lernen haben werden, aber mit dem Wenigerlernen wird es durchaus etwas hapern, wenn auch alle Dinge übersichtlicher und überschaubarer werden und das Lernen interessanter wird dadurch. Wer darauf reflektiert, daß das Heilen bequemer gemacht werden soll durch die Geisteswissenschaft, der wird schon aus den Auseinandersetzungen, die ich hier gepflogen habe, gesehen haben, daß das nicht der Fall ist.

Und, ich möchte sagen, so ist es auch bei dem, was Heileurythmie ist. Es ist durchaus so, daß eigentlich Heileurythmie ohne eine gesunde Diagnose nicht angewendet werden sollte, daß es sich durchaus darum handelt, daß sie nur im Einklang mit der fachmännischen ärztlichen Wissenschaft ausgeübt werden sollte. Denn man hat es eigentlich zu tun mit der Anwendung einer ungeheuer feinen Kenntnis des menschlichen Organismus.

Dadurch, daß zusammenstoßen im menschlichen Organismus, schon bei der gewöhnlichen Sprache, die Stoffwechseltätigkeit und die plastische Tätigkeit aus dem Nerven-Sinnessystem, dieses Zusammenstoßen in der Resultierenden sich aber entlädt in der Luftbewegung, die verhältnismäßig von der menschlichen Organisation sich in Abgesondertheit vollzieht, so daß die Sprache sich loslöst vom Organismus, wird alles dasjenige, was von der Heileurythmie ausgestaltet wird, zurückgeschlagen in den Organismus, und man hat es mit folgendem zu tun: Denken Sie sich, Sie setzen zum Beispiel eine A-Bewegung mit einer L-Bewegung zusammen. Also erstens lassen Sie die Bewegungen wiederholen, damit sich nicht die Sache nach außen entlädt, sondern die Wiederholung sich ergießt in innere Vorgänge des menschlichen Organismus. Sie haben aber immer, indem Sie das Vokalische oder das Konsonantische, sagen wir, in der A-Bewegung oder L-Bewegung zusammenwirken lassen, Sie haben immer dadurch den menschlichen Organismus in ein Funktionieren gebracht, welches ein Zusammenwirken bedeutet des Stoffwechselmenschen und des Nerven-Sinnesmenschen. Gewiß, es ist die Tätigkeit des Nerven-Sinnessystems in der Eurythmie überhaupt abgeschwächt, aber auch in diesem besonderen Verhältnis der beiden Komponenten, in der abgeschwächten Nerven-Sinnestätigkeit mit der verstärkten Stoffwechseltätigkeit, die durch die eurythmische Bewegung zustande kommen, auch in dieser Weise wirken doch die beiden Komponenten zusammen. Und man hat einfach, indem man zum Beispiel eine L-Bewegung machen läßt in Wiederholungen, ein Heranschlagen des Stoffwechselmenschen an den Nerven-Sinnesmenschen, wenn man die L-Bewegung assoziiert mit einer A-Form. So daß man also sagen kann: In diesem Erregen von notwendigen Formen oder Bewegungen liegt ein Mitnehmen des gesamten Funktionierens des menschlichen Organismus. Wenn Sie zum Beispiel eine konsonantische Bewegung ausführen lassen, so wirkt die konsonantische Bewegung zunächst so, daß sie im wesentlichen ihre ganze Kraft ablädt, ihre innere Dynamik ablädt auf den Einatmungsvorgang, so daß Sie dadurch den ganzen Einatmungsvorgang eigentlich in die Hand bekommen. Je nach dem Konsonanten, den Sie erregen, bekommen Sie den Einatmungsvorgang in die Hand. Sie verstärken den Einatmungsvorgang durch jede konsonantische Betätigung.

Nun wissen Sie ja vielleicht aus dem, was aus der Heileurythmie schon mitgeteilt worden ist, wie Bewegungen dann etwas modifiziert werden für die Heileurythmie, die sonst in der künstlerischen Eurythmie zum Ausdruck kommen. Und so kann man sagen: Führt man eine A- oder L-Bewegung aus, sie ist immer verbunden mit einer Verstärkung oder Abschwächung des Stoßes, der in der Einatmung ausgeführt wird. Nun müssen Sie bedenken, daß die Einatmung dabei in ihrer Totalität genommen werden muß. Wir haben ja doch, wenn wir die Einatmung betrachten, zunächst den Einatmungsweg zu verfolgen in seiner Ausbreitung zunächst im mittleren Teile des menschlichen Organismus, dann aber durch den Medialkanal, Rückenmarkskanal in das Gehirn hinein, und die Gehirntätigkeit ist ja im wesentlichen ein Zusammenklingen der in das Gehirn hinein verfeinerten Atmungstätigkeit mit der Nerven-Sinnestätigkeit. Es gibt keine Gehirntätigkeit, die für sich betrachtet werden kann, sondern es ist immer eine Resultierende da aus der eigentlichen Nerven-Sinnestätigkeit und aus der Atmungstätigkeit. Alle Gehirnvorgänge müssen auch so studiert werden, daß die Atmungstätigkeit dabei in Betracht gezogen wird. Nun haben Sie es durch die Erregung gewisser Konsonanten, der verschiedenen Konsonanten, tatsächlich in der Hand, in einer ganz eklatanten Weise zu beeinflussen, auf dem Umwege durch die Atmung, die plastische Tätigkeit des Menschen, die plastizierende Tätigkeit des Menschen. Sie brauchen zum Beispiel aus einem gewissen künstlerischen Erfassen des menschlichen Organismus heraus bloß zu wissen, sagen wir, bei einem Kinde, das eben die zweiten Zähne bekommt, die oberen Zähne: wie werden sie denn aus der plastischen Tätigkeit, die von oben nach unten geht, gebildet? Sie werden so gebildet, daß bei den oberen Zähnen vorzugsweise die plastische Tätigkeit von vorne nach rückwärts wirkt. Wie werden die unteren Zähne gebildet? Bei den Zähnen des Unterkiefers wirkt die plastische Tätigkeit von rückwärts nach vorne; so daß eigentlich, wenn ich schematisch ausdrücken will die Tätigkeit, die beim Zähnekriegen ausgeübt wird, es diese ist: Die oberen Zähne werden von vorne nach hinten gebildet, und es werden also die hinteren Flächen gebildet, die vorderen werden abgesetzt. Die unteren Zähne werden von rückwärts nach vorne gebildet. So wirken die Kräfte zusammen.

Wenn Sie nun bemerken, das Kind hat Schwierigkeiten mit dem Zahnen, so können Sie das Zahnen in der oberen Kinnlade einfach dadurch unterstützen, indem Sie zum Beispiel eine A-Bewegung machen lassen;

das Zahnen in der unteren Kinnlade können Sie unterstützen, indem Sie eine O-Bewegung machen lassen. Sie bekommen tatsächlich die plastizierenden Kräfte durch gewisse Einwirkungen in die Hand. Sie müssen aber, um überhaupt dieser plastizierenden Tätigkeit Nahrung zu geben, sozusagen das Hauptaugenmerk darauf legen, zunächst den Einatmungsstoß zu unterstützen, müssen also zu der plastizierenden Tätigkeit, die von der A- und O-Bewegung auf diese Weise ausgeführt wird, hinzufügen dasjenige, was Ihnen ja nun folgt aus der gesamten Konstitution des Menschen. Sagen wir, Sie haben einen Menschen, der eine schwache Peristaltik hat, der neigt zu leisen Verstopfungen. In der Lebensepoche, wo das Zahnen stattfindet, hängt auch die Darmtätigkeit durchaus zusammen mit der Zahnbildung, und man muß das Augenmerk darauf richten, wo bei Unregelmäßigkeiten im Zahnen die Ursprünge liegen. Kommen Sie dem Atemstoß zu Hilfe, der durch den Rückenmarkskanal in das Gehirn geht, und von da aus jene plastischen Kräfte erst fördert, die man durch die Vokalbewegungen in die Hand bekommt, dann können Sie das tun, wenn Sie gerade diesen Fall vor sich haben, indem Sie das Kind eine L-Bewegung ausführen lassen. Es ergibt sich, wenn Sie einfach die Heileurythmie studieren, aus der Diagnose, wie Sie sie anwenden sollen. Ohne Diagnose sollte man sie eigentlich nicht anwenden, weil man unter Umständen das ganz Verkehrte machen kann. Aber es ist das wirklich so, daß man sich, ich möchte sagen, ein Gefühl erwecken muß für das Künstlerische in der Dynamik des ganzen Menschen. Man muß einen intuitiven Blick sich erwerben für das Künstlerische. Nehmen wir zum Beispiel an, das Kind zeigt in der Zeit, in der es eben beginnt zu zahnen, Schwierigkeiten; es zeigt Unpäßlichkeiten oder dergleichen, die nicht da sein sollten. Man findet nun, daß da unregelmäßige, nicht genügende Darmbewegungen stattfinden. Nun kommt man mit L-Bewegungen, bereitet vor. Nachdem man eine Zeitlang diese L-Bewegungen gemacht hat, kommt man entgegen demjenigen, was man nach dem plastizierenden Zentrum hingeleitet hat, indem man A- oder O-Bewegungen ausführen läßt. Denn die vokalischen Bewegungen wirken auf die Ausatmung. Und zwar beginnen die Vokale zu wirken schon im Gehirn. Der Atemstrom arbeitet im Gehirn. Und alles dasjenige, was im umfassenden, im totalen Sinn mit der

Einatmung zusammenhängt, drückt sich im Konsonantischen aus. Das kann unterstützt, gefördert werden durch konsonantisches Eurythmisieren. Alles dasjenige, was mit der Ausatmung zusammenhängt, kann unterstützt werden durch vokalisches Eurythmisieren. Aber da arbeitet unmittelbar, indem Sie vokalisch eurythmisieren lassen – die Wiederholungen, die stattfinden müssen in dem Laute, müssen Sie abschätzen, je nachdem die Anwendung der Kraft notwendig ist –, da arbeitet unmittelbar das plastizierende Element mit dem ausstrahlenden Element zusammen. Sagen wir zum Beispiel, Sie haben es zu tun mit irgendeiner Nierenaffektion, da können Sie sich sagen, die Nierenaffektion ist in einem gewissen Stadium, sagen wir in einem frühen Stadium. In dem Augenblick, wo ich gewisse Bewegungen machen lasse, zum Beispiel A*-Bewegungen, fördere ich die Nierenaffektion in einem frühen Stadium. Ist aber die Nierenaffektion schon lange da und hat das mangelnde Funktionieren bereits zu einer Deformation geführt, so muß ich erst vorbereiten mit dem konsonantischen Eurythmisieren und dann das vokalische Eurythmisieren nachfolgen lassen, damit ich durch das Vokalische auf die Formierung wirken kann gegenüber der Deformierung, die eingetreten ist. Kurz, so wenig theoretisch als möglich muß man das machen, sondern ganz aus der Erkenntnis des menschlichen Organismus im gesunden und kranken Zustande das herausfinden, was ich in den Regeln angegeben habe, die ich damals in Dornach dargelegt habe, und die Ihnen übertragen sind.

Nun, handelt es sich zum Beispiel darum, daß eine unterdrückte Herz-Lungenfunktion da ist, die dann auf die Nieren nur hinüberwirkt, dann kommt man sehr weit, wenn man B- oder P-Bewegungen ausführen läßt, namentlich in den Anfangsstadien. Sie können daraus ersehen, daß man wirklich das ganze Funktionieren eigentlich in der Hand hat dabei, und daß alles davon abhängt, daß man versteht, wie in jedem einzelnen menschlichen Organ eine Art zentrifugale Dynamik vorhanden ist, die plastisch gerundet wird durch eine von außen nach innen wirkende, also nicht ganz zentripetal, aber ähnlich wie zentripetal zu nennende Dynamik, die in jedes menschliche Organ hineinwirkt. Man wird überhaupt erst in die Lage kommen, richtige Physiologie zu trei-

* In einer andern Nachschrift ist hier S statt A angegeben.

ben, wenn man jedes einzelne menschliche Organ in seiner Polarität wird betrachten können. Denn es sind diese Polaritäten darinnen, eine zentrifugale und zentripetale Dynamik in jedem menschlichen Organ. Und da spielt ja eine große Rolle für alles, was plastizierend ist, die Verteilung, die Differenzierung der Wärmeverhältnisse im menschlichen Organismus und die Organisierung der Luftverhältnisse. Für alles dasjenige, was zentrifugal ist, ausstrahlend ist, spielt eine große Rolle alles dasjenige, was erstens im menschlichen Organismus aus der Eigendynamik der Substanzen der Welt kommt, und dasjenige, was in der Überwindung der Eigenvitalität der äußeren Wesenheit im menschlichen Organismus entwickelt wird. Diese beiden Dynamiken, die müssen durchaus gegenseitig reguliert werden, und man kann hoffen, daß sich Heileurythmiker ausbilden, welche geradezu ein feines Gefühl entwikkeln werden für dasjenige, was im einzelnen Falle geschehen kann. Es wird natürlich gerade da auf eine künstlerische Seelenverfassung außerordentlich viel ankommen.

Nun, wenn Sie dabei noch bedenken, daß das ganze System des Heileurythmischen noch unterstützt werden kann durch das eigentlich Therapeutische, so hat man zwei Faktoren, die zusammenwirken. Man kann sich sagen, irgend etwas wirkt in dieser oder jener Weise besonders aufs Herz, und Sie unterstützen das noch besonders durch eine heileurythmische Übung: dann fördern sich diese beiden Dinge gegenseitig, und es ist das etwas, was wirklich ganz große Aussichten eröffnet, was eine außerordentlich große Zukunft haben kann. Denken Sie sich doch nur einmal, was es schon in mancher Beziehung für eine Wirkung gehabt hat, daß massiert wird. Aber dieses äußerliche Herumkrabbeln an dem Menschen, das ist nämlich – ich will gar nichts dagegen sagen, ich kritisiere es nicht ab, erkenne es in seiner Bedeutung an –, aber das ist doch ein sehr Unbedeutendes gegen jene Massage, die Sie anwenden, wenn Sie einfach durch die heileurythmischen Faktoren zum innerlichen Andersbewegen bringen die ganzen Organsysteme, die da zusammenwirken. Es ist das ja ein innerlichstes Durchkneten des ganzen Organismus, was verbunden ist mit einer Wirkung im ätherischen, im astralischen, im Ich-Organismus. So daß man sagen kann: Dasjenige, was man als richtig anerkennen kann für die Massage, das wird da in unendlich starker

Weise verinnerlicht durch diese Heileurythmie. – Und man wird tatsächlich auch über die heilgemäßen Folgen des Turnens erst einen Aufschluß gewinnen können, wenn man auf die Ähnlichkeit hinschaut, welche die Freiübungen mit eurythmischen Übungen haben. Denn dasjenige, was beim Turnen heilsam ist, ist nur ein sekundäres Analogon zu dem, was heileurythmisch seine Bedeutung hat. Ich habe damals in Dornach gesagt: Wenn man E-Bewegungen in rhythmischer Folge ausführen läßt in einer gewissen Weise, wie es dazumal vorgeführt worden ist, so kann man außerordentlich viel tun, um schwächlich aussehenden Kindern, solchen Kindern, welche in schwächlicher Weise ihre Körperfunktionen ausführen, zur Gesundheit zu verhelfen, zum wünschenswerten Stärkerwerden zu verhelfen; nur ist auch bei solchen Dingen durchaus notwendig, daß man eben den ganzen Menschen berücksichtigt. Es kommt doch immer wieder und wiederum vor, daß das zu wenig geschieht, daß der ganze Mensch berücksichtigt wird. Ich weiß, daß ich Ihnen damit eine Trivialität sage, weil Sie sagen werden: Das wissen wir ja. – Gewiß, aber in der Praxis kommt es doch immer wieder vor, daß es nicht berücksichtigt wird. Wie oft sagt einem jemand: Dieser Mensch hat ein unregelmäßig funktionierendes Herz; da muß man abhelfen. – Ja, aber bei Berücksichtigung des totalen Menschen muß man sagen: Gott sei Dank, daß der ein solches Herz hat, denn ein normales verträgt sein Organismus nicht. Gerade wie man zum Beispiel unter Umständen bei jemandem, der sich in einem bestimmten Fall das Nasenbein gebrochen hat, sagen muß, daß der von einem günstigen Schicksal betroffen worden ist, denn atmete er die Luft in vollständig ausgebildeten Kanälen ein, so wäre das für seinen Organismus zu viel Luft, die er zu verarbeiten hat. Es ist überall zu berücksichtigen in der sorgfältigsten Weise, was in der Gesamtorganisation begründet ist.

Wenn man in einer gewissen Weise die I-Bewegungen ausführen läßt, dann wirken diese I-Bewegungen namentlich harmonisierend auf das Assoziieren der linken und rechten Seite des menschlichen Organismus. Man kann bei allen Asymmetrien, die im menschlichen Organismus auftreten, durch die I-Bewegungen helfen. Sogar bei Schielen kann man durch I-Bewegungen, die man vorsichtig anwendet, sehr gute heileurythmische Erfolge erzielen. Nur würde ich dann raten, beim Schielen nicht so vorzugehen, wie wenn zum Beispiel jemand asymmetrisch geht oder zu stark asymmetrisch den rechten und linken Arm benützen kann. Ich würde für das Schielen nicht die gewöhnlichen I-Bewegungen, sondern I-Bewegungen mit dem Zeigefinger nur ausführen und möglichst oft im Tag wiederholen lassen. Im wachstumsfähigen Alter kann das einen guten Erfolg haben, insbesondere dann, wenn man diese I-Bewegungen auch noch ausführen läßt mit der großen Zehe. Und den größten Erfolg wird man erzielen, wenn man den Patienten dazu haben kann, sie mit der kleinen Zehe auszuführen. Gerade für Asymmetrien, die auf das Sehen sich beziehen, werden auch diese an der Peripherie verlaufenden eurythmischen Übungen von einem ganz guten Erfolg sein. Dagegen wird umgekehrt, wenn es sich darum handelt, irgendwelche Ungeschicklichkeiten im Gehen auszugleichen, es sogar von gutem Erfolg sein können, wenn Sie den Betreffenden – aber natürlich ohne daß es ihm schadet – I-Bewegungen mit dem Auge ausführen lassen, so daß Sie mit der Sehlinie, mit der Visierlinie I-Bewegungen ausführen lassen. Es ist da so, daß man wirklich eine Art Gesetz aufstellen kann: Für alles dasjenige, was im unteren Menschen abnorm ist, wirkt normalisierend dasjenige, was im oberen Menschen als Ausgleich geschaffen wird, und umgekehrt.

Wenn Sie Steh-Unsicherheiten haben, die ja wiederum in der verschiedensten Weise bewirkt werden können, dann sind die U-Formen von besonderer Wichtigkeit, wobei Sie aber dann sehen müssen, daß die U-Form vollständig zustande kommt, so daß wirklich ein Aneinanderlegen stattfindet der betreffenden Glieder; ein wirkliches Aneinanderlegen, daß das eine Glied das andere spürt, das ist von besonderer Wichtigkeit. Dann ist ja die U-Form erst vollständig. Das braucht bei der künstlerischen Eurythmie nur angedeutet zu werden; bei der Heileurythmie muß aber ausgeführt werden, daß das eine Glied an dem andern anliegt, so daß, wenn es entsprechend ausgeführt wird, das sogenannte Strammstehen zustande kommt, wobei die Beine aneinandergedrückt werden. Das ist eine außerordentlich heileurythmische Übung für Leute, welche etwas Zuckungen im Kopfe haben.

Wenn es angemessen ist, daß man namentlich dickliche Kinder heileurythmisch behandelt, so sind die O-Formen dafür ganz besonders passend. Aber alle diese Formen, die heileurythmischen Erfolg haben sollen, müssen verbunden sein mit einem deutlichen Spüren des betreffenden Muskelsystems. Wenn Sie die O-Form einfach so machen, wie es viele Eurythmisten machen, so kann das ja genügen für die äußerliche Andeutung; aber heileurythmischen Erfolg hat es erst, wenn Sie tatsächlich beim Ausführen der Übung die Muskeln durch den ganzen Arm hindurch spüren. Die lose, schlenkerische Form hat nicht die Wirkung, sondern das Spüren des ganzen Muskelsystems bis in die Einzelheiten hinein, das hat erst die entsprechende heileurythmische Wirkung. Besonders wichtig ist es, daß Sie auch beachten, daß eine Unterstützung der heileurythmischen Übung in ihrer Fortsetzung in das Bewußtsein hinein stattfindet. Nun, wenn Sie die O-Bewegung machen, wie ich sie eben vorgemacht habe, so ist ja ein starkes Hineinprojizieren in das Bewußtsein damit verbunden. Sagen Sie also einem Dickling, den Sie behandeln wollen mit O-Formen: Während du die O-Form machst, denke du an deine Dickheit, an dein Breitsein –, so daß Sie geradezu konzentrieren lassen das Bewußtsein auf dasjenige, dem abgeholfen werden soll. Dadurch unterstützen Sie im wesentlichen das, was beabsichtigt wird: wie man den Bewußtseinsfaktor überhaupt nicht unterschätzen soll beim Heilen.

In dieser Beziehung wird sich, wie ich denke, sobald man auf solche Dinge sieht, noch ein gewisser Kampf mit den Orthopäden abspielen. Die sind heute, trotzdem sie auf dem Gebiet, auf dem sie sich betätigen, große Erfolge haben, noch ganz stramm darauf aus, den menschlichen Organismus als eine Art Mechanismus zu behandeln und darauf sich einzustellen. Während zum Beispiel solche Apparate, die angelegt werden in der Absicht, daß der Betreffende die Sache fortwährend spürt, also in sein Bewußtsein hereinkommt – sagen wir, wenn ich bei jemandem günstig finde, daß er seine Schultern zurücklege und ihm Bandagen gebe, durch die er tatsächlich das Bewußtsein hat, das soll zurückgehalten werden, so daß das nicht im Unbewußten verläuft –, so ist dieses Bewußtsein der Sache ein ausgezeichneter Heilfaktor. Das ist dasjenige, was dann eben auch für die Heileurythmie die Folge hat, daß, wie ich schon gesagt habe, die Dinge durchaus zum Bewußtsein gebracht werden, so daß also dieses Konzentrieren eine wesentliche Unterstützung des Heileurythmischen gibt.

Als besonders wichtig möchte ich Ihnen dieses noch sagen, daß alles, was E-Formen sind, im wesentlichen regulierend wirkt, wenn der astralische Organismus zu stark oder zu schwach den ätherischen Organismus beeinflußt. Also in allen denjenigen Fällen, wo man sagen kann, es ist vorhanden entweder eine übertriebene Tätigkeit des astralischen Organismus oder eine zu geringe Tätigkeit, kann man unter Umständen mit E-Formen, mit der Wiederholung der E-Formen sehr viel machen. Bei den beiden Symptomkomplexen, die ich vorhin in der andern Stunde dargelegt habe, werden E-Formen heilsam wirken können. Das, was ich jetzt gesagt habe, ist besonders dann der Fall, wenn der astralische Organismus vom ätherischen beeinflußt ist, wenn er also zu schwach ist, wenn er sich vom ätherischen beeinflussen läßt, wenn er durch eine Unregelmäßigkeit in dem astralischen Organismus des Kopfes zu stark ist. Dagegen kann der umgekehrte Fall eintreten, wenn das Ätherische vom Astralischen zu stark beeinflußt wird; das ist dann der Fall, wenn sich das Astralische sehr stark in der Darmorganisation zum Ausdruck bringt, wenn man also bei jeder Gelegenheit, wo man ein bißchen Angst hat, gleich Durchfälle kriegt. Da werden dann die U-Formen von besonders günstiger Wirkung sein.

Nun ist ja gestern die Frage aufgetaucht, die ich zum Schluß noch kurz besprechen will: Ob man bei Persönlichkeiten, welche schwanger sind oder welche Unterleibskrankheiten haben, gewisse heileurythmische Bewegungen ausführen lassen kann. Aber prüfen Sie einmal dasjenige, was in Dornach als Regel gegeben worden ist, dann werden Sie durchaus das einhalten können, daß Sie, trotzdem Sie darauf sehen müssen, daß bei schwangeren Frauen oder bei unterleibskranken Menschen der Unterleib in Ruhe gelassen werden muß – er muß nämlich da in Ruhe gelassen werden, er darf nicht irritiert werden durch Heileurythmie –, trotzdem er in Ruhe gelassen wird, können Übungen mit den Armen auch im Sitzen, im Liegen, bei vollständigem Ruhen desjenigen, was Ruhe haben muß, mit dem Kopfe durchaus ausgeführt werden. Und Sie werden noch immer genügend finden in den Angaben, die gemacht worden sind, um in allen Fällen mit der Eurythmie eingreifen zu können. Natürlich, wenn der betreffende Mensch sich überhaupt nicht rühren kann, dann wäre ihm die Eurythmie am allergesündesten: zum

Beispiel bei Lähmungserscheinungen; aber er kann sie unter Umständen eben nicht ausführen. Sie wäre schon da am allergesündesten. Nicht wahr, solche Lähmungserscheinungen sind ja auch im wesentlichen ein abnormes Funktionieren des astralischen Leibes, der nicht eingreift in die ätherische und physische Organisation, und man kann da sehr viel mit E-Bewegungen erreichen. Namentlich ist ja eine sehr günstige E-Bewegung – für Störungen des Unterleibes selbst – das nicht übertriebene, aber immerhin doch sorgfältig ausgeführte künstliche Schielen. Also das ist durchaus wahr, daß jene etwas dekadenten Jogis, die gewisse Übungen machen, indem sie ihre Augen auf ihre Nasenspitze konzentrieren, daß die eigentlich darauf bedacht sind, eine möglichst harmonische Tätigkeit ihres Unterleibes hervorzurufen, weil sie sehr wohl wissen, was die Tätigkeit des Unterleibes auch für dasjenige, was diese Leute geistige Betätigung nennen, bedeutet. So daß man schon sagen kann: diese Dinge sind so, daß man manches eben, was man bei dem Menschen, der einen gesunden Unterleib hat, selbst mit Sprüngen ausführen muß, einfach ersetzen kann durch eine leisere Heileurythmie der Arme, der Finger, selbst der Augen, wenn es eben nötig ist. Und unter allen Umständen darf nicht etwa eine schwangere Frau zu heileurythmischen Springübungen veranlaßt werden. Das geht natürlich nicht.

Sie sehen, es handelt sich auch da wirklich nicht darum, daß man etwa ein Universalheilmittel hat fabrizieren wollen, das man in einem halben Tag sich aneignen kann; sondern es handelt sich darum, daß auch die Heileurythmie in ernster Arbeit erworben werden muß, und sogar ist da notwendig, daß sie in übender Arbeit erworben wird. Denn fast jedesmal, wenn man aus seinen Heilinstinkten heraus ein bißchen wird angewendet haben die heileurythmischen Übungen, wird man die Sache besser können. Es ist durchaus so: im Üben wird man gerade in der Heileurythmie ganz besonders gut vorwärtskommen.

Nun, ich wollte Ihnen diese, ich möchte sagen, mehr theoretische Auseinandersetzung über die Heileurythmie geben, weil ja alles andere, soweit wie die Heileurythmie heute ist, damals in Dornach gegeben worden ist, und von unseren ärztlichen Freunden weitergegeben wird, so daß Sie sie immer haben können, und weil ich eben wollte, daß Sie gerade den ganzen physiologischen und therapeutischen Sinn der Heileurythmie auch einsehen können. Es darf selbstverständlich so etwas wie diese Heileurythmie nicht wieder überschätzt werden. Sie wird in vielen Fällen ein außerordentlich wichtiges Hilfsmittel sein, aber man darf sie nicht überschätzen. Und man muß sich durchaus klar sein, daß wirklich mit der berauschenden Einfachheit nichts getan ist, und daß, ebensowenig wie durch die «berauschende Einfachheit», daß man das «Disharmonische harmonisieren» muß, ein Karzinom geheilt werden kann, man auch durch heileurythmische Übungen ein gebrochenes Bein oder einen gebrochenen Arm nicht zur Heilung bringen kann. Man muß sich klar sein darüber: Nicht eine Vermehrung des Dilettantismus und ärztlichen Laientums, sondern durchaus eine Bereicherung des medizinischen Fachkönnens soll auf dem Wege durch die Geisteswissenschaft erreicht werden. – Verzeihen Sie, daß ich das so oft betone; aber ich möchte gerade, um Mißverständnissen vorzubeugen, immer wieder ganz besonders hervorheben, daß die Methoden nicht etwa, wie das häufig bei fanatischen Bewegungen der Fall ist, in einer laienhaften Opposition gegenüber der offiziellen Medizin auftreten, sondern durchaus rechnen mit dem Stande der gegenwärtigen Medizin, und den nur auf dem Wege weiterführen wollen, auf dem er weitergeführt werden muß, aus dem einfachen Grunde, weil es nicht wahr ist, daß der Mensch bloß dasjenige ist, was die heutige Physiologie und Anatomie sagt. Er ist das, aber er ist auch etwas anderes, er muß auch noch nach seiner seelisch-geistigen Seite erkannt werden. Und dann werden solche sonderbaren Vorstellungen verschwinden, die heute immer wiederkehren, wo man zum Beispiel im Gehirn eine Art telegraphischen Mittelpunktapparates sieht, zu dem hinlaufen die sogenannten Sinnesnerven, von dem auslaufen die Willensnerven. Während das Ganze überhaupt gar keinen Tatbestand trifft, wie Sie aus dem heutigen Vortrage gesehen haben; sondern man hat es zu tun mit dem Nerven-Sinnessystem als einer plastizierenden Dynamik, der gewissermaßen etwas abgerungen wird, dem sich dann anpaßt die Seelentätigkeit. Es ist eben sehr viel zu tun, um wiederum zurückzugeben so etwas an eine gesunde Physiologie, was ihr abgenommen worden ist dadurch, daß man in einer unrichtigen Weise in dem physischen Organismus ein Korrelat für die seelischen Funktionen sah. Es ist schon für jede seelische Funktion etwas Physisches da während des menschlichen physischen Erdenlebens; aber nichts wird für die Seele benützt, was nicht andererseits eine viel größere Bedeutung hätte in der Wechselwirkung mit andern Organen für die körperliche Organisation. Nichts wird für die Seele bloß als seelisches Organ benützt. Unser gesamtes Seelisches und Geistiges ist abgerungen dem Körperlichen, wird herausgeholt aus dem Körperlichen. Und wir dürfen nicht anerkennen besondere seelische Organe. Wir können nur sagen: Seelenfunktionen sind solche, welche herausgegliedert werden aus den organischen Wirkungen und besonders angepaßt werden der Seelentätigkeit. Erst wenn wir wirklich ernst machen damit, daß begriffen wird dasjenige, was eigentlich im physischen Organismus des Menschen wirkt, wenn wir nicht in einer so äußerlichen Weise vorgehen, daß wir das ganze Nervensystem nur für eine dem Seelenleben dienende Einlagerung ansehen, dann können wir hoffen, daß wir die menschliche Organisation durchschauen. Aber nur so durchschaute menschliche Organisation kann auch die Grundlage abgeben für eine im Lichte arbeitende und nicht in der Finsternis rein probierende Physiologie und Therapie. Dieses möchte ich Ihnen eben auch noch zuletzt gesagt haben, damit Sie nicht mit einem Mißverständnis fortgehen und damit Sie Mißverständnissen entgegnen können, die immer wieder und wiederum auftauchen.

Es ist zum Beispiel für unser Karzinommittel mit einer «berauschenden Einfachheit» die Kritik in die Welt gesetzt worden, was man dadurch erreicht hat, daß man überhaupt nicht weiß, aus welchen Erkenntnissen dieses Karzinommittel gewonnen ist; sondern man hat irgendwelche leichte Analogie konstruiert und glaubt, indem man diese leichten Analogien abtut, die Sache abzutun. Das ist dasjenige, was als eine Bedingung für das Gedeihen nach der geisteswissenschaftlichen Seite der Medizin durchaus da ist: daß man Mißverständnissen ein wenig in den Weg tritt. Denn die Leute werden schon bemerken, daß, wenn sie nicht mehr Mißverständnisse verbreiten können, sie dann überhaupt nicht mehr viel sagen können, weil die Hauptsache der Gegnerschaft das Verbreiten von Mißverständnissen über die ganze Anthroposophie ist. Versuchen Sie nur einmal herauszubekommen, wie viele Gegner etwas anderes sagen, als lediglich Mißverständnisse. Ich muß sagen, ich lese oftmals gegnerische Artikel oder Schriften, und wenn da nicht mein

Name stünde, so könnte ich es auf etwas ganz anderes beziehen. Es bezieht sich nämlich gar nicht auf dasjenige, was hier gepflegt wird, es macht sich nämlich mit ganz anderem zu tun. Ich werde manchmal ganz überrascht, möchte aufsuchen, wo das ist, was da widerlegt werden soll; hier ist es jedenfalls nicht. Hier wird es auch in der Medizin so gemacht wie gegenüber der Theologie, da begegnet man derselben Sache. Man kann zum Beispiel einem auf der Höhe der Wissenschaft stehenden Theologen sagen: Was du über den Christus sagst, sagen wir ja auch, nur noch etwas dazu! – Er ist aber nicht zufrieden, daß man das sagt, was er sagt und noch etwas dazu; er sagt: Man darf nichts dazu sagen. – Er kritisiert nicht dasjenige, was seinen Behauptungen widerspricht, sondern er kritisiert dasjenige, worüber er gar nichts sagt. Er kritisiert es, bloß weil man über dasjenige etwas sagt, worüber er nichts weiß. Er betrachtet es als einen Fehler, etwas über etwas zu wissen, worüber er nichts weiß. In diesen Fehler darf die Medizin nicht verfallen. Wir müssen uns die Dinge genau ansehen und nicht widersprechen, aber wir müssen auch da nur allerlei hinzufügen aus einer schon ganz gut begründeten Erkenntnis des gesunden und kranken Menschen.

Entstehungsgeschichte und Bedeutung des Heileurythmie-Kurses

Berichte von Erna van Deventer-Wolfram,
Elisabeth Baumann und Isabella de Jaager

Erna van Deventer-Wolfram

Aus «Erinnerungen und Gedanken über den Weg der Entstehung der Heil-Eurythmie», in «Blätter für Anthroposophie», Herausgeber und Schriftleitung Hans Erhard Lauer, 13. Jg. Nr. 10, Basel 1961

Vor mir liegen zwei etwas vergilbte Papiere: das eine ist eine kleine Zeichnung der Cassinischen Kurve, das andere eine Postkarte von Dr. Roman Boos [damals Leiter des Sekretariats in Dornach] aus Dornach vom Februar 1921. Zwei unscheinbare Stückchen Papier, und doch sind es beinahe die einzigen sichtbaren Zeugen noch der Ereignisse, die zum Heileurythmie-Kurs von Dr. Steiner geführt haben, der in Dornach im Frühjahr 1921 im Anschluß an den zweiten Ärztekurs gehalten wurde.

Will ich in der Erinnerung zurückgehen bis dahin, wo Dr. Steiner die ersten therapeutisch-eurythmischen Übungen gegeben hat, so taucht eine viel frühere Zeit auf als 1921. Schon 1915 und noch früher hat Dr. Steiner mir und wahrscheinlich auch anderen Eurythmielehrern auf unsere Frage hin eurythmische Laut-Sprech-Übungen und Handgriffe gegeben für spezielle Fälle, denen wir in den verschiedensten Städten Deutschlands begegneten. Das Wort Heileurythmie gab es ja damals noch nicht einmal, sondern Dr. Steiner nannte diese Übungen «therapeutische» Eurythmie, sagte auch, daß diese Dinge noch aus den griechischen Mysterien stammten. Und diese Bemerkung wird vielleicht deutlich machen, wie ernst Dr. Steiner das Heilen mit eurythmischen Bewegungen schon damals war, und gleichzeitig, wie uns, damals noch so jungen Lehrern, tief ins Bewußtsein geprägt wurde, daß «Heilen» mit «heilig» zusammenhängt und daß unsere Bewegungen in dieser therapeutischen Eurythmie wirklich vom «Heilerwillen» getragen sein mußten, wollten wir Erfolg haben mit dieser Therapie. (Auch das Wort «Heilerwillen» ist ja erst später von Dr. Steiner geprägt worden, nämlich damals, als wir bei Dr. Steiner um Rat fragten,

1923–24, er auf unsere Probleme einging und den Kurs für die Jungmediziner gab.)

Alle diejenigen, die in irgendeiner Weise mit Dr. Steiner zusammengearbeitet haben, werden sich erinnern, daß er alles, was er gab, als Antwort gab auf eine Frage, einen Wunsch, manchmal auch auf ein noch recht ungeformtes Streben, das an ihn herangebracht wurde. So ist es auch mit der Heileurythmie gegangen. Da waren zum Beispiel zwei Kinder mit Sprachstörungen, die man zu ihm brachte: er gab, was wir später «Heil-Eurythmie-Übungen» genannt haben würden. Im Jahre 1919 war es, daß mir ein Kind mit Rückgratsverkrümmung begegnete. Dr. Steiner ging sehr gründlich auf meine Fragen ein und gab die Hilfe, die ich suchte. So könnte man viele Fälle aus jenen Jahren beschreiben. Gleichzeitig damit aber lernte auch ich selbst, beim Stundengeben, Menschen zu beobachten, lernte Erscheinungen am Menschen zusammenschauen, lernte sehen, wieviel hilfsbedürftige Menschen eigentlich in den vielen Eurythmiekursen um mich herum waren.

[...] Ich begegnete in jenen Jahren häufig Elisabeth Baumann-Dollfus, auch eine der ersten Eurythmisten, und eine tiefe Liebe zu unserer gemeinsamen Arbeit hat uns viele Jahre verbunden. Im Jahre 1919 nun, nach dem Ende des Ersten Weltkrieges, fanden wir uns wieder zusammen in der Vorbereitungszeit der Waldorfschule. Und nun begannen wir unsere Erfahrungen auszutauschen, sie als Lehrerin an der Waldorfschule, wo sie zusammenarbeitete mit der Hilfsklasse von Dr. Schubert, ich als Eurythmistin, die beinahe in allen großen Städten Deutschlands das Jahr hindurch Eurythmiekurse gab und bei Anwesenheit in Stuttgart Frau Baumann bei Krankheit an der Waldorfschule vertreten durfte. Und beide erlebten wir große Freude mit- und aneinander, weil wir merkten, daß das gleiche Suchen uns verband. Wonach suchen? Nach dem *heilenden* Element in oder hinter der Eurythmie!

Dies war der eine Schicksalsfaden, in den wir verwoben wurden. Das andere war meine Verlobung und Heirat mit H. A. R. van Deventer, der ja selbst Mediziner war, und mit ebenso großer Begeisterung vom Medizinischen zum Eurythmischen hin suchte, wie wir vom Eurythmischen zum Medizinischen. Und der äußere Anstoß? Der kam im naturwissenschaftlichen Kursus in der Weihnachtszeit 1920/21 in Stuttgart.

In diesem Kurs saßen Frau Baumann und ich – eigentlich ein bißchen auf Besuch –, denn wir verstanden lange nicht alles, was Dr. Steiner besprach, und wir gehörten als Eurythmisten ja eigentlich nicht einmal in jene erleuchtete Zuhörerschaft von Studenten und Gelehrten! Aber – wenn wir auch nicht alles begriffen mit dem Verstand – unsere Begeisterung für die astronomischen Zeichnungen half uns ein gut Stück weiter. Und eines Tages zeichnete Dr. Steiner an die Tafel etwas, was uns einander anstoßen ließ und beinahe aufspringen, nämlich die Cassinische Kurve.

Das war das äußere Ereignis, das notwendig war, um uns nun bewußt zu machen: Sternenwege; Strömungen in uns – sie kommen aus der gleichen Quelle! Denn diese Cassinische Kurve, die Dr. Steiner hier in naturwissenschaftlich-astronomischem Zusammenhang erläuterte, die kannten wir Eurythmisten ja auch! Im Jahre 1915 schon hatte Dr. Steiner im Weißen Saal des alten Goetheanum vier bis sechs Eurythmielehrerinnen eine Reihe Unterrichtsstunden gegeben, und bei dieser Gelegenheit lehrte er uns «Kinderformen, gut für Kinder und junge Leute von drei bis achtzig Jahren, damit die Gedanken nicht verstruwelen». Dies waren seine Worte, und eine dieser Formen war die Cassinische Kurve, auf die Worte: Wir wollen suchen, wir fühlen uns nah, wir kennen uns wohl.

Damals 1915, hatten wir jungen Menschen nicht das geringste Bewußtsein davon, warum er diese Form zur pädagogischen Übung gab, wie wir ja fast bei dem gesamten eurythmischen Lehrmaterial das «Warum» nicht durchschauten – und ehrlich gesagt: Durchschauen wir's heute soviel besser? Und doch ist es wohl unsere Aufgabe, den nach uns Kommenden nicht nur die Übungen, sondern auch das «Warum» zu lehren. Es scheint uns dies der einzige Weg, in Zukunft auf eurythmischem Gebiet Wahrheit von Irrtum, Ursprung von Verwässerung der Eurythmie zu scheiden.

Dies Erleben nun, dies «Wiedererkennen» einer scheinbar so unbedeutenden Form, das war es, was mich zu Elisabeth Baumann hintrieb und sie und meinen Mann stundenlang zusammensitzen ließ und diskutieren über das Problem: Wenn diese Form, die Dr. Steiner so im naturwissenschaftlichen Kurs beleuchtet, so wichtig ist gleichzeitig für den Makrokosmos- *und* den Mikrokosmos-Mensch: Sind dann nicht alle eurythmischen Gegebenheiten aus gleicher Quelle und müßten zum Heilen zu gebrauchen sein!? Denn so wie von der Cassinischen Kurve hatten wir im Lauf der

Jahre auch von Vokalen, zum Beispiel A U M die *kosmisch* und *menschlich* heilende Wirkung kennengelernt. Das Erleben der Cassinischen Kurve war ja nur wie der Schlußstein an unserem Gebäude von Ahnungen und Erfahrungen auf eurythmischem Gebiet!

Aber wie? Wie mußten wir nun zu einem Wissen um die «therapeutische Eurythmie» kommen? Was wir bisher kannten , E. Baumann und ich, waren ja nur kleine Bausteine, von Dr. Steiner bei Gelegenheit gegeben. Dadurch, daß nun mein Mann, als Mediziner, uns stützte in unsern Ideen – er hatte ziemlich viel Eurythmie selbst geübt und konnte unser Suchen von der medizinischen *und* der eurythmischen Seite her begreifen und stützen –, dadurch faßten wir Mut, noch in Stuttgart Dr. Steiner zu fragen, ob er nicht so etwas wie eine therapeutische Eurythmie uns systematisch lehren wollte, so wie er uns die gewöhnliche Eurythmie ja auch gelehrt hatte. Dr. Steiner war sehr wohlwollend, schaute uns ein wenig verwundert an ob unserer kühnen Pläne und sagte, er würde die Sache in Holland mit meinem Mann weiterbesprechen, dann würden wir davon hören.

Und so geschah es: Im Beginn des Jahres 1921 war Dr. Steiner in Holland, und da mein Mann durch sein medizinisches Studium sehr mit unserer Arbeit verbunden war, hatte er viel Gelegenheit, Dr. Steiner zu sprechen. Frau Baumann war in der Zeit in Stuttgart und ich in Breslau, aber brieflich hatten wir beide unsere Wünsche wohl sehr deutlich nochmals festgelegt und an meinen Mann (damals noch mein Verlobter) gesandt. Jedenfalls fragte Dr. Steiner ihn eines Tages in Holland: Ja, haben Sie denn auch Eurythmisten, die sich wirklich für eine therapeutische Eurythmie einsetzen würden? – worauf mein Mann antwortete: Ja, vorläufig zwei, Frau Baumann und meine zukünftige Frau. «Dann können wir damit beginnen», sagte Dr. Steiner, und beauftragte meinen Mann, die weiteren organisatorischen Dinge zu übernehmen.

Damit komme ich zurück zum Anfang, die kleine Zeichnung war die «Cassinische Kurve» aus einer Arbeitsbesprechung mit Dr. Steiner, und die vergilbte Postkarte von Roman Boos war der Bericht von ihm aus Dornach, daß der «Heil-Eurythmie-Kurs» (nun hatte Dr. Steiner zum ersten Mal den Namen geprägt) Anfang April in Dornach sein sollte und zwar in der Zeit des zweiten Ärztekurses, der auch dann gegeben werden sollte.

In ihrem Aufsatz «Heil-Eurythmie: 1921–1971. Ihre Entstehung, Entwicklung und Aufgabe», erschienen in «Beiträge zu einer Erweiterung der Heilkunst nach geisteswissenschaftlichen Erkenntnissen» (1971, Heft 4), schildert sie u.a. noch folgendes:

Vom 12. bis 17. April 1921, während des zweiten Ärztekursus gab Dr. Steiner nun den Heileurythmie-Kurs in sechs Vorträgen für Mediziner und solche Eurythmisten, die länger als zwei Jahre im Studium waren. Niemand von uns ahnte, wie sich dieser Kursus gestalten würde! Dr. Steiner stand auf dem Podium, Frau Baumann und ich auf zwei Stühlen davor sitzend, fühlten uns sehr «unheimlich», denn wir hatten ja die Situation «angezettelt», und in der Zwischenzeit von Februar bis April kein Wort von Dr. Steiner gehört, wie er diesen neuen Zweig der medizinischen Wissenschaft mit uns, die wir nicht die mindeste Vorbildung auf medizinischem Gebiete hatten, verwirklichen würde!

Das nötige Wissen zur heileurythmistischen Arbeit brachten wir bestimmt nicht mit – wäre es da nicht viel praktischer und sinnvoller gewesen, wenn Dr. Steiner eine kleine Gruppe von Ärzten ausgesucht hätte für diese Arbeit? Oder brachten Frau Baumann und ich als Eurythmisten doch etwas mit aus unserer Vergangenheit, das ihm wichtig schien? In seinen Angaben an mich über die Ausbildung, die für die Heil-Eurythmie nötig ist, gab er kurz nach dem Kursus die Antwort.

Auf unsere Frage antwortete er: «Die Vorbedingung zum Heil-Eurythmie-Beruf ist, daß Sie erst die ganze Kunst-Eurythmie in ihrem Unterbau kennen und können. Sie müssen imstande sein, kunst-eurythmisch auf der Bühne ein dramatisches Gedicht darzustellen, zum Beispiel der «Zauberlehrling» von Goethe, mit allen eurythmischen Gesetzmäßigkeiten für Wort-Sinn und der Satzbildung, mit Formen und Körperhaltungen, wie Sie sie gelernt haben. Dann erst, wenn Sie alle Aspekte der Kunst-Eurythmie beherrschen, können Sie zur Heileurythmie übergehen.» – Er lehrte uns, daß wir erst alle Möglichkeiten der Kunst-Eurythmie beherrschen müßten, sie zu finden im Kosmos als Planeten- und Fixsternkräfte, dann als Spiegelung in der menschlichen Sprache und Musik, dann durch Bewegungen des menschlichen Körpers selbst und so den Menschen, also uns selbst kennen lernend als das Wesen, das Makrokosmos und Mikrokosmos in seinem eigenen Leib spiegelt. Erst wenn wir diese Stellung und Aufgabe des Menschen begriffen hätten, könne man vom Umkreis der Eurythmie zum Zentrum des Heil-Aspektes der Eurythmie vordringen. Aber «erst müsse man eben den Umkreis kennen, dann erst könne man zum Zentrum des Menschen vordringen!» – Welch eine Perspektive für uns, die wir zwar schon acht Jahre aktiv in der Kunst- und pädagogischen Eurythmie tätig waren, aber doch mehr ausübend und durch die Praxis lernend, als mit Bewußtsein durchdringend. Die Vokale, die Konsonanten, die Wortarten, die Rhythmen – wie viel bedeutender erschienen sie uns!

[...] Auch das Wissen der Eurythmistin wurde genau umschrieben dadurch, daß Dr. Steiner mir beschrieb, was und wieviel ich aus den Lehrbüchern meines Mannes, dem «Spalteholz» [W. Spalteholz, Prof. an der Universität Leipzig] und dem Lehrbuch von Professor Broesicke, Breslau [Dr. Gustav Broesicke, Breslau 1920], lernen müßte!

Dies wurde uns kurz nach dem Heileurythmie-Kurs von Dr. Steiner erzählt, so daß wir mit tiefer Verantwortlichkeit wieder von Dornach weggingen.

Elisabeth Baumann

Aus dem Vorwort zur 2. Auflage des Heileurythmie-Kurses, erschienen im Selbstverlag der Rudolf Steiner-Nachlaßverwaltung, Dornach 1952, S. VII – IX.

Daß die bewegte, sichtbare Sprache der Eurythmie eine solche ist, die in wahrhafter Harmonie mit den Gesetzen und Bedürfnissen des Geistig-Seelischen und des Leiblich-Physischen steht, das erlebten wir ja täglich an der Selbstverständlichkeit, mit der sie von den Kindern aller Altersstufen erfaßt und wiedergegeben wurde. Wir erlebten auch täglich, wie Hemmungen, seien sie im Gebiet des Willens oder im Bereich des Vorstellungslebens, der Denktätigkeit, durch Eurythmie bei den Kindern gelöst, ja beseitigt werden können. Wir hatten es ja an der Waldorfschule fast von Anfang an mit manchen Kindern zu tun, bei denen solche Hemmungen vorhanden waren, oft nur schwach zutage tretend, oft jedoch auch so stark das Wesen des Kindes beherrschend, daß sein Mitkommen im Unterrichtsgang der Klasse nicht möglich war und für diese Kinder eine besondere Hilfsklasse eingerichtet wurde, um die von Rudolf Steiner gegebenen Anweisungen und Ratschläge zur Seelenpflege dieser Kinder ausüben zu können.

Aus manchen Beobachtungen zeigte sich, daß man für solche Kinder in der Eurythmie etwas gegeben hatte, das mehr als alles andere zu ihnen drang, von ihnen unmittelbar ergriffen werden konnte. Und es entstand die Überlegung: Wäre es nicht möglich, Übungen zu finden, die jenem Geistigen, das sich so schwer in seinen Leib hineinverkörpern kann, dem aus dem Leiblichen so große Widerstände erstehen, entgegenkommen und ihm die physisch-leibliche Hülle besser formen, Bewegungs-Übungen, die die ätherischen Bildekräfte besser eindringen lassen und die plastisch-aufbauende Kraft des Organismus unterstützen? Aus dem innigen Konnex mit den sogenannten schwierigen Fällen, mit den zurückgebliebenen, den seelenpflegebedürftigen Kindern entstand der intensivste Wunsch, das hygienische, das heilende Element der Eurythmie zu suchen und zu erfassen. In wiederholten Gesprächen mit der an verschiedenen Orten Deutschlands als Eurythmistin tätigen Erna van Deventer-Wolfram ergab es sich, daß auch sie durch ihre Arbeit in stärkster Weise zu dieser heilenden Seite der Eurythmie hingeführt worden war. Nach einiger Überlegung entschlossen wir uns, Dr. Steiner um Anweisungen für eine solche Heil-Eurythmie zu bitten. Rudolf Steiner ging mit großer Bereitwilligkeit darauf ein und versprach uns, sich die Sache zu überlegen. Nach kurzer Zeit schon erhielten Frau van Deventer und ich die Aufforderung, im April nach Dornach zu kommen, wo er dem Ärztekursus am Goetheanum Vorträge über Heileurythmie anschließen wollte.

Und so wurde nun von Rudolf Steiner in den Tagen vom 12. bis 17. April 1921 das dritte Element der Eurythmie geschenkt und die anwesenden Ärzte und Eurythmisten durften erleben, wie sich ihnen eine ganze neue Welt von Heilmöglichkeiten erschloß, deren Fülle und Wirkungskraft, durch die Art wie Rudolf Steiner es darstellte, sich wohl jedem Zuhörer unvergeßlich einprägte. Denn da, wo wir nur um einige Anleitung und Hinweise gebeten hatten, wurde eine geschlossen aufgebaute eurythmische Heilkunde gegeben, bei der man unmittelbar erlebte, wie auch heute noch im Wort Schöpferkraft, Heilkraft wirkt, die der menschliche Leib in seinen Bewegungstendenzen erfassen kann. Es war oft nicht leicht sich hineinzufinden, denn auch für die, die sich seit Jahren mit der eurythmischen Bewegungskunst vertraut gemacht hatten, war das, was Rudolf Steiner an Übungen teils selbst vormachte, teils von Frau van Deventer-Wolfram und mir vormachen ließ, durchaus neu und überraschend. Für die anwesenden Ärzte war es besonders schwierig, da die wenigsten bis dahin sich überhaupt mit Eurythmie befaßt hatten. Es wurden zwei Eurythmiekurse eingerichtet, in denen wir mit den Ärzten grundlegend Eurythmisches und das jeweils an dem Tage von Dr. Steiner im Heileurythmie-Vortrag Gegebene besprachen und praktisch übten.

Nun setzte ein geregeltes heileurythmisches Arbeiten an den verschiedensten Orten ein. Rudolf Steiner gab in den Kliniken in Arlesheim und Stuttgart und auch an der Waldorfschule noch manche Hinweise für das Anwenden der Heileurythmie in speziellen Fällen, er variierte selbst diese und jene Übung, er gab bestimmte Lautfolgen, die mit einzelnen Kranken geübt werden sollten, die seiner besonderen Beobachtung unterlagen. Diese Angaben bieten eine reiche Anregung für den Arzt und die Heileurythmistin, um aus ihnen das methodische, individuell gegliederte und auf sorgfältigster Beobachtung des Patienten beruhende Vorgehen im Behandeln des kranken Menschen zu erlernen.

Die eigentliche fest fundierte Grundlage des heileurythmischen Arbeitens ist in dem hier vorliegenden Kursus gegeben, wie dies ja aus Rudolf Steiners eigenen Worten eindeutig hervorgeht. Er wurde im Oktober 1922, diesmal von Ärzten, anläßlich einer medizinischen Woche in Stuttgart, gebeten, auch über Heileurythmie zu sprechen. Dieser Vortrag ist zusammen mit dem Kursus vom Jahre 1921 hier veröffentlicht. Rudolf Steiner sagt da gleich zu Beginn: «Es ist gewünscht worden, daß ich noch einiges in bezug auf unsere Heileurythmie sage. Im Grunde genommen ist das empirische Material für diese Heileurythmie ja von mir beim letzten Ärztekurs [siehe «Geisteswissenschaftliche Gesichtspunkte zur Therapie», GA 313] in Dornach entwickelt worden, dargestellt worden, und es ist kaum notwendig, über das dazumal Gegebene hinauszugehen. Denn wenn es in entsprechender Weise verwertet wird, dann kann es ja wirklich sehr weittragende Bedeutung haben».

Isabella de Jaager

Aus dem Nachwort zur 2. Auflage des Heileurythmie-Kurses, erschienen im Selbstverlag der Rudolf Steiner Nachlaßverwaltung, Dornach 1952, S. 107–108

Dem Leser wird bald klar werden, daß ohne ein gründliches Sichauseinandersetzen mit der Anthroposophie man mit diesem Heileurythmiekurs nicht sehr weit kommen kann. Ebenso wie bei der Kunsteurythmie ist auch die Quelle der Heileurythmie in der Anthroposophie zu suchen. Das lebendige Erfassen von Mensch und Welt ist die notwendige Grundlage zu ihrer Anwendung. Unter dieser Voraussetzung nur wird sie nie zum System werden oder zu etwas, was man abstraktintellektuell auffaßt und anwendet: eine Gefahr, die in unserer Zeit immer vorhanden ist. Die Heileurythmie erfordert ferner eine weitgehende Kenntnis der künstlerischen Eurythmie. Die Phantasiekräfte, das lockere Fließendwerden des ganzen Menschen sind die Vorbedingungen zur Anwendung dieser Therapie, bei der es gilt, den zu behandelnden Menschen künstlerisch zu erfassen. All die feinen und minutiösen Nuancen, die man braucht, um dem kranken Kind oder dem Erwachsenen zu helfen, fließen uns aus der Kunsteurythmie zu. Dort findet man immer neue Anregungen.

Es sei auch darauf aufmerksam gemacht, daß ein junger Mensch nicht ausschließlich Heileurythmie treiben sollte. Bis zum 28. Jahr muß der Mensch seiner Phantasie und seinen schöpferischen Kräften freien Lauf lassen können. Je mehr dies geschieht, desto besser wird er dann in der Heileurythmie Hingabe, Geduld und Einfühlungsvermögen entwickeln können. Es gilt hier, sich ganz dem kranken Menschen zu widmen und ihn mit künstlerischer Herzenswärme zu tragen.

Wie Rudolf Steiner auch im Kurs des öfteren erwähnt, sollte die Heileurythmie nie angewendet werden ohne eine gründliche ärztliche Diagnose. Je mehr ein Zusammenarbeiten mit dem behandelnden Arzt möglich ist, desto wirksamer wird die Heileurythmie sein.

Zu dieser Ausgabe

Der hier vorliegende Taschenbuchausgabe enthält zwei im April 1921 in Dornach gehaltene Vortragsreihen, die innerhalb der Rudolf Steiner Gesamtausgabe (GA) in zwei separaten Bänden publiziert sind. Jeweils am Vormittag entwickelte Rudolf Steiner ausschließlich vor Ärzten und Medizinstudenten «Geisteswissenschaftliche Gesichtspunkte zur Therapie» (GA 313), während er an den Nachmittagen – auf Anregung zweier Eurythmistinnen - systematisch die wissenschaftlichen Grundlagen für die «Heileurythmie» zur Darstellung brachte. An diesen Vorträgen nahm – neben den Teilnehmern des sog. 2. Ärztekurses – auch eine kleine Gruppe von Eurythmistinnen und Eurythmie-Studenten teil. – Den beiden Vortragsreihen angefügt wurde der Vortrag vom 28. Oktober 1922, den Rudolf Steiner anläßlich einer «Medizinischen Woche» in Stuttgart gehalten hat und inhaltlich das Thema Heileurythmie behandelt. Innerhalb der Gesamtausgabe ist dieser Vortrag in dem Band «Heileurythmie» (GA 315) publiziert.

Zu den Vorträgen «Geisteswissenschaftliche Gesichtspunkte zur Therapie»

Die Vorträge wurden mitstenogfiert von der Berufsstenografin Helene Finckh (1883–1960), die sie auch selbst in Klartext übertragen hat.

In den Hinweisen zur 4. Ausgabe von 1984 heißt es, daß es zwei verschiedene Nachschriften gegeben habe, von denen eine nicht mehr vorhanden sei, die aber dem ersten Manuskriptdruck als Vorlage gedient habe. Die erste Auflage innerhalb der Gesamtausgabe von 1963 sei dann nach den Stenogrammübertragungen von Frau Finckh erstellt und mit dem Manuskriptdruck von 1921 abgeglichen worden. Die Textkorrekturen, die sich dabei ergaben, wurden in den Hinweisen mit dem Vermerk «nach Stenogramm» gekennzeichnet. Nach genauerer Prüfung hat sich jedoch herausgestellt, daß alle bisherigen Ausgaben auf der Stenogrammausschrift von Frau Finckh basieren. Durch eine freiere redaktionelle Bearbeitung des Manuskriptdruckes von 1921 können sich Textvarianten ergeben haben, die den Anschein erweckten, es handele sich um zwei verschiedene, leicht differierende Nachschriften. Das ist jedoch nicht der Fall.

Andererseits gab es tatsächlich ein zweites Stenogramm, und zwar von Lilly Kolisko. Glücklicherweise konnten 1977 die Originalstenogramme von Frau Kolisko für das Archiv erworben werden, unter anderem eben auch die für den vorliegenden Band. Da die beiden Stenogramme in verschiedenen Systemen geschrieben sind – Frau Finckh benutzte Stolze-Schrey, Frau Kolisko dagegen Gabelsberger –, können sie sich unter Umständen bei systembedingten Unklarheiten gegenseitig ergänzen.

Die Ausgabe von 1984 war ein photomechanischer Nachdruck, und als solcher weitgehend unverändert gegenüber der Ausgabe von 1963.

Für die Ausgabe 2001 wurde der Text zunächst noch einmal sorgfältig mit der Klartextfassung von Frau Finckh verglichen, bei unklaren Stellen auch das Stenogramm nochmals geprüft und schließlich einige kritische Stellen, die sich so nicht zufriedenstellend klären ließen, mit dem Stenogramm von Frau Kolisko verglichen. Außerdem konnten einige wichtige Stellen anhand der Notizbucheintragungen von Rudolf Steiner geklärt werden. Die Herausgabe besorgten Dr. med. Eva Gabriele Streit und Dörte Mehrling.

Änderungen gegenüber vorangegangen Auflagen: Sofern es sich bei den Änderungen nur um Interpunktion und geringe Wortumstellungen, die den Lesefluß erleichtern sollen, handelt, werden diese nicht einzeln dokumentiert. Vereinzelt sind Wörter ausgetauscht, die sich aufgrund einer früheren Stenogrammüberprüfung ergaben und den besprochenen Sachverhalt genauer darstellen. Diese sowie solche Stellen, die eine inhaltliche Änderung bedeuten, sind in der Liste der Korrekturen aufgeführt. Die notwendigen Begründungen finden sich in den Hinweisen zum Text. An einigen Stellen wurden von den Herausgebern Worte eingefügt, die nicht in der Nachschrift enthalten sind. Diese sind durch eckige Klammern [ ] kenntlich gemacht und dienen dazu, einen unvollständigen Satz zu ergänzen oder einen Sachverhalt zu verdeutlichen.

Die Zeichnungen im Text wurden von Assja Turgenjew und Hedwig Frey nach Skizzen in den Stenogrammen ausgeführt. Drei Zeichnungen (auf S. 87 und 92) mußten für die Auflage 2001 von Dörte Mehrling neu angefertigt werden, weil sie deutlich von denen in der Nachschrift abwichen. Für eine davon wurde eine neue Zuordnung im Text notwendig. Diese Änderungen betreffen alle den Vortrag vom 15. 4. 1921, für den die Original-Tafelzeichnung leider nicht erhalten geblieben ist.

Tafelzeichnungen

Die Original-Wandtafelzeichnungen zu diesem Kurs sind bis auf zwei (15. 4. 1921 und 2. Vortrag vom 18. 4. 1921) erhalten, da die Tafeln damals mit Papier als Zeichengrund bespannt wurden. Sie sind als Ergänzung zu den Vorträgen im Band XXII in der Reihe «Rudolf Steiner – Wandtafeln zum Vortragswerk» wiedergegeben. Auf die entsprechenden Originaltafeln wird an den betreffenden Textstellen jeweils durch Randvermerke aufmerksam gemacht. Die Tafeln 4 (14.4.1921) und 5 (16. 4. 1921) wurden auch für die an den gleichen Tagen gehaltenen Vorträge des Heileurythmie-Kurses (GA 315) verwendet und enthalten daher auch Zeichnungen, die mit dem vorliegenden Kurs nicht direkt zu tun haben.

Textgrundlagen

Zu den Vorträgen «Heileurythmie»

Die sechs Vorträge des Heileurythmiekurses wurden von der Berufsstenografin Helene Finckh (1883–1960) mitstenografiert und in Klartext übertragen. Der Vortrag vom 28. Oktober 1922, gehalten während einer «Medizinischen Woche» in Stuttgart, wurde von namentlich nicht bekannten Zuhörern mitstenografiert und in Klartext übertragen. Originalstenogramme dieses Vortrages liegen nicht vor.

Für die früheren Auflagen dieser Vorträge wurde jeweils die Klartextübertragung einer gründlichen Durchsicht unterzogen und redaktionell bearbeitet, d. h., umständliche Satzgefüge wurden bereinigt, fehlende Worte ergänzt, Wiederholungen von Sätzen oder Satzteilen gestrichen und die Zeichensetzung sowie Rechtschreibung angepaßt. Bei den Vorarbeiten für die 3. Auflage 1966 (1. Auflage innerhalb der Gesamtausgabe) wurden aufgrund einiger problematischer Textstellen die Original-Stenogramme von Helene Finckh zur Prüfung hinzugezogen. – Die erste Auflage (Manuskriptdruck 1930) besorgte die Heileurythmistin Elisabeth Baumann-Dollfus, die zweite (1952) die Eurythmistin Isabella de Jaager und die dritte (1966) der Arzt Dr. med. Hans W. Zbinden. Die vierte Auflage war ein photomechanischer Nachdruck der dritten.

Auf Anregung von Dr. med. Kaspar Appenzeller (1927–1999) wurden für die 5. Auflage von Michel Schweizer zunächst erneut einzelne Textstellen mit dem Original-Stenogramm und der Übertragung in Klartext verglichen und korrigiert. Dieses Verfahren erwies sich jedoch als unzureichend, weshalb man sich entschlossen hat, die Stenogramme von Anfang bis Ende zu prüfen. Die nun vorliegende Textgestalt ist das Resultat einer wortwörtlichen Prüfung der Stenogramme sowie der Klartextübertragung. Sie wurde erstellt von Michaelis Messmer in Zusammenarbeit mit Dr. med. Wilburg Keller Roth und Walter Kugler. Sämtliche Abweichungen vom Stenogramm sowie Lücken oder unklare Stellen sind in Fußnoten oder in den Hinweisen zu der entsprechenden Seite nachgewiesen. Die *Hinweise* wurden erheblich erweitert, das *Sachwortregister* (ursprünglich erstellt von Gabriele Ohlschwang) und die *Inhaltsangaben* überarbeitet sowie eine *Literaturübersicht* hinzugefügt. Im Anschluß an den sechsten Vortrag wurden neu aufgenommen die Dankesworte von Dr. med. Friedrich Husemann.

Tafelzeichnungen

Die Original-Wandtafelzeichnungen zum Heileurythmiekurs sind erhalten geblieben, da die Tafeln vor dem Vortrag mit grauem Karton bespannt wurden. Nach dem Vortrag wurden die «Tafeln» datiert, die Kreide-Zeichnungen fixiert und aufbewahrt. Sie sind in der Rudolf Steiner Gesamtausgabe publiziert in Band XXII der Reihe «Wandtafelzeichnungen zum Vortragswerk» (K 58/22). Im laufenden Text wird jeweils durch Randvermerke auf die entsprechende Tafel hingewiesen. Bei den in den Text eingefügten Zeichnungen und Schemata handelt es sich – im Gegensatz zu den vorangehenden Auflagen, bei denen Nachzeichnungen von Assja Turgenieff und Hedwig Frey verwendet wurden – jeweils um originalgetreue Wiedergaben von Details der Original-Tafeln oder – wie im 5. und 7. Vortrag – von Zeichnungen aus dem Stenogrammblock, die von der Stenografin nach dem Tafelbild angefertigt worden waren. Die Bildbearbeitung erfolgte durch Priska Clerc. – Zu dem in Stuttgart gehaltenen Vortrag vom 28. Oktober 1922 existiert keine Original-Wandtafelzeichnung.

Hinweise zum Text

Werke Rudolf Steiners innerhalb der Gesamtausgabe (GA) werden in den Hinweisen mit der Bibliographie-Nummer angegeben. Siehe auch die Übersicht am Schluß des Bandes.

Zu Seite
TB GA

THERAPIE 1. VORTRAG

15 9 *dieser Ergänzungskurs zu dem vorjährigen:* Siehe «Geisteswissenschaft und Medizin», GA 312.

30 24 *Oskar Römer*, 1866–1552, Prof. Dr. med. et med. dent., Direktor des Zahnärztlichen Instituts an der Universität Leipzig, ab 1925 Dekan der medizinischen Fakultät der Universität Leipzig. Publikation:«Über die Zahnkaries mit Beziehung auf die Ergebnisse der Geistesforschung Rudolf Steiners», Stuttgart 1921. Über dieses Thema hielt er mehrfach Vorträge, auch in Gegenwart Rudolf Steiners.

THERAPIE 2. VORTRAG

36 30 *Albert Einstein,* 1879–1955; «Über die spezielle und die allgemeine Relativitätstheorie».

37 31 *Weil das Auge im ... Goetheschen Sinne ein Geschöpf des Lichtes ist:* Siehe «Goethes Naturwissenschaftliche Schriften», hrsg. von Rudolf Steiner, in Kürschners «Deutsche National-Litteratur» (GA 1a–e), Bd. III, Entwurf einer Farbenlehre. Des ersten Bandes erster didaktischer Teil. Einleitung, S. 88:

«Das Auge hat sein Dasein dem Lichte zu danken. Aus gleichgültigen, tierischen Hilfsorganen ruft sich das Licht ein Organ hervor, das seinesgleichen werde, und so bildet sich das Auge am Licht für das Licht, damit das innere Licht dem äußeren entgegentrete.»

44 38 *Rudolf Virchow*, 1821–1902, Professor der pathologischen Anatomie in Würzburg und Berlin.

Ernst Haeckel, 1834–1919.

Eugen Dubois, 1858–1940, holländischer Militärarzt. Publikation: «Pithecanthropus erectus, eine menschenähnliche Übergangsform», Batavia 1894

HEILEURYTHMIE 1. VORTRAG

53 15 *Eurythmie als Kunst*: Siehe Rudolf Steiner, «Eurythmie – Die Offenbarung der sprechenden Seele», Ansprachen zu Eurythmie-Aufführungen, GA 277, 3. Aufl. 1999 / «Die Entstehung und Entwickelung der Eurythmie», GA 277a, 3. Aufl., 1998 / «Eurythmie als sichtbarer Gesang. Ton-Eurythmie-

Kurs», GA 278, 4. Aufl. 1984 / «Eurythmie als sichtbare Sprache. Laut-Eurythmie-Kurs», GA 279, 5. Aufl. 1990 / «Eurythmie – Die neue Bewegungskunst der Gegenwart», hrg. von Eva Froböse, Taschenbuch-Sonderausgabe, Dornach, 2. Aufl. 1991.

54 16 *Verständnis ... für den menschlichen Kehlkopf*: Siehe z. B. die Ansprache vor einer Eurythmieaufführung vom 2. Juni 1918, in «Eurythmie – Die Offenbarung der sprechenden Seele», GA 277, 3. Aufl. 1999, S. 24. Siehe auch den Vortrag vom 21. Mai 1907 in «Bilder okkulter Siegel und Säulen», GA 284, 3. Aufl. 1993, S. 67: «Die Kräfte in uns sind kondensierte göttliche Kräfte. Was früher durch das Wort geschaffen worden ist, ist jetzt umgesetzt in natürliche Formen. So wird im Laufe der Evolution der menschliche Kehlkopf Reproduktionsorgan werden [...] Was heute Sprachorgan ist, wird Hervorbringer von seinesgleichen werden. Der Kehlkopf ist das zukünftige, in die Geistigkeit hinaufgehobene Reproduktionsorgan; daher beim Manne jetzt schon die Parallele in der Geschlechtsentwickelung und der Kehlkopfentwickelung.»

54f 16f *metamorphosische Umänderung ... dieses goethehafte Anschauen*: Im zeitlich parallel zum Heileurythmiekurs verlaufenden Ärztekurs spricht Rudolf Steiner im Vortrag vom 16. April 1921 über Metamorphosen verschiedener Organe z.B. über die Lunge als «eine Metamorphose der Kopfgestaltung», in «Geisteswissenschaftliche Gesichtspunkte zur Therapie», GA 313, 5. Aufl. 2001, S. 100. Weitere Beispiele zur Metamorphose finden sich auch den Vorträgen «Allgemeine Menschenkunde als Grundlage der Pädagogik», GA 293, 9. Aufl 1992, insbesondere im 10. Vortrag. Grundlegendes ist dargestellt in Rudolf Steiner, «Einleitungen zu Goethes Naturwissenschaftlichen Schriften», Kap. II «Die Entstehung der Metamorphosenlehre», GA 1, 4. Aufl. 1989. – Siehe auch Rudolf Steiners Eurythmieform zu Goethes Gedicht «Die Metamorphose der Pflanzen», in Rudolf Steiner, «Eurythmieformen», Bd. III, «Eurythmieformen zu Dichtungen von Johann Wolfgang von Goethe», GA K23/3, Dornach 1990, S. 41–52. – Ausführlich ist das Prinzip der Metamorphose dargestellt in «Goethes Naturwissenschaftliche Schriften», herausgegeben und kommentiert von Rudolf Steiner in Kürschners «Deutsche National-Litteratur» (1884–97), 5 Bde., Nachdruck Dornach 1975, GA 1a–1e. Bd. I «Bildung und Umbildung organischer Naturen». Dort heißt es in GA 1a, «Die Metamorphose der Pflanze», XVIII, 115: «Es mag nun die Pflanze sprossen, blühen oder Früchte bringen, so sind es doch immer *dieselbigen Organe,* welche in vielfältigen Bestimmungen und unter oft veränderten Gestalten die Vorschrift der Natur erfüllen. Dasselbe Organ, welches am Stengel als Blatt sich ausgedehnt und eine höchst mannigfaltige Gestalt angenommen hat, zieht sich nun im Kelche zusammen, dehnt sich im Blumenblatte wieder aus, zieht sich in den Geschlechtswerkzeugen zusammen, um sich als Frucht zum letztenmal auszudehnen.»

54 16 *Schilddrüse*: Siehe auch den Vortrag vom 28. 2. 1911, in «Exkurse in das Gebiet des Markus-Evangeliums», GA 124, 4. Aufl. 1995, S. 143f. Dort heißt es unter anderem: «Die Anteilnahme, das lebendige Interesse an den Dingen wird untergraben, wenn die Schilddrüse entfernt wird. Die Menschen werden teilnahmslos gemacht, und zwar so stark, daß sie ihren Verstand nicht anwenden können. Da haben Sie den feinen Unterschied zwischen der Anwendung eines Werkzeuges für den Verstand, wie es Gehirnpartien sind, und einem Werkzeuge, das es mit einer Drüse zu tun hat, wie es die Schilddrüse ist.»

57 19 *daß diese Bewegung ihre Reflexe erlebt in der Kehlkopforganisation*: Siehe Vortrag vom 21. 9. 1920 in «Erziehung und Unterricht aus Menschenerkenntnis. Meditativ erarbeitete Menschenkunde», GA 302a, 4. Aufl. 1993, S. 48f. Grundlegendes zur Kehlkopf-Entwicklung findet sich in «Die geistige Führung des Menschen und der Menschheit», GA 15, 10. Aufl. 1987, S. 13. Siehe auch 1. Hinweis zu S. 16.

58 20 *eine Fortsetzung der Atmung*: Über den Zusammenhang Kopf – Rhythmus siehe den Vortrag vom 28. 12. 1921 in «Die gesunde Entwickelung des Menschenwesens», GA 303, 4. Aufl. 1987, S. 108 ff.; ferner den Vortrag vom 15. 1. 1917, in «Zeitgeschichtliche Betrachtungen», II. Teil, GA 174, 2. Aufl. 1983, S. 150–151.

60 22 *es kann ja das dann morgen noch hier geübt werden*: Die Kursteilnehmerin Elisabeth Baumann berichtet hierüber: «Es wurden zwei Eurythmiekurse eingerichtet, in denen wir mit den Ärzten grundlegend Eurythmisches und das jeweils an dem Tage von Dr. Steiner im Heileurythmie-Vortrag Gegebene besprachen und praktisch übten.» Siehe im vorliegenden Band S. 284f.

61 23 *Waldorfpädagogik*: Auf Initiative von Emil Molt, dem Direktor der Waldorf-Astoria-Zigarettenfabrik, wurde im Herbst 1919 in Stuttgart eine Schule für die Kinder der Arbeiter der Zigarettenfabrik, die aber auch anderen Kindern offenstand, als einheitliche Volks- und Höhere Schule gegründet. Mit der Erarbeitung eines zukunftsorientierten pädagogischen Konzeptes sowie der Auswahl und Schulung der Lehrer wurde Rudolf Steiner betraut, der bereits 1884 die Befreiung des Erziehungswesens von jeglicher staatlicher Bevormundung gefordert und 1907 mit seinem Aufsatz «Die Erziehung des Kindes vom Gesichtspunkte der Geisteswissenschaft» die menschenkundlichen Grundlagen für eine entwicklungsbezogene Pädagogik und Erziehungskunst vorgelegt hat. Im Vorfeld der Schulgründung sowie in den Jahren danach hat Rudolf Steiner, der bis zu seinem Tod im März 1925 die Leitung der Waldorfschule innehatte, zahlreiche Schulungskurse für Lehrer durchgeführt sowie eine Fülle von Vorträgen für Eltern, Lehrer und Studenten im In- und Ausland gehalten. Diese sind innerhalb der Gesamtausgabe in mehr als 20 Bänden (GA 293–311) publiziert. Hilfreich für den Einstieg in die Pädagogik Rudolf Steiners oder auch für die Vertiefung ist der zweite, innerhalb der Reihe «Quellentexte für die Wissenschaften» erschienene Band «Texte zur Pädagogik. Anthroposophie und Erziehungswissenschaft», Rudolf Steiner Verlag, Dornach 2003, herausgegeben von Johannes Kiersch. – Die Stuttgarter Waldorfschule wurde zum Ausgangspunkt für viele weitere Schulgründungen weltweit. Die Eurythmie war dort obligatorisches Unterrichtsfach.

62 24 *man denkt auch mit seinem kleinen Finger und mit seiner großen Zehe:* Weiteres hierzu siehe in dem Vortrag vom 11. 11. 1923 in «Der Mensch als Zusammenklang des schaffenden, bildenden und gestaltenden Weltenwortes», GA 230, 7. Aufl. 1993, S. 205.

62 24 *Auffassung geometrischer Figuren*: Siehe den dritten Vortrag in «Allgemeine Menschenkunde als Grundlage der Pädagogik», GA 293, 9. Aufl. 1992, S. 56.

zwischen der großen Zehe und der nächsten Zehe einen kleinen Bleistift [Schreiben mit dem Fuß]: Siehe «Heilpädagogischer Kurs», GA 317, 8. Aufl. 1995, S. 147/148: «In solchen Fällen wird ihm dann – und das ist auch eine Art Heileurythmie, wenn er lernt mit den Zehen zu schreiben – die Heileurythmie große Dienste leisten können.» Siehe ferner «Die Entstehung und Entwickelung der Eurythmie», GA 277a, 3. Aufl. 1998, S. 14.

Kopfschmerzen ... Verdauung: Siehe dazu den 4. Vortrag im Rahmen des zeitlich parallel gehaltenen Ärztekurses «Geisteswissenschaftliche Gesichtspunkte zur Therapie», GA 313, S. 71.

63 25 *indem Sie die rechte Augenachse mit der linken kreuzen:* Siehe hierzu auch die Fragenbeantwortung vom 11. 3. 1920 in «Die Vierte Dimension», GA 324a, 1. Aufl. 1995, S. 162f.

THERAPIE 3. VORTRAG

65 47 *Edwin Scheidegger*, 1867–1949, Erbauer und leitender Arzt des Merian-Iselin-Spitals in Basel, das 1918 eröffnet wurde. Von der Ausbildung her Homöopath, blieb er dieser Therapierichtung lebenslang treu. Mitglied der Paracelsusgesellschaft.

in dem Vortrag: Der Titel dieses während des ersten Medizinischen Kurses (GA 312) gehaltenen Vortrages ist nicht bekannt, ebensowenig eine Nachschrift.

68 50 *Moriz Benedikt*, 1835–1920. Über die Art, wie Moriz Benedikt über die sozialen Fragen, welche im Zusammenhange mit der Tuberkulose auftreten, dachte, orientiert in Kürze der seiner Autobiographie «Aus meinem Leben», Wien 1906, beigegebene Aufsatz «Die Tuberkulosefrage».

69 51 *Stoffe, mit denen das letztemal hier Experimente ausgeführt wurden:* Bezieht sich auf den Vortrag von Dr. Scheidegger beim ersten Medizinischen Kurs «Geisteswissenschaft und Medizin», GA 312.

79 61 *Benedikt hat sehr interessante Untersuchungen gemacht:* Siehe «Ruten- und Pendellehre», Wien und Leipzig 1917, Kap IV und V.

«Theosophie» (1904), GA 9.

HEILEURYTHMIE 2. VORTRAG

83 27 *das vokalische Prinzip ... wie aus der Geisteswissenschaft uns bekannt ist*: Über das Vokalische und Konsonantische als Ausdruck verschiedener Seelenstimmungen äußerte sich Rudolf Steiner bereits 1911 in seiner Schrift «Die geistige Führung des Menschen und der Menschheit», GA 15, 10. Aufl. 1987, S. 44f.: «In den atlantischen Zeiten empfanden die Menschen alle äußeren Eindrücke so, daß die Seele, wenn sie etwas Äußeres ausdrücken wollte mit einem Laut, gedrängt wurde zu einem *Konsonanten.* [...] Was man dagegen innerlich erlebte an Schmerz oder Freude, oder auch, was ein anderes Wesen empfinden konnte, das ahmte man nach im *Vokal.*» – Eine Erweiterung des hier Dargestellten findet sich im Vortrag vom 18. 12. 1921

in «Nordische und mitteleuropäische Geistimpulse», GA 209, 2. Aufl. 1982, S. 110ff.

84 28 *Frau Baumann:* Elisabeth Baumann-Dollfus (1895–1947). Eurythmistin. Seit 1913, zunächst als Schülerin, dann als ausübende Eurythmistin und Eurythmie-Lehrerin am Aufbau der Eurythmie beteiligt. Erste Eurythmielehrerin an der 1919 in Stuttgart gegründeten Freien Waldorfschule. Sie war auch am Zustandekommen des Heileurythmie-Kurses beteiligt. Siehe ihre Darstellung über den Kurs im Anhang des vorliegenden Bandes S. 136ff.

90 34 *Vokalübungen*: Siehe den Vortrag vom 9. 1. 1924, in «Meditative Betrachtungen und Anleitungen zur Vertiefung der Heilkunst», GA 316, 3. Aufl. 1987, S. 133f; dort geht es u. a. um Übungen für Kinder mit der Veranlagung zum Stottern.

91f 35f *Migräneerscheinungen*: Ausführlich behandelt im Vortrag vom 5. 4. 1920 in «Geisteswissenschaft und Medizin», GA 312, 7. Aufl. 1999, S. 300f., sowie in «Grundlegendes für eine Erweiterung der Heilkunst», Kap. XX. 2 «Das Migräne-Mittel *Biodoron»*, GA 27, 7. Aufl. 1991, S. 128f.

95 39 *Fräulein Wolfram*: Erna Wolfram-van Deventer (1894–1976). Eurythmistin. Zählte zu den ersten Eurythmie-Schülerinnen. Ihr Interesse an der therapeutischen Wirkung der Eurythmie war Anlaß für Rudolf Steiner, den Heileurythmie-Kurs zu halten. Sie war Jahrzehnte hindurch als Eurythmistin und Heileurythmistin tätig. Siehe auch ihre Darstellung über den Kurs im Anhang des vorliegenden Bandes S. 131ff.

wenn das S ausgeführt wird: Siehe «Die Entstehung und Entwickelung der Eurythmie», GA 277a, 3. Aufl. 1998, S. 21. Die Zeichnung dort entspricht exakt der im Heileurythmiekurs.

THERAPIE 4. VORTRAG

103 69 *wo ich über Sprachwissenschaft sprach:* Siehe den Vortrag vom 7. April 1921 in «Die befruchtende Wirkung der Anthroposophie auf die Fachwissenschaften», GA 76.

107 73 *Waldorfschule:* Begründet 1919 von Kommerzienrat Emil Molt für die Kinder der Arbeiter und Angestellten der Waldorf-Astoria-Zigarettenfabrik in Stuttgart, eingerichtet und geleitet von Rudolf Steiner.

110 76 *im vorigen Kurs:* Siehe Hinweis zu Seite 9.

*Da muß man Mineralisches, noch vollständig Mineralisches anwenden:*In früheren Ausgaben wurde vom Herausgeber ergänzt: noch *nicht* vollständig Mineralisches. Nach sorgfältigster Prüfung durch zwei erfahrene Stenografen ist weder im Stenogramm von Frau Finckh noch in dem von Frau Kolisko ein *nicht* nachzuweisen, wobei zu bemerken ist, daß gerade diese Passage sehr zügig und ohne problematische Stellen geschrieben ist.

111 77 *Ferrum muriaticum:* muriaticum: von muria (lat.) = Salzbrühe. Von der Salzsäure gebildete Salze, speziell kochsalzhaltige Substanzen, werden muriatische genannt. Hier $FeCl_3$, unter dem Namen *Ferrum sesquichloratum* erhältlich.

115 41 *in den Einleitungen zu eurythmischen Kunstvorstellungen*: Rudolf Steiner hat annähernd dreihundert Einführungen vor Eurythmieaufführungen gehalten, die mal Grundsätzliches der Eurythmie, mal Näheres zu Einzelheiten (Lautbildung, einzelne Organe, Gliedmaßen, Verhältnis zu Tanz oder Pantomime, Verhältnis zur Plastik und Architektur) behandeln. – Eine Auswahl ist veröffentlicht in dem Band «Eurythmie. Die Offenbarung der sprechenden Seele», GA 277, sowie einige in «Die Entstehung und Entwickelung der Eurythmie», GA 277a.

117 43 *«Die Rätsel der Philosophie»*: Zunächst als zweibändiges Werk 1900/1901 unter dem Titel «Welt- und Lebensanschauungen im neunzehnten Jahrhundert» erschienen. 1914 erweitert um eine Vorgeschichte über abendländische Philosophie bis hin in die Gegenwart. GA 18, 9. Aufl. 1985.

118 44 *Blaselaute oder Stoßlaute:* Weitere Aspekte finden sich im Vortrag vom 2. 7. 1924, in «Eurythmie als sichtbare Sprache», GA 279, 5. Aufl. 1990, S. 130ff., sowie im «Kursus über künstlerische Sprachbehandlung», in «Methodik und Wesen der Sprachgestaltung», GA 280, 4. Aufl. 1983, S. 68, und im Vortrag vom 6. 9. 1924, in «Sprachgestaltung und Dramatische Kunst», GA 282, 4. Aufl. 1981, S. 88 ff. Zur Lautbildung siehe auch den Vortrag vom 18. 8. 1910 in «Die Geheimnisse der biblischen Schöpfungsgeschichte», GA 122, 6. Aufl. 1984, S. 59f.

119 45 *Die alleräußerste Einteilung ... der Laute:* Weiteres hierzu in den Kursen «Methodik und Wesen der Sprachgestaltung», GA 280, S. 57ff., sowie «Sprachgestaltung und Dramatische Kunst», GA 282, 18. Vortrag sowie die Vorträge vom 8., 9. und 10. 8. 1923, in «Gegenwärtiges Geistesleben und Erziehung», GA 307, 5. Aufl. 1986. – Siehe auch Agathe Lorenz-Poschmann, «Die Sprachwerkzeuge und ihre Laute», Philosophisch Anthroposophischer Verlag, Dornach 1983.

122 48 *Enttierung des Menschen*: Siehe den 11. Vortrag in «Geisteswissenschaft und Medizin», GA 312, 7. Aufl. 1999, S. 216.

124 50 *der Kopf des Menschen, der ist ja ... eine Kugel*: Siehe hierzu auch den 10. Vortrag in «Allgemeine Menschenkunde als Grundlage der Pädagogik», GA 293, 9. Aufl. 1992, S. 146 f.; ferner die Ausführungen in der Konferenz im Eurythmeum Stuttgart vom 30. April 1924, in «Die Entstehung und Entwickelung der Eurythmie», GA 277a, 3. Aufl. 1998, S. 140, sowie die Ausführungen in «Meditative Betrachtungen und Anleitungen zur Vertiefung der Heilkunst», GA 316, 3. Aufl. 1987, S. 174 und 231. Siehe auch den Vortrag vom 30. 6. 1924 in «Heilpädagogischer Kurs», GA 317, 8. Aufl. 1995, S. 77.

Wie aus der Mondenphase die Erdphase hervorgegangen ist: Siehe das Kapitel «Die Weltentwickelung und der Mensch», in «Die Geheimwissenschaft im Umriß», GA 13, 30. Aufl. 1989; siehe auch «Geistige Zusammenhänge in der Gestaltung des menschlichen Organismus», GA 218, 3. Aufl. 1992.

133 83 *Professor Römer:* Siehe Hinweis zu Seite 24.

135 85 *im letzten Vortragszyklus:* Siehe Hinweis zu Seite 9.

136 86 *im vorigen Kursus:* Siehe Hinweis zu S.9.

140 90 *Spezifikum ... gegen die diphterischen Erscheinungen:* Rudolf Steiner war die Serum-Therapie bekannt. Siehe «Geisteswissenschaft und Medizin», GA 312, Hinweis zu Seite 114, Seite 391.

143 93 *Blut ist ... ein ganz besondrer Saft:* Goethe, Faust, 1. Teil, Studierzimmer, Vers 1740.

145 95 *Das können Sie ja ablesen aus alledem, was ich gesagt habe ...:* Diese Passage ist in beiden Stenogrammen lückenhaft und nicht sicher zu rekonstruieren. Eindeutig sind aber die genannten Symptome lesbar sowie *anämische Zustände* was auch belegt wird durch eine Stelle im Notizbuch (siehe Beilage zu GA 313, S. 32).

146 96 *in den Vorträgen des vorigen Jahres:* Siehe Hinweis zu Seite 9.

HEILEURYTHMIE 4. VORTRAG

154 62 *ein Physiologe der Gegenwart*: Emil Abderhalden, 1877–1950. Schweizer Phy-siologe und physiologischer Chemiker. Von 1911–1945 Professor an der Universität Halle a. d. Saale. Herausgeber des «Handbuch der biologischen Arbeitsmethoden». Grundlegende Arbeiten über Sozialhygiene und Sozialphysiologie. – Über seinen Aufenthalt in Dornach sowie seine Äußerung über den Turnunterricht, die Rudolf Steiner verschiedentlich auch in anderen Vorträgen erwähnt, ist nichts Näheres bekannt.

dieses beseelte Turnen: Siehe die Ansprachen zu Eurythmie-Aufführungen vom 17. 10. 1920 und 19. 11. 1920 in «Eurythmie. Die Offenbarung der sprechenden Seele», GA 277, 3. Aufl. 1999, S. 195 und 207. Über das Verhältnis Turnen – Eurythmie äußert sich Rudolf Steiner ausführlich im Vortrag vom 13. 6. 1921, in «Menschenerkenntnis und Unterrichtsgestaltung», GA 302, 5. Aufl. 1986, S. 38ff.

THERAPIE 6. VORTRAG

163 101 *«Theosophie»* (1904), GA 9.

172 110 *im vorigen Jahr:* Siehe Hinweis zu Seite 9.

176 114 *Vortrag von Dr. Scheidegger:* Von diesem Vortrag ist keine Nachschrift bekannt, doch läßt sich aus dem Notizbuch von Rudolf Steiner entnehmen, daß ausführlich über Dr. Rosenbach gesprochen wurde. Siehe Hinweis zu Seite 119.

177f 67f. *Urteile ... Bejahung ... Verneinung ... Sympathie und Antipathie*: Siehe Vortrag vom 6. 11. 1921, in «Anthroposophie als Kosmosophie», GA 208, 3. Aufl. 1992, S. 166ff. sowie grundlegend im 5. Vortrag in «Allgemeine Menschenkunde als Grundlage der Pädagogik», GA 293, 9. Aufl. 1999.

179 69 *Liebe ... Hoffnung*: Siehe den Vortrag «Glaube, Liebe, Hoffnung – drei Stufen des menschlichen Lebens», in «Das esoterische Christentum und die geistige Führung der Menschheit», GA 130, 4. Aufl. 1995.

180 70 *Migräne*: Siehe Hinweis zu S. 35.

181 71 *mannigfaltigste Ungeschicklichkeiten*: Siehe hierzu auch den Vortrag vom 6. 7. 1924, in «Heilpädagogischer Kurs», GA 317, 8. Aufl. 1995, S. 97.

laufen Sie so, und Sie so, aneinander vorbei und geben acht, daß Sie sich ja nicht anstoßen: Siehe dazu die Übung «Ich und Du», in «Die Entstehung und Entwickelung der Eurythmie», GA 277a, 3. Aufl. 1998, S. 28.

183 73 *gesundende Wirkung des Lachens*: Über das Lachen (und Weinen) hat Rudolf Steiner ausführlich gesprochen in seinem, im Architektenhaus in Berlin gehaltenen öffentlichen Vortrag vom 3. 2. 1910 «Lachen und Weinen», in «Metamorphosen des Seelenlebens», GA 59, 7. Aufl. 1984.

Gefühl der Verehrung: Eine ausführliche Darstellung über Aufgabe, Sinn und Bedeutung des Gefühls der Verehrung, der Devotion, gibt Rudolf Steiner in seinem Buch «Wie erlangt man Erkenntnisse der höheren Welten?», GA 10, 24. Aufl. 1993, S. 19ff. Siehe den Vortrag vom 28. 10. 1909 «Die Mission der Andacht», in «Metamorphosen des Seelenlebens – Pfade der Seelenerlebnisse», Teil I, GA 58, 5. Aufl. 1984, sowie den Vortrag vom 17. 2. 1910 «Das Wesen des Gebetes», in «Metamorphosen des Seelenlebens – Pfade der Seelenerlebnisse» Teil II, GA 59, 7. Aufl. 1984.

184 74 *dann wird der Ätherleib geschmeidig*: In seiner Ansprache anläßlich der ersten Eurythmie-Aufführung in München am 28. 8. 1913 spricht Rudolf Steiner davon, daß der Ätherleib tanzen soll. Siehe «Die Entstehung und Entwickelung der Eurythmie», GA 277a, 3. Aufl. 1998, S. 50.

gewöhnlichen Turnbewegungen: Siehe dazu die Konferenz an der Waldorfschule vom 1. März 1923, in «Konferenzen mit den Lehrern der Freien Waldorfschule in Stuttgart», GA 300b, 1. Aufl. 1975, S. 292ff. – Siehe auch Hinweis zu S. 62.

185 75 *Wir haben ja selbst vor einigen Stunden solche Dinge angeführt*: Im dritten Vortrag, wo er über den Zusammenhang von Lautbildungen (O und E) und dem menschlichen Organismus spricht.

Fließ in seinem bekannten Buche: «Der Ablauf des Lebens. Grundlegung zur exakten Biologie», Leipzig und Wien 1906. Dort heißt es im Kapitel über Linkshändigkeit: «Das Wesentliche haben die Beobachter völlig übersehen: Daß nämlich bei linkshändigen Männern die sekundären weiblichen Sexualcharaktere, bei linkshändigen Frauen die sekundären männlichen

Sexualcharaktere viel ausgeprägter sind als bei voll rechtshändigen Männern oder Weibern [...] Fragt man einen Mann, etwa einen Künstler, der durch seinen gesamten Habitus den Eindruck macht, aus dem ‹Zwischenreich› zu stammen, also viel Weibliches zu enthalten, fragt man ihn, ob er linkshändig sei, so wird man zuerst die sichere Antwort erhalten: keineswegs. Er besitze keine Spur davon. Der Mann hat auf seine Weise recht, denn er weiß von diesen Dingen nichts. Auch bestimmt eine dunkle Ahnung die Menschen, die Linkshändigkeit abzulehnen. ‹Linkisch› hat den Nebensinn des nicht ganz Vollwertigen. Läßt man sich aber seine beiden Hände zeigen, so bemerkt man häufig, daß die rechte mit nichten überwiegt, daß vielmehr die linke reichlich ebenso groß, vielleicht noch stärker entwickelt ist. Manchmal prägt sich das besonders in der Lage der Daumen aus.» (S. 439–441). *Wilhelm Fließ* (1858–1928) war Hals-Nasen-Ohrenarzt und Biologe in Berlin. Er wurde durch seine Lehre der Periodizität des Lebens und seine Beziehung zu Sigmund Freud bekannt. Die Briefe Sigmund Freuds an Fließ, herausgegeben von Jeffrey M. Masson, Frankfurt 1986, gelten als wichtige Dokumente im Zusammenhang mit der Entwicklung der Psychoanalyse.

187 77 *zwei Stunden [als] rein ärztliche Stunden hintereinander*: Siehe die beiden Vorträge vom 18. April in diesem Band.

THERAPIE 7. VORTRAG

193 119 *Ottomar Rosenbach*, 1851–1907, Arzt und Professor in Breslau und Berlin. Veröffentlichte eine große Zahl von Schriften zur Physiologie und Pathologie, z.B. «Grundriß der Pathologie und Therapie der Herzkrankheiten», Berlin 1899. In Rudolf Steiners Bibliothek befindet sich eine kleine Abhandlung von Rosenbach mit dem Titel «Energetik und Medizin» aus dem Jahre 1897. In der Ausgabe von 1963 wurde der Name Rosenbach in Reichenbach geändert, wohl weil der Name Rosenbach nicht mehr geläufig war und man es mit einem Hörfehler zu tun zu haben glaubte. Im Stenogramm steht aber eindeutig Rosenbach, belegt durch das Notizbuch zu diesem Kurs, denn Rudolf Steiner hat sich anläßlich des Vortrages von Dr. Scheidegger Notizen gemacht (siehe Beilage zu GA 313, S. 46). Zu dieser Verwechslung konnte es kommen, weil 1963 weder das Notizbuch zur Verfügung stand, noch die Bibliothek Rudolf Steiners schon so weit erschlossen war, daß ein einfacher Zugriff auf alle Titel möglich war.

Nelkenwurzel: Rhizoma caryophyllata, Wurzelstock von Geum urbanum, auch Nardenwurzel, Nägeleinwurzel, Weinwurzel genannt. Der Name bezieht sich auf den schwach aromatischen, gewürznelkenhaften Geruch, der auch der ganzen Pflanze ihren deutschen Namen gegeben hat. Die Wurzel schmeckt bitter, herb und wirkt adstringierend.

203 129 *in unserem Stuttgarter Institut:* Das zu diesem Zeitpunkt im Entstehen begriffene «Klinisch-Therapeutische Institut Der Kommende Tag AG», dem ein Heilmittel-Laboratorium angegliedert war, das später unter dem Namen Internationale Laboratorien AG tätig war und schließlich, wie auch das Dornacher Heilmittellaboratorium der Futurum AG, in die Weleda AG einmündete. Näheres hierzu in «Beiträge zur Rudolf Steiner Gesamtausgabe», Heft 118/119: «Rudolf Steiner und die Gründung der Weleda».

208 78 *Frau Dr. Steiner*, geb. Marie von Sivers (Wlotzlawek/Rußland 1867 – 1948 Beatenberg/Schweiz). Studium der Rezitations- und Schauspielkunst in Petersburg und Paris. Seit 1902 engste Mitarbeiterin Rudolf Steiners. Sie war maßgebend beteiligt am Aufbau der Anthroposophischen Gesellschaft, der Entwicklung der Eurythmie, der Schauspielkunst und Sprachgestaltung am Goetheanum und des Philosophisch-Anthroposophischen Verlages. Daneben war sie auch als Übersetzerin, u. a. einiger Werke von Edouard Schuré, tätig.

«Über allen Gipfeln ist Ruh»: Gedicht von J. W. von Goethe

der sinnerfüllte Wortzusammenhang: Siehe den Vortrag vom 18. 4. 1921, im vorliegenden Band S. 105: «Höre gut zu, bringe dir stark zum Bewußtsein den gehörten Laut, den gehörten Satzzusammenhang.»

210 80 *Wachstumskräfte*: Siehe auch «Grundlegendes für eine Erweiterung der Heilkunst», GA 27, 7. Aufl. 1991, 1. Kapitel, S. 12, «Es ist von der allergrößten Bedeutung zu wissen, daß die gewöhnlichen Denkkräfte des Menschen die verfeinerten Gestaltungs- und Wachstumskräfte sind. Im Gestalten und Wachsen des menschlichen Organismus offenbart sich ein Geistiges. Denn dieses Geistige erscheint dann im Lebensverlaufe als die geistige Denkkraft.» Siehe auch Vortrag vom 7. 4. 1920, in «Geisteswissenschaft und Medizin», GA 312, 7. Aufl. 1999, S. 340.

diese inneren Organe lernen dadurch besser atmen, besser verdauen: Siehe hierzu auch den 6. Vortrag im parallel gehaltenen Ärztekurs.

212 82 *Organe für das rhythmische System*: Siehe hierzu auch den 3. Vortrag im parallel gehaltenen Ärztekurs, sowie den 16. und 18. Vortrag in «Geisteswissenschaft und Medizin», GA 312.

214 84 *Schlafzustand … Gliedmaßen-Stoffwechselsystem*: Siehe hierzu auch den 2. Vortrag im parallel gehaltenen Ärztekurs im vorliegenden Band. Dort heißt es auf S. 49: «Denn teilweise, wenigstens für die Kopf- und Atmungsorganisation, trennt sich Ich und Astralleib im Schlafe vollständig von physischem Leib und Ätherleib – nicht für den Stoffwechselmenschen und Zirkuklationsmenschen, da bleibt das drinnen. Es ist das nicht genau gesprochen, wenn man sagt: Ich und Astralleib gehen heraus. Es ist eigentlich richtig so gesprochen – und ich habe es ja auch früher oftmals, schon vor vielen Jahren angedeutet –, daß man sagt: Im Schlafe gehen für die Hauptesorganisation Ich und astralischer Leib heraus aus physischem Leib und Ätherleib, aber in der Stoffwechsel- und Zirkulationsorganisation durchdringen sie ihn dadurch viel mehr.»

216 86 *was nun plastisch wirkt in der Kopforganisation*: Siehe auch die Vorträge vom 22. und 23. 4. 1924, in «Meditative Betrachtungen und Anleitungen zur Vertiefung der Heilkunst», GA 316.

Heilkräfte in bezug auf die Kopforganisation: Rudolf Steiner veranschaulicht dieses Thema anhand seiner Erfahrungen als Hauslehrer und Erzieher im Vortrag vom 1. 7. 1924, in «Heilpädagogischer Kurs», GA 317, 8. Aufl. 1995, S. 95f.

216 86 *verstärkte Metamorphose der Konsonanten ... in den letzten Tagen:* Siehe 4. Vortrag über Heileuyrythmie im vorliegenden Band.

217 87 *Wesen der Außenwelt*: Über den Zusammenhang zwischen Mensch und Kosmos durch Atem- und Schlafrhythmus siehe «Geisteswissenschaft und Medizin», GA 312, S. 126 f.: «Die Herzbewegungen sind nicht nur ein Abdruck desjenigen, was im Menschen geschieht, sondern durchaus auch ein Abdruck außermenschlicher Verhältnisse.»

die Organe verlieren ihre plastische Kraft: Siehe auch die Vorträge vom 20. und 22. 11. 1922, in «Geistige Zusammenhänge in der Gestaltung des menschlichen Organismus», GA 218, 3. Aufl. 1992. Siehe auch 1. Hinweis zu S. 86.

218 88 *das schwedische Turnen*: Eine von dem schwedischen Dichter *Pehr Henrik Ling* (1776–1839) entwickelte Form des Turnens zu Heilzwecken. Als das Turnen im 18. Jahrhundert in verschiedenen europäischen Ländern nach und nach fester Bestandteil der Erziehung wurde, lehnte man sich zunächst an die Ideale des antiken Griechenlands an, weshalb zunächst der Begriff Gymnastik verwendet wurde. Daher spricht man auch von der schwedischen (Heil-)Gymnastik. Diese unterscheidet grundsätzlich drei Bewegungsarten: die aktive, bei welcher der Kranke, zumeist in liegender Stellung, allein die Bewegungen ausführt; ferner die halbaktive oder duplizierte, bei der den Bewegungen des Kranken durch eine zweite Person mal ein stärkerer, mal ein schwächerer Widerstand entgegengebracht wird; und schließlich die passive, welche nicht der Kranke, sondern der Therapeut am Körper des Kranken vornimmt und welche zumeist mit knetenden, klopfenden oder streichenden Manipulationen (Massage) verbunden wird. Lit. P. H. Ling, «Allgemeine Begründung der Gymnastik» (1840), dt. von Maßmann, Magdeburg 1847.

220 90 *deshalb stellt sich auch das Eurythmisieren in den Gesamtunterricht*: Die Eurythmie war ein obligatorisches Unterrichtsfach an der Waldorfschule. Siehe den Hinweis zu S. 23 sowie die Literaturübersicht auf S. 171.

221 91 *Dankesworte von Dr. med. Friedrich Husemann* (1887–1959). Facharzt für Psychatrie. Mitglied der Theosophischen- bzw. Anthroposophischen Gesellschaft seit 1910. War von 1921–1924 als Arzt am Klinisch-Therapeutischen Institut in Stuttgart tätig. Gründete 1925 ein Sanatorium in Freiburg-Günterstal, ab 1930 in Wiesneck.

THERAPIE 8. VORTRAG

230 140 *diese Tabelle:* Kurz nach Beendigung des Kurses muß am 19. 4. 1921 im Hause Rudolf Steiners eine Besprechung stattgefunden haben, um einen Überblick über den damaligen Stand der Heilmittelherstellung zu erarbeiten. Neben verschiednen Ärzten nahmen die Leiter der beiden Laboratorien, Dr. Schmiedel für Dornach und Dr. Kehler für Schwäbisch Gmünd, daran teil. Grundlage für diese Besprechung war wahrscheinlich eine von Dr. Schmiedel zusammengestellte Liste von 45 Präparaten, zu der es noch einen Vorentwurf gibt mit 39 Präparaten, zum Teil mit handschriftlichen Anmerkungen von Rudolf Steiner. Näheres hierzu in «Beiträge zur Rudolf

Steiner Gesamtausgabe», Heft 118/119: «Rudolf Steiner und die Gründung der Weleda».

231 141 *«Von Seelenrätseln»* (1917), GA 21

236 146 *Angriff ... in der Diederich'schen «Tat»*: Artikel von J. W. Hauer in der Monatsschrift «Die Tat», 12. Jahrg., Heft 11 (Februar 1921), über «Die Anthroposophie als Weg zum Geist».

Jakob Wilhelm Hauer, 1881–1962, Indologe.

237f 147f *Asthma, ... das in seinem Symptomenkomplex Blutanfüllung oben, Blutleere unten hat:* In den früheren Auflagen hieß es aus unbekannten Gründen: Blutanfüllung unten, Blutleere oben. Im Stenogramm von Frau Finckh steht eindeutig die jetzt abgedruckte Fassung. Diese wird auch bestätigt durch eine Notizbucheintragung (siehe Beilage zu GA 313, S. 44).

240 150 *Gustav Bunge*, 1844–1920, Mediziner, Physiologe, Professor in Basel, Vertreter des Neovitalismus.

243 153 *was ich in der ersten Eurythmiestunde ausgeführt habe:* Siehe 1. Vortrag in der vorliegenden Ausgabe S. 53ff.

THERAPIE 9. VORTRAG

246 96 *die gesamte Metallität der Erde*: Siehe den Vortrag vom 26. 3. 1920, in «Geisteswissenschaft und Medizin», GA 312, S. 124 und 130.

247 97 *Gegensatz zwischen den Schiebekräften des Magnesiums, zwischen den Fluorkräften*: Siehe hierzu auch die Vorträge vom 1., 5. und 6. April 1920, in «Geisteswissenschaft und Medizin», GA 312, S. 241f. und 310ff.

250 100 *den Menschen, aus dem Kosmos heraus sich gestaltend*: Ausführlich behandelt im Vortrag vom 23. 4. 1924, in «Meditative Betrachtungen und Anleitungen zur Vertiefung der Heilkunst», GA 316.

eine Art Durchträumen: In früheren Ausgaben hieß es «durchströmen». Die stenografischen Zeichen lassen beide Interpretationen zu. Die Version «Durchträumen» liegt deshalb näher, weil Rudolf Steiner im gleichen Satz auf den Vortrag vom Vortag (siehe S. 79) verweist, wo es in einem ähnlichen Zusammenhang um eine Art Schlaf und das Träumen geht.

254 164 *Mechthild von Magdeburg*, um 1207–1282. Erste bekannte Mystikerin, die in deutscher Sprache geschrieben hat. Aufgewachsen in einer wohlhabenden Familie, wendete sie sich, nachdem sie als Zwölfjährige ihre erste tiefgehende Gotteserfahrung hatte, um 1230 einem asketischen Leben zu und schloß sich den Beginen in Marburg an. Um 1270 ging sie ins Kloster Helfta und vollendete dort ihr 1250 begonnenes, wichtigstes Werk «Ein fließendes Licht der Gottheit», in dem sie auch den Reichtum einiger Kleriker sowie das Domkapitel kritisierte, was ihr große Schwierigkeiten einbrachte. Zu ihren bekanntesten Gedichten in dem oben genannten Werk gehört «Ich kann nicht tanzen, o Lord, es sei denn sie führen mich.» – Siehe auch Rudolf Steiners Ausführungen in «Das Zusammenwirken von Ärzten und Seelsorgern. Pastoral-Medizinischer Kurs», GA 318, 4. Aufl. 1994, S. 65f. und 90.

254 164 *heilige Therese*: Theresia von Avila, 1515–1582, spanische Mystikerin und Karmeliterin. Ihre Lehre von der Vollkommenheit, von der mystischen Vermählung mit Gott ist in mehreren Schriften niedergelegt. In enger Verbindung mit Johannes vom Kreuz (1542–1591) reformierte sie unter großen Schwierigkeiten den Karmeliterorden. 1622 wurde sie heiliggesprochen. – Siehe auch Rudolf Steiners Ausführungen in «Das Zusammenwirken von Ärzten und Seelsorgern. Pastoral-Medizinischer Kurs», GA 318, 4. Aufl. 1994, S. 32ff.

255 105 *Vererbung*: Siehe auch den 1. und 2. Vortrag in «Heilpädagogischer Kurs», GA 317. Zahlreiche weitere Äußerungen über «Vererbung» im Werk Rudolf Steiners lassen sich erschließen mit Hilfe des «Register zur Rudolf Steiner Gesamtausgabe», Band Sachwortregister A–L, unter dem Oberbegriff «Anthropologie» und dort unter dem Unterbegriff «Vererbung», Rudolf Steiner Verlag, 2. Aufl. 1998, S. 25ff.

256 106 *Nietzsche-Sphäre, in das «Jenseits von Gut und Böse»*: «Jenseits von Gut und Böse. Vorspiel einer Philosophie der Zukunft» erschien 1885/86. In seiner Vorrede zur ersten Auflage seines Buches «Friedrich Nietzsche, ein Kämpfer gegen seine Zeit» (GA 5) schreibt Rudolf Steiner: «Als ich vor sechs Jahren die Werke Friedrich Nietzsches kennen lernte, waren in mir bereits Ideen ausgebildet, die den seinigen ähnlich sind. Unabhängig von ihm und auf anderen Wegen als er, bin ich zu Anschauungen gekommen, die im Einklang stehen mit dem, was Nietzsche in seinen Schriften ‹Zarathustra›, ‹Jenseits von Gut und Böse›, ‹Genealogie der Moral› und ‹Götzendämmerung› ausgesprochen hat. Schon in meinem 1886 erschienenen kleinen Buche ‹Erkenntnistheorie der Goetheschen Weltanschauung› kommt dieselbe Gesinnung zum Ausdruck wie in den genannten Werken Nietzsches.»

Atemübungen ... Hatha-Yoga: Eine grundlegende Darstellung über die von Rudolf Steiner gegebenen Übungen zur Rhythmisierung des Atems und deren Unterschied zu Atemübungen, wie sie im alten orientalischen Yoga praktiziert wurden, gibt Rudolf Steiner in seinem Vortrag vom 27. 5. 1922, in «Menschliches Seelenleben und Geistesstreben», GA 212, 2. Aufl. 1998. Siehe auch den Vortrag vom 30. 11. 1919 in «Die Sendung Michaels», GA 194, 3. Aufl. 1983. – Siehe auch Hella Wiesbergers ausführlichen Kommentar, «Zu den Atemübungen», in «Seelenübungen mit Wort- und Sinnbild-Meditationen», GA 267, 2. Aufl. 2001, S. 519ff.

259 109 *was wir hier versuchten, in Gedanken zunächst anzuregen*: Im Anschluß an den Vortrag bedankte sich im Namen der Kursteilnehmer Professor Dr. med. et Dr. med. dent. Oskar Römer mit folgenden Worten:

Hochverehrter Herr Dr. Steiner! Wenn ich heute im Namen der hier versammelten Ärzte und Studierenden Ihnen unseren innigsten Dank ausspreche für alles, was Sie wieder an Offenbarungen und Weisheitsgütern uns mitgeteilt haben, die eine wertvolle Erweiterung, Bereicherung und – ich möchte sagen – Beleuchtung desjenigen sind, was Sie uns im vorjährigen Ärzte-Kursus gegeben haben, so soll dieser Dank nicht bloß in Worten bestehen, die wieder wie der Schall verwehen und verhallen, sondern es soll ein Dank sein, der sich durch Taten ausdrückt, durch Taten, indem wir einerseits selbst dasjenige, was Sie uns gegeben haben, mit größtem Fleiß, mit größtem Ernste durcharbeiten und es vergleichen mit allem, was die äußere Wissenschaft uns an Beobachtungsmaterial gibt, und daß wir es andererseits hinaustragen ins praktische Leben. Da können wir es einfließen lassen in den Unterricht als Lehrer, wir können es einfließen lassen in die ärztliche Praxis als Ärzte, und wir können versuchen, dafür die weiteren, die anderen ärztlichen Kollegen zu interessieren. Dazu gehört aber zweierlei: dazu gehört erstens der richtige Mut und zweitens die richtige Klugheit, der richtige Takt. Denn wir dürfen diese Weisheitsgüter nicht wahllos ausbreiten wollen. Wir müssen aufpassen, aufmerksam sein, ob auch das, was wir einem anderen mitteilen wollen, auf einen fruchtbaren Boden fällt. Nicht vor die Säue werfen sollen wir diese Perlen der Weisheit. Ich möchte sagen, wir müssen da klug sein wie die Schlangen und ohne Falsch wie die Tauben. Wir müssen die Wahrheit vertreten. Wir müssen wahr sein gegen uns, wir müssen wahr sein gegen andere, wir müssen aber auch wahr sein gegenüber Herrn Dr. Steiner, und wir müssen den Mut aufbringen, unerschrocken aufzutreten und nicht feige den Mund zu halten, wenn Herr Dr. Steiner angegriffen, beleidigt und angepöbelt wird. Wir müssen aber dazu uns gewissermaßen erziehen. Wir müssen die Kraft, wir müssen die Fähigkeit in uns selber erwecken, in sachgemäßer, in richtiger Weise das unter die Menschen zu bringen. Wir müssen in richtiger Weise darauf hindeuten, wie dasjenige, was uns Herr Dr. Steiner gibt, ja viel großartiger ist und viel bedeutender ist als alles das, was wir aus den äußeren Wissenschaften gewinnen können. Nicht verleugnen dürfen wir, daß wir Schüler des Herrn Dr. Steiner sind. Und da können uns zur Warnung dienen die Worte, die Christus zu Petrus gesagt hat: Ehe der Hahn zweimal krähet, wirst du mich dreimal verleugnet haben. Wir wollen nicht verleugnen unseren Meister. Das wollen wir geloben. Und in diesem Sinne danke ich Ihnen, hochverehrter Herr Doktor Steiner, nochmals von ganzem Herzen, daß Sie sich bereit erklärt haben, trotz Ihrer sonstigen ungeheuren Arbeit, uns wieder diese Weisheitsschätze zu spenden.

259 109 Dr. med. et Dr. med. dent *Oskar Römer* (1866–1952), Professor für Zahnheilkunde, zunächst in Straßburg, dann in Leipzig (1918–1934), wo er 1920 Ordinarius, 1925 Dekan und 1928 Rektor war. Mit Rudolf Steiner bekannt seit etwa 1908. Mitglied der Theosophischen- bzw. Anthroposophischen Gesellschaft seit 1910. Veröffentlichte 1921 eine Schrift «Über die Zahnkaries mit Beziehung auf die Ergebnisse der Geistesforschung Dr. Rudolf Steiners», Stuttgart 1921.

STUTTGART, 28. OKTOBER 1922

260 110 *beim letzten Ärztekurs in Dornach*: Hierbei handelt es sich um den im vorliegenden Band aufgenommenen parallel zum Heileurythmie-Kurs gehaltenen Vortragszyklus für Ärzte und Medizinstudenten «Geisteswissenschaftliche Gesichtspunkte zur Therapie», gehalten vom 11.–18. 4. 1921, GA 313, 5. Aufl. 2001.

263 113 *Moriz Benedikt*, 1835–1920. Österreichischer Arzt. Zusammen mit Cesare Lombroso (1836–1909) begründete er die Kriminalanthropologie. Zum Alkoholproblem siehe Moriz Benedikt «Aus meinem Leben. Erinnerungen und Erörterungen», Wien 1906, Kap. IX. 1 «Die Alkoholisten- und Abstinenzfragen», S. 404ff. Ausführlicher spricht Rudolf Steiner über Moriz

Benedikt im Vortrag vom 5. 11. 1921, in «Anthroposophie als Kosmosophie», GA 208, 3. Aufl. 1992, S. 151ff. – Werke u. a.: «Zur Psychophysik der Moral und des Rechts», Wien 1875 / «Die Seelenkunde des Menschen als reine Erfahrungswissenschaft», Leipzig 1895 / «Das biomechanische (neovitalistische) Denken in der Medizin und in der Biologie», Jena 1893 / «Hypnotismus und Suggestion», Wien 1894.

266 116 *die zweiten Zähne [Zahnbildungsprozeß]:* Ausführlich in «Geisteswissenschaft und Medizin», GA 312, 7. Aufl. 1999, Ende 12. Vortrag, sowie 16. und 17. Vortrag.

268 118 *Nierenaffektion*: Siehe auch den Vortrag vom 28. 10. 1922, in «Physiologisch-Therapeutisches auf Grundlage der Geisteswissenschaft», GA 314, S. 153ff.

zentrifugale ... wie zentripetal zu nennende Dynamik: Siehe auch die Vorträge vom 28. und 29. August 1920, in «Geisteswissenschaft als Erkenntnis der Grundimpulse sozialer Gestaltung», GA 199, 2. Aufl. 1985. Siehe ferner den Vortrag vom 22. 10. 1922 in «Geistige Zusammenhänge in der Gestaltung des menschlichen Organismus», GA 218, 3. Aufl. 1992, S. 73f., sowie die Fragenbeantwortung vom 24. 4. 1924 in «Meditative Betrachtungen und Anleitungen zur Heilkunst», GA 316, 4. Aufl. 2003, S. 230 ff.

273 123 *Bei den beiden Symptomkomplexen, die ich vorhin in der andern Stunde dargelegt habe*: Siehe den am gleichen Tag (28. 10. 1922) vor Ärzten gehaltenen Vortrag in «Physiologisch-Therapeutisches auf Grundlage der Geisteswissensachaft», GA 314, 3. Aufl. 1989, S. 148ff.

ANHANG

279 131 *Dr. Roman Boos* (Zürich 1889 – 1952 Arlesheim). Jurist, Herausgeber der Monatsschrift «Soziale Zukunft» (1919) und der «Sozialwissenschaftlichen Korrespondenz» in den dreißiger Jahren. Aktiver Vertreter der Anthroposophie und der Idee der Sozialen Dreigliederung. Neben seiner regen Vortragstätigkeit veröffentlichte er zahlreiche Schriften, u. a. «Der Gesamtarbeitsvertrag nach Schweizerischem Recht», München 1916, «Neugeburt des deutschen Rechts», München und Berlin 1934.

280 132 *Hilfsklasse von Dr. Schubert*: Dr. Karl Schubert (Wien 1889 – 1949 Stuttgart) wurde 1920 von Rudolf Steiner zur Leitung der Hilfsklasse (Förderklasse) an die Waldorfschule Stuttgart berufen. Engagierte sich später bei der Begründung mehrerer heilpädagogischer Institute in Deutschland und in anderen Ländern.

H. A. R. van Deventer: Hendrik van Deventer, gest. 1926, studierte Medizin in Utrecht und war – zusammen mit seiner Verlobten, der Eurythmistin Erna Wolfram, und deren Kollegin Elisabeth Baumann-Dollfus – am Zustandekommen des Heileurythmie-Kurses beteiligt.

287 139 *Isabella de Jaager* (1892–1979), Eurythmistin und Heileurythmistin, ab 1928 Leiterin der Eurythmieschule am Goetheanum. Gründungsmitglied der Rudolf Steiner Nachlassverwaltung und Herausgeberin der 2. Aufl. des Heileurythmie-Kurses und des Lauteurythmie-Kurses, GA 279.

Nachweis der Texänderungen
Therapie

Zeile vu = Zeile von unten

Auflage 2001			Frühere Auflagen
Seite	Zeile		
22	11	zu und der [Art]	zu wirken zu dem
23	11	verteilen	verhalten
27	10 vu	an den Schranken	in den Ranken
38	1 vu	welche die Gründe angeben	welche Anweisung geben über die Gründe
42	1	selbst	erst
43	2 vu	des Stoffwechsel- und Zirkulationsorganismus	fehlt
47	11 vu	Brust- und Zirkulationsorganismus	Blut- und Zirkulationsorganismus
51	19	dazumal	einmal
62	19	man sehen, daß man	man kann sagen
62	20f	erreichen können wird	erreicht werden können.
62	7/6 vu	all dasjenige	dasjenige also
65	15 vu	Licht und über	fehlt
71	20	Zeit	Weise
76	9 vu	Mineralisches, noch vollständig Mineralisches	Mineralisches, noch nicht vollständig Mineralisches
79	13	Und da tritt es dann auf, daß man lernt	Und da tritt es dann auf. Und man lernt
89	1	weil	daß
91	9 vu	Spuren von Phosphor	Spuren des Phosphors
95	18-20	Kopfschmerzen werden Sie finden, Delirien, Schlummersucht. Und bei Phosphorvergiftung treten alle diese und auch – meist vor der Paralyse – anämische Zuständ, die treten	Sie werden Kopfschmerzen finden, alle die, ja meist der Paralyse angehörigen, Zustände treten da ein

103	7	mit seiner Entwickelung	mit ihrer Entwickelung
108	4 vu	denn	weil
113	13	was in den ... vorgeht und eben den anderen Pol des Stoffwechsels darstellt.	was in den ..., wie eben auf dem anderen Pol, den Stoffwechsel darstellt.
119	4	Rosenbach	Reichenbach
120	6	in einer Weise, die stark	in einer Weise die Stärke
120	9	hinverlegen	hinunterlegen
138	6 vu	Hinüberschlagende	Hinausschlagende
140	10 vu	hinaussplittern	heraussplittern
143	4 vu	den man fördern muß	den man fordern muß
144	8 vu	Gegenwirkung	Gegenbilder
148	1	Blutanfüllung oben, Blutleere unten	Blutanfüllung unten, Blutleere oben
157	2 vu	dahinunter	dahinter

Namenregister
Therapie

Namenregister Heileuythmie

* = ohne namentliche Nennung im Text
ohne Vorwort und Anhang

Kursteilnehmer

am Ärztekursus April 1921

nach (leider unvollständigen) Unterlagen
aus dem Archiv der Rudolf Steiner Nachlassverwaltung

Altemüller, Hans, cand. med. (Lebensdaten nicht bekannt)
Aus Osnabrück. Wurde 1920 Mitglied der Anthroposophischen Gesellschaft; 1923 Übertritt in die Freie Gesellschaft.

Bachem, Max, Dr. med. (?–1944)
Praktischer Arzt in Frankfurt a. M., Spezialist für physikalisch-diätetischer Therapie. Ab 1911 zweiter Vorsitzender des Frankfurter Zweiges der Theosophischen bzw. Anthroposophischen Gesellschaft.

Brauchitsch, Georg von, Dr. phil. (Lebensdaten nicht bekannt)
Dr. der Archäologie und Maler aus Danzig. Mit Rudolf Steiner seit 1916/1917 persönlich bekannt. Beschäftigte sich mehrere Jahre intensiv mit medizinischen Fragen und nahm am Kurs auf Empfehlung von Dr. Friedrich Husemann teil.

Deutsch, Maria, Dr. med., später Frau Dr. Glas (1897–1983)
Ärztin in Wien. Wurde zur Zeit dieses Kurses Mitglied der Anthroposophischen Gesellschaft und nahm mit besonderem Interesse an dem zur selben Zeit stattfindenden Heileurythmie-Kurs teil.

Deventer, Hendrik van, cand. med. (gest. 1926)
Studierte Medizin in Utrecht. Er gab – zusammen mit seiner Verlobten, der Eurythmistin Erna Wolfram, und deren Kollegin Elisabeth Baumann-Dollfus – den entscheidenden Anstoß zum Zustandekommen des Heileurythmie-Kurses.

Deventer, Madeleine van, cand. med. (1899–1983)
Studierte 1918–1925 Medizin in Utrecht. Maßgeblich beteiligt am Zustandekommen des Jungmedizinerkurses 1924. Später Mitarbeiterin von Frau Dr. Ita Wegman.

Doebl, Hans, Dr. med. (Lebensdaten nicht bekannt)
Praktischer Arzt in München. Mit Rudolf Steiner persönlich bekannt seit etwa 1912.

Ederle, Robert, Dr. med. (Lebensdaten nicht bekannt)

1921 Mitarbeiter am Klinisch-Therapeutischen Institut in Stuttgart. Schrieb «Neue Richtlinien der Sinnesphysiologie», Stuttgart 1921, sowie «Die Relativitätstheorie und das physikalische Weltbild Rudolf Steiners» (1920, unveröffentlicht).

Fridkyn, Henriette Ginda, Dr. med. (1879–1943)
Ärztin aus Rußland. Kam 1914 nach Dornach, wo sie nach Beginn des Ersten Weltkrieges den sogenannten «Samariterkurs» ärztlich betreute. Sie arbeitete bis 1918 an dem entstehenden Goetheanumbau mit und behandelte während dieser Zeit auch erkrankte Mitarbeiter.

Gildemeister, Verena, cand. med. (1897–1975)
Lebte in Tübingen. Heiratete nach dem Staatsexamen und war danach nie als Ärztin tätig.

Glas, Norbert, cand. med. (1897–1986)
Studierte in Wien. Seit 1920 mit der Anthroposophie verbunden. Aktiv in der anthroposophischen Jugendbewegung tätig. Emigrierte 1939 nach England.

Grosheintz, Emil, Dr. med. dent. (1867–1946)
Zahnarzt in Basel. Mitglied der Theosophischen Gesellschaft seit 1906. Stellte 1913 in Dornach Gelände für den Bau des ersten Goetheanums zur Verfügung.

Grunelius, Helene von, cand. med. (1897–1936)
war besonders dem Kreis der anthroposophischen Jugendbewegung und Jungmediziner verbunden.

Hans, Hedwig, Dr. med. (1896–1980)
Lebte in Meißen.

Hermann, Max, Dr. med. (geb. in Österreich – 1935)
Praktischer Arzt in Breslau, später in München. Mit der Geisteswissenschaft Rudolf Steiners verbunden seit 1907. 1911 Teilnehmer am Prager Zyklus über «Okkulte Physiologie». Zusammenarbeit mit der Heilmittelherstellerin Marie Ritter in Breslau, auf Anregung Rudolf Steiners speziell auf dem Gebiet der Mistel-Therapie. Seine Arbeiten über die Mistel-Wirtsbäume, über die er 1920 beim ersten Medizinerkurs einen Vortrag hielt, wurden leider nicht schriftlich festgehalten.

Husemann, Friedrich, Dr. med. (1887–1959)

Facharzt für Psychiatrie. Mitglied der Theosophischen bzw. Anthroposophischen Gesellschaft seit 1910. – 1921–1924 Arzt am Klinisch-Therapeutischen Institut in Stuttgart. Gründete 1925 ein Sanatorium, zunächst in Freiburg-Günterstal, ab 1930 in Wiesneck.

Jaerschky, Paul, Dr. med. (1864–1941)
Arzt für Diätetik und Naturheilverfahren in Berlin.

Kacer-Krajca, Clementine, Dr. med. et Dr. med. dent. (1883–1939)
Praktische Ärztin in Mannheim. Lernte 1919 durch Marie Ritter die Anthroposophie kennen.

Kalkhof, Josef, Dr. med. (1886–1952)
Praktischer Arzt in Freiburg/Breisgau. Mit der Anthroposophie verbunden seit ca. 1919. Neben seiner ärztlichen Tätigkeit hielt er zahlreiche Einführungskurse und setzte sich intensiv für die Waldorfschulbewegung, die biologisch-dynamische Wirtschaftsweise und die Dreigliederung ein.

Kehler, Walther, Dr. rer. nat. (1875–?)
Chemiker. 1921–1924 Leiter der Abt. Chemische Werke Schwäbisch Gmünd des Kommenden Tages (der späteren Weleda).

Kiffner, Fritz, cand. med. (Lebendaten nicht bekannt)
Aus Breslau. Mitglied der Anthroposophischen Gesellschaft seit 1920.

Knopf, Leo, Dr. med., (Lebendaten nicht bekannt)
Aus Leipzig. Freund von Prof. Dr. Römer.

Köller, Karl, cand. med. (1896–1975)
Studierte zunächst Theologie, dann von 1917–1922 Medizin in München und Göttingen. Später als Arzt in Hannover tätig.

Kolisko, Eugen, Dr. med. (1893–1939)
Mitglied der Anthroposophischen Gesellschaft seit 1914. Ab 1920 Lehrer und Schularzt an der Freien Waldorfschule in Stuttgart.

Kolisko, Lilly (1889–1976)
Ab 1921 im biologischen Forschungsinstitut Stuttgart; führte Versuchsreihen aufgrund von Anregungen Rudolf Steiners aus: «Milzfunktion und Plättchenfrage», Stuttgart 1922, und «Physikalischer Nachweis der Wirksamkeit kleinster Entitäten», Stuttgart 1923.

Kostytscheff, Olga, Dr. med. (1880–1956)
Praktische Ärztin in Moskau. Gab 1913 ihre Praxis dort auf, um in Deutschland und der Schweiz Anthroposophie zu studieren.

Kries, Manfred von, cand. med. (1899–1984)

Studierte in Freiburg i. Br. Aktiv in der anthroposophischen Jugendbewegung tätig; 1924 beteiligt am Zustandekommen des Jungmedizinerkurses.

Margarete Müller (1889–1980)

Krankenschwester in Zoppot. Heiratete 1922 Herrn von Brederlow und wurde Zweigleiterin in Danzig.

Noll, Ludwig, Dr. med. (1872–1930)

Praktischer Arzt in Kassel. Mit Rudolf Steiner seit 1902 persönlich bekannt. Stellte zusammen mit seinem Schwager Dr. Otto Eisenberg selbst Heilmittel her. 1911 Teilnehmer am Prager Zyklus über «Okkulte Physiologie». 1921–1924 Arzt am Klinisch-Therapeutischen Institut in Stuttgart. 1924/25 ärztlicher Betreuer von Rudolf Steiner bei dessen Erkrankung.

Palmer, Otto, Dr. med. (1867–1945)

Praktischer Arzt in Hamburg, seit 1908 mit der Anthroposophie verbunden. Folgte 1921 dem Ruf Rudolf Steiners zur Übernahme der Leitung des Klinisch-Therapeutischen Institutes in Stuttgart.

Peipers, Felix, Dr. med. (1873–1944)

Mitglied der Theosophischen bzw. Anthroposophischen Gesellschaft seit 1904. Richtete als Nervenarzt um 1907 in München eine Privatklinik ein, in welcher er vielfach mit Farbentherapie arbeitete. 1921–1924 Arzt am Klinisch-Therapeutischen Institut in Stuttgart.

Rascher, Hanns, Dr. med. (1880–1952)

Zunächst Arzt für Naturheilverfahren. Lernte 1908 durch die Heilmittelherstellerin Marie Ritter die Anthroposophie kennen. 1911 Teilnehmer am Prager Zyklus über «Okkulte Physiologie». Praktischer Arzt in München.

Rennefeld, Ilse, Dr. med. (1895–1984)

Praktische Ärztin in Berlin. Besprach mehrfach die Behandlung ihrer Patienten mit Rudolf Steiner.

Ritter, Marie (?–1924)

Lebte in Breslau. Herstellerin der Ritter-Naturheilmittel. Mit Rudolf Steiner persönlich bekannt sei etwa 1907, wandte sie sich 1908 an ihn mit der Bitte um Rat für die Herstellung eines Mittels gegen Karzinom. Zusammenarbeit insbesondere mit Dr. Max Hermann auf dem Gebiet der Mistel-Therapie.

Römer, Oskar, Prof. Dr. med. et Dr. med. dent. (1866–1952)

Professor der Zahnheilkunde, zunächst in Straßburg, von 1918–1934 in

Leipzig (1920 Ordinarius, 1925 Dekan, 1928 Rektor). Mit Rudolf Steiner bekannt seit etwa 1908, seit 1910 Mitglied der Anthroposophischen bzw. Theosophischen Gesellschaft. Schrieb «Über die Zahnkaries mit Beziehung auf die Ergebnisse der Geistesforschung Dr. Rudolf Steiners», Stuttgart 1921.

Scheidegger, Edwin, Dr. med. (1867–1949)
Homöopath. 1918 Mitbegründer und bis 1937 Chefarzt des homöopathischen Merian-Iselin-Spitals in Basel.

Scheidegger, Edwin jun., cand. med. (1894–1947)
Wurde wie sein Vater Arzt für Homöopathie, 1937 als dessen Nachfolger Chefarzt des Merian-Iselin-Spitals in Basel.

Scheidegger, Walther, cand. med. (1896–1975)
Übernahm 1947 nach dem Tod seines Bruders Edwin Scheidegger die Leitung des von seinem Vater 1918 gegründeten Merian-Iselin-Spitals.

Schenk, Leonhard, cand. med. (1899–1954)
Lernte die Anthroposophie während seiner Studienzeit kennen. Später als Arzt in Nürnberg tätig.

Schmiedel, Oskar, Dr. rer. nat. (1887–1959)
Chemiker. Sein Laboratorium (gegründet 1912 in München, ab 1914 in Dornach), in dem er zunächst Pflanzenfarben, später auch Heilmittel herstellte, war die Keimzelle der späteren Weleda.

Schramm, Hedwig, cand. med. (Lebensdaten nicht bekannt)
Hatte auch am ersten Ärztekurs 1920 teilgenommen.

Schwarz, Friedrich Karl Theo, cand. med. (1900–1971)
Aus Mannheim. Hatte später dort eine Praxis als Sportarzt.

Stein, Walter Johannes, Dr. phil. (1891–1957)
Mitglied der Anthroposophischen Gesellschaft seit 1913. Promovierte 1918 in Wien über «Historisch-kritische Beiträge zur Entwickelung der neueren Philosophie». 1919–1932 Geschichtslehrer an der Freien Waldorfschule Stuttgart.

Tabuschat, Franz, cand. med. (1893–1927)
Studierte in Düsseldorf und starb bereits 1927 kurz nach Beginn seiner praktisch-ärztlichen Tätigkeit an den Spätfolgen einer Kriegsverletzung.

Tuyt, W. A. A., Dr. med. (?–1944)

Als Arzt bzw. Stabsarzt in Nijmwegen und Vlissingen tätig. Persönlicher Schüler Rudolf Steiners seit ca. 1912.

Walter, Hilma, Dr. med. (1893–1976)

Wurde während ihres Studiums mit der Anthroposophie bekannt. Zur Zeit dieses Kurses war sie als Volontärassistentin an einem Mannheimer Krankenhaus tätig. Später Mitarbeiterin von Dr. Ita Wegman.

Wegman, Ita, Dr. med. (1876–1943)

Mitglied der Theosophischen bzw. Anthroposophischen Gesellschaft seit ca. 1903. Medizinstudium in Zürich, wo sie danach einige Jahre als Ärztin praktizierte. Gründete 1921 das Klinisch-Therapeutische Institut in Arlesheim, woraus eine intensive Zusammenarbeit mit Rudolf Steiner auf medizinischem Gebiet entstand. 1922–1924 im Verwaltungsrat der Internationalen Laboratorien AG Arlesheim. 1922–1923 im engeren Arbeitsausschuß am Goetheanum. Weihnachten 1923–1935 Schriftführerin des Vorstandes der Allgemeinen Anthroposophischen Gesellschaft und Leiterin der Medizinischen Sektion der Freien Hochschule für Geisteswissenschaft in Dornach. 1924–1925 behandelnde Ärztin Rudolf Steiners und Mitautorin des Buches «Grundlegendes für eine Erweiterung der Heilkunst», Rudolf Steiner Gesamtausgabe GA 27. Neben ihrer Tätigkeit als Ärztin hat sie wesentliche Impulse gesetzt für die Entwicklung der anthroposophischen heilpädagogischen Bewegung.

Zbinden, Hans Werner, cand. med. (1899–1977)

Als praktischer Arzt in Zürich tätig. Ab Herbst 1935 einer der vier Sachwalter in der Leitung der Medizinischen Sektion am Goetheanum. Langjähriger Präsident der Rudolf Steiner-Nachlaßverwaltung und daselbst Herausgeber der medizinischen Schriften und Vorträge in der Rudolf Steiner Gesamtausgabe.

Zeylmans van Emmichoven, Willem, Dr. med. (1893–1961)

Als junger Arzt in Maasoord bei Rotterdamn tätig. Wurde 1920 Mitglied der Anthroposophischen Gesellschaft, für die er in späteren Jahren sehr aktiv war. Gründete 1927/8 in Scheveningen die «Rudolf Steiner Klinik».

Über folgende Persönlichkeiten, die in der Teilnehmerliste aufgeführt sind, befinden sich im Archiv keine Unterlagen:

Mathieu, Fräulein Dr.
Bernauer, cand. med., Heidelberg
Weber, Gerhard, cand. med., Kiel
Schütt, cand. med., Hamburg
Hochuli, stud. med., Zürich

Sachregister Heileurythmie

→ = siehe auch

Literatur zum Thema aus dem Werk Rudolf Steiners

Schriften und Vorträge,
erschienen in der Rudolf Steiner Gesamtausgabe (GA)

GA

Medizin

27 Grundlegendes für eine Erweiterung der Heilkunst nach geisteswissenschaftlichen Erkenntnissen
312 Geisteswissenschaft und Medizin
313 Geisteswissenschaftliche Gesichtspunkte zur Therapie
314 Physiologisch-Therapeutisches auf Grundlage der Geisteswissenschaft
316 Meditative Betrachtungen und Anleitungen zur Vertiefung der Heilkunst
319 Anthroposophische Menschenerkenntnis und Medizin

Heilpädagogik

317 Heilpädagogischer Kurs

Pädagogik/Menschenkunde

293 Allgemeine Menschenkunde als Grundlage der Pädagogik
299 Geisteswissenschaftliche Sprachbetrachtungen
302 Menschenerkenntnis und Unterrichtsgestaltung
303 Die gesunde Entwickelung des Menschenwesens

Eurythmie

277 Eurythmie – Die Offenbarung der sprechenden Seele
277a Die Entstehung und Entwickelung der Eurythmie
278 Eurythmie als sichtbarer Gesang
279 Eurythmie als sichtbare Sprache

Sprache

280 Methodik und Wesen der Sprachgestaltung
281 Die Kunst der Rezitation und Deklamation
282 Sprachgestaltung und Dramatische Kunst

Musik

283 Das Wesen des Musikalischen und das Tonerlebnis im Menschen

Geisteswissenschaft

1 Einleitungen zu Goethes Naturwissenschaftlichen Schriften
15 Die geistige Führung des Menschen und der Menschheit
21 Von Seelenrätseln
30 Methodische Grundlagen der Anthroposophie
58 Metamorphosen des Seelenlebens – Pfade der Seelenerlebnisse. 1. Teil
59 Metamorphosen des Seelenlebens – Pfade der Seelenerlebnisse. 2. Teil
218 Geistige Zusammenhänge in der Gestaltung des menschlichen Organismus

Bibliographischer Nachweis bisheriger Ausgaben
Therapie

1. Auflage, ohne den Vortrag 18. April 1921 (9. Vortrag} mit dem Titel «Vortragszyklus für Ärzte und Medizinstudierende», Stuttgat o. J. (1921)
Herausgegeben durch Friedrich Husemann und Eugen Kolisko

2. Auflage, erweitert um den 9. Vortrag, mit dem Titel «Geisteswissenschaftliche Gesichtspunkte zur Therapie», Basel 1941
Herausgegeben durch Hans W. Zbinden

Rudolf Steiner Gesamtausgabe:

3. Auflage, Rudolf Steiner Verlag, Dornach 1963
Herausgegeben durch Hans W. Zbinden

4. Auflage, unveränderter Nachdruck, Rudolf Steiner Verlag, Dornach 1984
Herausgegeben durch Hans W. Zbinden (Werner Belart / Paul G. Bellmann)

5. Auflage, neu durchgesehen und um eine Beilage erweitert, Rudolf Steiner Verlag, Dornach 2001
Herausgegeben durch Eva Gabriele Streit, Dörte Mehrling

Bibliographischer Nachweis bisheriger Ausgaben Heileurythmie

1. Auflage, Manuskriptdruck, Sieben Vorträge, 12.–17. April 1921 und 28. Oktober 1922, Philosophisch-Anthroposophischer Verlag am Goetheanum, Dornach 1930. Textredaktion: Elisabeth Baumann; Anhang Elisabeth Baumann in Zusammenarbeit mit Hans Altenmüller

2. Auflage, Manuskriptdruck, erweitert um den Vortrag vom 18. April 1921, Selbstverlag der Rudolf Steiner Nachlassverwaltung, Dornach 1952
Textredaktion: Isabella de Jaager

Rudolf Steiner Gesamtausgabe:

3. Auflage, neu bearbeitet, Rudolf Steiner Verlag, Dornach 1966
Herausgegeben durch Hans W. Zbinden

4. Auflage, unveränderter Nachdruck, Rudolf Steiner Verlag, Dornach 1981
Herausgegeben durch Hella Wiesberger

5. Auflage, überarbeitet, Rudolf Steiner Verlag 2003
Herausgegeben durch Walter Kugler und Michaelis Messmer, unter Mitarbeit von Wilburg Keller Roth

Das Lebenswerk Rudolf Steiners ist überliefert in den geschriebenen Werken und in den Nachschriften seiner stets frei gehaltenen Vorträge. Hinzu kommen zahlreiche künstlerische Arbeiten, von denen die beiden Goetheanumbauten weltweite Beachtung gefunden haben. Seine Ausführungen über Pädagogik, Landwirtschaft, Medizin, Nationalökonomie usw. führten zur Begründung zahlreicher Einrichtungen, die als Bereicherung des öffentlichen Kulturlebens immer mehr Anerkennung finden.

Im Auftrag Rudolf Steiners hat Marie Steiner-von Sivers die Vortragsnachschriften durchgesehen und veröffentlicht. Nach ihrem Tod (1948) wurde gemäß ihren Richtlinien von der durch sie 1943 begründeten Rudolf Steiner-Nachlaßverwaltung mit der Herausgabe der Rudolf Steiner Gesamtausgabe begonnen. Diese wird etwa 350 Bände umfassen. In den beiden ersten Abteilungen erscheinen die *Schriften* und das *Vortragswerk*, in der dritten Abteilung wird das *Künstlerische Werk* in entsprechender Form wiedergegeben.

Einen systematischen Überblick über die Gesamtausgabe (GA) gibt der Band «Bibliographische Übersicht. Das literarische und künstlerische Werk von Rudolf Steiner». Über den jeweiligen Stand der erschienenen Bände orientieren die Bücherverzeichnisse und der Gesamtkatalog des Rudolf Steiner Verlages.

Chronologischer Lebensabriß

(zugleich Übersicht über die geschriebenen Werke)

1861	Am 27. Februar wird Rudolf Steiner in Kraljevec (damals Österreich, heute Kroatien) als Sohn eines Beamten der österreichischen Südbahn geboren. Seine Eltern stammen aus Niederösterreich. Er verlebt seine Kindheit und Jugend an verschiedenen Orten Österreichs.
1872	Besuch der Realschule in Wiener-Neustadt bis zum Abitur 1879.

1879–1882	Studium an der Wiener Technischen Hochschule: Mathematik und Naturwissenschaft, zugleich Literatur, Philosophie und Geschichte. Grundlegendes Goethe-Studium.
1882	Erste schriftstellerische Tätigkeit.
1882–1897	Herausgabe von Goethes Naturwissenschaftlichen Schriften in Kürschners «Deutsche National Litteratur», 5 Bände (GA 1a-e). Eine separate Ausgabe der Einleitungen erschien 1925 unter dem Titel *Goethes Naturwissenschaftliche Schriften* (GA 1).
1884–1890	Privatlehrer bei einer Wiener Familie.
1886	Berufung zur Mitarbeit bei der Herausgabe der großen «Sophien-Ausgabe» von Goethes Werken.
	Grundlinien einer Erkenntnistheorie der Goetheschen Weltanschauung mit besonderer Rücksicht auf Schiller (GA 2).
1888	Redakteur bei der «Deutschen Wochenschrift», Wien (Aufsätze daraus in GA 31). Vortrag im Wiener Goethe-Verein: *Goethe als Vater einer neuen Ästhetik* (in GA 30).
1890–1897	Weimar. Mitarbeit am Goethe- und Schiller-Archiv. Herausgeber von Goethes Naturwissenschaftlichen Schriften.
1891	Promotion zum Doktor der Philosophie an der Universität Rostock. 1892 erscheint die erweiterte Dissertation: *Wahrheit und Wissenschaft. Vorspiel einer «Philosophie der Freiheit»* (GA 3).
1894	*Die Philosophie der Freiheit. Grundzüge einer modernen Weltanschauung. Seelische Beobachtungsresultate nach naturwissenschaftlicher Methode* (GA 4).
1895	*Friedrich Nietzsche, ein Kämpfer gegen seine Zeit* (GA 5).
1897	*Goethes Weltanschauung* (GA 6).
	Übersiedlung nach Berlin. Herausgabe des «Magazin für Litteratur» und der «Dramaturgischen Blätter» zusammen mit O. E. Hartleben (Aufsätze daraus in GA 29–32). Wirksamkeit in der «Freien literarischen Gesellschaft», der «Freien dramatischen Gesellschaft», im «Giordano Bruno-Bund», im Kreis der «Kommenden» u. a.
1899–1904	Lehrtätigkeit an der von W. Liebknecht gegründeten Berliner «Arbeiter-Bildungsschule».
1900/01	*Welt- und Lebensanschauungen im 19. Jahrhundert,* 1914 erweitert zu: *Die Rätsel der Philosophie* (GA 18). Beginn der

anthroposophischen Vortragstätigkeit auf Einladung der Theosophischen Gesellschaft in Berlin. *Die Mystik im Aufgange des neuzeitlichen Geisteslebens* (GA 7).

1902–1912 Aufbau der Anthroposophie. Regelmäßig öffentliche Vortragstätigkeit in Berlin und ausgedehnte Vortragsreisen in ganz Europa. Marie von Sivers (ab 1914 Marie Steiner) wird seine ständige Mitarbeiterin.

1902 *Das Christentum als mystische Tatsache und die Mysterien des Altertums* (GA 8).

1903 Begründung und Herausgabe der Zeitschrift «Luzifer», später *«Lucifer – Gnosis»* (Aufsätze in GA 34).

1904 *Theosophie. Einführung in übersinnliche Welterkenntnis und Menschenbestimmung* (GA 9).

1904/05 *Wie erlangt man Erkenntnisse der höheren Welten?* (GA 10). *Aus der Akasha-Chronik* (GA 11). *Die Stufen der höheren Erkenntnis* (GA 12).

1910 *Die Geheimwissenschaft im Umriß* (GA 13)

1910–1913 In München werden die *Vier Mysteriendramen* (GA 14) uraufgeführt.

1911 *Die geistige Führung des Menschen und der Menschheit* (GA 15)

1912 *Anthroposophischer Seelenkalender. Wochensprüche* (in GA 40, und separate Ausgaben). *Ein Weg zur Selbsterkenntnis des Menschen* (GA 16).

1913 Trennung von der Theosophischen und Begründung der Anthroposophischen Gesellschaft.

Die Schwelle der geistigen Welt (GA 17).

1913–1922 Errichtung des in Holz als Doppelkuppelbau gestalteten ersten Goetheanum in Dornach/Schweiz. Im gleichen Zeitraum entstanden in Dornach ebenfalls nach Entwürfen Rudolf Steiners mehrere Wohn- und Zweckbauten, so das Haus Duldeck, Haus de Jaager, drei Eurythmiehäuser, Heizhaus, Transformatorenhäuschen, Glashaus, Verlagshaus u. a.

1914–1923 Dornach und Berlin. In Vorträgen und Kursen in ganz Europa gibt Rudolf Steiner Anregungen für eine Erneuerung auf vielen Lebensgebieten: Kunst, Pädagogik, Naturwissenschaften, soziales Leben, Medizin, Theologie. Weiterbildung der 1912 inaugurierten neuen Bewegungskunst «Eurythmie».

1914	*Die Rätsel der Philosophie in ihrer Geschichte als Umriß dargestellt* (GA 18).
1916–1918	*Vom Menschenrätsel* (GA 20). *Von Seelenrätseln* (GA 21). *Goethes Geistesart in ihrer Offenbarung durch seinen «Faust» und durch das «Märchen von der Schlange und der Lilie»* (GA 22).
1919	Rudolf Steiner vertritt den Gedanken einer «Dreigliederung des sozialen Organismus» in Aufsätzen und Vorträgen, vor allem im süddeutschen Raum. *Die Kernpunkte der Sozialen Frage in den Lebensnotwendigkeiten der Gegenwart und Zukunft* (GA 23). *Aufsätze über die Dreigliederung des sozialen Organismus* (GA 24). Im Herbst wird in Stuttgart die «Freie Waldorfschule» begründet, die Rudolf Steiner bis zu seinem Tode leitet.
1920	Beginnend mit dem Ersten anthroposophischen Hochschulkurs finden im noch nicht vollendeten Goetheanum fortan regelmäßig Vorträge und künstlerische Veranstaltungen statt.
1921	Begründung der Wochenschrift «Das Goetheanum» mit regelmäßigen Aufsätzen und Beiträgen Rudolf Steiners (in GA 36).
1922	*Drei Schritte der Anthroposophie: Philosophie, Kosmologie, Religion* (GA 25)
	In der Silversternacht 1922/23 wird der Goetheanumbau durch Brand vernichtet. Für einen neuen in Beton konzipierten Bau kann Rudolf Steiner in der Folge nur noch ein erstes Außenmodell schaffen.
1923	Unausgesetzte Vortragstätigkeit, verbunden mit Reisen. Zu Weihnachten 1923 Neubegründung der «Anthroposophischen Gesellschaft» als «Allgemeine Anthroposophische Gesellschaft» unter der Leitung Rudolf Steiners.
1923–1925	Rudolf Steiner schreibt in wöchentlichen Folgen seine unvollendet gebliebene Selbstbiographie *Mein Lebensgang* (GA 28) sowie *Anthroposophische Leitsätze* (GA 26) und arbeitet mit Dr. Ita Wegman an dem Buch *Grundlegendes für eine Erweiterung der Heilkunst nach geisteswissenschaftlichen Erkenntnissen* (GA 27).
1924	Steigerung der Vortragstätigkeit. Daneben zahlreiche Fachkurse. Letzte Vortragsreisen in Europa. Am 28. September letzte Ansprache zu den Mitgliedern. Beginn des Krankenlagers.
1925	Am 30. März stirbt Rudolf Steiner in Dornach.

Überblick über das literarische und künstlerische Werk

Erste Abteilung: Die Schriften

I. Werke

Goethes Naturwissenschaftliche Schriften, eingeleitet und kommentiert von Rudolf Steiner, 5 Bände (GA 1a-e); separate Ausgabe der Einleitungen (GA 1)
Grundlinien einer Erkenntnistheorie der Goetheschen Weltanschauung (GA 2)
Wahrheit und Wissenschaft. Vorspiel einer «Philosophie der Freiheit» (GA 3)
Die Philosophie der Freiheit (GA 4)
Friedrich Nietzsche, ein Kämpfer gegen seine Zeit (GA 5)
Goethes Weltanschauung (GA 6)
Die Mystik im Aufgange des neuzeitlichen Geisteslebens und ihr Verhältnis zur modernen Weltanschauung (GA 7)
Das Christentum als mystische Tatsache u. die Mysterien des Altertums (GA 8)
Theosophie. Einführung in übersinnliche Welterkenntnis und Menschenbestimmung (GA 9)
Wie erlangt man Erkenntnisse der höheren Welten? (GA 10)
Aus der Akasha-Chronik (GA 11)
Die Stufen der höheren Erkenntnis (GA 12)
Die Geheimwissenschaft im Umriß (GA 13)
Vier Mysteriendramen: Die Pforte der Einweihung – Die Prüfung der Seele – Der Hüter der Schwelle – Der Seelen Erwachen (GA 14)
Die geistige Führung des Menschen und der Menschheit (GA 15)
Anthroposophischer Seelenkalender (in GA 40)
Ein Weg zur Selbsterkenntnis des Menschen (GA 16)
Die Schwelle der geistigen Welt (GA 17)
Die Rätsel der Philosophie in ihrer Geschichte als Umriß dargestellt (GA 18)
Vom Menschenrätsel (GA 20)
Von Seelenrätseln (GA 21)
Goethes Geistesart in ihrer Offenbarung durch seinen «Faust» und durch das «Märchen von der Schlange und der Lilie» (GA 22)
Die Kernpunkte der Sozialen Frage in den Lebensnotwendigkeiten der Gegenwart und Zukunft (GA 23)
Aufsätze über die Dreigliederung des sozialen Organismus und zur Zeitlage 1915-1921 (GA 24)
Drei Schritte der Anthroposophie: Philosophie, Kosmologie, Religion (GA 25)
Anthroposophische Leitsätze (GA 26)
Grundlegendes für eine Erweiterung der Heilkunst nach geisteswissenschaftlichen Erkenntnissen. Von Dr. Rudolf Steiner und Dr. Ita Wegman (GA 27)
Mein Lebensgang (GA 28)

II. Gesammelte Aufsätze

Gesammelte Aufsätze zur Dramaturgie 1889–1900 (GA 29)

Methodische Grundlagen der Anthroposophie. Gesammelte Aufsätze zur Philosophie, Naturwissenschaft, Ästhetik und Seelenkunde 1884-1901 (GA 30)

Gesammelte Aufsätze zur Kultur- und Zeitgeschichte 1897–1901 (GA 31)

Gesammelte Aufsätze zur Literatur 1886–1902 (GA 32)

Biographien und biographische Skizzen 1894–1905 (GA 33)

Lucifer – Gnosis. Grundlegende Aufsätze zur Anthroposophie und Berichte aus den Zeitschriften «Luzifer» und «Lucifer-Gnosis» 1903–1908 (GA 34)

Philosophie und Anthroposophie. Gesammelte Aufsätze 1904–1918 (GA 35)

Der Goetheanumgedanke inmitten der Kulturkrisis der Gegenwart. Gesammelte Aufsätze aus der Wochenschrift «Das Goetheanum» 1921–1925 (GA 36)

III. Veröffentlichungen aus dem Nachlaß

Briefe – Wahrspruchworte – Bühnenbearbeitungen – Entwürfe zu den vier Mysteriendramen 1910–1913 – Anthroposophie. Ein Fragment aus dem Jahre 1910 – Gesammelte Skizzen und Fragmente – Aus Notizbüchern und -blättern (GA 38–47)

Zweite Abteilung: Das Vortragswerk

I. Öffentliche Vorträge

Die öffentlichen Berliner Vortragsreihen (Architektenhaus-Vorträge) 1903/04 bis 1917/18 (GA 51–67)

Öffentliche Vorträge, Vortragsreihen und Hochschulkurse an andern Orten Europas 1906–1924 (GA 68–84)

II. Vorträge vor Mitgliedern der Anthroposophischen Gesellschaft

Vorträge und Vortragszyklen allgemein-anthroposophischen Inhalts – Evangelien-Betrachtungen – Christologie – Geisteswissenschaftliche Menschenkunde – Kosmische und menschliche Geschichte – Die geistigen Hintergründe der sozialen Frage – Der Mensch in seinem Zusammenhang mit dem Kosmos – Karma-Betrachtungen (GA 91–244)

Vorträge und Schriften zur Geschichte der anthroposophischen Bewegung und der Anthroposophischen Gesellschaft (GA 251–263)

Veröffentlichungen zur Geschichte und aus den Inhalten der esoterischen Lehrtätigkeit (GA 264–270)

III. Vorträge und Kurse zu einzelnen Lebensgebieten

Vorträge über Kunst: Allgemein-Künstlerisches – Eurythmie – Sprachgestaltung und Dramatische Kunst – Musik – Bildende Künste – Kunstgeschichte (GA 271–292)

Vorträge über Erziehung (GA 293–311)

Vorträge über Medizin (GA 312–319)

Vorträge über Naturwissenschaft (GA 320–327)

Vorträge über das soziale Leben und die Dreigliederung des sozialen Organismus (GA 328–341)

Vorträge und Kurse über christlich-religiöses Wirken (GA 342–346)

Vorträge für die Arbeiter am Goetheanumbau (GA 347–354)

Dritte Abteilung: Das künstlerische Werk

Reproduktionen und Veröffentlichungen aus dem künstlerischen Nachlaß

Originalgetreue Wiedergaben von malerischen und graphischen Entwürfen und Skizzen Rudolf Steiners in Kunstmappen, als Einzelblätter oder in Buchform:

Entwürfe für die Malerei des Ersten Goetheanum – Entwürfe für die Fenster des Ersten Goetheanum – Schulungsskizzen für Maler – Programmbilder für Eurythmie-Aufführungen – Eurythmieformen – Entwürfe zu den Eurythmiefiguren – Wandtafelzeichnungen aus dem Vortragswerk u. a.

Die Bände der Rudolf Steiner Gesamtausgabe sind innerhalb einzelner Gruppen einheitlich ausgestattet. Jeder Band ist einzeln erhältlich. Ausführliche Verzeichnisse können beim Verlag angefordert werden.

Allgemeine Menschenkunde als Grundlage der Pädagogik

Vierzehn Vorträge, Stuttgart 21. August bis 5. September 1919

GA 293. 256 Seiten, Leinen

Auch als Taschenbuch (Tb 617) lieferbar

Menschenerkenntnis und Unterrichtsgestaltung

Acht Vorträge für die Lehrer der Freien Waldorfschule, Stuttgart 12. bis 19. Juni 1921 («Ergänzungskurs» zu den grundlegenden pädagogischen Kursen von 1919)

GA 302. 144 Seiten, Leinen

Auch als Taschenbuch (Tb 657) lieferbar

Die gesunde Entwickelung des Menschenwesens

Eine Einführung in die anthroposophische Pädagogik und Didaktik

Sechzehn Vorträge und drei Fragenbeantwortungen, Dornach 23. Dezember 1921 bis 7. Januar 1922 (Weihnachtskurs für Lehrer)

GA 303. 384 Seiten, Leinen

Auch als Taschenbuch (Tb 648) lieferbar

In dieser umfassenden einführenden Vortragsreihe stellt Rudolf Steiner grundlegende menschenkundliche Themen und ihre Bezüge zur Pädagogik und Didaktik dar, besonders im Hinblick auf die verschiedenen Altersstufen.

RUDOLF STEINER / ITA WEGMAN

Grundlegendes für eine Erweiterung der Heilkunst

nach geisteswissenschaftlichen Erkenntnissen

Diese an Ärzte gerichtete Schrift ist die grundlegende Darstellung eines durch Anthroposophie befruchteten und erweiterten Heilwesens, nach dessen Richtlinien heute weltweit gearbeitet wird.

GA 27. 144 Seiten, Leinen (*auch als Taschenbuch – Tb 701 – lieferbar*)

Die Beiträge zur Rudolf Steiner Gesamtausgabe *(Heft 58/59) enthalten u.a. Faksimilewiedergaben aus dem Manuskript und weitere Aufzeichnungen zur Heilkunst und zu den Lebensstufen.*

Eine okkulte Physiologie

Zehn Vorträge, Prag 1911

Die Physiologie wird hier so betrachtet, «wie sie dem geistigen Auge sich darbietet, so daß wir von den äußeren Gestaltungen des Menschen, von der Form und den Lebensvorgängen seiner Organe immer hinblicken auf die geistige, übersinnliche Grundlage der Organe, der Lebensformen, der Lebensprozesse.»

GA 128. 223 Seiten (*auch als Taschenbuch – Tb 732 – lieferbar*)

Geisteswissenschaft und Medizin

Zwanzig Vorträge für Ärzte und Medizinstudierende, Dornach 21. März bis 8. April 1920 (*Erster Ärztekurs*)

GA 312. 399 Seiten, Leinen (*auch als Taschenbuch – Tb 677 – lieferbar*)

Ergänzendes findet sich in den Beiträgen zur Rudolf Steiner Gesamtausgabe: *Heft 16, Heft 20, Heft 35*

Physiologisch-Therapeutisches auf Grundlage der Geisteswissenschaft. Zur Therapie und Hygiene

Zwölf Vorträge, ein Votum, eine Ansprache und zwei Besprechungen mit Ärzten, Dornach und Stuttgart 1920, 1922 bis 1924

Inhalt: Physiologisch-Therapeutisches auf Grundlage der Geisteswissenschaft (vier Vorträge innerhalb des ersten anthroposophischen Hochschulkurses, Dornach 1920) / Anthroposophische Grundlagen für die Arzneikunst (vier Vorträge für Ärzte, Stuttgart 1922) / Zur Therapie (drei Vorträge für anthroposophische Ärzte, Dornach 1923/24) / Die Hygiene als soziale Frage (öffentlicher Vortrag, Dornach 7.4.1920) / Ein Votum «Zur Psychiatrie» (Dornach 1920) / Eine Ansprache und zwei Besprechungen bei Ärztezusammenkünften (Dornach 1924)

GA 314. 350 Seiten, Leinen

Meditative Betrachtungen und Anleitungen zur Vertiefung der Heikunst

Vorträge für Ärzte und Studierende der Medizin

Weihnachtskurs: Acht Vorträge, Dornach 2. bis 9. Januar 1924. Osterkurs: Fünf Vorträge, Dornach 21. bis 25. April 1924. Erster Rundbrief 11. März 1924. Abendzusammenkunft, Dornach 24. April 1924

GA 316. 259 Seiten, Leinen

RUDOLF STEINER VERLAG DORNACH

Anthroposophische Menschenerkenntnis und Medizin

Sieben Vorträge für Ärzte und Medizinstudierende sowie vier öffentliche Vorträge, 1923 und 1924 in verschiedenen Städten

Inhalt: Richtlinien zum Verständnis für die auf anthroposophischer Geisteswissenschaft aufgebaute Heilmethode / Pathologie. Therapie und Heilmittelherstellung auf Grundlage geisteswissenschaftlicher Erkenntnis / Anthroposophische Geisteswissenschaft und medizinische Erkenntnis / Anthroposophische Menschenerkenntnis und Medizin / Was kann die Heilkunst durch eine geistes-wissenschaftliche Betrachtung gewinnen? / Die Kunst des Heilens vom Gesichtspunkte der Geisteswissenschaft

GA 319. 256 Seiten, Leinen

Eine *Teilausgabe* mit den sechs Vorträgen «Die Kunst des Heilens vom Gesichtspunkte der Geisteswissenschaft» ist auch *als Taschenbuch – Tb 630 – lieferbar.*

Heilpädagogischer Kurs

Zwölf Vorträge für Heilpädagogen und Ärzte, Dornach 1924

In diesem einzigen Vortragszyklus zur Heilpädagogik wird das geisteswissenschaftliche Fundament gebildet für die Arbeit mit seelenpflege-bedürftigen Kindern. Es handelt sich dabei allerdings nicht um ein heilpädagogisches Lehrbuch im üblichen Sinne, sondern um eine grundlegende Gesamtschau des Schicksalshintergrunds von Menschen mit physischen, seelischen oder geistigen Abnormitäten oder Behinderungen, aus der heraus sich erst die Maßstäbe und Gesichtspunkte für die Betreuung, Pflege und Therapie ergeben.

GA 317. 208 Seiten, mit 14 farbigen Tafelzeichnungen
(*auch als Taschenbuch – Tb 673 – lieferbar*)

Eurythmie – Die Offenbarung der sprechenden Seele

Eine Fortbildung der Goetheschen Metamorphosenanschauung im Bereich der menschlichen Bewegung

Ansprachen zu Eurythmie-Aufführungen aus den Jahren 1918 bis 1924, mit Notizbucheintragungen und Programmen

GA 277. 620 Seiten, Leinen

Die Entstehung und Entwickelung der Eurythmie

Erster Kurs: Das dionysische Element, Bottmingen/Basel 16. bis 24. September 1912 – Zweiter Kurs: Das apollinische Element. Unterweisungen für die seelische Gestaltung der bewegten Sprachformen, Dornach 18. August bis 11. September 1915

Mit Ausführungen von Marie Steiner, Lory Maier-Smits, Erna van Deventer, Tatiana Kisse-leff, Elisabeth Dollfus und Hendrika Hollenbach. Ausführlicher Registerteil. Mit vielen Zeichnungen und Faksimilewiedergaben.

GA 277a. 228 Seiten mit zahlreichen Zeichnungen und Faksimiles, Leinen (großes Querformat)

Sonderausgabe im Taschenbuch:

Eurythmie – Die neue Bewegungskunst der Gegenwart

Ausgewählte Ansprachen und Vorträge zu Eurythmieaufführungen aus den Jahren 1918-1924

Tb 642 (aus GA 277 – 279), 260 Seiten, mit 44 s/w u. 4 farb. Abb.

Eurythmie als sichtbarer Gesang

(Ton-Eurythmie-Kurs)

Ein Aufsatz vom 2. März 1924 und acht Vorträge, gehalten in Dornach vom 19. bis 27. Februar 1924, mit dazugehörigen Notizbucheintragungen

Inhalt: Das Dur- und Moll-Erlebnis / Die Gebärde des Musikalischen / Die Auflösung des Akkords und des Harmonischen in das Melos / Das Sich-Fortbewegen der musikalischen Motive in der Zeit / Die Chor-Eurythmie / Die beharrende Note und die Pause / Der Ansatz zum musikalischen Eurythmisieren liegt im Schlüsselbein / Tonhöhe, Tondauer, Tonstärke, Tempowechsel / Beilage: Aufzeichnungen zu den Vorträgen (Faksimilewiedergaben)

GA 278. 150 Seiten und Beilage (27 Seiten), Leinen

(auch als Taschenbuch – Tb 743 – lieferbar)

Eurythmie als sichtbare Sprache

(Laut-Eurythmie-Kurs)

Fünfzehn Vorträge für Eurythmisten, Dornach 24. Juni bis 12. Juli 1924, mit zwei vorangehenden Vorträgen, Dornach 4. Aug. 1922 und Penmaenmawr 26. Aug. 1923

Inhalt (Auswahl): Die Eurythmie als sichtbare Sprache / Der Charakter der einzelnen Laute / Die erlebte und die geformte Gebärde / Der Stimmungsgehalt der Seele bei einer Dichtung / Die plastische Gestaltung des Sprachlichen / Formen, die sich aus der Wesenheit des Menschen ergeben / Moralisch-seelische Heilwirkungen / Seelenstimmungen aus der Geste des Lautes / Beilage: Aufzeichnungen zu den Vorträgen (Faksimilewiedergaben)

GA 279. 296 Seiten und Beilage (20 Seiten), Leinen

(auch als Taschenbuch – Tb 718 – lieferbar)